A Monsieur le comte Beugnot
Membre de l'Institut
Hommage de l'auteur
Pierre Clément

JACQUES COEUR

ET

CHARLES VII

AVIS IMPORTANT.

L'auteur et l'éditeur de cet ouvrage en deux volumes se réservent le droit de le traduire ou de le faire traduire en toutes les langues. Ils poursuivront, en vertu des lois, décrets et traités internationaux, toutes contrefaçons ou toutes traductions faites au mépris de leurs droits.

Le dépôt légal des deux volumes a été fait à Paris, au ministère de la police générale, dans le cours du mois de février 1853, et toutes les formalités prescrites par les traités seront remplies dans les divers États avec lesquels la France a conclu des conventions littéraires.

OUVRAGES DU MÊME AUTEUR:

HISTOIRE DE LA VIE ET DE L'ADMINISTRATION DE COLBERT, CONTRÔLEUR GÉNÉRAL DES FINANCES, MINISTRE SECRÉTAIRE D'ÉTAT DE LA MARINE, DES MANUFACTURES ET DU COMMERCE, SURINTENDANT DES BATIMENTS; précédée d'une étude historique sur NICOLAS FOUQUET, *surintendant des finances*, suivie de pièces justificatives, lettres et documents inédits. 1 fort vol. in-8°. Prix : 8 fr. »

(Ouvrage couronné par l'Académie française.)

LE GOUVERNEMENT DE LOUIS XIV, OU LA COUR, L'ADMINISTRATION, LES FINANCES ET LE COMMERCE DE 1683 A 1689; Études historiques accompagnées de pièces justificatives, lettres et documents inédits, pour faire suite à l'HISTOIRE DE LA VIE ET DE L'ADMINISTRATION DE COLBERT. 1 vol. in-8°. Prix : 7 fr. 50 c.

(Ouvrage couronné par l'Académie des Inscriptions et Belles-Lettres).

Paris. — Imprimerie de GUSTAVE GRATIOT, 30, rue Mazarine.

Just Levy del et sculp. d'après un portrait gravé en 1659

JACQUES CŒUR.

Impie F. Chardon ainé 30 r. Hautefeuille Paris.

JACQUES COEUR

ET

CHARLES VII

OU LA FRANCE AU XVᵉ SIÈCLE

ÉTUDE HISTORIQUE

PRÉCÉDÉE D'UNE NOTICE SUR LA VALEUR RELATIVE DES ANCIENNES MONNAIES FRANÇAISES
ET SUIVIE DE PIÈCES JUSTIFICATIVES ET DOCUMENTS LA PLUPART INÉDITS

PAR

M. PIERRE CLÉMENT

AUTEUR DE L'HISTOIRE DE LA VIE ET DE L'ADMINISTRATION DE COLBERT
ET DU GOUVERNEMENT DE LOUIS XIV, DE 1683 A 1689

« .... Quant à son procès, si les juges n'y eussent passé, je
« dirois presque que c'est une calomnie ; mais je ne mentiroi point
« quand je diroi que la jalousie des grands qui estoient près de
« Charles septiesme, lui trama ceste tragédie. »
ESTIENNE PASQUIER.

I

PARIS

LIBRAIRIE DE GUILLAUMIN ET Cⁱᵉ

Éditeurs du Journal des Économistes, de la Collection des principaux Économistes, du Dictionnaire
de l'Économie politique, etc.

RUE RICHELIEU, 14.

1853

— Quelques erreurs se sont glissées dans l'impression de cet ouvrage; on les trouvera indiquées à la fin du second volume.

PRÉFACE

Peu d'hommes ont eu une vie aussi pleine de contrastes, aussi agitée que Jacques Cœur [1]. Fils d'un simple marchand, malheureusement impliqué, jeune encore, dans un procès auquel avait donné lieu la fabrication de monnaies faibles de poids, gracié moyennant une légère amende, il va, en 1432, visiter l'Orient, cette terre de l'or, du luxe, des merveilles, par laquelle se faisait alors tout le commerce des Indes. Bientôt on le voit, armateur puissant, fonder des comptoirs dans tous les ports des pays qu'il vient de parcourir et des établissements dans la plupart des grandes villes de France. Possesseur de sept navires avec lesquels il exécute à peu près tout le commerce d'importation et d'exportation de la France, banquier, marchand, propriétaire de mines d'argent, de cuivre et de plomb, maître des monnaies, il fait, en

---

[1] La véritable orthographe est *Cuer*, ainsi que cela résulte des signatures même de l'argentier de Charles VII; c'est celle que l'on trouve dans la collection des *Ordonnances des rois de France*. On écrivait aussi aux quinzième et seizième siècles, *Cueur*. J'ai cru devoir adopter l'orthographe qui a prévalu.

peu d'années, une fortune immense, colossale. Un roi trop souvent mal jugé, et qui eut, indépendamment d'autres qualités, celle de s'entourer d'hommes d'un rare mérite, Charles VII, que ses contemporains appelaient le *Bien-Servi*, voit Jacques Cœur, en fait l'intendant de sa maison, sous le titre d'argentier, l'admet dans son intimité, dans son Conseil, et lui confie plusieurs ambassades importantes. Que manque-t-il à l'heureux négociant? Il a des maisons à Marseille, à Montpellier, à Lyon, à Tours, et celle qu'il a fait construire à Bourges n'a pas son égale en France. En même temps, il possède des terres, des châteaux et des seigneuries dans vingt-deux paroisses. Enfin, il vient de prêter au roi environ quatre cent mille livres, c'est-à-dire de seize à vingt millions de nos jours, et, grâce aux levées que l'on a pu faire avec cet argent, la France, par un dernier effort, est parvenue à chasser les Anglais de son territoire.

Tout à coup, au plus haut de tant de crédit, sans transition aucune, cette fortune s'écroule, et Jacques Cœur est arrêté comme coupable d'avoir empoisonné Agnès Sorel. Cette accusation tombe aussitôt par son absurdité. Une autre, vingt autres la remplacent. Le puissant de la veille est à bas; les dénonciateurs arrivent en foule. Ceux-ci l'accusent de concussion; ceux-là d'avoir appauvri le royaume en exportant de la monnaie; d'autres d'avoir vendu des armes aux infidèles; d'autres encore de leur avoir renvoyé un esclave qui s'était réfugié sur un de ses navires. Une seule de ces accusations aurait suffi, d'autant mieux que Charles VII ne passe pas pour avoir été très-constant et très-sûr dans ses amitiés, et que la plupart des juges qu'il avait choisis pour instruire le procès de Jacques Cœur avaient commencé par se faire octroyer une partie de ses biens. Naturellement, ceux-ci furent confisqués. Quant à leur propriétaire, l'arrêt portait qu'il serait exilé; mais le roi préféra le garder en prison. Au bout de trois ans, il parvint à s'échapper, passa en Italie, alla à Rome où le pape, qui l'avait toujours protégé, l'accueillit avec une grande faveur. Son successeur le traita de même et le nomma capitaine-général d'une expédition contre les infidèles. C'était vers le temps où Constantinople était tombée entre les mains des Turcs, et bien que plus de trois ans se fussent écoulés, le retentissement de cette chute durait encore. Jacques Cœur s'embarqua et la flotte qu'il commandait fit voile vers l'archipel grec.

Il semble que le merveilleux de cette existence aurait dû suffire aux historiens; il n'en fut cependant point ainsi. Un chroniqueur contemporain rapporte bien que Jacques Cœur mourut très-peu de temps après le départ de l'expédition dans une île grecque où il fut enterré, et c'était la vérité; mais ce récit était trop simple et un autre beaucoup plus romanesque prévalut pendant longtemps. On raconta

donc, sur la foi d'un voyageur plus que suspect du seizième siècle, que « Jacques Cœur s'était retiré
« dans l'île de Chypre où il avait fait une nouvelle
« fortune; qu'il y avait eu d'une dame du pays
« nommée Théodora, avec laquelle il s'était remarié,
« deux filles à chacune desquelles il avait donné
« cinquante mille écus de dot; que l'aînée de ces
« filles fut mariée dans la ville de Famagouste,
« et l'autre à une personne de considération du
« royaume de Chypre; qu'il bâtit un hôpital pour
« les pèlerins de la Palestine, et enfin, qu'il fonda
« magnifiquement l'église des Carmes de Fama-
« gouste, où il fut enterré avec pompe [1]. »

Telles furent les fables qui eurent cours jusqu'en 1745, époque où la fausseté en fut démontrée par un des membres les plus zélés et les plus savants de l'Académie des inscriptions et belles-lettres, Bonamy. Mais si, par suite de ses recherches, les historiens qui en ont profité ne se sont plus faits les échos, sur ce point, d'erreurs trop longtemps accréditées, leur appréciation du caractère de Jacques Cœur et de ses actes n'a pas toujours été uniforme. Sous ce rapport, quelques divergences se sont produites, et, même dans ces dernières années, le rôle de l'ancien argentier de Charles VII a fourni matière à des juge-

---

[1] *Mémoires de Bonamy sur les dernières années de Jacques Cœur et les suites de son procès.* — (Voir pièces justificatives, pièce n° 22; t. II. *Mémoire* n° 1.)

ments tout à fait contradictoires. Je ne veux citer en ce moment, pour preuve de mon assertion, que deux historiens justement estimés à des titres divers, MM. Henri Martin et Michelet. Dans la partie de son excellente histoire qu'il consacre au règne de Charles VII, M. Henri Martin représente Jacques Cœur comme la plus grande figure de ce règne, après celle de Jeanne Darc[1], bien entendu. L'envisageant au point de vue du commerçant, de l'homme politique, du citoyen, il estime que, sous ces trois rapports, Jacques Cœur a rendu à la France d'immenses services, et il voit en lui une victime de l'instabilité des cours. M. Michelet, au contraire, dans le cinquième volume de son histoire de France où il expose les grandes phases du même règne et qui est, dans l'ensemble, si justement admiré, ne fait aucune place à l'influence de Jacques Cœur qu'il traite dédaigneusement, on ne sait trop pour quel motif, de conspirateur et de *marchand d'hommes*. Pourquoi ne dirai-je pas tout

---

[1] C'est ainsi, en effet, que doit être écrit ce nom à jamais célèbre. La pucelle d'Orléans était fille de *Jacques Darc*, laboureur, originaire de Sept-Fond, en Champagne. — Voir, à ce sujet, l'*Examen critique de l'histoire de Jeanne Darc*, par M. de Haldat; Nancy, 1850, p. 24. — M. Henri Martin, qui partage complétement cet avis, fait observer que ce point a été parfaitement éclairci par M. Vallet de Viriville, élève de l'École des Chartes, dans un Mémoire adressé à l'Institut historique. « Les lettres d'anoblissement, « ajoute M. Henri Martin, les manuscrits du procès de condamna- « tion et de révision, et d'autres pièces officielles, portent le nom « Darc écrit sans apostrophe : tous les historiens antérieurs à Mézerai « ont suivi cette orthographe. » *Histoire de France*, t. VII, p. 65, *note*.

d'abord que je suis, sauf quelques réserves néanmoins, de l'opinion de M. Henri Martin?

Cette opinion est, au surplus, fort ancienne, et elle a été, quoi qu'on en ait dit, celle de la plupart des écrivains contemporains de Jacques Cœur et de ceux qui les ont immédiatement suivis. Je sais avec quelle circonspection il faut s'appuyer sur l'appréciation des contemporains en ce qui concerne les actes principaux de la vie, soit des princes, soit des personnages autour desquels des passions violentes se sont agitées; cependant, le témoignage des auteurs du temps, en faveur de Jacques Cœur, me paraît d'un grand poids; voici pour quel motif. En étudiant avec soin l'époque pendant laquelle a régné Charles VII (1422-1461), on demeure frappé du changement heureux qui s'opéra, à partir de 1435, dans la condition des populations jusqu'alors et depuis si longtemps en proie à la férocité avide des bandes de routiers, d'écorcheurs, de retondeurs, sans compter les gens d'armes du roi lui-même et les Anglais. Dire en quelques mots les excès des Compagnies franches et la triste situation du pays, au moment de l'avénement de Charles VII et pendant la première partie de son règne, est chose impossible; l'esprit d'ailleurs se refuserait à y croire. C'est un point qu'il faut établir, et je le ferai plus loin avec quelque détail, par des témoignages originaux. Peu à peu, Charles VII mit de l'ordre dans ce chaos, refréna ces violences. Pour que l'exemple partît de haut, il fit un jour jeter à l'eau, cousu dans un sac, un bâtard de Bourbon dont le métier consistait à voler l'argent des paysans, à les tuer, quand ils assuraient qu'ils n'en avaient plus, et sur le passage duquel s'élevait partout un concert de gémissements et de malédictions. Bientôt, l'organisation des Compagnies d'ordonnance fut décidée au grand déplaisir des écorcheurs, des retondeurs et autres voleurs de grands chemins. C'est à partir de ce moment, il faut bien le dire, c'est grâce à la permanence de l'armée que la France présente enfin l'image d'un pays civilisé. Cette grande mesure clôt l'ère du moyen âge et de la féodalité. Peu de temps après, l'ordre renaît comme par enchantement, la confiance se rétablit, le commerce se relève, les campagnes, si longtemps abandonnées, se couvrent de laboureurs. Jamais rénovation plus complète et plus rapide. Il faut lire à ce sujet les mémoires contemporains. Chroniqueurs français et chroniqueurs bourguignons n'ont, là-dessus, malgré la différence habituelle du point de vue, qu'une voix. La sécurité des routes les comble d'étonnement, et ils sont unanimes à en faire remonter le bienfait au gouvernement habile de Charles VII. L'un d'eux constate que l'on pourrait traverser tout le royaume, les mains pleines d'or, sans courir aucun danger. Comme c'était principalement aux hommes vivant de leur travail que cet état de choses était profitable, le peuple s'en montra très-reconnaissant au roi. L'expulsion définitive des Anglais ne fit que redoubler ce sentiment. A la vérité, ces résultats n'avaient pu être obtenus sans que l'impôt eût été augmenté, et cet accroissement des charges soulevait bien des plaintes; mais la reconnaissance l'emportait encore. On devine, on sent, en étudiant les chroniqueurs contemporains, qu'aucun roi de France n'a été, de son vivant, plus aimé et plus populaire que Charles VII.

Or, en ce qui concerne Jacques Cœur, il est à remarquer que, malgré la popularité dont jouissait Charles VII, nulle part on ne trouve, dans les écrivains du temps, une parole de blâme contre son argentier, dont plusieurs chroniqueurs, au contraire, attribuent positivement la disgrâce à sa grande fortune et aux envieux qu'elle lui suscita. Une autre circonstance non moins digne d'être signalée, c'est le silence absolu d'un de ces chroniqueurs, Gilles le Bouvier, dit Berry, premier héraut d'armes de Charles VII, sur cette disgrâce mémorable qui fut pourtant, il est aisé de s'en convaincre par la place qu'elle tient dans d'autres chroniques contemporaines, un des événements importants de l'époque. Comment expliquer jusqu'à l'absence du nom même de Jacques Cœur dans la chronique cependant fort détaillée du héraut d'armes de Charles VII? Ce silence, évidemment volontaire, ne prouve-t-il pas que le héraut ne voulait pas donner raison au sujet contre le roi?

Le lecteur va, d'ailleurs, juger lui-même par les nombreux extraits que je vais mettre sous ses yeux, en attendant d'entrer dans les détails, de la nature et de la grandeur des services que rendit Jacques Cœur, de sa prodigieuse faveur, de sa richesse, qui devint en quelque sorte proverbiale, et en même temps du retentissement de sa chute. Dans la reconstruction, ou plutôt dans l'esquisse historique que j'essaye aujourd'hui, j'ai principalement tenu à m'appuyer sur les documents officiels, authentiques, heureusement en assez grand nombre encore, qui sont parvenus jusqu'à nous, malgré les incendies, l'incurie des hommes, du moins à une époque plus éloignée, et quatre siècles complétement révolus. Il m'a semblé toutefois qu'il ne serait ni sans intérêt, ni sans utilité, de réunir ici, comme dans une sorte d'introduction, non-seulement tout ce qui, dans les mémoires des contemporains, se rattache directement à Jacques Cœur, mais encore les divers jugements que les principaux annalistes et historiens ont portés sur lui. On suivra ainsi, pas à pas, les variations de l'opinion à son égard, et l'on aura, en même temps, sous les yeux, en y joignant les pièces justificatives que je publie à la fin de chaque volume, tout ce qui est de nature à répandre quelque jour sur une question historique qui semble néanmoins, jusqu'à présent, destinée à n'être jamais jugée en dernier ressort.

Le premier en date des chroniqueurs contemporains est Jean Chartier, religieux de l'abbaye de Saint-Denis et historiographe de Charles VII. La condamnation de Jacques Cœur n'est, de la part de Jean Chartier, l'objet d'aucune réflexion. Il enregistre les griefs et l'arrêt sans approuver, mais sans blâmer. On reconnaîtra que, dans la position officielle qu'il occupait, il lui était difficile de faire davantage. C'est le même chroniqueur qui raconte, après s'être livré, dit-il, auprès des personnes les plus dignes de foi, à une sorte d'enquête au sujet des bruits qui couraient sur les relations de Charles VII et d'Agnès Sorel, que « oncques, on ne la vit toucher « par le Roy au-dessous du menton [1]. » Et pourtant, il existe des lettres patentes par lesquelles trois filles naturelles de Charles VII et d'Agnès Sorel sont reconnues et dotées. Certes, on ne saurait trouver un historiographe plus dévoué, ou plus facile à abuser. Mais, comme les services que Jacques Cœur avait rendus étaient publics, comme il les avait constatés lui-même, l'honnête religieux de Saint-Denis se contenta d'énoncer sans passion les griefs qu'on imputait à l'argentier du roi, et il raconta son arrestation en ces termes [2] :

« L'an 1452 [3], fust pris et arresté prisonnier par le com-

---

[1] *Histoire du roy Charles VII*, par Jean Chartier, Berry, Mathieu de Coucy, et autres historiens, mise en lumière par Denys Godefroy; Paris, 1671, in-fol°; p. 191.

[2] *Ibid.*, p. 259.

[3] Ce n'est pas en 1452, mais le 31 juillet 1451 qu'eut lieu cette arrestation.

mandement et ordonnance du Roy, Jacques Cueur, son argentier et conseillier, pour aucuns cas touchant la Foy catholique, et aussi pour certain crime de lèze-majesté, comme autrement. Or, il est vray que ledit Jacques estoit cause et estoit accusé d'avoir baillé, administré et délivré aux Sarrasins ennemis de la Foi chrestienne, des armures de toutes sortes à l'usage de la guerre, et mesmement qu'il avoit envoyé plusieurs armures et ouvriers pour icelles faire et pour instruire et former les Sarrasins, pour les faire faire, ce qui estoit au grand préjudice et dommage de toute la chrestienté. Et fust encore arresté ledit Jacques Cœur pour ce que luy, plus meu et porté de sa volonté que de raison, par l'instigation de l'ennemy de nature, et par convoitise ou autrement, comme infidèle, a rendu par sa puissance désordonnée, un chrestien qui estoit eschappé des mains des Sarrasins, où il avoit esté détenu prisonnier par long espace de temps, et souffert maint grant martyre, pour la Foy de Jésus-Christ nostre Rédempteur, et l'avoit envoyé de fait et de force, audit pays des Sarrasins, en méprisant la loy de nostre Rédempteur. Il fut, de plus arresté prisonnier, comme il se disoit, pour avoir pris, extorqué et rapiné indûment, ainsi qu'on luy imputoit, plusieurs grandes finances et deniers royaux sur les pays du Roy de France, tant ès pays de Langue-doc et Langue-d'ouy, comme ailleurs. Parquoy plusieurs des habitans d'iceux lieux furent contraints de s'absenter, ce qui ne pouvoit estre qu'au grand dommage du Roy et de son Royaume. Il fut encore arresté pour ce que mesmement il estoit accusé d'avoir desrobé et pillé les finances du Roy, desquelles il avoit le gouvernement, et lesquelles passoient par ses mains de jour en jour [1].

« Fut aussi arrestée en iceluy temps la damoiselle de Mortaigne, pour certaines offenses qu'elle avoit faites envers

---

[2] Jean Chartier dit de Jacques Cœur, dans un chapitre précédent,

le Roy, et pour ce qu'elle accusoit ledit Jacques Cueur pour certaines choses dont il estoit innocent. Et avec ce, avoit accusé un nommé Jacques ou Jacquet de Boulongnes ou Coulonnes, et un autre nommé Martin Prandoux, et les avoit tous trois accusés par haine ou autrement. Et pour ce qu'on se douta, et qu'on trouva que ce qu'elle avoit donné à entendre estoit menterie et fausseté, elle fut prise et mise prisonnière pour recevoir telle punition que les dessusdits, ainsi maliticusement accusez, eussent eu, s'ils eussent esté trouvés coupables et chargés du cas[1]. »

Un autre chroniqueur contemporain, Mathieu de Coucy[2], entre dans de curieux détails sur le commerce de Jacques Cœur, sur la jalousie dont il était l'objet de la part des autres marchands du royaume, et sur les motifs vrais ou supposés de sa disgrâce qu'il paraît, du reste, attribuer à l'envie. Le récit de la scène dans laquelle Jacques Cœur met tous ses biens à la disposition de Charles VII est remarquable de dignité. Ces mots : « *Sire, ce que*

à propos de la conquête de la Normandie, « qu'il inventoit les ma-
« nières et trouvoit toutes les subtilités à luy possibles afin d'avoir
« finances et recouvrer argent de toutes parts, dont il a fallu sans
« nombre pour entretenir les armées et souldoyer les gens de
« guerre. » Voir Godefroy, p. 217.

[1] Dans les pages 281 et 282 de son *Histoire de Charles VII*, Jean Chartier donne, sans les accompagner d'aucune réflexion, les principales dispositions de l'arrêt concernant Jacques Cœur, et de celui qui fut rendu en même temps contre la dame de Mortaigne, laquelle fut, dit-il, condamnée à faire amende honorable au roi en disant que : « Faussement et déloyalement elle avoit ac-
« cusé lesdits Jacques Cueur, Jacques de Colonne et Martin Pran-
« doux, et en requérant de ce, pardon et mercy à Dieu, au Roy et
« à Justice. »

[2] Voir, dans Godefroy, p. 691.

« *j'ay est vostre,* » sont simples et grands. Il n'est pas difficile de deviner, en lisant ce récit, de quel côté se portait l'intérêt du chroniqueur.

« Le Roy Charles, dit-il, avoit en son royaume un homme de petite génération, qui se nommoit Jacques Cuer, lequel par son sens, vaillance et bonne conduite, se façonna tellement, qu'il entreprit plusieurs grosses marchandises; et si fut ordonné estre argentier du Roy Charles, dans lequel office il s'entretint long espace de temps, et en grand règne et prospérité. Il avoit plusieurs clercs et facteurs sous luy, qui se mesloient desdites marchandises, par tous les pays et royaumes chrestiens, et mesme jusques en Sarraziname. Sur la mer, il avoit à ses despens plusieurs grands vaisseaux, qui alloient en Barbarie, et jusques en Babylone [1], quérir toutes marchandises, par la licence du Souldan et des Turcs infidèles; aussi, en leur payant trivaige (des droits), il faisait venir desdits pays des draps d'or et de soye, de toutes façons et de toutes couleurs, plus des fourrures servant tant à hommes qu'à femmes, de diverses manières, tant martres, genettes [2] et autres choses estranges de quoy on n'eust sceu finer (se procurer) pour or, ny pour argent ès marches de par de çà. Il faisait en outre vendre par ses facteurs, tant à l'hostel du Roy, comme en plusieurs lieux audit royaume de France et dehors, toutes sortes de marchandises, de quoy corps d'homme pouvoit penser et s'imaginer, dont plusieurs gens tant nobles, comme marchands et autres, estoient fort esmerveillez. Il gagnoit chacun an tout seul plus que ne

---

[1] Mathieu de Coucy parle plusieurs fois, dans sa narration, de Babylone, qu'il confond sans doute avec Alexandrie.

[2] *Genet*, sorte de petit cheval espagnol très-prompt à la course. (Roquefort, *Glossaire de la langue romane.*) — Il s'agit probablement ici de chevaux arabes.

faisoient ensemble tous les autres marchans du royaume. Il avoit bien trois cents facteurs soubs luy, qui s'estendoient en plusieurs et divers lieux, tant sur mer, comme par terre. Et luy estant en ce règne (cette prospérité) quand le Roy Charles commença sa conqueste de Normandie, qui fut en l'an 1449, iceluy Jacques Cuer fut principalement cause de ladite conqueste, car il enhardit le Roy Charles de mettre sus son armée, en lui offrant de luy prêter de grandes sommes de deniers, ce qu'il fit, dont il eut fort la louange et l'amour d'iceluy Roy son maistre.

« Au reste, il fit un de ses enfants archevesque de Bourges, un autre escuyer tranchant du Roy, l'autre eschanson d'iceluy seigneur[1]; il les fit anoblir, et finalement en son dit règne, il acquit tant de biens et de chevance que nul ne le sauroit estimer. Mais dame Fortune assez peu après, lui tourna le dos, car il fut fort envié de plusieurs grands seigneurs autour du Roy et semblablement de plusieurs autres gens, entre lesquels il y avoit des marchands du Royaume, qui souvent disoient « que ledit Jacques Cuer, soubs le « port et la faveur que le Roy luy donnoit tant ès pays es- « trangers hors de son royaume, comme en iceluy, ils ne « pouvoient rien gagner pour iceluy *Jacquet*. »

« Ainsi, *envie le commença à assaillir*, et fut dit au Roy qu'il estoit impossible qu'un homme venu de petit lieu, comme il estoit, pust avoir assemblé tant de chevance, pour mener les marchandises qu'il faisoit, et faire les ouvrages et les achats de terres et seigneuries, comme aussi avoir les grands estats qu'il tenoit; car, en iceluy temps, en tout son hostel on ne se servoit, en quelque lieu que ce fust, que tout

---

[1] Il y a ici une inexactitude. Un des enfants de Jacques Cœur devint, à la vérité, échanson du roi, mais ce fut sous Louis XI, et déjà Jacques Cœur était mort depuis longtemps. On ne voit pas non plus qu'un autre des enfants de Jacques Cœur ait été écuyer tranchant du roi, ni sous Charles VII, ni sous Louis XI.

en vaisselle d'argent, à quoy ses envieux et malveillans adjoustoient qu'il falloit que ces choses se prissent sur les deniers du Roy, et luy disoit-on qu'il y avoit assez d'autres causes et matières pour raisonnablement l'emprisonner. La première qu'il convenoit qu'il eust desrobé le Roy. La seconde qu'il estoit vrai qu'un chrestien, qui auparavant avoit esté pris des gens du souldan de Babylone estoit eschappé des mains des infidèles, sous ledit souldan, et lequel s'estoit allé rendre en une des galées[1] dudit Jacques, qui lors estoit ès marches des Sarrasins sous iceluy souldan. Or, quand icelui souldan en fut averti, il demanda audit Jacques Cuer, ou à ses facteurs, que si on ne lui rendoit ce chrestien qui s'estoit ainsi eschappé, toutes ses autres galées et marchandises dont il avoit grand nombre en Sarraziname (quelque sauf conduit qu'ils eussent de luy) il les feroit tous noyer et périr, et n'en auroit jamais rien ; et que pour le doute de perdre sesdites marchandises, iceluy Jacques fit rendre ledit chrestien à ce souldan, de laquelle chose le Roy fut très mal content.

« Encore luy fut dit une autre raison, pour le plus enflamber contre Jacques Cuer, car, en ce temps, le Roy estoit fort énamouré d'une gente et belle Damoiselle, qu'on nommoit lors communément par le royaume la belle Agnès, à laquelle le Roy fit donner depuis le nom de la Damoiselle de Beauté, et luy fut dit que Jacques Cuer avoit empoisonné ou fait empoisonner ladite Damoiselle, duquel empoisonnement (s'il estoit vray) elle alla de vie à trespas.

« Quand le Roy eut ouy tels rapports, qui estoient grandement à sa desploisance, il ordonna qu'on prist et arrestât

---

[1] *Galées* ou *galères*. Il y en avait un grand nombre de variétés. Voici le nom des principales. Galère bâtarde, galère subtile, galère à deux ou à cinq rames (par banc), galère de Flandre, de Venise, galère capitane, galéasse ou grosse galère, etc. (M. A. Jal, *Glossaire nautique*, p. 733 et suiv.)

ledit Jacques Cuer prisonnier, et que tous ses biens généralement fussent mis en sa main, ce qui fut faist assez tot et en peu de jours après. De plus, le Roy ordonna qu'on luy fist son procès, et il fut mené dans un chasteau en Poitou qui se nomme le chasteau de Luzignan, où là il fut par long espace de temps. Si furent ordonnez deux seigneurs du Parlement pour luy faire son procès, et maistre Jean Dauvet[1] lors procureur général du royaume de France. Or, après qu'on luy eut exposé lesdits cas, et encore un autre qui fut tel qu'il devoit avoir envoyé audit souldan de Babylone, au deceu du Roy, un harnois complet, à la façon des parties de deçà, duquel harnois ledit souldan auroit eu grand désir afin d'en faire de pareils en son pays, car, en leurs marches, ils ne s'armoient pas ainsi comme on fait de par ça. Mais quand ledit Jacques eut ouy les articles dont on le chargeoit, il y fit ses réponses et excuses le plus doucement, et le plus selon son entendement qu'il pouvoit, disant :

« Au premier poinct, qu'il avoit toute sa vie servi le Roy Charles de tout son pouvoir, prudemment et loyalement, sans lui avoir fait aucune faute d'avoir pris larrecineusement aucuns de ses deniers ; mais très bien par les grands biens que le Roy lui avoit faits, il s'estoit advancé dans le

---

[1] On trouve le nom de ce procureur général écrit de quatre manières. Denys Godefroy, dans son *Histoire de Charles VII*, qui a paru en 1661, écrit *Dauvet*. En 1745, l'académicien Bonamy a fait de même. Plus tard, l'éditeur des XIIIe et XIVe volumes des *Ordonnances des rois de France* a écrit *Dannet*, *Daunet* et *d'Annet*. D'un autre côté, dans son *Histoire généalogique et chronologique de la maison de France et des grands officiers de la couronne* (t. I et II, *passim*), le P. Anselme écrit *Dauvet*, non pas à propos du procureur général de Charles VII, mais d'autres personnes qui étaient évidemment de la même famille. Enfin, les manuscrits contemporains donnent *Daunet* et *Dauvet*. J'ai adopté cette dernière orthographe comme ayant généralement été suivie par les écrivains qui m'ont précédé.

négoce et mis dans la marchandise, en laquelle il avoit gagné son vaillant.

« Quant au second poinct, touchant le chrestien qui avoit esté rendu, il ne savoit ni avoit sceu rien de son eschappatoire, ny de sa reddition, et aussi on le pouvait connoistre, parce que ses gens et ses galées, qui estoient ès dits pays, ne retournoient pas devers luy telle fois en deux ans une fois seulement, par quoy ceux qui les gouvernoient pouvoient, en son absence, faire plusieurs choses qui n'estoient pas à sa connoissance, et, qu'à la vérité, il n'en avoit oncques esté adverty.

« Et en tant que touchoit l'empoisonnement de ladite belle Agnès, aussi pareillement il n'en avoit jamais esté coupable, ny consentant, et se soubmettoit à toutes informations.

« Et au regard d'avoir envoyé un harnois au souldan dit qu'il se trouva une fois en un lieu secret, où n'y avoit que le Roy et luy, où ils besongnoient de choses plaisantes au Roy; auquel lieu ledit Jacques dit au Roy : « Sire, sous
« ombre de vous je cognois que j'ai de grands biens, profits
« et honneurs, et mesme dans le pays des infidèles ; car,
« pour vostre honneur, le souldan a donné sauf conduit à
« mes galées et facteurs, estans sur la marine, de pouvoir
« aller seurement et retourner en ses pays querir et lever
« des marchandises, en payant trevage assez compétent,
« parquoy j'y trouve de grands profits. » Disant ces mots :
« *Sire, ce que j'ai est vostre.* » Et à cette heure, le Roy luy fit requeste de luy prester argent pour entrer en Normandie : à laquelle requeste il accorda de prester au Roy deux cens mille escus, ce qu'il fit.

« Et voyant que le Roy luy monstroit grand signe d'amour, alors il s'enhardit et luy demanda congé de pouvoir envoyer audit souldan un harnois, à la façon des marches de France, ce que le Roy luy octroya. Et sur cet octroy, il envoya ledit harnois, au nom du Roy, audit souldan, par un de ses gens nommé Jehan Village. Et quand ledit souldan eut receu ledit harnois, il en fut fort joyeux et receut ledit Village grandement bien, et luy fit de beaux dons comme de robes de drap d'or et autres joyaux, et en rescrivit lettres de remercimens au Roy, avec quoy il luy envoya plusieurs présens; ainsi en cette partie, il ne croyoit rien avoir mespris.

« Lesquelles responses furent rapportées au Roy, qui, de prime face, aucunement ne les prit pas bien en gré, disant qu'il n'estoit pas mémoratif d'avoir donné ledit congé (*et aussi, à la vérité, ce luy eust esté charge*) et ordonna là-dessus de luy faire son procès sur le tout. Sur quoy lesdits commissaires tirèrent en la ville de Bourges en Berry, où iceluy Jacques Cuer avoit sa principale résidence, car en icelle ville il avoit fait faire un hostel tel et si spacieux, qu'on le pouvoit bien nommer ouvrage de Roy, garni de meubles selon la façon dudit hostel, lesquels biens meubles avec tous les héritages qu'il avoit furent mis en la main du Roy.

« En cette année donc, fut le procès dudit Jacques faict, et luy ramené au chasteau de Poictiers où il ouït sa condamnation, qui fut telle qu'en tant que touchoit le chrestien, il estoit condamné à le racheter et le tirer hors des mains desdits Infidèles, quelque chevance qu'il deust couster; et si d'adventure il estoit mort, si en devoit-il racheter un autre de telle condition, à ses despens. Au surplus, il fut condamné envers le Roy en la somme de quatre cens mille escus, et le surplus de ses biens furent, avec son corps, confisquez, sur laquelle confiscation du corps, le Roy luy restitua la vie. Et pour ce que dudit empoisonnement il n'avoit pas esté trouvé coupable et que ce qu'on en avoit adverti le Roy avoit esté par le rapport d'une Damoiselle de l'hostel (laquelle pour son mensonge fut bannie de l'hostel du Roy), il fut ordonné audit Jacques Cuer, sur peine de mort, de n'approcher ni le Roy, ni la Reyne à dix lieues près[1]. »

---

[1] Il y a là une erreur. Ce n'est pas à Jacques Cœur qu'il fut interdit d'approcher le roi ni la reine, *à dix lieues près*, mais à la

Jacques Chartier et Mathieu de Coucy étaient des chroniqueurs français, c'est-à-dire de pays relevant directement du roi de France. Deux autres chroniqueurs contemporains, l'un du pays d'Artois, Jacques Du Clercq, né en 1420, l'autre Flamand, Georges Chastelain, né, en 1404, à Alost, et mort à Bruges en 1474, mentionnent aussi l'éclatante fortune et la disgrâce de Jacques Cœur. Laissons d'abord parler Jacques Du Clercq. Voici comment il s'exprime à l'occasion de l'entrée des Français dans Rouen dont il fait, comme tous les écrivains du temps, une description pompeuse.

« Avecques Dunois, vindrent le sénéschal de Poitou et Jacques Cueur, argentier du Roy; par le moyen duquel Jacques Cueur, le Roy avoit ainsi conquis la Normandie, parce qu'il avoit presté au Roy une partie des deniers pour payer ses gens d'armes. *Laquelle armée eust esté rompue se n'eust esté icellui Jacques Cueur*, lequel estoit extrait de petite génération; mais il menoit si grand fait de marchandises, que par tout le royaume avoit ses facteurs qui marchandoient de ses deniers pour luy et très tant que sans nombre; et mesme en avoit plusieurs qui oncq ne l'avoient veu. Icellui sénéschal et Jacques Cueur estoient montés sur destriers, vestus et couverts comme le comte de Dunois[1]. »

Puis, lorsqu'il arrive à l'année 1453, époque où fut

dame de Mortagne, dénonciatrice de Jacques Cœur. Quant à lui, bien que l'arrêt le condamnàt au bannissement, on crut devoir le retenir prisonnier. La même circonstance se reproduisit deux cent dix ans après, à l'égard du surintendant Fouquet.

[1] *Mémoires de Jacques Du Clerq*, dans la collection de Mémoires du *Panthéon littéraire*, t. XXXVII, p. 48.

rendu l'arrêt qui frappa l'argentier de Charles VII, Jacques Du Clércq fait, au sujet de cette condamnation, les réflexions suivantes :

« Il estoit si riche qu'on disoit qu'il faisoit ferrer ses haquenées et chevaulx de fers d'argent ; et portoit dans sa devise et livrée en escripture : *A Cueurs vaillans riens impossible*. Et avoit faict faire à Bourges en Berry une maison la plus riche de quoy on povoit parler. Toutefois, icelluy Roi Charles, sous umbre de certaine accusation de crime que luy imposa la demoiselle de Mortaigne et aultres, le avoit faict faire prisonnier et tenait bien estroictement et bien gardé ; de laquelle il eschappa par moyen qui serait long à raconter, et s'en alla à Rome ; et illec se tenoit aussy honorablement comme il faisoit en France ; car, nonobstant tout ce qu'il avoit en France, que on estimoit valloir un million d'or, qui vault dix cent mille escus [1], le Roy avoit faict tout mettre en sa main ; et n'en avoit rien ; sy, estoit-il encore riche, pour les grosses marchandises qu'il avoit hors du royaume [2]. »

On sait que Georges Chastelain [3] a écrit, sur les événements de son temps, des mémoires d'un style diffus, irrégulier, mais empreints parfois d'une grande vigueur, et remplis, en outre, d'appréciations remarquables. Ces mémoires, principalement consacrés au récit des affaires qui con-

---

[1] Voir, pour se rendre compte de la valeur réelle de cette somme, la notice qui fait suite à la préface.
[2] *Mémoires de Jacques Du Clercq*, p. 84.
[3] Ce chroniqueur était attaché à la cour de Philippe le Bon, dont il devint pannetier et conseiller intime. Nommé, en 1468, premier roi d'armes de la Toison d'or, il reçut, en 1473, de Charles le Téméraire la dignité de chevalier et d'historiographe de l'Ordre.

cernaient la cour du duc de Bourgogne, ne font pas mention de Jacques Cœur; mais le chroniqueur bourguignon a réparé cet oubli dans un livre intitulé : *Temple de Jehan Bocace ; De la ruine d'aucuns nobles malheureux, par George, son imitateur.* Dans cet ouvrage[1], Georges Chastelain, qui ne craignait d'offenser personne en disant ce qu'il croyait être la vérité, parle formellement des *glorieux services* rendus par Jacques Cœur à la France, et des envieux que lui attirèrent ses immenses richesses.

« Jacques Cuer, dit-il, argentier jadis du roi Charles, homme plein d'industrie et hault engin, subtil d'entendement et hault emprendre, et toutes choses, comme haultes fussent, saschant conduire par labeur. Dont, sa diligence et activité qui tout convertissoit en affaires publiques et en chose de proffit et de gloire à son maistre, tant multiplia en bien que, en l'état de sa vocation, n'avoit pareil à lui au monde. Estoit venu de cent à cent mille, et de cent mille à nombre de millions par son sens. La gloire de son maistre fit-il bruire en toutes terres, et les fleurons de sa couronne fit-il resplendir par les lointaines mers. Tout le Levant il visita atout (avec) son navire, et n'y avoit en la mer d'Orient mât revestu sinon des fleurs de lys. Alexandrie et al-Kaire lui estoient Colchidies-Portes, et ne voloient ses yeux qu'en la circuition du monde, pour tout seul l'estraindre; quéroit à appliquer à lui seul par vertu, ce en quoi les diverses nations du monde laheurent ensemble par divers regards. *Dont envie crut dure sur lui et s'espentèrent les cuers des hommes de son hault contendre.* Mais comme Fortune

---

[1] Il a été imprimé à Paris en 1617. La Bibliothèque nationale en possède un exemplaire.

l'avoit mené au sommet de la haulte périlleuse roche, là où le monter plus haut estoit impossible et le descendre naturel et de grand péril ; lui béant toudis plus à difficile que à faisable, et plus à extrémité que à mesure, aveuglé enfin en sa hauteur, prospérant fortune, se trouva à l'envers ; et après avoir ses trésors épars en diverses régions, ses galées vagants par les estranges mers, avoir grâce du plus hault homme du monde en son estat, avoir presté à son maistre deux cent mille escus de prest, deux autres cent mille pour son recouvrement de Normandie ; fut accusé et atteint de crime commis, fut mis en prison, condamné à mort par sentence, tout le sien confisqué au Roy et jugié finablement en la restitution de trois cent mille écus d'amende arbitraire. Dont, après longue prison tenue en amertume de cuer, trouva voie enfin de soy embler par nuit, et despayser ; là où en quérant ses aventures, soubs eschéir en nouvelle fortune, mourut en Rhodes, exilié du ventre de son honneur, le royaume françois *à qui tant avoit fait de glorieux services.* Si s'envint remonstrer droit cy à teste incline et priant que, de grâce, put estre reçu au collége des malheureux. S'accusa de sa faulte quand de sa haulte fortune n'avoit sçu user en cremeur (crainte) de Dieu et en admodération de sa convoitise par trop extrême. »

Enfin, un autre document contemporain des plus importants, encore inédit et qu'aucun des biographes de Jacques Cœur n'a cité, contient, sur son caractère et sa chute, des détails plus complets qu'aucun de ceux qui précèdent ; je veux parler de l'*Histoire de Charles VII* par *Amelgard*. On sait aujourd'hui d'une manière certaine, grâce aux recherches d'un de nos érudits les plus intelligents et les plus zélés, M. J. Quicherat, que ce nom d'Amelgard un est pseudonyme et qu'il cache la figure d'un personnage dont la vie fut très-agitée et pleine de vicissitudes, de Thomas Basin, évêque de Lisieux sous Charles VII. M. Quicherat a publié dans la *Bibliothèque de l'École des Chartes*[1] une intéressante biographie de cet évêque passablement remuant, ambitieux, et qui, après avoir joui d'une grande faveur sous Charles VII, tomba en disgrâce sous son successeur, pour s'être mis à la tête d'un parti en faveur du duc de Normandie, frère du roi, s'exila à Louvain, revint en France et fut obligé de la quitter encore. On ne doit pas s'attendre, par suite, à ce que les appréciations de Thomas Basin soient exemptes de toute passion ; mais, ces réserves faites, et elles touchent principalement le règne de Louis XI, il n'en est pas moins très-intéressant d'avoir l'opinion de Thomas Basin sur

---

[1] Ire série, t. III, p. 313 et suivantes. Voici le titre de l'œuvre d'Amelgard : *Amelgardi, presbyteri Leodinensis; De rebus gestis temporibus Caroli VII et Ludovici ejus filii.*

La Bibliothèque nationale possède deux copies de ce précieux manuscrit. L'une, inscrite sous le n° 5,962, a appartenu à Colbert dont elle porte les armes; l'autre copie, cotée n° 5,963, est d'une date plus récente.

La Société de l'histoire de France a annoncé l'intention de publier l'*Histoire de Charles VII et de Louis XI*, par Amelgard; et c'est aux soins éclairés de M. Quicherat que cette importante publication est, dit-on, confiée. Il est bien à désirer, pour l'étude de l'histoire de ces deux règnes si agités et si curieux à des points de vue divers, que ce projet reçoive bientôt son exécution.

Voir, pour le texte des deux extraits dont je donne ici la traduction, aux pièces justificatives, pièce n° 1, extraits E et G.

Jacques Cœur, qu'il a dû connaître et qu'il était très-certainement capable de juger. Voici donc comment s'exprime sur lui l'évêque de Lisieux, dans deux passages de son histoire de Charles VII :

« La maison du roi était, à cette époque, administrée par un homme des plus industrieux et des plus ingénieux, Jacques Cœur, de Bourges, d'une famille plébéienne, mais doué à coup sûr d'un esprit aussi développé que persévérant, et d'une prudence rare. Argentier du roi, il se livrait en outre et, depuis longtemps, à de vastes opérations qui lui avaient rapporté de grandes richesses au moyen desquelles il s'était élevé et illustré. Le premier de son temps, il fit construire et armer des navires qui transportaient en Afrique, dans le Levant et jusqu'à Alexandrie d'Égypte, des draps, des laines et d'autres objets fabriqués dans le royaume. Comme marchandises de retour, ces navires rapportaient différents draps de soie et toutes sortes d'aromates qui étaient vendus soit dans les provinces riveraines du Rhône, soit en Catalogne et dans d'autres provinces voisines, *ce qui était tout à fait insolite en France*, car, auparavant et depuis fort longtemps, ce commerce se faisait par l'intermédiaire d'autres nations, notamment des Vénitiens, des Génois et des Barceloniens. Telle avait été la source des immenses richesses qu'avait amassées Jacques Cœur. Il donna d'ailleurs lui-même la preuve de son opulence en faisant construire en fort peu de temps à Bourges, sa ville natale, cette maison si richement ornée, si spacieuse et si magnifique en même temps, que ni les princes du sang ni le roi n'en avaient qui lui fussent comparables. Mais en même temps qu'il possédait cette immense fortune, Jacques Cœur était tout dévoué au roi et aux intérêts de la France [1]. Il ne lui fit pas défaut dans

---

[1] « ... *Essetque regii honoris, ac totius regni reipublica utilitatis zelantissimus*..... »

la situation critique où elle se trouvait. *Pendant que les grands seigneurs enrichis par les largesses du roi simulaient la misère et trouvaient mille prétextes faux et frivoles pour se dispenser de venir à son aide,* Jacques Cœur offrit de lui prêter une somme considérable et mit à sa disposition, pour l'accomplissement de cette œuvre sainte et si urgente (l'expulsion des Anglais de la Normandie), une somme de cent mille écus. Grâce à ce secours, les Français mirent le siége devant Falaise, Domfront.....

« ... On soupçonna qu'Agnès Sorel était morte empoisonnée. Dénoncé par ses rivaux, Jacques Cœur, argentier du roi, fut présenté comme l'auteur de ce crime, bien que, à dire vrai, on l'en crût généralement innocent. Après la conquête de la Normandie, œuvre à laquelle ses conseils et ses richesses avaient, comme nous l'avons dit, puissamment contribué, il fut jeté en prison, où il resta fort longtemps, principalement dans le château de Lusignan en Poitou. Là, le roi convoqua, à l'occasion du procès de son argentier, un Conseil nombreux, ou comme l'on dit vulgairement, un lit de justice. Le Conseil entendit les accusations formulées contre l'argentier ; elles consistaient dans le fait d'avoir transporté chez les infidèles, au moyen de ses navires, des armes ainsi que des marchandises défendues, et d'avoir exigé illégalement et par ruse (*illiciter ac furtim*) différentes sommes (*nonnullas pecunias*) dans les pays de la Languedoc, dont il avait eu l'administration. Pour ces griefs et quelques autres que beaucoup de personnes croyaient avoir été inventés par ses rivaux (CONFECTA AB ÆMULIS POTIUS QUAM VERA), l'accusation d'empoisonnement ayant d'ailleurs été mise de côté, une sentence de condamnation fut rendue contre lui. Après être resté longtemps prisonnier au château de Lusignan, il corrompit ses gardiens, parvint à s'échapper, et se réfugia, en réclamant le droit d'asile, dans plusieurs églises de différentes parties du royaume. Il entra enfin, de la sorte, dans un couvent de frères Mineurs de Beaucaire sur le Rhône, et il y resta assez longtemps, enchaîné et les fers aux pieds. Un de ses plus anciens et de ses plus fidèles serviteurs, Guillaume Varye, de Bourges comme lui, le délivra[1]. Une nuit, il vint avec une ou deux de ces barques que l'on appelle vulgairement galères subtiles ou pour la course. Aidé de quelques compagnons qui l'accompagnaient, il enleva Jacques Cœur du couvent des frères Mineurs, brisa ses chaînes, le transporta dans une barque et le rendit à la liberté. Depuis, le souverain pontife Nicolas le mit à la tête de quelques navires qu'il avait armés contre les infidèles. Après avoir, pendant quelque temps, fait preuve de courage dans le commandement naval, il y trouva la mort, et passa des agitations de ce monde dans une vie plus heureuse. C'était un homme sans lettres, mais d'un grand esprit naturel, et particulièrement ouvert et industrieux pour ce qui regardait les affaires. Qui aurait pu croire que le roi Charles, pour qui il avait administré si fidèlement et avec tant de soin, qui le traitait avec une familiarité que beaucoup de personnes prenaient pour de l'amitié, se serait ensuite montré si dur et si sévère à son égard? *Mais sans nul doute on lui imputait quelque chose à crime, et sa condamnation fut seulement poursuivie avec les apparences de la justice.* Ce qui paraît avoir enflammé la colère du roi, c'est que d'infâmes délateurs lui avaient dit que Jacques Cœur avait empoisonné la belle Agnès. Or, on rapporte qu'au moment de mourir il protesta, par un serment solennel, en présence d'un grand nombre de personnes, qu'il était innocent de ce crime et de tous ceux dont on l'avait accusé. En même temps, il pardonna au roi, et il pria Dieu de pardonner à ses délateurs, comme il le faisait lui-même, pour le fait des crimes dont ils l'avaient méchamment chargé... »

[1] Ce n'est pas à Guillaume de Varye, mais à Jean de Village que Jacques Cœur dut sa délivrance. Voir les lettres patentes délivrées à ce sujet par Charles VII; pièces justificatives, n° 15.

Pendant que l'évêque de Lisieux s'exprimait avec cette liberté et entrait dans ces détails au sujet d'un homme dont la disgrâce fut, à n'en pas douter, un événement, un autre écrivain contemporain, dont la réputation fut très-grande de son temps, Robert Gaguin, professeur de rhétorique à l'université de Paris en 1463, auteur d'un grand nombre d'ouvrages, et notamment d'une histoire des rois de France, consacre à peine quelques lignes à Jacques Cœur, sur la chute duquel il s'abstient même d'émettre un avis. Il se borne à dire que Jacques Cœur fut dénoncé pour avoir fait passer chez les Turcs, malgré les défenses ecclésiastiques, des armes et des ouvriers pour en fabriquer. Il avait en outre, dit-il, renvoyé à son maître un esclave qui s'était évadé, et levé sur les habitants du Languedoc des sommes considérables [1]. Rien ne se ressemblait moins, à coup sûr, que les caractères de Thomas

---

[1] *Roberti Gaguini, quas de Francorum regum gestis scripsit annales.* Paris, 1528, lib. X, folio 247. Voici le passage que Robert Gaguin consacre à Jacques Cœur:

« *Jacobus Cuerus, Caroli argentarius, cum Turcis commercium habens, delatus est quia per omnis generis arma, contra ecclesiasticam prohibitionem, ad illos importasset, opificesque et fabros ejusmodi artis ad eos dimisisset. Christianum insuper, e Turcorum servitute forte elapsum, domino suo captivum remisisset, et ingentem, per linguam Occitanam, pecuniam exigisset. Eas ob res, in carcerem, Caroli imperio, conjectus est; deinde, grandi ære mulctatus, in exilium deportatus. Pœnas quæque falsæ delationis luit fœmina insignis cui Mauritaniensis (de Mortagne) nomen erat.* »

Basin et de Robert Gaguin. Ce dernier, dont les œuvres littéraires ont été d'ailleurs fort diversement jugées, laissa la réputation d'un homme extrêmement habile et d'une prudence consommée. Employé successivement dans de grandes charges sous les trois rois Louis XI, Charles VIII et Louis XII, qui lui confièrent plusieurs fois des ambassades importantes, Robert Gaguin, qui était, en outre, supérieur de l'ordre des Mathurins, mourut plein de jours et comblé d'honneurs. On a dit que c'était un « historien courtisan [1]. » Le soin qu'il met à éviter de se prononcer sur la moralité des événements qu'il raconte justifie de tous points ce jugement.

Les poëtes contemporains se sont peu occupés de Jacques Cœur [2]. Il est même à remarquer que l'un

---

[1] *Biographie universelle de Michaud,* article de M. Lécuy.
[2] M. Leroux de Lincy cite dans son *Recueil des chants historiques du quinzième siècle,* p. 345, la ballade suivante d'un poëte nommé Vaillant, lequel met sa misère en contraste avec la richesse de l'argentier dont il discute la devise :

« Que vous aiez vaillance et sens
« Trésor d'onneur et d'aultre avoir,
« Jacques Cueur, je vous le consens :
« Chascun le peut voir et savoir.
« Mais pour dire le voir du voir, (vrai)
« Fortune vous est fort paisible ;
« Aultrement ne puis concevoir
« Qu'à Cuer vaillant rien feust possible....

« Prince, fortune fait pleuvoir
« Là où lui plaist, bien est visible.
« Sans lui ne puis appercevoir
« Qu'à Cueur vaillant rien feust possible. »

Georges Chastelain, dont j'ai cité plus haut un extrait, revient

d'eux, Martial d'Auvergne, qui a composé, sous ce titre, *Les Vigilles de Charles VII* [1], un panégyrique de la vie de ce roi en quinze à vingt mille vers, ne dit pas un seul mot de la disgrâce et du procès du célèbre argentier, dont il vante d'ailleurs, dans plusieurs endroits, la magnificence. Il faut chercher dans des

ainsi qu'il suit sur Jacques Cœur dans un autre ouvrage intitulé : *Recollection des merveilles advenues en nostre temps* (Voir, sur cet ouvrage, la notice de l'édition de ses Mémoires dans le *Panthéon littéraire*, p. 46).

« Puis ay veu par mistère,
« Monter un argentier,
« Le plus hault de la terre,
« Marchand et financier,
« Que depuis par fortune
« Veis mourir en exil
« Après bonté mainte une
« Faite au Roy par icil. »

Enfin, le fameux Villon, qui était né en 1431, a consacré à Jacques Cœur les deux strophes suivantes de son *Grand Testament* :

« De pauvreté me guermentant,
« Souventes fois me dit le cœur :
« Homme ne te doulouse tant
« Et né demaine tel douleur,
« Se tu n'as tant que Jacques Cœur.
« Myeux vault vivre soubs gros bureaux,
« Pauvre, qu'avoir esté seigneur,
« Et pourrir, soubs riches tombeaux.

« Q'avoir esté seigneur ! Que dys ?
« Seigneur, hélas ! ne l'est-il mais ?
« Selon les autenctiques dicts,
« Son lieu ne congnaistra jamais.
« Quant du surplus, je m'en desmetcs,
« Il n'appartient à moi pescheur,
« Auz théologiens le remetcs :
« Car c'est office de prescheur. »

[1] La première édition de ce poëme, qui fut longtemps des plus populaires, parut en 1492. J'en donne quelques extraits aux pièces justificatives, n° 11.

allusions la pensée de l'auteur à ce sujet, mais elle est, ce semble, assez transparente pour qu'on ne puisse s'y méprendre. Indépendamment de la vie de Charles VII, qu'il raconte dans les plus grands détails, Martial d'Auvergne fait chanter tour à tour, dans des *leçons* ou chœurs qui coupent le récit, les louanges du feu roi par tous les corps d'états : clergé, gens d'armes, écoliers, laboureurs, marchands, etc., etc. Or, voici ce qu'on lit dans la *Quatriesme leçon chantée par Marchandise* :

« Et s'aucuns d'eulx (les marchands)....
« Sont enrichez, est-ce pourtant à dire
« Qu'on les doit prendre,
« Soit tort ou droit, leurs biens piller ou vendre,
« Les confisquer et donner sans mesprendre ?....
« Las ! quels dangier de faulx accusateurs,
« Méschans garçons et mauvais amputeurs [1],
« Qui vont dire mensonges aux seigneurs
« Pour deffaire
« Mains bons marchans, leur argent subtraire,
« Sans les oyr en justice ne faire
« Droit ou raison; et puis leur adversaire
« Estre ou (au) proucès [2]
« En prenant juges de leur bende et acès.
« O quel abus et quel horrible excez [3] !

Un secrétaire de Louis XII, Nicole Gilles, né

---

[1] *Amputeur, amputer.* « Accuser un homme et une femme de « débauche et de prostitution. » — *Glossaire français* de Carpentier.

[2] On verra plus loin que les adversaires de Jacques Cœur, ceux qui profitèrent de ses biens, furent eux-mêmes chargés d'instruire son procès et de le juger.

[3] On trouvera ce passage de Martial d'Auvergne plus complet aux pièces justificatives, n° 11.

dans le quinzième siècle, et qui mourut en 1503, se montra moins circonspect que le diplomate Robert Gaguin et que Martial d'Auvergne. En 1492, Nicole Gilles publia un livre intitulé : *les Chroniques et Annales de France jusqu'au roy Charles huictiesme.* Voici en quels termes le secrétaire de Louis XII parle du procès de Jacques Cœur :

« En l'an 1452[1], Jacques Cueur, argentier de France, fut faict prisonnier par le commandement du roy, pour certains cas touchant la foy catholique et crime de lèze-majesté. Il estoit accusé d'avoir administré aux Sarrazins armes et avoir envoyé armeuriers pour en faire en la forme des chresticns. *Item* d'avoir rendu auxdits Sarrazins un chrestien prisonnier qui estoit eschappé de leurs prisons, et oultre on dit qu'il avoit mal usé des deniers du roy. *Toutefois, aulcuns disoient qu'on lui imposoit ledict cas par envie, et pour avoir ses biens et sa finance.* Pareillement fut arrestée et emprisonnée la damoiselle de Mortaigne, pour ce qu'elle avoit incoulpé Jacques Cueur d'aucunes choses dont il estoit innocent[2]. »

Un autre écrivain de la même époque, Claude de Seyssel, qui fut ambassadeur et maître des requêtes sous Louis XII, publia une vie abrégée de ce prince dans laquelle le caractère de quelques-uns des rois ses prédécesseurs est apprécié avec indépendance, mais sans hostilité. Claude de Seyssel ne pouvait, en parlant de Charles VII, ou-

---

[1] On a vu plus haut, à l'occasion de Jean Chartier, que cette indication était erronée.

[2] *Les chroniques et annales*, etc. Paris, édition de 1573, 1 vol. in-fol°, p. 385.

blier Jacques Cœur. Le jugement qu'il en porte mérite d'être reproduit. On croit, en voyant la modération de son langage, entendre l'opinion des hommes sages et sensés du temps.

« Pour occasion de la belle Agnès, dit-il, dont Charles VII fut longuement abusé, fist maintes choses mal séantes à un si grand roy et si renommé. Et entre autres *il persécuta de corps et de biens Jacques Cueur, l'un des plus sages hommes et des plus riches qui fut en France de son estat*, qui luy avoit aidé de conseil et d'argent à recouvrer son royaume et chasser ses ennemis, autant et plus que nul autre. Et ce, par suspicion qu'il eut contre luy d'avoir empoisonné ladicte Agnès, *luy mettant sus toutefois plusieurs autres crimes qui n'étoient pas suffisans et assez justifiez pour traiter un tel homme si rigoureusement*. Aussi recogneut ledict Roy assez mal les services que plusieurs princes, seigneurs, barons et capitaines lui avoient faits en ses guerres, et au recouvrement de son royaume, tellement qu'aucuns d'eux et mesme de ceux qui lui avoient fait les plus grands services, et des plus renommez il persécuta, et autres laissa mourir en grand pauvreté [1]. »

L'auteur des *Annales d'Aquitaine*, publiées pour la première fois en 1524, Jean Bouchet, né à Poitiers en 1476 et mort vers 1555, confirme l'opinion des autres écrivains contemporains, d'après laquelle

---

[1] *Histoire du Roy Loys douziesme, père du peuple*, par Messire Claude de Seyssel. Paris, 1587, in-12, p. 25, v°. — Claude de Seyssel fut, sans contredit, le meilleur écrivain de son temps. Sa phrase est beaucoup plus simple et plus jeune que celle de tous les prosateurs du seizième siècle. Le président Hénault indique la mort de Claude de Seyssel à l'année 1520. Celui-ci devait avoir vécu à la cour avec des hommes qui avaient connu Jacques Cœur.

les grands biens de Jacques Cœur auraient été la cause réelle de sa disgrâce.

« Audit an, dit-il, Jacques Cueur, trésorier de France, fut banny du royaume de France, et tous ses biens confisquez, pour avoir pillé le païs de Languedoc, retenu les finances du roy, envoyé harnais et armures aux Turcs et mis entre leurs mains un chrestien qui en avoit esté délivré. Pour ce cas, avoit esté condamné à mort, mais le roy Charles VII, qui estoit clément et qui avoit esté fort bien secouru par luy en sa nécessité, durant le temps des guerres, de sorte qu'il fournissoit toujours à la solde des gens d'armes, commua sa mort en bannissement et confiscation des biens qui estoient grands : *de sorte qu'ils furent cause de sa ruine.* Ceux qui manient les finances des Roys y doivent avoir l'œil, et ne se manifester si soudain, ne voller de si haute aile[1]. »

Vers 1560, un annaliste flamand très-estimé, Jacques Meyer, fit remarquer, à propos de la condamnation de Jacques Cœur, combien il était dangereux d'être employé au service des mauvais rois. « Non-seulement, dit-il, ils ne se servent que des « méchants, mais ils n'ajoutent foi qu'aux paroles « perfides des flatteurs[2]. »

Écoutons maintenant un compatriote de Jacques Cœur, Jean Chaumeau, auteur d'une Histoire du Berry, qui parut à Lyon vers le milieu du seizième siècle :

---

[1] *Les annales d'Aquitaine*, par Jean Bouchet, IVe partie, p. 262.
[2] *Commentarii sive annales rerum Flandricarum*; Anvers, 1561, p. 326. Voici le passage : « *Exemplum, quod periculosum sit versari in Regum aulis malorum, qui non nisi malis utuntur hominibus, creduntque adulatoribus et perfidis.* »

« Auquel temps un enfant de Bourges, venu d'assez petit lieu, nommé Jacques Cueur, avoit, par son bon esprit et jugement, tellement prospéré en biens et en authorité, que non-seulement il surmontoit les marchands de France, mais voulut le Roy se servir de luy et le fit son argentier, office qui emportoit beaucoup d'autres d'aujourd'hui et luy avoit fait grands services à la conqueste de Normandie, pour laquelle il fina grand argent. Pour cela néantmoins il ne s'eslevoit en rien; ains s'estudioit à acquérir d'amis et familiarisoit jusques aux plus petits; prestant aux princes de grandes sommes de deniers, vivres et marchandises. Et fut en telle authorité envers le Roy qu'il fist un de ses fils archevesque de Bourges, son frère évesque de Luxon, et ses autres parents en autres estats : et, quant à luy, il acquéroit villes et chasteaux, et faisoit édifices nompareils, comme son hostel superbe qui est à Bourges ; ce que l'envie ne pouvoit faillir de courir sur luy, car il y avoit bien à mordre[1]. »

Cependant, à mesure que les mœurs s'adoucissaient et que l'on s'éloignait des façons d'agir violentes et à moitié barbares du moyen âge, on se prit à douter que l'immense fortune de Jacques Cœur eût seule suffi à le perdre et l'on chercha d'autres motifs à sa disgrâce. Le premier, à ce que je crois du moins, Jean Chaumeau, entra dans le champ des conjectures. Il prétendit qu'Agnès Sorel, jalouse de la faveur dont jouissait Jacques Cœur, l'avait dénoncé au roi comme ayant tenu des propos malveillants sur elle et sur lui. Jean Chaumeau ayant pu voir à Bourges des personnes qui avaient

---

[1] *Histoire du Berry*, par Jean Chaumeau, 1 vol. in-fol°, Lyon, 1566, p. 146.

connu les enfants de Jacques Cœur, on est d'abord porté à croire que ses conjectures sont l'expression d'une tradition locale. Cependant, un instant de réflexion suffit pour démontrer qu'elles ne méritent aucune confiance. En effet, Agnès Sorel avait, dans le cours de la maladie à laquelle elle succomba, désigné les exécuteurs de ses volontés, et Jacques Cœur était au nombre des trois personnes qu'elle chargea de ce soin. Or, il est évident qu'elle n'eût pas agi de la sorte si l'assertion de Jean Chaumeau n'était pas une pure supposition.

Deux ans après la publication de l'*Histoire du Berry*, paraissait l'*Histoire des neuf rois Charles de France*, par Belle-Forest, qui consacra les lignes suivantes à l'épisode de Jacques Cœur :

« En ce temps vivoit en France ce riche Jacques Cueur, natif de Bourges, lequel fut tant affligé pour, comme l'on soupçonnoit, avoir eu intelligence avec les Turcs et leur avoir despéché harnois et autres munitions de guerre. *Mais je crains que sa richesse et deniers contens luy feirent plus de tort que les crimes que l'on luy avait mis sus* [1]. »

Belle-Forest était historiographe de Charles IX. Sa protestation n'en est donc que plus significative. Il est curieux d'ailleurs de voir que le jugement le plus libre et le plus indépendant sur Jacques Cœur ait été porté, huit ans après, par un historien qui remplissait les mêmes fonctions auprès de Henri III.

---

[1] *Histoire*, etc., 1 vol. in-fol., Paris, 1568. Liv. XIII, p. 331.

Cet historien est Bernard de Girard du Haillan. L'extrait suivant de son histoire, trop peu connue peut-être, donnera une idée de son talent et de la nature élevée de son esprit [1] :

« Jacques Cueur, natif de la ville de Bourges, argentier du Roy et hardi marchant traffiquant avec toutes les nations de l'Europe et de l'Asie, fut le premier marchant françois qui descouvrant les mers par avant incognues à nos François alla au Levant et eut commerce avec les Turcs. Il estoit si habile homme et avoit tant de vaisseaux sur mer, tant d'intelligences avec les estrangers et une si bonne réputation d'estre loyal marchant, qu'en peu de temps il devint extremment riche, acheta plusieurs belles terres, fit bastir plusieurs belles maisons, et à ses despens, décorer la ville de Bourges de plusieurs bastimens publics et de rues nouvelles. *Mais comme en France un homme ne peut devenir riche par sa grande industrie qu'incontinent il ne soit envié, soupçonné et accusé d'user de moyens illicites,* il fut (soubs umbre qu'il avait commercé avecques les Turcs) accusé d'avoir intelligence secrette avecques eux au préjudice et détriment des chrestiens, de leur envoyer contre l'ordonnance ecclésiastique des armes et des armuriers pour leur

---

[1]. *Histoire de France,* par Bernard de Girard du Haillan, historiographe du Roy. 1 vol. in-fol., Paris, 1576. — On ne lira pas sans intérêt ce passage de l'*Épistre au Roy Henri III*, qui ouvre le volume en forme de dédicace : « Mon seul but est la vérité qui est
« l'œil de l'Histoire, et sans laquelle l'Histoire est borgne, m'estant
« proposé de blasmer, en la vie des Roys, de leurs ministres et de
« leurs peuples, ce qui sera digne de blasme et de réprehension....
« Je n'ay voulu, Sire, flatter nos Roys, ny ma nation, ny faire du
« blanc le noir, pour faire mon Histoire estroppiée d'un membre
« et ma réputation diffamée du nom d'un ignorant et mauvais histo-
« rien et de menteur. »

en faire à la façon de celles des chrestiens, de sentir mal de la foy pour avoir practiqué avec eux, d'avoir envoyé à un Turc un chrestien esclave qui s'estoit eschappé de son maistre, d'avoir communiqué les secrets du Roy à ses ennemis, d'avoir mal administré ses deniers et avoir fait plusieurs grandes exactions en Languedoc. *Voilà ce de quoi on l'accusoit, mais la source de son accusation procédoit de la jalousie qu'on portoit à ses grandes richesses et à son industrie.* Pour ces causes, il fut par le commandement de Charles mis en prison, et quelque temps après condamné en grosses amendes, et banny à perpétuité de la France. Quelques uns disent qu'il s'en alla en Chypre alors détenue par les rois de la race de Lusignan avec quelque argent, là où relevant son trafic il s'acquit plus de biens qu'il n'en avoit perdu en France. La demoiselle Mortagne qui l'avoit accusé de certaines choses dont il estoit innocent fut mise en prison. C'étoit à la vérité un homme d'esprit et d'intelligence, mais trop entreprenant, qui se mettant trop en avant à la maison des princes et grands seigneurs, s'embarquant en fermes, receptes et pretz, donna du nez en terre, ne pouvant suffire à tous, s'obligeant à trop et se rendant odieux à beaucoup[1]. »

Quelques années après, André Thevet, expliquait de la même manière que Thomas Basin, que Belle-Forest, que du Haillan, la disgrâce de Jacques Cœur.

« Ce personnage estant en tel crédit envers le Roy, remarque Thevet, avoit aussi les plus grands seigneurs du royaume pour ses amys. *Mais l'envie (domestique de la court des princes) prenant pied au cœur d'aucuns, ne le permit jouir longtemps de ces faveurs... Quant à moi, je croy que*

---

[1] *Hist. de France*, etc., p. 1287.

les richesses par luy acquises ont esté plutôt cause de son malheur que nulle autre chose[1]... »

Nous voici arrivés aux historiens du dix-septième siècle.

La violence de Mézeray à l'égard des financiers, traitants et partisans est bien connue. Comme Jacques Cœur avait, en réalité, participé à des opérations de finances, on pouvait croire que, fidèle à ses habitudes, Mézeray le jugerait sévèrement. Cependant, il n'en fut rien.

« Les uns pensent, dit-il au sujet de l'argentier de Charles VII, que le Roy estoit animé contre luy, *pour ce qu'il prestoit de l'argent au Dauphin*; les autres qu'il n'estoit rien de cela, mais *que les calomnies des courtisans luy jouèrent ce tour pour se gorger de ses biens*[2]. »

En 1461, on voit apparaître pour la première fois

---

[1] *Les vrais pourtraits et vies des hommes illustres*, recueillis par André Thevet, Angoumoysin, premier cosmographe du Roy; Paris, 1584, 1 vol. in-fol., p. 150.

[2] *Histoire de France*, par Mézeray; Paris, 1646, in-fol., t. II, p. 70. Je n'ai pu découvrir quel était, antérieurement à Mézeray, l'historien qui aurait exprimé l'opinion que Jacques Cœur avait prêté de l'argent au Dauphin. — Voici, en outre, comment s'exprime Mézeray dans la même page, au sujet d'un trésorier de France, Jean Xaincoings, à qui la Cour avait fait faire son procès en 1449, pour avoir, disent quelques historiens, cette chose formidable que, dans la langue administrative, on nomme un *précédent*. Xaincoings, dont les biens avaient été distribués à quelques courtisans, et qui avait, en outre, été condamné au gibet, ayant obtenu la vie sauve, moyennant cent vingt mille écus, Mézeray entre à ce sujet dans une de ses colères ordinaires. « Pour« quoy, s'écrie-t-il, permettre à ces voleurs de se racheter de la « mort? N'est-ce pas folie de composer avec eux d'une partie, « puisque l'on peut avoir le tout? »

cette fable dont j'ai parlé en commençant et d'après laquelle Jacques Cœur aurait fait, à Famagouste, dans l'île de Chypre, où il se serait remarié, une nouvelle fortune non moins grande que la première. Cette invention est consignée dans une dissertation sur Jacques Cœur dont Denis Godefroy, historiographe de Louis XIV, fit suivre sa collection des chroniques concernant le règne de Charles VII. A quelle source Godefroy avait-il puisé ces détails? C'est ce qu'il ne dit pas. La Thaumassière, dont l'*Histoire du Berry* [1] contient des particularités précieuses sur les biens et les enfants de Jacques Cœur, adopta la version de Godefroy que suivirent aussi, environ quarante ans après, dom Bernard de Montfaucon [2] et le Père Daniel. Les deux excellents mémoires lus par Bonamy, en 1745, à l'Académie des Inscriptions et Belles-Lettres, rectifièrent cette erreur de fait. A la même époque, l'historien Villaret se prononça formellement contre Jacques Cœur, et admit comme vraies les relations avec le Dauphin, relations dont Mézeray semble avoir le premier parlé, sans preuve d'ailleurs, deux siècles après le procès. Villaret ajouta que ces « liaisons ne pouvoient manquer de déplaire au roi, « et qu'*aucun des historiens contemporains ne s'était*

---

[1] *Histoire du Berry*, par Gaspard Thaumas de la Thaumassière, 1 vol. in-fol.; Paris, 1689; *passim*.

[2] *Les monuments de la monarchie françoise, qui comprennent l'histoire de France, avec les figures de chaque règne, que l'injure des temps a épargnées;* 4 vol. in-fol., Paris, 1731. — T. III, p. 246.

« *récrié contre l'injustice de la condamnation*[1]. » Or, on a pu voir, par les extraits qui précèdent, que, depuis cette condamnation, presque tous les chroniqueurs et historiens l'avaient, au contraire, plus ou moins vivement taxée d'injustice. Quelques années après, le Père Griffet émettait une opinion diamétralement contraire à celle de Villaret dans une dissertation sur Jacques Cœur. « *Ses grandes ri-* « *chesses*, dit-il, *et le crédit qu'elles lui donnaient,* « *lui attirèrent l'envie des seigneurs de la Cour dont* « *plusieurs se réunirent pour le perdre*[2]. » L'historien Anquetil ne se prononça pas. Il aurait fallu lire, examiner, et c'est ce qu'il se dispensait de faire. Suivant lui, l'intégrité du célèbre financier était encore un problème. Anquetil reproduisit d'ailleurs, avec sa légèreté habituelle, au sujet des années qui avaient suivi l'évasion de Jacques Cœur, et de son prétendu mariage avec la dame Théodora, la fable dont Bonamy avait fait justice en 1745, et que Villaret et le Père Griffet avaient également réfutée[3].

Il y a une vingtaine d'années, un historien justement renommé, Sismondi, attribua la disgrâce de Jacques Cœur à ses ennemis, et dit que le procès

---

[1] *Histoire de France, depuis l'établissement de la monarchie jusqu'à Louis XIV*, par Villaret, année 1450.

[2] Voir dans l'*Histoire de France*, du P. Daniel, t. VII, p. 354, édition de 1755.

[3] Anquetil commença son *Histoire de France* à quatre-vingts ans, et l'acheva en quelques années.

qu'on lui fit fut conduit avec une iniquité révoltante. Sismondi compare l'influence que Jacques Cœur avait exercée sur le commerce de la France à celle de son célèbre contemporain, Cosme de Médicis[1]. Vers la même époque, M. Ternaux-Compans publia à Gœttingue une dissertation latine sur Jacques Cœur, dissertation dans laquelle il prit d'ailleurs pour unique guide les deux mémoires de Bonamy[2].

Un des savants les plus illustres de notre temps, l'auteur de la *Collection des lois maritimes antérieures au dix-huitième siècle*, M. Pardessus, a eu l'occasion d'apprécier, dans le remarquable *Tableau du commerce maritime antérieurement à la découverte de l'Amérique*, qui sert d'introduction à cet ouvrage, le rôle et l'influence de Jacques Cœur. Voici le jugement qu'il en a porté[3] :

« Le nom de Montpellier, le commerce de Languedoc ne me permettent pas de garder le silence sur l'illustre et malheureux Jacques Cœur, que la France a droit de mettre en

---

[1] *Histoire de France*, t. XIII, p. 536 et suiv.

[2] *Dissertatio de Jacques Cœur, præfecto redditorum publicorum supremo Franciæ, regnante Carolo VII*. Gœttingue, 1826; brochure in-4°.

[3] *Collection des lois maritimes; introduction*, 3ᵉ partie, p. CIX. — Les preuves de l'intérêt que la destinée de Jacques Cœur a inspiré à la généralité des écrivains sont innombrables. Je citerai encore l'opinion de M. Gailhabaud qui, dans son ouvrage intitulé: *Monuments anciens et modernes*, 4 vol. in-4°, a consacré six planches aux façades et aux détails de l'hôtel de Jacques Cœur.
« La plus grande partie de ses biens, dit M. Gailhabaud, passa
« entre les mains du marquis de Chabannes et d'un autre misé-
« ble, l'âme du complot. Le reste fut réparti entre ses juges

parallèle avec tout ce que Gênes et Venise ont de commerçants habiles et opulents.

« Doué de ce discernement qui fait apprécier les hommes et les événements, de ce coup d'œil sûr et rapide qui voit et juge les chances du commerce dans les différentes places, de cette force de volonté qui marche à son but sans se détourner, de cette heureuse assurance qui saisit le moment où il faut commencer, celui où il faut s'arrêter à propos dans les entreprises et les spéculations, Jacques Cœur avait vu le ralentissement qu'éprouvait le commerce dans le port de Marseille, par suite des guerres malheureuses de la maison d'Anjou pour recouvrer le royaume de Naples.

« Le moment lui parut favorable pour augmenter l'importance de Montpellier; il en fit le centre de ses opérations. Elles furent calculées et exécutées avec tant de prudence et de sagesse, que toutes furent couronnées de succès; les profits qui résultèrent des premières expéditions lui procurèrent le moyen d'en augmenter le nombre; en peu de temps, il fut en état d'armer et d'entretenir dix ou douze navires[1] qui trafiquaient sans discontinuation en Égypte et au Levant. On assure que sa fortune commerciale fut portée à un point tel que, seul, il fit, pendant vingt ans, plus d'affaires que les plus célèbres commerçants d'Italie, dont il excita la jalousie.

« Il était arrivé à obtenir en Égypte un crédit immense, en faisant à propos tous les sacrifices pécuniaires qu'exigeait la forme de ce gouvernement.

« La plupart des facteurs qu'il entretenait furent distin-

« qui ne paraissent avoir montré plus de pudeur que des voleurs
« de grand chemin se partageant les dépouilles d'un voyageur
« qu'ils ont assassiné. On ne peut s'empêcher d'être indigné en
« lisant les détails de cette odieuse histoire. » *Monuments anciens*, etc., t. III. *Non paginé.*

[1] Des pièces officielles de son procès constatent que Jacques Cœur n'avait jamais eu plus de sept navires.

gués par leur probité et leur mérite, et surtout ils lui furent fidèles et dévoués dans le malheur, ce qui prouve combien il se connaissait en hommes:

« Trop confiant dans la fortune qui semblait l'accabler de faveurs, et peut-être, ce qui est plus honorable, entraîné sans en prévoir les suites, par le désir de servir sa patrie, il accepta les fonctions d'argentier de Charles VII ; il lui rendit les plus importants services. La haine des courtisans, les calomnies, un procès criminel dans lequel il manqua de perdre la vie, et qui le dépouilla de presque toute sa fortune, furent ce qu'il en recueillit.... »

J'ai dit plus haut que M. Michelet n'avait vu dans Jacques Cœur qu'un personnage équivoque et vulgaire, un intrigant avide, prêtant d'une main à Charles VII, de l'autre, au Dauphin, et que M. Henri Martin en avait porté un jugement tout opposé. Un autre historien moderne, M. Théophile Lavallée dit que Charles VII témoigna l'ingratitude la plus odieuse contre son argentier. « *Des courtisans dé-« hontés*, ajoute-t-il, *mirent à profit l'insouciance et « l'égoïsme du roi pour commettre d'abominables « iniquités. La plus grande fut la condamnation de « Jacques Cœur*[1]. » Enfin, deux autres écrivains, M. le baron Trouvé[2] et M. Louis Raynal[3] ont récemment écrit, avec plus de détails qu'on ne

---

[1] *Histoire des Français, depuis le temps des Gaulois jusqu'en* 1830; 7ᵉ édition, t. I, p. 417.

[2] *Jacques Cœur, commerçant, maître des monnaies, argentier du roi Charles VII, et négociateur*; 1 vol. in-8º; Paris; 1840.

[3] *Histoire du Berry, depuis les temps les plus anciens jusqu'en* 1789; t. III, p. 51 à 96.

l'avait fait jusqu'ici la biographie de Jacques Cœur, et tous deux ils ont vu dans sa disgrâce, comme la plupart des chroniqueurs et des historiens qui les avaient précédés, le résultat d'une intrigue de cour contre un marchand enrichi par de grandes et fécondes spéculations [1].

Quelque extraordinaires que soient les événements dont la vie de Jacques Cœur a été remplie, il m'a semblé que cette histoire ne serait point en quelque sorte complète si l'on n'y faisait entrer celle du mouvement artistique, littéraire, social et économique de l'époque où il a vécu, et, en par-

---

[1] La nouvelle étude que j'offre au public était terminée, lorsque j'ai appris qu'un volume spécialement consacré à Jacques Cœur avait été publié en Angleterre, il y a quelques années. En voici le titre : « *Jacques Cœur, the french argonaut, and his times,* » by Louisa Stuart Costello. London, Richard Bentley, 1847. 1 vol. in-8º de 433 pages, avec un portrait de Jacques Cœur[*].

Miss Costello adopte pleinement, au sujet de Jacques Cœur, l'opinion de M. le baron Trouvé, à l'ouvrage duquel elle a fait ainsi qu'aux deux Mémoires de Bonamy des emprunts considérables. Elle voit dans son personnage, qu'elle appelle le Médicis de Bourges, d'une part, le fondateur des relations commerciales de la France avec le Levant; d'autre part, une victime de l'envie et de la trahison. « Jacques Cœur, dit-elle dans son introduction, était
« un des plus remarquables personnages de son temps. C'est avec
« raison qu'on l'a, à cause de sa richesse et de ses spéculations,
« appelé le Rotschild du quinzième siècle. Le roi de France lui dut,
« en grande partie, de rentrer dans la possession de son royaume,
« et c'est de lui que date l'importance commerciale de la France. »
L'ouvrage de miss Costello ne contient, d'ailleurs, en ce qui concerne Jacques Cœur lui-même, aucun fait nouveau.

Un autre écrivain anglais, M. Johnes, qui a publié une édition

[*] Ce volume se vend à Londres, cartonné, 14 schellings.

ticulier, de l'administration publique. J'ai cru, en outre, puisqu'il s'est trouvé mêlé, pendant de longues années, aux plus grandes affaires de son temps, qu'il ne serait pas sans intérêt de le montrer au milieu de ses contemporains les plus célèbres. Sous ce rapport, la figure de Charles VII devait tenir et tient, en effet, dans cette étude, une grande place. De même que Jacques Cœur, Charles VII a été, de la part des historiens, l'objet des jugements les plus opposés. Si j'ai bien compris cette physionomie, elle a été souvent sacrifié, contre toute justice. Comme je l'ai dit plus haut, Charles VII a été véritablement très-populaire, non pas à son

anglaise du curieux voyage dans le Levant, de Bertrandon de la Brocquière, conseiller du duc de Bourgogne au quinzième siècle, a porté sur Jacques Cœur le jugement suivant, cité par miss Costello (*Appendice*, p. 425.) :

« Jacques Cœur was an extraordinary character, and a striking
« instance of ingratitude of monarchs. Although of low origin, he
« raised himself by his abilities to high honours, and acquired by
« his activity immense riches. *He was one of the most celebrated*
« *merchants that ever existed;* and, had it not been for his supe-
« rior management of the finances, the generals, able as they
« were, of Charles VII, would never have expelled the English
« from France. »

Enfin, je citerai encore au nombre des travaux publiés sur Jacques Cœur :

1° Un article de M. Mennechet, inséré dans le *Plutarque français*, article de douze à quinze pages dans lequel l'auteur apprécie le rôle de Jacques Cœur comme l'ont fait presque tous les historiens;

2° Un volume in-12 intitulé : *Jacques Cœur*, par M. Cordelier-Delanoue, volume faisant partie de la *Bibliothèque de la jeunesse chrétienne*, imprimée à Tours. Malheureusement, les faits y sont présentés à un point de vue tout à fait romanesque.

avénement, mais vers la fin de sa vie, après un règne de quarante ans ; et l'on conviendra, que dans un pays tel que la France, cette circonstance a déjà une très-grande valeur. D'un autre côté, j'ai vainement cherché dans tous les écrivains contemporains, je ne dis pas un fait, mais un mot duquel on puisse conclure que, si ce roi a eu quelques accès de courage, c'est grâce aux généreuses excitations d'Agnès Sorel. Cette assertion, qui n'a pour elle que deux autorités historiques des plus suspectes : un quatrain de François I*er* et une espèce de conte de l'auteur de la *Vie des Dames galantes,* de Brantôme, me paraît, bien qu'elle soit en quelque sorte devenue classique, une pure supposition. Il y a dans la vie de Charles VII, deux parts distinctes à faire. Pendant les douze ou quinze premières années de son règne, il se montra faible, sans volonté, sans confiance en lui-même, se laissant diriger par des favoris qu'on lui imposait violemment. Puis, rendu plus habile et plus prudent par ses fautes mêmes, car le *métier de roi,* suivant l'expression de Louis XIV, a, plus que tout autre, besoin des leçons de l'expérience, il finit par acquérir cette volonté, cet esprit politique et de suite qui lui manquaient d'abord, et poussé, sinon par sa nature même, du moins par les nécessités de sa position, il se battit vaillamment, chassa les Anglais du royaume, fit adopter des réformes capitales et assura, par un acte célèbre, les libertés de l'Église gallicane. Je ne parle pas de la fermeté qu'il déploya contre son indigne fils et contre quelques princes du sang. Ce n'est donc point dans le roi mais dans l'homme qu'il faut chercher les défauts de Charles VII. Ces défauts sont principalement l'ingratitude, l'oubli complet des plus grands services, et, l'on en verra plus loin les preuves, des faiblesses étranges, scandaleuses, qui le rendirent, surtout vers la fin de sa vie, indifférent à toute pudeur. Les documents que j'ai réunis sur les différents aspects du caractère de ce prince permettront d'ailleurs au lecteur, du moins je l'espère, de se fixer complétement sur la part d'éloges ou de blâme qui lui revient.

Parmi ces documents, un grand nombre ont été imprimés et remontent, les uns à la fin du quinzième, les autres au seizième et au dix-septième siècle. On les trouvera cités et indiqués à leur place. D'autres documents, notamment ceux relatifs à Jacques Cœur lui-même, sont, du moins en partie, manuscrits et inédits. Quelques-uns de ceux-ci ont été explorés par Bonamy, mais à un point de vue spécial, comme on pourra s'en convaincre par la lecture de ses deux mémoires, où il s'abstient d'ailleurs soigneusement, on a peine à comprendre dans quel but, de donner la moindre indication qui puisse mettre sur la trace des pièces qu'il avait consultées. Quoi qu'il en soit, et puisque ces sources n'ont été, même après lui, que très-vaguement signalées, je demande la permission d'en dire quelques mot, afin que le lecteur, sachant d'où proviennent et en quoi consistent les documents originaux sur lesquels je m'appuie, soit édifié d'avance sur le degré de confiance qu'il doit leur accorder.

L'un de ces manuscrits porte le titre ci-après : *S'ensuivent les informations faictes contre Jacques Cueur, en récitant tant seulement le fait en substance de ce que les témoings ont déposé.* A la suite de ces informations viennent l'arrêt de condamnation, un mémoire à consulter adressé par les enfants de Jacques Cœur aux principaux avocats de Paris, la consultation de ces avocats, et diverses lettres patentes émanées tant de Charles VII que de Louis XI en faveur des enfants de Jacques Cœur, et de quelques-uns de ses anciens serviteurs.

Il existe de ce manuscrit un assez grand nombre de copies de différentes époques, mais qui se ressemblent généralement, sauf en ce qui concerne la classification des pièces qui n'est pas la même dans toutes les copies. La Bibliothèque nationale en possède au moins trois [1]; celle de l'Arsenal en a deux [2]. Au commencement de l'une de ces dernières, sur une page de garde, on lit la note suivante, également manus-

---

[1] *Collection Dupuy*, nos 551 à 553.—*Fonds de Mesmes*, n° 8,431 A. — *Fonds Saint-Germain*, n° 572.

[2] Ces manuscrits sont catalogués au Fonds de Jurisprudence; l'un, le n° 142, provient de la Bibl. de Mgr Turgot, évêque de Séez; l'autre, portant le n° 143, appartenait aux *Minimes* de la place Royale.

crite, mais d'une écriture du dix-huitième siècle, tandis que le manuscrit est du seizième :

« Jacques Cuer étoit fils d'un orfévre de Bourges. On ignore l'année de sa naissance ; mais, en 1428, il devint ouvrier à la monnoye à Bourges ; il fut ensuite maître de cette monnoye. Il devint trésorier de l'épargne sous Charles VII. Il gagna les bonnes grâces d'Agnès Sorel dont il fut exécuteur testamentaire. Il séduisit également le vieux Dunois qui avoit sauvé la France, *mais qui radotait alors*[1]. Avec ces protections, il exerça impunément des concussions énormes et amassa des richesses considérables, de sorte qu'ayant prêté ou paru prêter des sommes immenses à Charles VII, ce prince le mit à la tête de ses finances sous le titre d'argentier, titre qui répondait à celui de surintendant des finances. Son frère fut fait évêque de Luçon et son fils, encore jeune, archevêque de Bourges. Ce fut alors que voulant cacher la vraie source de ses richesses, il publia qu'il avoit trouvé la pierre philosophale et fit orner sa maison à Bourges de toutes sortes de caractères hiérogliphiques. »

Le manuscrit des *Informations*, que je désignerai, dans le texte de cet ouvrage, sous le titre de *Procès de Jacques Cœur*, attendu que les diverses pièces dont il se compose se rattachent au procès même, contient des renseignements précieux sur le commerce de Jacques Cœur, sur la nature de quelques-unes de ses opérations, sur l'importance de ses

---

[1] Dunois était né en 1402 ; il mourut en 1468. Il n'avait donc pas cinquante ans au moment de la grande faveur de Jacques Cœur. — La note ne dit même pas, d'ailleurs, que celui-ci était commerçant. Et il est certain que, s'il n'en eût pas été ainsi, on n'aurait pu s'expliquer ses immenses richesses.

biens immobiliers. On y voit, en outre, une liste assez longue, bien que non complète, de ses débiteurs, tous gens de cour, auxquels il avait prêté de l'argent ou vendu à crédit, et qui durent se réjouir doublement, par envie et par suite de la remise que le roi fit de leurs dettes à la plupart d'entre eux, de la chute de cet audacieux marchand qui, par son travail et son industrie, s'était avisé de devenir plus riche qu'eux. D'autres pièces manuscrites et originales, appartenant à la Bibliothèque nationale (*Cabinet des titres*), font aussi connaître un grand nombre de ces nobles débiteurs de Jacques Cœur, ainsi que les objets qu'ils daignaient lui acheter sans payer[1].

Les Archives nationales possèdent, parmi leurs richesses, deux manuscrits concernant Jacques Cœur. L'un d'eux, qui a, jusqu'à présent, été fort peu consulté, est intitulé : *Vente des biens de Jacques Cœur*[2]. C'est le procès-verbal, en 509 folios sur papier in-quarto, de cette vente à laquelle le procureur général du roi, Jean Dauvet, procéda, soit par lui-même, soit par des délégués, et pour laquelle il dut se transporter de Poitiers à Bourges, à

---

[1] Voir pièces justificatives, n° 5.
[2] Registre K, n° 328. — On trouve quelques extraits de ce manuscrit dans les pièces de la *Collection Dupuy*, à la Bibliothèque nationale. On voit aussi par l'*Histoire du Berry*, de La Thaumassière, qu'il en a eu connaissance. Enfin, M. Louis Raynal y a fait quelques emprunts, dans le chapitre de son *Histoire du Berry* qu'il a consacré à Jacques Cœur.

Tours, à Montpellier, à Marseille, partout enfin où la confiscation de ces biens immenses suscitait des difficultés. Il faut lire le détail de la vente des marchandises de Jacques Cœur, pour se faire une idée de son activité et de l'étendue de son commerce. Outre des étoffes précieuses de l'Orient et d'Italie, il vendait des armes, des joyaux, des diamants, des toiles, des pelleteries. A l'aide de ce procès-verbal, il serait possible également de meubler l'hôtel de Bourges, comme il l'était en 1451. La publication *in extenso* de ce précieux manuscrit jetterait sur la vie intérieure, les modes, les coutumes du quinzième siècle, une vive lumière. Il faut espérer que ce procès-verbal fera un jour partie de la grande *Collection des documents inédits sur l'histoire de France*. En attendant, j'ai tenu à honneur de donner quelques fragments du manuscrit dont il s'agit; mais, resserré dans mon cadre, il m'a fallu restreindre le nombre et l'étendue de ces extraits. Puissent-ils, du moins, hâter la publication du procès-verbal tout entier !

L'autre manuscrit des Archives nationales, également relatif à Jacques Cœur, n'a encore été cité ni indiqué nulle part. C'est un registre sur parchemin, de 283 pages, renfermant le *Compte des mines de Jacques Cœur*[1], après leur confiscation et pendant qu'elles furent affermées au nom du roi. Ces mines

[1] Registre K, 329.

étaient situées dans les environs de Lyon ; elles fournissaient de l'argent, du cuivre et du plomb ; mais elles étaient, en réalité, peu productives. Je donne, aux pièces justificatives, un résumé de ces comptes où l'on trouverait, au besoin, des détails spéciaux sur l'exploitation de quelques établissements minéralogiques qui avaient été connus des Romains, et qui, restitués par Charles VII lui-même aux enfants de Jacques Cœur, ont été abandonnés depuis plusieurs siècles.

Enfin, outre d'autres documents inédits ou déjà imprimés et qui m'ont paru nécessaires pour que le lecteur eût entre les mains toutes les pièces essentielles du procès du célèbre argentier, je publie, soit dans le texte, soit dans l'appendice, des lettres inédites de Jacques Cœur, d'Agnès Sorel, de Dunois, de Xaintrailles, de Talbot, ainsi que divers extraits, aussi inédits, d'Amelgard (Thomas Basin) sur l'état de la France avant 1430, sur les ravages des gens de guerre, sur les armées permanentes, sur les mœurs et les amours du roi, etc., etc.

Suivant toutes les apparences, il doit y avoir et l'on trouvera tôt ou tard des particularités concernant le commerce et la vie de Jacques Cœur dans les archives de Poitiers, de Montpellier, de Barcelone, de Marseille, de Gênes, de Florence et de Rome. C'est à Poitiers, en effet, qu'il a fait, après sa condamnation, amende honorable, à genoux, un cierge de dix livres à la main; c'est de Marseille et de Montpellier que partaient ses navires pour le Levant, pour la Catalogne, pour l'Angleterre et les Flandres. On a la preuve, en outre, qu'il a été en relation de lettres avec Janus de Campo Fregoso, chef de parti à Gênes, vers le milieu du quinzième siècle; enfin, il serait extraordinaire que Jacques Cœur n'eût pas correspondu avec ces Médicis qu'il avait en quelque sorte pris pour modèle et dont la faveur et la puissance l'enivrèrent, le perdirent peut-être. Quant aux relations qu'il eut avec les papes Eugène IV, Nicolas V et Calixte III, on en a déjà quelques traces écrites, mais on en trouverait probablement d'autres à la Bibliothèque Vaticane. Il me sera peut-être un jour possible de visiter les archives des villes que je viens de nommer et d'ajouter quelques nouveaux traits à l'esquisse que je publie aujourd'hui.

Quelques explications sont nécessaires au sujet du portrait placé en tête de ce volume. Il existe deux portraits de Jacques Cœur, mais ni l'un ni l'autre ne sont des portraits originaux et contemporains. L'un, gravé pour un volume de format in-folio, en 1653, par Grignon, précède la notice que Denis Godefroy a consacrée à Jacques Cœur dans le volume contenant les chroniques relatives au règne de Charles VII. Ce portrait a une grande et belle expression. Malheureusement, Godefroy ne fait pas connaître le nom de l'artiste qui avait peint l'original dont il s'est servi.

Peut-être d'ailleurs l'ignorait-il lui-même, attendu que deux siècles s'étaient déjà écoulés depuis la disgrâce de Jacques Cœur. Il paraît certain, dans tous les cas, que Godefroy n'a pas dû faire les frais d'une gravure aussi importante que celle dont il s'agit, sans s'être assuré qu'il n'existait pas de portrait de Jacques Cœur plus estimé que celui qu'il nous a conservé. Jacques Cœur y est représenté à mi-corps, avec une robe à dessins et une calotte de velours. Ce portrait, vigoureusement traité et d'une très-belle facture, est une des bonnes œuvres de Grignon, qui s'y est montré le digne précurseur des Nanteuil, des Edelinck, des Drevet et des autres maîtres qui ont porté à un si haut point l'art de la gravure sous Louis XIV. C'est celui que je reproduis. Il en existe une copie à l'huile, de grandeur naturelle, au musée de Bourges, mais elle paraît assez moderne, et tout porte à croire qu'elle a été faite d'après la gravure de Grignon.

L'autre portrait se trouve dans une des salles de l'hôtel de Jacques Cœur, à Bourges. C'est une toile où il est peint à mi-corps, de grandeur naturelle. Nonseulement ce portrait est une copie, mais il est probable que cette copie n'a pas deux siècles. Jacques Cœur y est représenté avec une de ces coiffures de l'époque appelées *chaperons*, dont les bouts flottent sur ses épaules. Le cou est entièrement découvert. Ce costume donne à sa physionomie un air hardi et résolu. Un juge des plus compétents, M. Prosper Mérimée, ne croit pas à l'authenticité de ce portrait [1]. La comparaison que j'en ai faite avec celui dont Godefroy a donné la gravure m'a déterminé à adopter ce dernier. D'un autre côté, si on les examine attentivement, on découvre, dans les traits principaux, une grande ressemblance. Enfin, ils sont tous deux peints aux trois quarts. On peut conclure de là que l'un de ces portraits a dû être fait d'après l'autre, avec un costume différent. Dans mon opinion, c'est celui d'après lequel Grignon a fait sa gravure, qui a dû servir de modèle. Plusieurs statuettes, ainsi que des médaillons en bronze et en plâtre représentant aussi Jacques Cœur, mais d'une date plus récente encore que les portraits, figurent également dans le musée de Bourges.

Le dessin au trait représentant Jacques Cœur faisant amende honorable devant les gens du roi, à Poitiers, a été copié fidèlement sur un manuscrit à miniatures du quinzième siècle [2]. Ce manuscrit, qui contient les Chroniques de Monstrelet, a fait partie de la magnifique collection que Colbert avait formée. Nul ne dira quelles réflexions la vue de cette humiliation infligée au plus grand commerçant qu'ait jamais eu la France, éveilla dans l'esprit de l'illustre ministre qui fit du développement du commerce le

---

[1] *Notes d'un Voyage en Auvergne*, p. 45.
[2] Bibl. Nat^{le}. Mss. n° 8,299-6; t. II, p. 377.

principal objet de ses méditations et de ses travaux. Ah! certaines destinées soulèvent invinciblement, dans l'esprit humain, de tristes pensées. Dans la première partie du quinzième siècle, une jeune femme, profondément touchée des malheurs de la patrie, se dévoue pour elle, se bat comme un héros, est abandonnée par le roi qu'elle a fait sacrer et meurt sur un bûcher, victime du fanatisme de quelques docteurs français, autant que de la haine et des rancunes de l'Angleterre. Vingt ans après, un homme que de grandes spéculations commerciales ont fait puissamment riche, met une partie des millions qu'il a gagnés à la disposition de Charles VII. Il a cet insigne bonheur, au milieu de la lassitude de la France, dans le sommeil du sentiment national, de prêter au roi l'argent nécessaire pour entretenir plusieurs armées, et il contribue ainsi, de concert avec les plus vaillants capitaines, à délivrer le royaume de l'occupation anglaise. Presque aussitôt après, des essaims de courtisans, dont la plupart étaient ses débiteurs, tombent sur lui, se font remettre leurs dettes, se partagent ses biens, le jugent eux-mêmes et se contentent d'ailleurs, grâce à l'intervention du pape, de le jeter au fond d'un cachot. Deux siècles plus tard enfin, une iniquité non moins odieuse a lieu, mais cette fois, elle ne part pas de la cour. Un grand ministre, je l'ai nommé tout à l'heure, meurt après avoir, par un labeur de vingt ans, restauré les finances, créé la marine française, attaché son nom à cent réformes et animé de son souffle puissant toutes les parties de l'administration. Le plus profond chagrin qu'il eût ressenti était d'avoir été traversé dans ses vues par les idées belliqueuses de Louis XIV et de n'avoir pu donner au peuple, qu'il aimait sincèrement, dont il était sorti, le bien-être qu'il avait rêvé pour lui. Et pourtant, voyez les obsèques de ce ministre, dont le nom grandit d'âge en âge. Ce même peuple, ou plutôt, une populace en démence, celle de Paris dans ses mauvais jours, lance des pierres sur le cercueil de Colbert, et elle le mettrait en pièces, si des mousquetaires bardés de fer ne la tenaient à distance. Voilà les leçons et les enseignements que le passé donne aux peuples comme aux rois. Mais à qui les leçons de l'histoire ont-elles jamais profité ?

Exempt, je l'espère du moins, de toute idée systématique, cherchant, avant toutes choses, la vérité, le but que j'ai toujours eu en vue, dans le cours de cette étude, a été d'y présenter, le plus fidèlement que cela m'a été possible, l'image du temps où ont vécu les personnages dont j'avais à peindre le caractère et les passions. Ce temps, on le verra, fut plein de misères et de violences. Dire pourtant que la partie spirituelle de l'homme, que l'âme humaine fût alors en proie aux mille désirs, aux ambitions sans limites, qui travaillent les générations actuelles, que les peuples enfin, sauf dans les grandes crises, s'estimassent plus malheureux qu'ils ne font aujourd'hui, je n'oserais [1]. Mais qu'on y regarde de près, et l'on verra si, même au prix de nos agitations sans cesse renaissantes, l'on voudrait de la condition où vivaient nos pères. C'est pour rendre la comparaison des deux époques plus facile que j'ai laissé, toutes les fois que j'ai pu le faire, la parole aux documents officiels, aux auteurs contemporains. Je n'ai rien négligé, en un mot,

[1] Parvenu au terme de ses savantes *Études sur la condition de la classe agricole et l'état de l'agriculture en Normandie, au moyen âge* (Évreux, 1851), M. Léopold Delisle est amené, lui aussi, à se poser cette question qu'il n'ose résoudre : « Malgré l'accroissement « du bien-être matériel, nos laboureurs et nos artisans sont-ils « réellement plus heureux que les laboureurs et les artisans du « siècle de saint Louis? » (*Préface*, p. XXXVIII.) Cependant, qu'on le remarque bien, M. Delisle n'éprouve, et l'on verra que je partage complétement son avis, aucune espèce de prédilection pour les siècles sur lesquels ont porté ses recherches. On en jugera par l'extrait suivant : « En lisant ces procès-verbaux, dont l'authénticité
« ne saurait être contestée, on reste confondu à la vue des désor-
« dres qui régnaient dans la plupart des ménages. A chaque
« instant, notre Official doit constater les plus scandaleux débor-
« dements. De tous côtés, le concubinage et l'adultère appellent
« une répression qui, presque toujours, reste impuissante. Le ma-
« riage ne conserve plus la moindre dignité : nos malheureux
« paysans n'y voient guère qu'un marché, peu différent de ceux
« qu'ils concluent journellement. Rien n'est plus ordinaire que de
« trouver les futurs époux plaidant l'un contre l'autre à la cour de
« l'Official, qui tantôt renvoie les parties libres de contracter ou
« non le mariage, et tantôt, par une sentence appuyée par les ana-
« thèmes de l'Église, les force à s'unir, et, suivant son expression,
« les adjuge l'un à l'autre comme mari et femme!.. Aussi, en
« lisant le registre de l'Official et les registres de la Chancellerie,
« on ne peut se défendre d'assez tristes pensées; mais, du moins,
« on se rendra le témoignage que, pour la régularité et la douceur
« des mœurs, nous sommes loin d'avoir quelque chose à envier
« à nos pères. ». (P. 188).

pour que le lecteur pût se croire, en quelque sorte, transporté pour quelques heures au milieu même du quinzième siècle. Si j'ai atteint ce but, si j'en ai seulement approché, je m'estimerai amplement récompensé de mon travail.

Qu'il me soit permis, en terminant, de me rendre l'interprète d'un vœu que font, je n'en doute pas, tous ceux qui vont visiter, à Bourges, le célèbre et magnifique hôtel de Jacques Cœur. Les bureaux de la mairie, les Archives départementales, la Cour d'assises et le parquet occupent aujourd'hui cet hôtel. Il est depuis longtemps question de construire à Bourges un palais de justice; le choix de l'emplacement divise seul, dit-on, les esprits. Il est bien à désirer qu'une détermination soit enfin prise à ce sujet. De la sorte, le musée provisoire et tout à fait insuffisant que la ville loue aujourd'hui pourrait être, comme le projet en existe d'ailleurs, établi dans l'hôtel de Jacques Cœur, où il serait admirablement situé. Une centaine de mille francs habilement employés feraient de cet hôtel l'un des plus curieux et des plus charmants monuments du quinzième siècle. Quand il aura été ainsi restauré et approprié à sa véritable destination, car il le sera certainement un jour, l'hôtel de Jacques Cœur rivalisera, dans son genre, avec la magnifique église Saint-Étienne de Bourges, où tant de réparations sont pourtant indispensables, mais dont les façades latérales, admirablement conservées, dépassent en beauté et en élégance tout ce que l'imagination la plus riche peut rêver. Vue du jardin de l'archevêché, l'une de ces façades, bien qu'un peu masquée par une allée d'arbres, produit un effet dont rien ne saurait donner une idée. Il ne paraît pas possible que l'architecture, je ne dis pas seulement du moyen âge, mais de quelque époque que ce soit et d'aucun pays, ait jamais rien produit de plus resplendissant et de plus complétement beau. L'hôtel de Jacques Cœur, dont l'ensemble et les nombreux détails fourniraient le sujet d'un curieux album encore à faire, et la cathédrale de Saint-Étienne, dont les pères Martin et Cahier viennent de décrire les vitraux dans une publication qui est elle-même un chef-d'œuvre, sont, pour l'ancienne capitale du Berry, des richesses qui n'ont d'égales nulle part. Que la ville de Bourges, qui en est, au surplus, fière à juste titre, s'en fasse un peu plus honneur! Quant à l'hôtel de Jacques Cœur, l'administrateur qui en fera adopter et exécuter la restauration, acquerra, à coup sûr, des titres durables à la reconnaissance et au souvenir de ses concitoyens.

NOTICE

SUR

LA VALEUR RELATIVE DES ANCIENNES MONNAIES FRANÇAISES

ET

PARTICULIÈREMENT DE CELLES DU QUINZIÈME SIÈCLE

I.

L'appréciation de la valeur comparée de l'argent entre des époques différentes, est depuis longtemps l'objet des recherches des économistes et des savants. Ces recherches, est-il nécessaire de le dire, n'ont rien de futile et s'expliquent tout naturellement. La première pensée qui se présente à l'esprit, quand on lit, par exemple, que les gages d'un précepteur de Charles le Bel étaient de 500 livres par an, ou que la rançon du roi Jean s'est élevée à trois millions d'écus d'or, est, en effet, de chercher à se rendre compte de la somme que ces 500 livres, ou ces trois millions d'écus d'or représenteraient en monnaie d'aujourd'hui. Pendant de longues années, on avait cru généralement qu'il suffisait de connaître la différence ayant existé entre la valeur du marc (8 onces) d'or ou d'argent, à deux époques données, pour déterminer la valeur relative des espèces métalliques aux mêmes époques. Ainsi, de ce que le marc d'argent, qui valait 5 livres en 1326[1], vaut actuellement, d'après un tarif du 1er juillet 1835[2], 55 francs, c'est-à-dire onze fois plus, on concluait, d'après ce système, qu'une valeur énoncée dans une ordonnance ou un acte quelconque se rapportant à l'année 1326 devait être exactement représentée aujourd'hui par une somme onze fois plus considérable. Une étude plus approfondie de la question a démontré depuis qu'elle était bien autrement compliquée, et l'on peut dire aujourd'hui que plus on l'examine attentivement, plus on y trouve de difficultés.

Il ne suffit pas, en effet, pour la décider, d'avoir égard à la dépréciation de l'or et de l'argent, notamment depuis la découverte du nouveau monde; il faut encore tenir compte :

1° De la diminution progressive, depuis Charlemagne, du poids de monnaies qui ont conservé la même dénomination;

2° De l'altération que les monnaies ont subie à de certaines époques, et de la différence de l'alliage qui est entré dans leur composition;

3° Enfin, des progrès de l'industrie, progrès par suite

---

[1] *Tables du prix du marc d'or et d'argent depuis 1144 jusqu'en 1689*, à la fin du *Traité historique des monnoyes de France, avec leurs figures, depuis le commencement de la monarchie jusqu'à présent*, par Le Blanc; 1 vol. in-4°, Paris, 1690. — L'ouvrage de Le Blanc, très-estimé d'ailleurs, en ce qui concerne l'appréciation du titre et de la valeur intrinsèque des anciennes monnaies françaises, ne contient aucun éclaircissement sur la question spéciale qui nous occupe. — Il en est de même de l'*Essai sur les monnoies*, par Dupré Saint-Maur.

[2] *Annuaire du bureau des longitudes*, année 1846, p. 74.

desquels un grand nombre d'objets, soit de première nécessité, soit de luxe, ont pu, à une époque donnée, être achetés avec une quantité moins considérable d'or ou d'argent que dans les siècles antérieurs.

Dans les profondes études auxquelles il s'est livré sur la condition des classes agricoles et la propriété territoriale en Normandie pendant le moyen âge, M. Léopold Delisle a récemment posé le problème de la valeur relative des monnaies en termes très-clairs, très-précis, et qu'il me permettra de lui emprunter. Malheureusement, effrayé en quelque sorte des difficultés de la question, M. Delisle s'est borné à les indiquer. Quoi qu'il en soit, je cite en entier le passage de son livre qui s'y rapporte :

« *A telle date, dans tel pays, combien telle espèce de monnaie pesait-elle, et dans quelle proportion y entrait l'argent?*

« Pour résoudre le problème, il faut trouver combien de pièces de cette monnaie on taillait alors dans un marc d'argent. Le nombre obtenu se prend pour diviseur du prix actuel du marc d'argent, et le quotient de la division donne la valeur intrinsèque de l'espèce de monnaie proposée.

« La valeur intrinsèque d'une certaine somme à une certaine époque étant connue, reste à savoir quelle en est la valeur extrinsèque ou relative. On peut poser le problème dans les termes suivants :

« *A telle date, dans tel pays, dans telles circonstances, que valait une certaine quantité d'argent fin, comparée à la même quantité d'argent fin de nos jours?*

Ou autrement :

« *Quelle quantité d'argent fin faudrait-il aujourd'hui*

« *pour faire ce qui, à une époque donnée, se faisait avec
« une telle quantité d'argent fin?*

« Ce rapport de la valeur de l'or ou de l'argent fin
« d'une époque à la valeur de l'or ou de l'argent fin
« d'une autre époque, prise pour terme de comparaison,
« est ce qu'on appelle le *pouvoir* de l'argent. Pour le dé-
« terminer, il faut comparer l'emploi de l'argent aux
« deux époques données. Mais sur quels points portera
« cette comparaison? S'en tiendra-t-on aux objets de
« première nécessité? Fera-t-on entrer en ligne de compte
« toute espèce de valeur, et notamment les objets de
« luxe? Si l'on adopte le premier système, il faudra,
« pour rechercher le pouvoir de l'argent à une
« époque donnée, exprimer en monnaie moderne la
« valeur intrinsèque des sommes que coûtaient, à cette
« époque, les denrées de première nécessité, et diviser
« par le nombre qui exprimera cette valeur, le prix
« actuel des mêmes denrées : le quotient indiquera le
« pouvoir de l'argent.

« Suivant l'autre système, on doit comparer de la
« même manière le prix des denrées de première néces-
« sité et des objets de luxe, le loyer des terres et des
« maisons, le produit des capitaux, les salaires, les trai-
« tements. On comprend aisément toutes les incertitudes
« et les difficultés que présentent ces comparaisons; il
« est à peu près inutile d'observer que, suivant la diffé-
« rence des éléments employés dans ces calculs, on
« arrive trop souvent à des résultats contradictoires et
« absurdes[1]. »

---

[1] *Études sur la condition de la classe agricole et l'état de l'agriculture en Normandie au moyen âge;* p. 373.

II.

Des économistes éminents, Quesnay, Adam Smith, Jean-Baptiste Say, Rossi, des savants distingués, MM. Guérard, Leber, de Saulcy, ont traité la question des monnaies au point de vue qui vient d'être indiqué. Personne ne s'étonnera, en songeant combien cette question est ardue et complexe, que les résultats auxquels ils sont arrivés présentent de graves différences. Je n'ai pas la prétention de répandre, après eux, des lumières nouvelles sur ce sujet. Le seul but que je me propose est d'exposer succinctement leurs idées, sauf à indiquer, parmi les appréciations qu'ils ont données, celle qui me paraît se rapprocher le plus de la réalité, du moins en ce qui concerne le quinzième siècle. Le lecteur pourra ainsi, au moyen de ces notions préliminaires, se figurer, *du moins approximativement*, l'importance des sommes qu'il rencontrera, à chaque instant, dans les pages de ce livre.

La question de la valeur comparative des monnaies paraît avoir été soulevée pour la première fois, il y a déjà plus de deux siècles. En 1620, un secrétaire de la chambre du roi, Scipion de Gramont, la traita incidemment avec beaucoup de sagacité. A cette époque, l'impôt s'élevait à trente millions de livres, et, comme d'ordinaire, on se plaignait qu'il fût excessif. Scipion de Gramont entreprit de démontrer, à cette occasion, que le peuple n'avait jamais été moins chargé depuis trois siècles, et prouva que Charles V, par exemple, bien qu'il ne retirât de l'impôt, y compris le revenu du domaine, qu'un million de livres par an, était plus riche que Louis XIII avec ses trente-deux millions. Voici sa démonstration :

« En premier lieu, dit-il, la livre de ce temps-là en
« valoit 4 des nostres, estant le marc d'argent à 5 livres
« 5 souls, et celuy d'or à 62 livres; et maintenant, le
« marc d'argent vaut 20 livres 5 souls 4 deniers, et celuy
« d'or 240 livres 10 souls. Voilà donc quatre millions de
« livres en force de monnoye, dont jouissoit le roy
« Charles V, c'est-à-dire que ce million en valoit quatre
« des nostres. Mais ce n'est pas tout, car avec ces quatre
« millions on faisoit autant ou plus que l'on fait mainte-
« nant avec trente : ce que je preuve par le prix du bled,
« du vin, de la chair, du drap (qui sont les choses les
« plus nécessaires à la vie), le conférant avec celuy d'à
« présent. Il faut maintenant huict fois plus d'argent
« pour mesme quantité de bled qu'il ne falloit alors.
« Pour le regard du vin, nous l'avons veu cy-dessus
« au Coustumier d'Anjou à 24 souls le muy au temps
« où ces 24 souls ne sauroient valoir plus de 40 souls
« de nostre monnoye, qui reviendroient à 10 souls du
« temps de Charles cinquiesme. Il vaut maintenant, dans
« le mesme pays, 16 et 18 livres; on ne donnoit donc pas
« plus d'argent alors pour huict muys que nous en don-
« nons maintenant pour un seul. Le mouton gras vaut
« huict fois plus d'argent qu'il ne coustoit. L'aulne enfin
« du meilleur drap de Paris ne valloit que 15 souls en ce
« mesme temps, qui peuvent revenir à 24 des nostres et
« à 6 du roy Charles V; elle se vend maintenant 9 francs
« et demy, c'est-à-dire huict fois davantage. Qu'inféré-je
« donc de ceci? c'est que *les quatre millions du roy*
« *Charles revenoient à trente-deux millions, et valloient*
« *huict fois plus que ne font quatre millions d'à présent,*
« *et que le roi ne faict pas plus avec les trente-deux*
« *millions qu'il tire que faisoit ce roy là avec son million*

« *équivalent à quatre millions en force de monnoye*[1]. »

Dans des observations qu'il publia en 1755 sur l'*Histoire de France* du père Daniel, le père Griffet calcula que les 400,000 écus d'amende auxquels Jacques Cœur avait été condamné équivalaient à 4,228,360 livres au milieu du dix-huitième siècle. Or, le marc d'argent, qui valait environ 8 livres l'année de la condamnation de Jacques Cœur, était, en 1755, de 54 livres. D'autre part, l'écu représentait, vers 1453, environ 28 sous; 400,000 écus faisaient donc un peu plus de 500,000 livres qui, en ayant égard à la seule différence de la valeur du marc d'argent aux deux époques, auraient égalé, en poids, 3,036,000 livres. Le père Griffet n'indique pas, d'ailleurs, d'après quelles données il a fait ses calculs, dont les résultats sont, on le verra mieux encore plus loin, de beaucoup au-dessous de la réalité.

Trois années après, en 1758, le docteur Quesnay signalait, dans son *Tableau économique*, la différence relative de l'argent à deux époques données. Ayant à se rendre compte du loyer réel des terres, il constatait, au sujet d'une terre située en Bourgogne, qu'à la fin du quinzième siècle, le marc d'argent, qui valait 12 livres, payait 12 setiers de blé. « Or, ajoutait Quesnay, cette quantité
« de blé vaudrait aujourd'hui, sur le pied de 18 livres
« le setier, 216 livres au lieu de 12; *le sou d'alors était*
« *donc à celui d'aujourd'hui comme un est à dix-huit*[2]. »

Cette évaluation, tout incomplète qu'elle était, fut

---

[1] *Le denier royal, traicté curieux de l'or et de l'argent*, par Scipion de Gramont, sieur de Sainct-Germain, secrétaire ordinaire de la chambre du Roy. Paris, 1620, in-12 de 299 pages.

[2] *Œuvres de F. Quesnay*; édition Guillaumin, les *Physiocrates*, Ire partie, p. 121, *note*.

comme un trait de lumière, car l'appréciation, cependant plus exacte, de Scipion de Gramont avait, à ce qu'il paraît, été totalement perdue de vue. C'est de ce moment, en effet, c'est-à-dire de la publication du *Tableau économique*, que date une série, non interrompue depuis, de recherches ayant pour objet d'établir, à un point de vue général, la valeur comparative des monnaies. Le célèbre économiste avait indiqué la voie; ses disciples ne tardèrent pas à l'y suivre, et l'un d'eux publia, deux ans après, dans le *Journal œconomique*, un travail substantiel qu'il importe de reproduire en entier[1].

ÉTAT DE LA VALEUR DE LA MONNAIE DE FRANCE

Dans 24 époques différentes de temps, depuis Charlemagne jusqu'à présent.

« La livre d'or doit sa première institution et ses divisions
« à Charlemagne. Ce fut lui qui, d'abord, ordonna qu'une
« livre pesant d'argent serait coupée en 20 pièces appelées
« *sols* et chacun de ces sols en 12 autres pièces appelées
« *deniers*. Ainsi, sous Charlemagne, la livre était donc
« réellement une livre pesant d'argent, c'est-à-dire une
« livre romaine de 12 onces[2] qui fait environ 10 onces
« deux tiers de Paris. Mais depuis, la livre, au lieu d'une
« pesanteur réelle, est devenue simplement une valeur
« nominale et numéraire. Sa valeur a diminué considé-

---

[1] Numéro de mars 1760, p. 135.

[2] C'était, on le sait, l'opinion de Le Blanc, dont le *Traité sur les monnaies* a fait longtemps autorité. Dans un savant mémoire dont je parlerai plus loin, M. Guérard a démontré que la livre de Charlemagne était de 13 onces un tiers, poids de marc, soit 7,680 grains.

« rablement, de sorte qu'une livre pesant d'argent conte-
« nait ensuite beaucoup de ces livres nominales ou numé-
« raires. La variation et le décroissement progressif de
« la valeur d'une livre actuelle, argent de France, et
« les différentes livres des siècles passés, sont expliqués
« dans le tableau suivant [1] : »

RÈGNES.	ÉPOQUES.	VALEUR INTRINSÈQUE DE LA LIVRE à chaque époque.			PRIX du MARC D'ARGENT.			DIMINUTION successive du poids de la livre.
	années.	liv.	s.	d.	liv.	s.	d.	grains.
Charlemagne à Louis VI.	768 à 1113	66	8	»	»	15	»	6,144
Louis VII.	1113 à 1158	18	13	6	2	13	4	1,728
Philippe-Auguste.	1158 à 1222	19	18	5	2	10	»	1,843
Louis IX et Philippe III.	1222 à 1226	18	4	11	2	14	7	1,688
Philippe le Bel.	1226 à 1285	17	19	»	2	15	6	1,660
Louis X et Philippe V.	1285 à 1313	18	8	10	2	14	»	1,706
Charles le Bel.	1313 à 1321	17	3	7	2	18	»	1,588
Philippe VI.	1321 à 1344	14	11	11	3	8	»	1,350
Le roi Jean.	1344 à 1364	9	19	2	5	»	»	921
Charles V.	1364 à 1380	9	9	8	5	5	»	877
Charles VI.	1380 à 1422	7	2	3	7	»	»	658
Charles VII.	1422 à 1461	5	13	9	8	15	»	526
Louis XI.	1461 à 1483	4	19	7	10	»	»	460
Charles VIII.	1483 à 1497	4	10	7	11	»	»	418
Louis XII.	1497 à 1514	3	19	8	12	10	»	368
François Ier.	1514 à 1546	3	12	2	14	»	»	329
Henri II et François II.	1546 à 1559	3	6	5	15	»	»	316
Charles IX.	1559 à 1574	2	18	7	17	»	»	271
Henri III.	1574 à 1589	2	12	11	18	16	4	245
Henri IV.	1589 à 1611	2	8	»	20	15	»	222
Louis XIII.	1611 à 1642	1	15	3	27	»	»	170
Louis XIV.	1642 à 1715	1	4	11	40	»	»	115
Louis XV.	1715 à 1720	»	8	»	120	»	»	38
	1720 à 1726	1	»	»	49	16	»	96

« On peut aisément, à l'aide de cette table, calculer
« la valeur de la livre actuelle de France dans les diffé-

[1] Les renseignements qui font l'objet des deux dernières co-

« rents temps et les périodes qui s'y sont rapportées.
« Ainsi, il paraît que la livre actuelle ne vaut que 3 de-
« niers 3/5 du temps de Charlemagne, et qu'un million
« du temps de Charlemagne valoit 66,200,000 livres
« de la monnoie actuelle.

« La proportion de valeur des livres de différents
« règnes, les unes avec les autres, se connoît aussi très-
« aisément par cette table. Ainsi, on trouvera que la
« livre sous François Ier ne valoit que 7 sols 6 deniers du
« temps de Charles V, et qu'au contraire, la livre sous
« Charles V valoit 2 livres 13 sols 4 deniers de la mon-
« noie du temps de François Ier...

« En faisant ces évaluations, il faut toujours se
« rappeler qu'après la découverte de l'Amérique, on
« apporta, dans le seizième siècle, une si grande quan-
« tité d'argent en Europe, que la valeur de l'argent fut
« réduite au tiers de ce qu'elle était auparavant; de
« sorte qu'après 1600, la même quantité de la même
« espèce de marchandise coûtoit *trois fois* autant d'ar-
« gent qu'elle faisoit avant 1500[1]. Cette grande abon-

lonnes de ce tableau ne sont pas dans le *Journal œconomique*. Je les trouve dans le *Dictionnaire historique des monnaies*, in-4°, Lyon, 1784, p. 53. — On trouve également dans ce dictionnaire un tableau fort ingénieux, mais trop grand pour être reproduit ici, et qui fait connaître, au premier coup d'œil, quels étaient, sous chaque règne, les résultats de la variation des monnaies françaises, comparativement aux règnes précédents ou subséquents. Il est inutile de faire observer que la colonne du prix du marc d'argent indique la moyenne de ce prix, ou tout au moins le prix habituel durant une époque déterminée. Or, on sait avec combien de précaution il faut se servir des moyennes.

[1] C'est cette différence qui constitue ce que l'on a appelé depuis *pouvoir de l'argent*. — Scipion de Gramont avait dit *huit fois*, en parlant, il est vrai, du règne de Charles V, soit de 1364 à 1380.

« dance d'argent, jointe à la réduction de la livre nu-
« méraire ou de compte, est la cause de la disparité sur-
« prenante que l'on remarque entre le prix actuel des
« denrées et la valeur de ces mêmes denrées dans les
« siècles passés. »

L'illustre auteur des *Recherches sur la richesse des nations*, Adam Smith, reconnut, en 1776, qu'on ne pouvait apprécier les valeurs réelles de différentes marchandises, d'*un siècle à un autre*, d'après les quantités d'argent qu'on avait données pour elles. Il fut d'avis, en outre, qu'on ne pouvait, non plus, les apprécier, d'une année à l'autre, d'après les quantités de blé qu'elles avaient coûté, les variations de cette denrée étant quelquefois très-fréquentes et considérables dans un temps fort limité ; mais il lui parut que, d'*un siècle à l'autre, le blé était une meilleure mesure que l'argent*[1]. Adam Smith constata, de plus, l'augmentation progressive de la valeur de l'argent relativement à celle du blé, et l'expliqua comme il suit : « Sur la fin du quinzième siècle, dit-il,
« et au commencement du seizième, la plus grande
« partie de l'Europe s'avançait déjà vers une forme de
« gouvernement plus stable que celle dont elle avait pu
« jouir depuis plusieurs siècles. Une plus grande sécu-
« rité devait naturellement accroître l'industrie et tous les
« genres d'amélioration, et la demande des métaux pré-
« cieux, comme celle de tout autre objet de luxe et d'orne-
« ment, devait naturellement augmenter à mesure de
« l'augmentation des richesses[2]. » Revenant, dans un

---

[1] *Recherches sur la nature et les causes de la richesse des nations*, liv. I, chap. V, édition Guillaumin, p. 47.

[2] *Ibid.*, liv. I, chap. IX, p. 232.

autre chapitre, à l'idée qu'il avait déjà exprimée au sujet de la faculté qu'il attribue au prix moyen des grains de servir d'étalon pour l'appréciation des valeurs, Adam Smith ajoute que, « dans tous les différents degrés de « richesse ou d'amélioration de la société, le blé est une « mesure de valeur plus exacte que toute autre mar-« chandise[1]. »

L'auteur d'un mémoire couronné en 1789 par l'Académie des inscriptions et belles-lettres, Cliquot de Blervache, traita incidemment, à propos de la condamnation de Jacques Cœur, la question relative à la valeur intrinsèque des monnaies vers le milieu du quinzième siècle. « Jacques Cœur, dit-il, fut condamné à 100,000 écus « d'amende envers les peuples et à 300,000 envers le « roi. L'écu d'or était de 70 1/2 au marc et le marc d'or « valait 97 livres 15 sous. 100,000 écus à 70 1/2 au

---

[1] Liv. I, chap. XI, p. 238. — Un des commentateurs d'Adam Smith, Buchanan, avait fait, à ce sujet, la réflexion suivante : « Le prix du blé ne règle pas le prix en argent de tous les autres « produits bruts de la terre; il ne règle ni le prix des métaux, ni « celui de beaucoup d'autres matières premières; et comme il ne « règle pas le prix des métaux, ni de beaucoup d'autres matières « premières, il ne règle pas non plus celui des objets manufactu-« rés. » Mais un autre commentateur, qui a été en outre le traducteur d'Adam Smith, le comte Germain Garnier, a combattu l'assertion de Buchanan dans une très-longue note à laquelle je ne puis que renvoyer le lecteur, et qui se termine comme il suit : « Il ne faut voir « dans l'argent que du travail fait, qui a été payé par des subsis-« tances et qui vaut ce qu'il a été payé. Ce qu'on nomme le prix du « blé en argent est l'expression la plus simple et la plus immédiate « de la valeur de l'argent; c'est son évaluation faite en sa véritable « monnaie; c'est pour cela que lorsqu'on veut apprécier l'argent « dans les temps anciens, la seule méthode est de l'évaluer en « blé. Dire que le prix du blé en argent ne règle pas tous les au-« tres prix en argent, c'est briser le seul lien qui mette en rapport « entre elles les diverses valeurs dont se compose la circulation. »

« marc font 1,418 marcs 1/3, lesquels, à 97 livres 15 sous,
« font 138,609 livres de ce temps-là. Les écus dont il
« s'agit étaient fabriqués avec de l'or à 23 1/2, 23 3/4 de
« karats. L'or, à ce titre, vaudrait à présent environ
« 800 livres le marc.

« Ainsi, 100,000 écus d'or de ce temps-là représente-
« raient, monnaie d'aujourd'hui . 1,334,400 liv.
« Et les 300,000 écus 3,403,200

« Ensemble. . . 4,537,600 liv.[1] »

On voit, par ce qui précède, que, malgré les démonstrations de Scipion de Gramont, de Quesnay, du *Journal œconomique* et d'Adam Smith, Cliquot de Blervache, se préoccupant exclusivement du poids et du titre des monnaies, ne tenait aucun compte de la différence du pouvoir de l'argent aux deux époques qui lui servaient de point de comparaison.

Dans une étude estimée sur le *Crédit public et les dettes publiques*, Dufresne Saint-Léon constate que l'intérêt de l'argent qui était, en 1514, au denier 12, c'est-à-dire à 8 1/2 pour cent, est aujourd'hui à 5 pour cent; et qu'une somme de 144 livres placée en 1514, remboursée aujourd'hui et placée de nouveau à 5 pour cent, rapporterait 7 livres 4 sous de rente, ou à peu près la valeur de 4 boisseaux de blé. « Il résulte de là, dit Dufresne Saint-
« Léon, que l'argent ou les rentes numéraires ont été
« atténuées depuis 1514 par l'affaiblissement des mon-

---

[1] *De l'état du commerce intérieur et extérieur de la France depuis la première croisade jusqu'à Louis XII*, dans la *Collection de mémoires, etc.*, de M. Leber, t. XVI.

« naies, l'augmentation du prix des choses et la dimi-
« nution de l'intérêt de l'argent en France, dans la pro-
« portion de 30 à 1. — Aujourd'hui, la même somme
« de 144 livres, placée en terre à raison du denier 30,
« rapporterait environ 3 livres 8 sous, pour lesquels
« on n'aurait que deux boisseaux de blé, ce qui ne suf-
« firait pas à la consommation d'un mois : *avilissement*
« *de 40 à 1, y compris l'affaiblissement des monnaies.* La
« même somme de 144 livres en poids (c'est-à-dire le
« poids en argent qu'aurait donné cette somme en 1514)
« formant 648 livres en monnaie actuelle, placée en
« terre à raison du denier 30, produirait environ 19 li-
« vres dix sous ou treize boisseaux, ce qui donne environ
« le rapport de six et demi ou sept à un [1]. »

Quesnay et Adam Smith avaient, on l'a vu, posé en principe la fixité de la valeur du blé. Le comte Germain Garnier embrassa complétement leur doctrine, et la développa en 1819 dans un excellent ouvrage sur la monnaie des peuples anciens. Il établit que le prix moyen du grain avait été, sous les premiers empereurs romains, le même que plus tard, pendant la république, sous Constantin, sous Charlemagne et sous Louis XI, et que le rapport entre le blé et l'argent n'avait été modifié que par suite de la découverte du nouveau monde, laquelle avait procuré les métaux précieux aux nations *à un sixième environ de la quantité de travail qu'ils leur coûtaient auparavant.* Suivant lui, les mercuriales du prix des grains, tant en France qu'en Angleterre, constatent de la manière la plus authentique, que depuis 250 ans, deux gros d'or ou trente gros d'argent fin sont le prix

[1] *Étude du crédit public et des dettes publiques*, p. 274.

moyen d'une mesure de blé du poids de 240 à 250 livres. Il ajoutait que, pour s'assurer de la valeur de l'argent à deux époques comparées entre elles, il fallait recourir au prix moyen du blé en argent à chacune de ces époques. Relativement à la valeur comparative des monnaies, le comte Germain Garnier formula ainsi son système : « Toute chose échangeable qui, dans les écrits
« des anciens, et généralement dans tout acte antérieur
« à l'époque où la circulation du monde commerçant
« fut desservie par l'or et l'argent de l'Amérique, se
« trouve évaluée en monnaie du temps, doit être au-
« jourd'hui portée à six fois cette évaluation, lorsque
« nous voulons connaître quelle était alors la valeur
« réelle d'une telle chose, quel degré de richesse ou de
« puissance sur le travail d'autrui elle conférait à celui
« qui en était le possesseur, quelle privation s'impo-
« sait celui qui consentait à s'en dessaisir pour en faire
« don, enfin, quel était le vrai rapport de cette chose
« avec les autres valeurs consommables [1]. »

Comme Quesnay, Smith et le comte Garnier, Jean-Baptiste Say admit que, de toutes les marchandises évaluables, le blé était celle dont la valeur avait le moins varié. Il compara une quantité de blé avec une quantité connue d'or ou d'argent à une époque donnée, et il détermina, du moins approximativement, quelle avait été la dépréciation des métaux depuis les temps anciens jusqu'à ce jour.

D'après ses calculs, la quantité de blé contenue

---

[1] Germain Garnier, *Histoire de la monnaie depuis les temps de la plus haute antiquité jusqu'au règne de Charlemagne*, t. I, p. LXXIII, LXXIX et 57 ; t. II, p. 355.

dans un hectolitre avait dû, à diverses époques, s'échanger contre une quantité d'argent fin qui était de :

- 245 grains sous Charlemagne.
- 219 — sous Charles VII, vers l'année 1450.
- 333 — en 1514
- 731 — en 1536
- 1130 — en 1610
- 1280 — en 1640
- 1342 — en 1789
- 1610 — en 1820

Dans l'opinion de Jean-Baptiste Say, en corrigeant les unes par les autres les données plus ou moins imparfaites qu'il avait été possible de recueillir sur le prix du blé en argent, antérieurement à la découverte du nouveau monde, on pouvait les réduire à une donnée commune de 268 grains d'argent fin pour un hectolitre de froment. Or, comme il en faut donner actuellement six fois autant, il en concluait, comme le comte Garnier, qui était arrivé au même résultat par des calculs différents, que *la valeur propre* de l'argent avait décliné dans la proportion de *six à un*.

D'un autre côté, Dupré de Saint-Maur ayant fait observer dans son *Essai sur les monnaies* que, depuis le commencement du treizième siècle, la capacité du setier de Paris était toujours restée à peu près la même, Jean-Baptiste Say basa sur ce fait le raisonnement suivant : Le setier, dit-il, approche beaucoup d'un hectolitre et demi. Le prix moyen de l'hectolitre étant de 19 francs, le prix moyen actuel du setier est de 28 francs 50 centimes. On peut donc, quel que soit le prix du setier, à pratir du treizième siècle, traduire ce prix par 28 francs 50 centimes d'aujourd'hui. Jean-Baptiste Say calcula, en outre, ce qu'un florin d'or de Florence, dont la valeur approximative était de 60 francs 13 centimes, aurait acheté de blé au quinzième siècle, et, conformément à la règle qu'il avait posée, il évalua à 28,277,000 francs de notre monnaie, la valeur de 470,274 florins d'or qu'avaient laissés à leur mort Cosme et Laurent de Médicis[1].

Jusqu'alors, on l'a vu, le prix du blé seul avait été adopté pour déterminer la relation qui existait entre la valeur des monnaies à deux époques différentes. Un savant illustre, M. de Pastoret, pensa avec raison que la comparaison du prix des blés à ces deux époques ne suffisait pas et qu'il fallait aussi tenir compte de la valeur des objets de consommation, du prix des salaires, etc. « Les « tables du marc d'argent, dit à ce sujet M. de Pastoret, « sont suffisantes lorsqu'on ne veut calculer que la dif- « férence des valeurs intrinsèques. Mais si l'on voulait « apprécier la différence réelle des monnaies et leurs « rapports avec les habitudes privées et la fortune pu- « blique, il faudrait y joindre un aperçu du prix des « objets de consommation, de celui de la main-d'œuvre, « de celui des salaires, de celui des fermages. Cet aperçu « serait fort difficile à établir, je le sais, mais il est in- « dispensable pour une appréciation exacte, et fourni- « rait seul des données nécessaires à ceux qui s'occupent « de notre histoire[2]. »

---

[1] *Cours complet d'économie politique pratique*, etc. IIIe partie, chap. XIV ; édition Guillaumin, p. 429 et suiv.

[2] *Ordonnances des rois de France*, t. XX, préface ; cité par M. Leber ; voir plus loin.

Dans un intéressant travail qu'ils publièrent en 1835, sur un siége que la ville de Metz eut à soutenir, dans l'année 1444, de la part du roi Charles VII et de René d'Anjou, MM. de Saulcy et Huguenin firent un pas dans la voie indiquée par M. de Pastoret. Seulement, ils s'appuyèrent exclusivement sur la valeur comparée d'une journée d'ouvrier terrassier au quinzième et au dix-neuvième siècle. Les recherches auxquelles se sont livrés à ce sujet MM. de Saulcy et Huguenin se rapportant à l'époque qui fait plus particulièrement l'objet de cette notice, je reproduis le passage relatif au mode d'évaluation qu'ils ont employé.

« En comparant, disent les auteurs de la *Relation du
« siége de Metz*, les valeurs relatives du numéraire en
« circulation dans l'année 1444 et du numéraire en cir-
« culation en 1835, nous trouvons que le prix de la
« journée d'un ouvrier terrassier était à Metz, vers 1444,
« de 4 deniers messins ou d'une bugne, ce qui, en ne te-
« nant pas compte de la très-petite portion d'alliage, nous
« donne, en poids, 18 grains d'argent fin pour la journée
« de travail.

« En 1835, le prix de la journée de travail de même
« espèce est moyennement de 1 fr. 20 c.; ce qui nous re-
« présente une somme de 113 grains d'argent fin, en
« négligeant encore les fractions.

« Or, le rapport de 18 à 113 est de un peu plus d'un
« sixième. Il s'ensuit que, pour nous rendre compte de
« la valeur réelle de toutes les sommes citées dans cette
« relation, *nous devrions en chercher la valeur matérielle
« au cours actuel de l'or et de l'argent, et sextupler la
« somme trouvée...*

« D'après ce moyen d'estimation, le franc ou florin

« d'or représentait une somme de 72 francs de notre
« monnaie actuelle.

« Le sou *messin*, qui en était le douzième, valait, par
« conséquent, 6 francs.

   « Le gros valait. . . . .   3 fr. 40 c.
   « Le denier.   37
   « Enfin, la livre   120   »

« Notre calcul se trouve confirmé dans un article du
« *Journal œconomique* du mois de mars 1760. Nous y
« lisons que la livre de compte de 1760 aurait valu
« 5 livres 13 sous 6 deniers, sous Charles VII. On voit
« que ce résultat est, à fort peu de chose près, celui que
« nous avons obtenu [1]. »

Deux ans après, un des hommes dont la profonde érudition pouvait le mieux éclairer cette intéressante question, M. Guérard, lut à l'Académie des inscriptions et belles-lettres un important mémoire sur le *Système monétaire des Francs sous les deux premières races*[2]. Dans une série de propositions relatives à ce système, M. Guérard prouva, entre autres faits, à l'aide de documents

---

[1] *Relation du siége de Metz en 1444 par Charles VII et René d'Anjou, publiée sur les manuscrits originaux*, par MM. de Saulcy et Huguenin. Metz, 1835, p. 8, *note*. — D'après l'estimation de MM. de Saulcy et Huguenin, le franc d'or ou florin aurait représenté 72 fr. et la livre 120 fr. de notre monnaie actuelle. Cette estimation est, de beaucoup, la plus élevée qui ait été faite à ce sujet. L'on doit conclure de là que l'abaissement de la valeur propre de l'argent, dans la proportion de 6 à 1, ne peut servir de base pour toutes les évaluations et que cette règle est sujette à des exceptions peut-être nombreuses.

[2] Voyez *Revue de la numismatique française*, dirigée par MM. Cartier et de La Saussaye, année 1837, p. 406 et suiv.

authentiques, et en raisonnant d'après le prix comparé des blés, que, relativement à l'époque actuelle, la valeur du prix de l'argent était, en 794, dans la proportion de 10,73, à 1. « Pour avoir, ajoute M. Guérard, la valeur
« relative des monnaies de l'an 794, et probablement
« des monnaies plus anciennes, nous devrons multiplier
« par 10,73 leurs valeurs intrinsèques que nous avons
« précédemment déterminées[1]. Cette multiplication donne
« 2 fr. 49 cent. pour la valeur relative du denier mé-
« rovingien ; 2 fr. 83 cent. pour celle du denier de
« Pépin ; 3 fr. 89 cent. pour celle du denier de Charle-
« magne ; et pour celle du sou d'or, 99 fr. 53 cent[2]. »

Vers l'époque où paraissait le savant mémoire de M. Guérard, un élève de l'École des Chartes, M. H. Gé-

---

[1] Voici, d'après M. Guérard, la valeur *intrinsèque* des monnaies sous les deux premières races :

	den. f. c.	s. d'arg. f. c.	s. d'or. f. c.	l. d'arg. f. c.	l. d'or. f. c.
Avant l'an 755,	1 » 23	—1 2 78	—1 9 28	—1 69 57	—1 791 59
De 755 à 778,	1 » 26	—1 3 16	—» » »	—1 69 57	—» » »
Après 778,	1 » 36	—1 4 35	—» » »	—1 86 97	—» » »

[2] Après la fin du huitième siècle, le pouvoir de l'argent diminua sensiblement. M. Guérard fait connaître, d'après Eginhard, quelle fut la cause de cette diminution. « Les Francs, dit ce der-
« nier, dans sa Vie de Charlemagne, rapportèrent de leurs guerres
« contre les Avares et contre les Huns, terminées en 799, tant
« d'or et d'argent, que, de pauvres qu'ils avaient été jusque-là,
« ils se trouvèrent regorger de richesses. Ainsi, les dépouilles ac-
« cumulées pendant plusieurs siècles par ces spoliateurs des na-
« tions étant tombées au pouvoir des Francs, rendirent chez eux les
« métaux précieux plus abondants, et occasionnèrent dans leur
« empire un renchérissement subit des denrées. » Enfin, M. Guérard établit, par la valeur comparée du blé aux deux époques, que le pouvoir de l'argent, en 806, n'était plus que sept fois et un

raud faisait remarquer qu'en supposant l'existence d'une denrée dont la valeur intrinsèque n'eût pas varié depuis 1292, on aurait eu à cette époque, pour une certaine somme d'argent, une quantité de cette denrée qu'on n'obtiendrait aujourd'hui qu'avec une somme *cinq fois plus forte*[1]. Trois ans plus tard, M. Guérard aborda

tiers environ plus fort qu'il n'est aujourd'hui. — Voici, d'après M. Guérard, la valeur *relative* des monnaies sous les deux premières races :

	den.	f. c.	s. d'arg.	f. c.	s. d'or.	f. c.	l. d'arg.	f. c.	l. d'or.	f. c.
Avant l'an 755,	1	2 49	—1	29 86	—1	99 53	—1	746 50	—1	8,493 50

	den.	f. c.	s. d'arg.	f. c.	l. d'arg.	f. c.
De 755 à 778,	1	2 83	— 1	33 93	— 1	746 50
De 779 à 799,	1	3 88	— 1	46 65	— 1	933 »
Depuis l'an 800,	1	2 66	— 1	31 91	— 1	638 30

Prix des deux premières races convertis en prix actuels, par M. Guérard, d'après les règles ci-dessus exposées :

TEMPS ANTÉRIEUR A L'AN 800. — Prix d'un esclave, exerçant un métier d'ouvrier en fer, d'orfévre, charpentier ou charron, 25 sous, en valeur actuelle 2,488 fr.

D'un bon bœuf, 2 s. = 199 fr.; d'un bon cheval, 6 s. = 597 fr.; d'une bonne jument, 3 s. = 299 fr.

L'opération de la cataracte, lorsqu'elle avait réussi, devait être payée au médecin 5 s. = 498 fr.

Prix d'un cheval étalon, 12 s. = 1194 fr.; d'un cheval ordinaire, 6 s. = 597 fr.; d'une vache ordinaire, 1 s. = 100 fr.; d'un chien chef de meute, 3 s. = 299 fr.; d'un chien courant, 12 s. = 1194 fr.; d'un bon chien de porcher, d'un lévrier ou d'un chien de berger, 1 s. = 100 fr.

Dans le sixième siècle, d'après Grégoire de Tours, prix d'un esclave ordinaire, 12 s. = 1194 fr.; d'un ecclésiastique mis en vente, 20 s. = 1991 fr.

TEMPS POSTÉRIEUR A L'AN 800. — Prix d'un jeune porc, 4 deniers = 10 fr. 65 c.; d'un bœuf, 8 s. = 255 fr. 30 c.; d'une brebis avec son agneau, 12 d. = 31 fr. 90 c.; d'une *livre* ou 408 grammes de lin, 1 s. = 31 fr. 90 c. (ce qui met le kilogramme à 78 fr. 20 c.).

[1] *Paris sous Philippe le Bel (le rôle de la taille en 1292).* 1 vol. in-4°, publié en 1837 et faisant partie de la *Collection des documents inédits sur l'Histoire de France*; p. 566.

de nouveau, mais subsidiairement, la question de la valeur relative des monnaies dans ses *Prolégomènes du cartulaire de l'abbaye de Saint-Père de Chartres*[1]. M. Guérard établit à cette occasion, d'une part, que la livre monétaire du douzième siècle pesait beaucoup moins que celle de Charlemagne dont le poids s'élevait à 408 grammes; qu'elle n'excédait même notre demi-livre actuelle que de 4 grammes et que l'on taillerait dans notre livre entière un peu plus de 39 sous de Louis VI ou de Louis VII; d'autre part, qu'en multipliant par 100 les prix stipulés dans les ventes ou marchés de la fin du douzième siècle, on devait avoir leur valeur moderne. « On doit conclure de ce qui précède, ajoutait « M. Guérard, que le pouvoir de l'argent est de nos « jours quatre fois plus faible qu'il ne l'était à la fin du « douzième siècle. En effet, nous avons vu que la va- « leur intrinsèque des monnaies de même nom était, à « cette époque, vingt-cinq fois plus grande qu'aujour- « d'hui, c'est-à-dire qu'une livre d'alors vaut intrinsè- « quement 25 livres actuelles, 1 sou 25 sous, 1 denier « 25 deniers, et nous venons de voir que, dans le com- « merce, une monnaie ancienne avait autant de valeur « que cent monnaies modernes de la même espèce : « donc il faut multiplier par 4 la valeur intrinsèque « pour obtenir la valeur extrinsèque ou commerciale; « donc le pouvoir de l'argent s'est abaissé de 4 à 1. »

Les économistes italiens ont envisagé la question de la valeur relative des monnaies au même point de vue que Quesnay, Smith, Germain Garnier, Jean-Baptiste Say, et

---

[1] Collection des documents inédits sur l'histoire de France; *Cartulaire de l'abbaye de Saint-Père*, t. I, préface, p. CLXXXVII et suiv.

ils ont vu dans le prix du blé le véritable, l'unique moyen de se rendre compte de la différence du pouvoir de l'argent à deux époques données. « Le blé, a dit l'un « d'eux, est l'unique objet dont le prix n'a pas subi de « variation depuis plusieurs siècles. En effet, bien qu'il « y ait, d'une année à l'autre, une différence dans les « prix, cependant, si l'on en réunit un certain nombre, « on trouvera qu'il n'y a pas eu de variation depuis un « long cours de temps [1]. » D'après un économiste italien contemporain, M. Louis Cibrario, la mesure commune pour comparer l'ancienne valeur des monnaies avec la valeur de celles en usage est le blé qui satisfait au premier, au constant, à l'universel besoin des hommes, et qui s'équilibre sans cesse avec le nombre et les conditions des populations. M. Cibrario croit, d'ailleurs, contrairement à une opinion généralement admise, que la valeur des choses a peu varié depuis le moyen âge, et qu'on se procure aujourd'hui, avec une quantité d'argent égale, les mêmes services qu'il y a quatre siècles. Suivant lui, les calculs antérieurs ont été faits d'après des bases erronées. « On verra, dit-il, par les tableaux que je « donne, que la somme strictement nécessaire pour la « vie, comme, par exemple, pour la nourriture des pri- « sonniers, des villageois, et pour l'achat de divers objets « de première nécessité était, à très-peu de chose près, « au quatorzième siècle ce qu'elle est aujourd'hui [2]. »

Se séparant complétement des maîtres de la science au sujet de l'évaluation des sommes historiques, M. Rossi

---

[1] Pagnini, *Del prezzio delle cose*, cité par M. Louis Cibrario dans son livre *Della economia politica del medio evo*. 1 vol. in-8, Turin, 1839.

[2] *Della economia*, etc., cap. VII, p. 469 et 479. — M. Cibrario

prétendit que le problème de la mesure de la valeur était la quadrature du cercle en économie politique, et qu'on ne pouvait rien conclure de l'appréciation qui était faite de cette valeur à une époque donnée, attendu que, en cas de variation dans les prix, il n'était pas possible de dire si c'était la valeur du blé ou celle de l'argent qui avait varié. Suivant lui, l'une des deux marchandises pouvant être devenue plus abondante, l'autre plus rare, l'une plus facile à produire, l'autre moins facile, tout était également variable d'un côté comme de l'autre. M. Rossi ajoutait que, pas plus que le travail et la monnaie, le blé ne fournissait le moyen de résoudre un problème qui se refusait à toute solution; que, lorsque des questions de statistique ou des travaux historiques nous faisaient sentir la nécessité de déterminer la valeur comparative d'une même denrée, dans des lieux situés à de grandes distances, il fallait s'attacher, avant tout, à l'étude des conditions spéciales du problème, et proportionner les moyens de solution aux difficultés qu'il renfermait. Il persistait d'ailleurs à croire que ce problème était particulièrement insoluble s'il s'agissait de temps très-éloignés l'un de l'autre, et, à plus forte raison, de peuples qui n'étaient pas compris dans la même sphère commerciale [1].

---

est, je crois, seul de cette opinion; je dois ajouter qu'il se borne à énoncer, sans en donner la preuve, que les calculs faits avant lui à ce sujet sont faux.

[1] *Cours d'Économie politique*, 1840, t. I, 9ᵉ et 11ᵉ leçons, p. 150 et 189. — Ces observations portent l'empreinte de l'esprit éminemment pratique et positif de M. Rossi. Sans doute, on ne pourra jamais indiquer avec une précision mathématique la valeur relative des monnaies des Grecs, des Romains, et même des temps an-

D'un autre côté, M. Michel Chevalier fait observer que « si l'on se borne à examiner les conditions de la pro- « duction, on reconnaîtra que, *pour le blé*, dans la ma- « jeure partie de l'Europe, les changements survenus « depuis quinze ou vingt siècles sont moindres que pour « l'or et pour l'argent sur le marché général où l'Eu- « rope s'approvisionne [1]. »

Enfin, un savant infatigable et justement renommé, M. Leber, a repris, il y a quelques années, le problème de la valeur relative des monnaies au point où M. Guérard l'a- vait laissé. On a vu plus haut l'opinion de M. de Pastoret sur la question. M. de Pastoret pensait qu'il fallait tenir compte, indépendamment du prix des objets de consom- mation, de celui de la main-d'œuvre, des salaires et des fermages. M. Leber entra tout à fait dans cet ordre d'i- dées, et il poussa même cette théorie plus loin, car il s'appuya, dans ses recherches :

1° Sur le montant des gages, soldes, salaires, journées et pensions ;

2° Sur le prix des denrées et objets de consommation de première nécessité, tels que le blé, la viande, le vin, les fruits, le poisson, etc. ;

---

ciens de notre histoire ; mais cette précision est-elle absolument indispensable? N'y a-t-il pas, d'ailleurs, une véritable satisfaction à s'en rapprocher le plus possible ? Il est constant que les histo- riens avaient, pendant longtemps, accrédité à ce sujet les erreurs les plus grossières. Or, déjà, on ne saurait le méconnaître, on doit aux investigations de la science d'importants résultats, et il n'est pas permis de douter que de nouvelles études permettront d'obte- nir, sur la valeur relative de nos monnaies à chaque siècle, et même sous chaque règne, des notions aussi approximatives qu'on peut le souhaiter.

[1] *Cours d'Économie politique*, t. III, *La monnaie*, p. 91.

3° Sur le prix des objets de luxe, des produits de l'industrie, de l'art et du commerce extérieur.

M. Leber réunit à ce sujet, dans des tables très-curieuses, des points de comparaison nombreux pris depuis les dernières années du treizième siècle jusqu'à l'époque actuelle, et il arriva, comme M. Guérard, à la conclusion ci-après :

Au huitième siècle, après 779, une quantité donnée d'or ou d'argent avait onze fois plus de pouvoir ou de valeur marchande qu'aujourd'hui.

Dans les premières années du neuvième siècle, ce pouvoir se réduisit à huit.

M. Leber reconnut d'ailleurs qu'il n'avait pas eu en sa possession les documents nécessaires pour se livrer à une pareille appréciation en ce qui concernait les dixième, onzième et douzième siècles.

Au treizième siècle, le pouvoir relatif de l'argent tomba, suivant lui, à six, et il resta à ce taux jusqu'au premier quart du seizième siècle;

Il fut de quatre pendant le deuxième quart du même siècle;

De trois pendant les vingt-cinq années qui suivirent.

Enfin, de 1575 à 1789, l'ancien pouvoir de l'argent ne fut plus que de deux au-dessus de son pouvoir actuel[1].

---

[1] *Mémoire concernant les variations des valeurs monétaires et le pouvoir commercial de l'argent.* — Ces mémoires ont été lus à l'Académie des Inscriptions et Belles-Lettres, qui en a ordonné l'impression dans la collection des *Mémoires des savants étrangers*. M. Leber a depuis publié ses deux mémoires en un vol. in-8 intitulé : *Essai sur l'appréciation de la fortune privée au moyen âge*, Paris, 1847. — Je dois rappeler ici qu'il s'agit uniquement

Pendant que, d'après M. Léopold Delisle, M. Leber aurait tiré des conclusions trop absolues d'un petit nombre de faits particuliers, et *exagéré outre mesure le pouvoir de l'argent au moyen âge* [1], un autre écrivain, M. Esménard Du Mazet, a soutenu, dans ces derniers temps, une opinion diamétralement contraire. Suivant M. Du Mazet, Jean-Baptiste Say, M. Leber et M. Cibrario ont suivi, dans leurs appréciations de la valeur des monnaies, une méthode vicieuse. M. Du Mazet reproche à Jean-Baptiste Say de n'avoir pas tenu compte de l'accroissement du travail; il croit en outre que, depuis le treizième siècle, la masse monétaire s'est accrue dans le rapport de 1 à 12,77. M. Leber avait évalué la rançon de saint Louis à 33 millions en monnaie actuelle,

dans ces évaluations de la valeur relative de la livre de compte. Avant donc d'appliquer la règle posée par M. Leber, il est indispensable d'avoir égard à la valeur du marc d'argent aux époques sur lesquelles porte la comparaison. Ainsi le marc d'argent valait, vers 1636, 27 livres 10 sous; il vaut actuellement 55 fr. Pour savoir quelle somme, en monnaie actuelle, représentent 70 livres de 1636, il faut donc 1° doubler cette somme, puisque le marc d'argent vaut aujourd'hui deux fois plus; 2° multiplier par 2 la somme qui résulte de cette opération, puisque l'argent avait en 1636 un pouvoir double de celui qu'il a au dix-neuvième siècle. Que si l'on veut connaître la valeur relative, soit d'un louis, d'un écu ou d'un lis d'or, soit d'un franc, d'un louis ou d'un lis d'argent à la même époque, il faut d'abord chercher quelle était leur valeur en *livres* dans les tables qui terminent le *Traité historique des monnoies* par Le Blanc [*]. On opère ensuite, comme je viens de l'indiquer, pour trouver la valeur relative de 70 livres en 1636.

[1] *Études*, etc., p. 473.

[*] Voir, au sujet des Tables du marc d'argent de Le Blanc et du Recueil des Ordonnances, l'examen critique qu'en a fait M. Leber dans son second mémoire sur les monnaies; *Appréciation*, etc., IIe partie, p. 209 et suiv.

M. Du Mazet la porte à 67,177,862 fr. M. Leber avait constaté en outre que les obsèques de Charles VII coûtèrent 18,300 livres du temps, qu'il évalue à 345,125 livres de 1780. M. Du Mazet fait à ce sujet le calcul suivant : « Il est facile de reconnaître, dit-il, qu'en 1461, la livre « tournois valait en argent fin 6 fr. 77 cent. Les 18,300 li« vres valaient donc en monnaie de nos jours 18,300 « × 6 fr. 77 cent. × 12, 77 = 1,582,035 fr. A cette « époque les revenus de l'État étaient de 2,300,000 li« vres, soit, en monnaie actuelle : 2,300,000 × 6 fr. « 77 cent. × 12 fr. 77 = 198,841,670 fr.; environ « 200 millions. Les obsèques du roi absorbèrent donc « à peu près la 126ᵉ partie des revenus de l'État. » D'un autre côté, Jean-Baptiste Say avait cru faire une large part aux changements apportés par les siècles dans la valeur de l'argent en estimant à 28,277,000 fr. l'héritage de Côme et Laurent de Médicis. Or, M. Du Mazet l'évalue à 74,226,731 fr. 39 cent., et il fait observer, non sans raison peut-être, que cette somme répond mieux que l'autre à l'idée que l'on se fait de la fortune et de la grande existence des Médicis[1].

J'ai exposé successivement et par ordre des années où elles se sont produites les diverses opinions des économistes et des savants sur la valeur relative de l'argent. Résumons-les en peu de mots.

Trois systèmes principaux sont en présence.

D'une part, M. Rossi croit qu'il n'est pas possible d'arriver à des évaluations exactes, et il estime que le prix du blé lui-même ne saurait être accepté comme un étalon de la valeur.

[1] *Nouveaux principes d'Économie politique.* Paris, 1849; p. 186 et suiv.

Quesnay, le *Journal OEconomique*, Adam Smith, le comte Germain Garnier, Jean-Baptiste Say, MM. Cibrario et Du Mazet, trouvent, au contraire, dans le prix du blé, à raison de sa fixité relative, une excellente mesure de la valeur et la font servir de base à leurs calculs.

Enfin, M. de Pastoret, et après lui M. Leber, pensent qu'il ne faut pas avoir égard seulement à la valeur du prix du blé, mais encore à celle des objets, soit de première nécessité, soit de luxe, de même qu'au prix des journées d'ouvriers des divers états.

Or, voici les conséquences théoriques de ces systèmes :

M. Guérard, dont les travaux font, à si juste titre, autorité, a calculé que, vers la fin du huitième siècle, et même antérieurement, la valeur effective de l'argent était dans la proportion de 10,73 à 1, relativement à l'époque actuelle, et que cette proportion était descendue à sept fois et un tiers au commencement du neuvième siècle.

Tandis que M. Cibrario arrive à conclure, tout en prenant le prix du blé pour base de ses calculs, que la valeur relative de l'argent n'a jamais éprouvé de grandes variations, le comte Germain Garnier, Jean-Baptiste Say et M. Leber attribuent, au contraire, à une quantité d'argent donnée, depuis le neuvième siècle jusqu'au moment de la découverte du nouveau monde, six fois plus de pouvoir qu'elle n'en a aujourd'hui.

Seul, M. Du Mazet croit que ce pouvoir de l'argent a été, jusque vers le commencement du seizième siècle, supérieur de près de treize fois (12,77) à son pouvoir actuel.

III.

Il ne sera pas sans intérêt maintenant d'appliquer chacune de ces diverses mesures de la valeur à quelques chiffres concernant des faits relatifs au quinzième siècle, et particulièrement à Jacques Cœur.

On a vu qu'il avait été condamné à une amende de 400,000 écus. « Ces écus, dit M. Leber, pouvaient valoir « chacun 1 livre 8 sous. Conséquemment, 400,000 écus « représentaient 506,000 livres de compte de leur temps. « En 1453, le prix du marc d'argent était de 9 livres « 3 sous environ ; 506,000 livres égalaient, en poids « d'argent, 3,036,000 livres du dix-neuvième siècle, « et, en pouvoir, 18,216,000 de nos francs actuels [1]. »

D'après le système d'évaluation de M. Du Mazet, les 400,000 écus dont il s'agit, représenteraient environ 38 millions de francs.

Une année avant sa disgrâce, Jacques Cœur avait prêté à Charles VII 200,000 écus pour l'aider à expulser les Anglais de la Normandie. Plus tard, et dans le cours du procès, on prit sur les biens de Jacques Cœur une somme égale pour faire face aux frais de la campagne de Guyenne. Chacune de ces deux sommes équivaudrait, d'après M. Leber, à 9 millions environ, et d'après M. Du Mazet, à 19 millions.

Enfin, M. Du Mazet évalue, on l'a vu, à près de 200

---

[1] *Essai sur l'appréciation*, etc., p. 147. — Cela fait 36 francs actuels par chaque livre de compte, en 1453.

millions la valeur relative des 2,300,000 livres qui composaient le revenu du roi sous Charles VII. Or, dans le système de M. Leber, la même somme ne représenterait pas tout à fait 100 millions de nos jours.

Ainsi, d'une part, M. Léopold Delisle estime, par induction, à la vérité, et sans apporter de preuve à l'appui de son assertion, que la règle posée par M. Leber mène à des valeurs exagérées, impossibles; d'autre part, celle appliquée par M. Du Mazet donne des valeurs plus que doubles. Cependant, M. Guérard a reconnu tout récemment que le problème de l'évaluation du prix commercial des monnaies présentait bien moins de difficultés depuis la publication du Mémoire de M. Leber. « Grâce aux
« recherches de ce respectable savant, ajoute M. Gué-
« rard, nous pouvons maintenant arriver, en beaucoup
« de cas, aux valeurs actuelles avec une approximation
« satisfaisante. Les erreurs qu'il peut avoir commises,
« et qui sont inévitables en pareille matière, le vague
« ou l'incertitude qui régnent quelquefois dans les ta-
« bles, les omissions ou lacunes qu'on y découvre,
« n'empêchent pas que son ouvrage ne soit fort utile,
« et qu'on ne doive le consulter avec une certaine con-
« fiance [1]. »

Un fait paraît donc aujourd'hui acquis et hors de contestation, grâce aux patientes investigations des économistes et des savants, c'est que, jusque vers la fin du quinzième siècle, l'argent avait, *dans la généralité des cas*, au moins six fois plus de pouvoir qu'il n'en a aujourd'hui. Quelles sont les exceptions que comporte cette

---

[1] *Cartulaire de l'église Notre-Dame de Paris.* 4 vol. in-4º, 1850, t. I, Préface, p. ccxxix, § 69.

règle? A l'égard de quelles marchandises, de quels travaux, de quelle nature de salaires cette évaluation est-elle trop forte ou insuffisante? C'est ce qu'il serait intéressant de savoir et ce qu'on finira sans doute par déterminer à l'aide de nouvelles observations, sinon avec une rigidité mathématique, du moins assez approximativement pour satisfaire l'esprit des lecteurs qui veulent que les chiffres eux-mêmes réveillent des idées [1].

Il me reste à ajouter quelques mots au sujet des monnaies en usage sous Charles VII.

Celles dont il sera principalement question dans cet ouvrage sont les suivantes : l'écu, le franc, la livre, le sou et le denier. La livre et le sou étaient, au quinzième siècle, des monnaies fictives ou de compte. Voici, d'après Le Blanc dont le traité est, sous certains rapports, un guide excellent auquel il faut toujours revenir, quelques explications au sujet des écus et des francs.

L'écu était une pièce d'or. Il y avait les *écus à la couronne* et les *écus heaume*, ainsi nommés parce que l'écu de France y était surmonté soit d'une couronne, soit d'un heaume ou casque. Ces derniers étaient plus pesants que les écus vulgairement appelés *couronnes*. Charles VII fit frapper un grand nombre d'écus à la couronne. La valeur vénale des écus d'or varia, sous son règne, de 22 à 30 sous. Le Blanc fait observer qu'on en changea souvent le poids, le titre et le cours, et qu'on les distinguait les uns des autres par une marque que l'on mettait dans la légende ou ailleurs, comme une couronne, une croix,

---

[1] Un conseiller à la Cour d'appel de Bourges, M. Berry, annonce, sur cet important sujet, et doit publier prochainement, un grand ouvrage en trois volumes, intitulé : *Études et recherches historiques sur les monnaies de France.*

un château, une molette, une ancre, un croissant, un navire, une fleur de lis.

Le franc était également une pièce d'or valant une livre de compte, c'est-à-dire 20 sous. Les premiers francs furent frappés sous le roi Jean. Charles V en fit fabriquer de semblables. « Cette monnoye des francs « d'or, dit Le Blanc, en parlant de ceux frappés sous « Charles VII, eut grand cours pendant ce temps-là. On « contractait volontiers à cette monnoye à cause de sa « bonté et de son prix fixe, et parce qu'elle valoit juste- « ment une livre qui est une manière de compter dont « on s'est servi en France depuis Charlemagne. » Il y avait le franc à cheval et le franc à pied, suivant que le roi y était représenté à pied ou à cheval.

Indépendamment de ces monnaies, il en fut frappé, sous le règne de Charles VII, un grand nombre d'autres telles que les saluts d'or, les réaux d'or, les chaises (écus à la chaise, également en or) et les demi-écus d'or, qui valaient dix sous en 1438. Les monnaies d'argent les plus usuelles étaient les gros, les demi-gros et les plaques imitées d'une monnaie flamande.

Les grands blancs, les demi-blancs, les doubles, les deniers parisis et les deniers tournois constituaient la monnaie de billon [1].

Il y avait, en outre, l'obole qui valait la moitié du denier. La *pitte*, ou poictevine, également appelée pougeoise, était la plus petite de toutes les monnaies.

---

[1] Le Blanc, *Traité historique*, etc., p. viii et suiv. de l'*Introduction*, et 299 et suiv. ; *Règne de Charles VII*.

Valeur des principales monnaies sous Charles VII[1].

ANNÉES.	NOM DES MONNAIES.	VALEUR LÉGALE DES MONNAIES	
1422	Écu à la couronne.	25	sous.
1423	Franc à cheval.	20	d°.
1424	Écu à la couronne.	22 1/2	d°.
1425	dito.	25	d°.
1426	dito.	30	d°.
1427	Mouton.	15	d°.
1428	Écu à la couronne.	20	d°.
1429	Royal.	25	d°.
1430	Chaise (Écu à la)	20	d°.
1431	Blanc.	10	deniers.
1432	Gros.	14	d°.
1434	Petit blanc.	5	d°.
1435	Écu à la couronne.	30	sous.
1436	Blanc à l'écu.	10	deniers.
1437	Écu à la couronne.	25	sous.
1438	dito.	25	d°.
1444	dito.	25	d°.
1446	dito.	27 1/2	d°.
1447	dito.	27 1/2	d°.
1450	dito.	27 1/2	d°.
1456	dito.	27 1/2	d°.
dito.	Blanc.	10	deniers.
dito.	Gros d'argent.	30	d°.

D'après tout ce qui précède, la valeur relative de la livre, du sou et du denier sous Charles VII, en prenant la moyenne du prix du marc d'argent pendant les vingt der-

---

[1] *Métrologie ou traité des mesures, poids et monnaies*, par Paucton, 1 vol. in-4°, Paris, 1780; p. 925 et suiv. — Le tableau où je prends ces renseignements que l'on trouve d'ailleurs, sauf quelques différences, dans les *Ordonnances des rois de France* et dans Le Blanc, donne, en outre, le titre de l'or et de l'argent de chaque monnaie, le nombre de pièces qui étaient taillées dans le marc, etc. — Il n'est pas sans utilité de rappeler ici que, grâce à des expédients trop souvent employés sous l'ancienne monarchie, dans les temps de détresse, des monnaies portant le même nom et frappées

nières années de son règne, période pendant laquelle les monnaies furent fabriquées au titre normal, et en ayant aussi égard à la diminution successive du pouvoir de l'argent, peut être exprimée par les chiffres suivants :

La livre[1] représenterait ENVIRON 40 fr. » c. de nos jours.
Le sou . . . . 2 »
Et le denier . . . . » 16 2/3.

la même année étaient d'un *titre* différent, d'où il suit que leur valeur réelle différait aussi essentiellement. M. de Pastoret a dit à ce sujet : « Le même poids, la même forme, la même empreinte n'annonçaient pas la même valeur. » (*Ordonnances*, etc., t. XV, préface, p. XLVI.)

[1] On sait qu'il y avait la livre *parisis* et la livre *tournois* et que leur valeur intrinsèque était inégale. « Cette distinction, dit M. Le-
« ber, p. 261, paraît s'être établie sous le règne de Philippe Ier,
« mort en 1108. Alors, on fabriquait à Tours une monnaie plus
« faible que celle de Paris et qu'on distingua de cette dernière par
« la dénomination de *tournois*, tirée du lieu de son origine. On fit
« d'ailleurs par la suite, à Paris, des sous *tournois*, comme des
« *parisis*. La livre *parisis* ou de Paris était en force à la livre tour-
« nois comme 5 est à 4, c'est-à-dire d'un quart en sus. Cinq livres
« tournois ne valaient donc que quatre livres parisis ; et comme la
« même différence s'est maintenue jusqu'à Louis XIV, elle ne doit
« point être perdue de vue dans l'évaluation des prix antérieurs au
« dix-septième siècle. » M. Leber ajoute, p. 265, que dans les cas où la nature de la livre n'est pas spécifiée, il est au moins probable qu'il s'agit de livres *tournois*, « attendu qu'on a fabriqué beau-
« coup moins de parisis que de tournois. »

XCVI. — VALEUR RELATIVE

PRIX DES CHOSES, TRAITEMENTS ET SALAIRES,

AU QUINZIÈME SIÈCLE.

J'avais réuni un certain nombre de documents concernant la valeur de divers objets et la rémunération de travaux et journées vers le milieu du quinzième siècle. Au moment d'en faire usage, j'hésite, et voici pourquoi :

En général, rien n'est plus incertain et ne doit être employé avec plus de ménagements que les indications de cette nature. Par exemple, s'il s'agit de denrées, de fruits, d'objets d'alimentation, il faudrait savoir si les prix qui nous ont été transmis s'appliquent à une année de disette ou d'abondance, à l'été ou à l'hiver, à Paris ou à la campagne, enfin à telle ou telle province. Faute de ces renseignements, et pour peu qu'on veuille raisonner du particulier au général, on est exposé à tomber dans les plus grandes erreurs. L'exemple suivant en donnera une idée.

On sait que Dupré de Saint-Maur a indiqué, dans son *Essai sur les monnaies*, le prix d'un grand nombre d'objets de consommation pendant cinq siècles entiers, du treizième au dix-huitième [1]. On voit, à l'année 1454, qu'un pourceau fut vendu 27 sous. Il est à remarquer que l'ouvrage de Dupré de Saint-Maur est principalement consulté pour ses tables du prix des denrées, fruits et viandes, et qu'ici il n'y a pas moyen de se rejeter sur

---

[1] *Essai sur les monnoies, ou Réflexions sur le rapport entre l'argent et les denrées.* Paris, 1746. Il semble que cet ouvrage devrait traiter la question de la valeur relative des monnaies; il n'en est pourtant rien. Dupré de Saint-Maur se borne à faire remarquer dans une note (*prix de l'année* 1202) que, depuis cette époque, la plupart des choses sont enchéries de 1 à 40 environ. « Ainsi, dit-il, une livre d'étain commun est montée de 6 deniers à 20 sous; une livre de cire, de 1 sou 2 deniers à 48 sous, etc., etc. »

une faute d'impression, attendu que l'auteur dit : Pour 13 pourceaux, 17 l. 12 s., soit, pour un pourceau, 27 s. 12/13ᵉ de denier.

D'un autre côté, M. Léopold Delisle constate dans ses *Études sur la classe agricole en Normandie*, que, la même année, un pourceau fut vendu à La Haie du Puits, 2 s. 4 d.

En appliquant à ces deux prix la règle que nous venons de poser, on arrive à ce résultat :

D'après le prix donné par Dupré de Saint-Maur, un pourceau aurait été vendu en 1454. . . . 51 fr. 30 c.

D'après le prix indiqué par M. Delisle. . . 4 44

Différence en monnaie actuelle . . . 46 fr. 86 c.

Suivant toutes les apparences, le renseignement fourni par Dupré de Saint-Maur serait applicable à la vente, effectuée à Paris, d'un pourceau beaucoup plus gros que celui dont le prix a été relevé dans un village de Normandie. Les deux indications peuvent donc être considérées comme parfaitement exactes, mais on voit à quelles conclusions elles peuvent mener.

Les prix relatifs des denrées au moyen âge et de nos jours ne peuvent donc guère, on le voit, servir de terme de comparaison. De même, en ce qui concerne le salaire des journaliers de la campagne, il serait utile de savoir si la nourriture leur était donnée en sus, ce qui arrivait fréquemment, sans que ce fût pourtant une règle générale.

Mais il est des objets dont le prix, indépendant des lieux et des saisons, devait être, à peu de chose près, le même dans toute la France ; tels étaient les objets d'art et de luxe, les épiceries, la soie. La connaissance approximative du prix de ces objets, de même que celle des salaires de certains emplois pouvant être de quelque utilité pour apprécier les exigences de la vie au quinzième siècle, comparées à celles du dix-neuvième siècle, on trouvera ici quelques indications de prix ou de salaires avec l'évaluation de leur valeur à l'époque actuelle.

Valeur en monnaie du temps et en monnaie actuelle, de gages et de salaires, pendant le quinzième siècle.

(D'après M. Leber [1]):

Vers 1408. — GAGES, par an, du grand chambellan, du grand pannetier, du grand maître d'hôtel, chacun 2,000 livres, soit en monnaie actuelle. 88,000 »
Du confesseur et du médecin du roi, outre les vivres pour cinq personnes, chacun 600 livres, soit. . . . . 26,400 »
De l'aumônier du roi, 500 livres, soit. . . 22,000 »
Du chirurgien du roi, outre les vivres pour trois personnes, 300 livres, soit. . . . . . 13,200 »
D'un président des comptes du roi, 1,000 livres, soit. . . . . 44,000 »
D'un maître des comptes du roi, 600 livres, soit. 26,400 »
1413. — Du prévôt de Laon, 75 livres, soit. . 3,093 »
Du garde de l'horloge à Vincennes, 31 livres, 5 sous, soit. . . . . 1,285 »
Du peintre du roi, 136 livres, soit. . . . 5,610 »
1423. — D'un homme d'armes à cheval, 1 sou, soit. 2 20
— à pied, 8 deniers, soit. 1 47
— d'un archer, 6 deniers, soit. 1 10
1472. — Du chancelier de France, 4,000 livres, soit. . . . . 120,000 »

[1] *Appréciation de la fortune privée*, etc., p. 64 et suiv. — On remarquera que les prix d'évaluation de M. Leber varient avec les années. Cette variation vient de celle du marc d'argent.

Prix recueillis dans des documents contemporains authentiques. — Évaluation en monnaie actuelle, d'après la règle APPROXIMATIVE *formulée ci-dessus, page* XCV [1].

1º.

GAGES des baillis et sénéchaux sous Charles VII, de 200 à 700 livres—à 200 livres, soit	8,000 »
à 700 livres, soit	28,000 »
D'un élu (personne chargée de la répartition de l'impôt, dans les paroisses) en 1454, 100 livres, soit	4,000 »
Du receveur général à Chinon, 600 livres, soit	24,000 »
D'un précepteur d'un des fils du roi, 300 livres, soit	12,000 »
Donné par le roi Charles VII, à Poton de Xaintrailles, sénéchal du Poitou, 2,000 livres, soit	80,000 »
— à mademoiselle de Villequier, qui avait remplacé Agnès Sorel, 2,260 livres, soit	90,400 »
— à Loys d'Angoule, astrologien, 68 livres 15 sous, soit	2,750 »
— à Colas le Sourcier, 137 livres 10 sous, soit	5,500 »
Pension du duc de Bourbon, 14,400 livres, soit	576,000 »

2º.

En 1413, un cheval fleur de pêcher, pour l'archevêque de Rouen, coûta 49 livres 10 sous, soit	1,980	»
En 1442, à Évreux, une journée de jardinier fut payée 1 sou, soit	2	»
— d'homme occupé à charger une charrette, 9 deniers, soit	1	48
— à cueillir des poires, 9 deniers, soit	1	48
En 1448, un député aux États de Normandie recevait une indemnité de 30 sous par jour, soit	60	»

---

[1] Voir, pour la série de prix nº 1, les *Aides ordonnées en 1454,* pièce justificative, nº 23, et pour la série nº 2, les *Études sur la classe agricole en Normandie,* par M. Léopold Delisle; p. 610 et suiv.

En 1450, les maçons et charpentiers occupés au travaux du siége de Cherbourg touchaient par jour 5 sous, soit. . . . . 10 »

Et les manouvriers, 3 sous 4 deniers, soit. . . 6 65

En 1451, dans le bailliage de Cotentin, un mouton coûtait 4 sous, soit. . . . . 8 »

— Une brebis, 3 sous, soit. . . . . 6 »

En 1454, — à la Haie du Puits, un cheval se vendit 2 écus, soit, à raison de 27 sous 1/2 l'écu. . . . . 110 »

— Un bœuf, 50 sous, soit. . . . . . . 100 »

En 1459, à Évreux, une journée de vanneur de blé était payée 15 deniers, soit. 2 50

En 1460, dans la même ville, les coupeurs avaient, pour les *vendanges*, 9 deniers, soit. . . . 1 48

Les hommes qui portaient la hotte, 2 sous, soit. 4 »

En 1467, — à Bayeux, pour faire saigner et châtrer 24 porcs, il en coûtait 3 sous, soit. . 6 »

Dans la même ville, et dans la même année, une journée de couvreur se payait 2 sous, soit. 4 »

Une journée de maçon, 20 deniers, soit. . . 3 33

Une journée de vanneur, 12 deniers, soit . . 2 »

CONCORDANCE

DU CALENDRIER EN USAGE SOUS CHARLES VII
AVEC LE CALENDRIER ACTUEL.

Table de la date des fêtes de Pâques et du commencement de l'année, de 1422 à 1461 [1].

ANNÉES.	MOIS ET DATES.	ANNÉES.	MOIS ET DATES.
1422	12 avril.	1442	1 avril.
1423	4 avril.	1443	21 avril.
1424	23 avril.	1444	12 avril.
1425	8 avril.	1445	28 mars.
1426	31 mars.	1446	17 avril.
1427	20 avril.	1447	9 avril.
1428	4 avril.	1448	24 mars.
1429	27 mars.	1449	13 avril.
1430	16 avril.	1450	5 avril.
1431	1 avril.	1451	25 avril.
1432	20 avril.	1452	9 avril.
1433	12 avril.	1453	1 avril.
1434	28 mars.	1454	21 avril.
1435	17 avril.	1455	6 avril.
1436	8 avril.	1456	28 mars.
1437	31 mars.	1457	17 avril.
1438	13 avril.	1458	2 avril.
1439	5 avril.	1459	25 mars.
1440	27 mars.	1460	13 avril.
1441	16 avril.	1461	5 avril.

[1] Il était d'usage, sous les rois de la troisième race, de ne commencer l'année qu'à Pâques. Cet usage a été réformé par une ordonnance de Charles IX, du mois de janvier 1563, mise à exécution en 1566, de sorte que cette année n'eut que 8 mois 17 jours, depuis le 14 avril jusqu'au 31 décembre. Avant cette époque, il y avait quelquefois deux mois d'avril presque complets dans l'année. Par exemple, l'année 1424 ayant commencé le 4 avril, jour de Pâques et fini à Pâques suivant, c'est-à-dire le 23 avril, il y eut par conséquent, dans cette année, un mois d'avril complet et 19 jours d'un autre mois d'avril.

Dans les différents royaumes de l'Occident, l'année avait longtemps commencé à des époques diverses. A Mayence, en Hongrie, à Milan, à Rome, en Aragon, en Castille, en Chypre, en Angleterre, dans les Pays-Bas et en Savoie, elle commença pendant longtemps à Noël; à Trèves, à Florence, en Sicile, le commencement de l'année était fixé au 25 mars; à Venise, l'année civile et ordinaire s'ouvrait au 1er janvier, et l'année légale au 1er mars; à Strasbourg, celle-ci commençait à la Circoncision. En Suisse, dans les quatorzième et quinzième siècles, le premier jour de l'année était le 1er janvier, à l'exception du diocèse de Lausanne et du pays de Vaud, où, depuis le concile de Bâle, on la fit commencer au 25 mars, etc., etc.

En France, dès le règne de Charlemagne et pendant tout le neuvième siècle, l'usage fut généralement de commencer l'année à Noël. Plus tard, les uns la commencèrent le 25 décembre; les autres, le 25 mars, et le plus grand nombre le jour ou la veille de Pâques. Cependant, la coutume invariable des rois, dans leurs chartes et leurs diplômes, depuis la fin du onzième siècle, et celle du parlement de Paris, depuis qu'il fut rendu sédentaire jusqu'à l'édit de Charles IX, appelé communément ordonnance du Roussillon, qui fixa le point de départ de l'année au 1er janvier, fut de la commencer à Pâques, ou plutôt au samedi saint, après la bénédiction du cierge pascal. Mais dans les provinces de France dont les Anglais furent maîtres, l'usage le plus commun était de commencer l'année à Noël.

Enfin, cet usage variait suivant les provinces. Ainsi, dans celle de Reims, l'année commençait à l'Annonciation; dans le diocèse de Soissons, à Noël; dans celui d'Amiens, à Pâques; dans le Dauphiné, le Languedoc et dans les autres provinces méridionales, le 25 mars. En Provence, la diversité fut plus grande encore, car les uns plaçaient le commencement de l'année à Noël ou au 1er janvier, les autres au 25 mars ou à Pâques. En Lorraine, la variété fut à peu près la même, et ne cessa qu'en 1579, grâce à l'adoption des mesures prescrites pour la France par l'ordonnance de Roussillon. (*L'Art de vérifier les dates des faits historiques, des chartes, des chroniques*, etc., par un religieux de la congrégation de Saint-Maur; *Dissertation sur les dates des chartes et chroniques*, t. I.)

Toutes les dates de cet ouvrage sont d'après *le vieux style*, c'est-à-dire qu'il est indispensable, lorsqu'il s'agit de l'un des quatre premiers mois de l'année moderne, de consulter le tableau qui précède pour avoir la date exacte selon le *nouveau style*.

JACQUES COEUR

ET

CHARLES VII.

JACQUES CŒUR

ET

CHARLES VII.

CHAPITRE PREMIER.

Bourges au quinzième siècle. — Ses monuments, sa population, son industrie. — Origine de Jacques Cœur. — Il épouse, en 1418, la fille du prévôt de Bourges. — Est intéressé dans la fabrication des monnaies à Bourges en 1427. — Se trouve impliqué dans un procès auquel cette fabrication donne lieu. — Lettres de rémission de Charles VII à ce sujet. — Jacques Cœur voyage dans le Levant en 1432. — Détails sur Alexandrie, le Caire et Damas vers la fin du quatorzième siècle. — Commerce et richesse de l'île de Chypre et de la ville de Famagouste, sa capitale. — Venise, Florence, Gênes, Marseille et Barcelone au quinzième siècle. — Montpellier à la même époque. — Jacques Cœur y établit le siége de ses opérations commerciales.

La ville de Bourges présentait au quinzième siècle, et même fort longtemps après, un aspect bien autrement pittoresque que celui sous lequel elle s'offre aujourd'hui aux regards du voyageur, qu'y attirent sa merveilleuse cathédrale, l'hôtel de Jacques Cœur et quelques anciennes maisons que le temps, le feu et les révolutions ont respectés. Plus de quarante églises, couvents et monastères étaient alors disséminés dans l'enceinte de la ville, et, de tous les côtés, s'élançaient dans les airs, à de prodigieuses hauteurs, des clochers, des flèches que dominaient les tours de l'église cathédrale de Saint-Étienne [1]. A peu de distance de cette église, qui est restée l'un des plus beaux monuments religieux de la France, s'élevait une sainte chapelle, commencée en 1400 aux frais de Jean, duc de Berry, chapelle beaucoup plus riche que celle de Paris elle-même. Consacrée le 18 avril 1405, la Sainte-Chapelle de Bourges avait été dotée par son fondateur d'une quantité considérable de joyaux, d'objets d'or et d'argent, de reliques, de pierreries, de peintures, de livres et d'ornements de toutes sortes [2]. Après Saint-Étienne et la Sainte-Chapelle, les églises de Saint-Ursin, de Notre-Dame des Sables, de Saint-Aoustrillet, se faisaient encore admirer [3]. Un monument d'une nature toute différente attirait aussi les regards par ses formes imposantes et ses dépen-

---

[1] *Pourtraict de la ville de Bourges, des Gaules la cité première*. Cette vue de Bourges se trouve dans un volume intitulé : *Relation de l'ordre de la triomphante et magnifique monstre du mystère des saints actes des apôtres, suivie de l'inventaire de la Sainte-Chapelle de Bourges, en* 1564, etc., par M. Labouvrie; Bourges, 1836.

[2] M. Labouvrie, *loc. cit.*, p. 395 et suiv. — La chute du pignon de cette église, qui eut lieu en 1756 par suite d'un violent orage, l'ayant endommagée de manière à rendre ce désastre irréparable, elle fut supprimée à perpétuité, par lettres patentes du roi, données à Versailles, en février 1757. En même temps, les revenus et le mobilier de la Sainte-Chapelle furent donnés à l'église de Saint-Étienne, à l'exception d'un tableau représentant Charles VII, tableau qui fut transporté au Louvre. Une maison particulière fut bâtie, en 1796, sur l'emplacement qu'elle occupait.

[3] La Thaumassière, *Histoire du Berry*, Paris, 1689, p. 101.

dances : c'était la grosse tour, fortification imprenable sans le secours d'une formidable artillerie. Construite, à ce que l'on croyait, vers le cinquième siècle, elle était entourée de courtines, dont cinq tours sveltes, élancées, garnies de meurtrières, de la base au sommet, occupaient les positions les plus importantes [1].

> « Bourges, cité par deçà des Itales,
> « Est des Gaules l'une des principales.
> « Son fonds est mis par nature en défense
> « Droit au milieu de l'empire de France,
> « Bien équippé et garni de remparsy
> « D'eau, de fossés et murs de quatre pars [2]...

Les priviléges dont jouissaient, au quinzième siècle, le chapitre de Saint-Étienne et la commune de Bourges, étaient, comme on peut le penser, proportionnés à leur importance respective. L'église de Saint-Étienne ne reconnaissait pas la juridiction archiépiscopale et relevait immédiatement de celle du saint-siége. Par lettres royales qui remontaient à 1174, non-seulement l'enceinte du cloître de Saint-

---

[1] Elle fut détruite en 1651 par l'ordre de Louis XIV qui, évidemment, ne devait pas voir de bon œil ces restes du régime communal, qu'il amoindrit autant que cela dépendit de lui. « Le roi, dit à ce « sujet La Thaumassière, étant arrivé à Bourges et connaissant « que la grosse tour était plus désavantageuse que profitable à son « service, en ordonna la démolition, *dont il chargea les échevins* « *de la ville.* » Les précautions ayant été mal prises, quinze personnes furent tuées et soixante blessées par les éclats d'une mine que l'on dut faire jouer pour venir à bout de la vieille forteresse du cinquième siècle. *Histoire du Berry*, p. 101.

[2] Chaumeau, *Histoire du Berry*; Lyon, 1566; citée par M. Labouvrie, p. 185.

Étienne était affranchie de toute juridiction laïque, mais le doyen, les chanoines et le chapitre exerçaient par leurs bailli, lieutenant et officiers la haute, moyenne et basse justice sur tous les individus logés dans l'enceinte du cloître [1].

De leur côté, les bourgeois, qu'une charte de 1145 appelait *barons de Bourges*, dirigeaient exclusivement les affaires intérieures de la ville, et déléguaient, à cet effet, leurs pouvoirs à quatre prud'hommes. Les attributions des baillis au quinzième siècle étaient diverses et très-étendues : celui de Rouen avait le commandement des milices bourgeoises, et souvent même de corps d'armée ; il jugeait les affaires civiles et criminelles, et, une fois par semaine, tenait les assises aux halles de la ville ; il faisait proclamer les impôts et en surveillait la rentrée ; enfin il présidait les grandes assemblées de l'hôtel de ville et intervenait dans les affaires commerciales, ainsi que dans les questions de voirie [2]. Le bailli du Berry et le prévôt de Bour-

---

[1] La Thaumassière, *loc. cit.*, p. 112.

[2] M. A. Cheruel, *Histoire de Rouen sous la domination anglaise, au quinzième siècle*, p. 139. — Ces attributions sont bien celles données aux baillis par Du Cange (*Glossarium*, t. I, *Ballivi*). D'après des lettres de 1323, tous les baillis *dou royaume de France* devaient *faire les receptes de leurs baillies et en compter dans les termes accoutumez*. Cependant, ils étaient choisis parmi les hommes d'épée, *ex ordine militum*. Leur traitement variait de quatre cents à six cents livres. Le serment qu'ils devaient prêter mérite d'être reproduit :

« *Li sermens que doivent faire li Baillis* :

1° Vous servirez le Roy bien et loyalement et garderez son secret et son droit partout là où vous le sarez.

Item. Que vous ferez bon droit et hatif à tous ceux qui auront à

ges[1] étaient bien chargés de l'instruction des causes, tant civiles que criminelles, dans la circonscription de la commune, mais le jugement de ces causes appartenait aux prud'hommes, à moins toutefois qu'ils ne préférassent se dessaisir, en faveur du bailli ou de son prévôt, des affaires civiles, car ceux-ci n'avaient pas le droit de juger en matière criminelle. En 1437, Charles VII affranchit les bourgeois de Bourges du droit de francs-fiefs et nouveaux acquêts [2], et leur

faire devant vous pour cause de votre office, tant au faible comme au fort, au pauvre comme au riche...

Item. Que de nulle personne de vostre Baillie, ne d'autre, quelle qu'elle soit, qui ait cause devant vous, ou espérez qu'elle doie avoir, vous ne prendrez don ni présent de vin en tonnel, de beste entière, comme buef ou porc, ou viandes en autre manière, fors que pour la souffisance de la journée, ne or, ne argent, ne joyaux, ne autres choses qui puissent ou doivent tourner à mauvaise convoitise.

Ainsi le jurez-vous, Bailly, ainsine vous aist Diex et ses saints Évangiles. »

Les baillis ne pouvaient être originaires de leur bailliage, ni s'y marier, ni y devenir acquéreurs. (V. Du Cange, t. V, au mot *Præpositi*, p. 764.)

Les attributions des sénéchaux étaient généralement les mêmes que celles des baillis. — Les sénéchaux étaient les baillis des pays situés dans les provinces de la langue d'oïl.

[1] « Prévôt, *præpositus* (Du Cange, t. V. p. 767), *judex pedeanus, minor judex in pagis, qui Ballivo subest, et cujus appellationes ad eumdem Ballivum devolvuntur.* » Il paraît que les offices de prévôts étaient vendus au plus offrant et dernier enchérisseur. Du Cange cite à ce sujet un passage de Christine de Pisan qui voit, dans cette vénalité, la cause des plus grands abus. « Pour ce, dit-elle, en siéges en beaucoup de lieux à de très mauvaise ribaudaille, mangeurs de pauvres gens et pires que ne sont larrons. »

[2] On entendait communément par les mots *droits de francs-fiefs* la taxe que les roturiers, possesseurs de fiefs, payaient au roi tous les vingts ans, et à chaque mutation de vassal, pour la permission de conserver leurs fiefs. — *Les nouveaux acquêts* étaient les héri-

conféra le privilége d'acquérir, sans craindre d'en être dépossédés, les fiefs, seigneuries et biens nobles. Les lettres de concession étaient motivées sur ce que les habitants de Bourges avaient généreusement exposé leur vie et leur fortune pour amener la réduction des villes voisines. « En laquelle notre
« ville de Bourges, disait Charles VII, première-
« ment que en autres villes et cités des marches de
« par deçà, nous retraismes et y fusmes grande-
« ment et noblement reçus, et nous firent lesdits
« Bourgeois et Habitans pleine obéissance comme
« à leur seigneur naturel, seul fils et héritier de
« nostre dit feu seigneur et père, en donnant
« exemple à nos autres sujets de Poitou et d'Au-
« vergne [1] ».

Enfin, et bien qu'aucun document contemporain ne fasse connaître le chiffre de la population de Bourges au quinzième siècle, ses sept mille cinq cents maisons et les neuf mille cinq cents familles [2] qui les habitaient, permettent de l'évaluer à près de soixante mille âmes. Placée au centre de la France et mieux protégée, par suite, que toutes les autres parties du royaume contre les invasions et les conséquences des guerres qu'elles entraînent, cette population était active et adonnée à l'industrie, princi-

---

tages, tant féodaux, allodiaux que roturiers, qui n'avaient pas été amortis, et dont les possesseurs payaient un droit annuel au roi. Ces droits ont existé jusqu'en 1789. Voir *Collection de décisions nouvelles relatives à la jurisprudence actuelle*, par Denisart.

[1] La Thaumassière, *loc. cit.*, p. 145 et 155.
[2] M. Labouvrie. *loc. cit.*, p. 131.

palement à celle des laines et à la fabrication des draps, tellement estimés que, dans les contrats de mariage de la province, il était stipulé que la future serait vêtue de drap du Berry[1]. « Bourges, dit un « écrivain du seizième siècle, forte cité et marchande, « spécialement de draperie, laquelle se fait audit « lieu[2]. » Deux foires importantes qui s'y tenaient en juin et en octobre, et qui duraient chacune sept jours, amenaient à Bourges un grand concours de Français et d'étrangers[3].

C'est dans cette ville, au milieu de ce quinzième siècle si fécond en grands événements et si agité, quelques années après l'apparition de Jeanne Darc, cette noble fille du peuple, qu'un homme du peuple aussi, Jacques Cœur, fils d'un simple marchand, a marqué son empreinte et laissé de son passage des traces qui, loin de s'effacer avec les siècles, semblent, au contraire, malgré quelques fautes qui font tache dans sa vie, devoir tirer un nouvel intérêt de l'étude approfondie de l'époque où il a vécu.

Les contemporains et les compatriotes de Jacques Cœur n'ont constaté ni le lieu, ni l'époque précise de sa naissance; mais il résulte du témoignage même de ses enfants qu'il était né à Bourges. « Ledit Jacques « Cœur, disaient ceux-ci dans une des nombreuses

---

[1] Catherinot, *Opuscules sur le Berry*; *le Prêt gratuit*, cité par M. Labouvrie.

[2] *Le Catalogue des antiques, érections des villes et cités des troys Gaules*, en deux parties, la 1re par Gilles Corrozet, la 2e par Claude Champier. Lyon, 1527.

[3] La Thaumassière, *loc. cit.*, p. 99.

« réclamations qu'ils élevèrent après son procès,
« estoit bourgeois de ladite ville et natif en icelle [1]. »
Son père, Pierre Cœur, était, à ce que l'on suppose,
originaire de Saint-Pourçain, petite ville du Bourbonnais, et l'un des plus riches marchands pelletiers de Bourges, où il s'était établi [2]. Cependant un
historien moderne a trouvé, dans les registres du
Trésor des Chartes, des lettres de rémission rendues,
en 1374, en faveur d'un Jean Cuer, monnoyer à
la Monnaie de Paris, qui avait pris part à une rixe
entre les gens de la maison du roi et les bouchers [3]. D'autres ont dit enfin, mais sans en donner aucune preuve, que Jacques Cœur était originaire de Montpellier et fils d'un orfévre du pays [4].

A peu de distance du palais et de la Sainte-Chapelle de Bourges, au coin de la rue des Armuriers et

---

[1] *Actes judiciaires relatifs à la condamnation de Jacques Cœur*, publiés par Buchon, dans le *Panthéon littéraire*, à la suite des *Mémoires de Duclerc et de Lefebvre-Saint-Remy*, p. 612, 2ᵉ colonne.

[2] La Thaumassière, *loc. cit.*, p. 84; M. Louis Raynal, *Histoire du Berry depuis les temps anciens jusqu'en 1789*. — Je ferai de fréquents emprunts à cet excellent ouvrage, dans lequel l'auteur a (t. III, 1ʳᵉ partie, p. 51 à 96) consacré à Jacques Cœur un chapitre plein d'intérêt.

[3] M. Michelet, *Histoire de France*, t. V., p. 377, citée par M. Raynal, t. III, p. 53.

[4] Pierre Borel, *Recherches et antiquités gauloises et françoises*; Paris, 1655. — Borel ajoute très-sérieusement que le père de Jacques Cœur était si pauvre qu'il n'avait pas de quoi louer boutique, mais qu'ayant fait la connaissance de Raymond Lulle, majorcain, celui-ci lui communiqua son secret pour faire de l'or, secret qu'il transmit à son fils, « qui feignant avoir beaucoup gagné dans le commerce, couvrait, par ce moyen, l'origine de sa richesse. » — Le chanoine d'Aigrefeuille (auteur d'une *Histoire de la ville de Montpellier*, 2 vol.

de celle du Tambourin d'Argent, s'élevait, au quinzième siècle, une maison appartenant à Pierre Cœur, et dans laquelle il est probable qu'est né Jacques Cœur, bien qu'une tradition locale place le lieu de sa naissance dans une autre partie de la ville, aux bords de l'Yévrette [1]. Comment se passa l'enfance du jeune Cœur? Suivant toutes les apparences, il ne suivit pas longtemps les écoles de la ville, car un de ses contemporains constate qu'il était sans littérature, *sine litteris* [2], et son père l'initia de bonne heure à la vie des affaires. Jacques Cœur avait un frère, Nicolas, qui entra dans les ordres, et une sœur qui épousa Jean Bouchetel, originaire de Reims et secrétaire du roi Charles VI. Un ancien valet de chambre du duc Jean, devenu depuis prévôt de Bourges, Lambert de Lodderpap ou Léodepart, qui avait épousé Jeanne Roussard, fille du maître de la monnaie de Bourges, demeurait « jouxte la maison « de feu Pierre Cœur, » dit un document contemporain. Vers 1418, Jacques Cœur épousa Macée de Léodepart, fille du prévôt, et s'allia ainsi à une famille déjà marquante du pays [3].

---

in-fol. Montpellier, 1738), veut bien faire remarquer, *en passant*, au conseiller et médecin ordinaire du roi, que « Raymond Lulle était mort en 1315, et qu'il faudrait que Jacques Cœur et son père lui eussent survécu chacun de soixante-dix ans. » (T. I, p. 209).

[1] M. Raynal, *loc. cit.*, p. 53.

[2] Amelgardi (Thomas Basin), presbiteri Leodinensis, *De rebus gestis temporibus Caroli VII et Ludovici ejus filii*. Bibl. nat^{le}, Mss. Voir aux pièces justificatives, n° 1, extrait G.

[3] J'emprunte tous ces détails à M. Raynal, qui s'appuie lui-même sur l'*Histoire du Berry*, par La Thaumassière, et sur un *État des*

La fabrication et l'administration des monnaies étaient, sous l'ancienne monarchie, si compliquées et donnaient lieu à des procès tellement nombreux, qu'on avait institué pour cet objet une juridiction spéciale, la Cour des monnaies, qui a été maintenue jusqu'à la révolution de 1789. Au quinzième siècle, une ordonnance qui remontait à 1211 assurait aux ouvriers des monnaies de très-beaux priviléges, tels que l'exemption, par tout le royaume, *de taille, d'ost et de chevauchée*[1]. La même ordonnance portait que nul ne verrait travailler les ouvriers, ni ne travaillerait avec eux, s'il n'était leur frère, leur fils ou leur neveu. Enfin, si quelqu'un, étranger à la monnaie, frappait un de ces ouvriers, il était tenu *de venir nud à eux et de se mettre à leur miséricorde*. Les ouvriers des monnaies ne pouvaient, d'ailleurs, être cités que devant le maître des monnaies, si ce n'est dans les trois cas, de meurtre, de rapt et d'incendie[2].

La première fois qu'on voit figurer officiellement le nom de Jacques Cœur dans l'histoire de son temps,

---

biens de Macée de Léodeparp (sic), publié par Buchon, à la suite de l'édition des *Mémoires de Duclerc et de Lefèvre-Saint-Rémy* — J'ajouterai, relativement à la date du mariage de Jacques Cœur, que son fils aîné, Jean Cœur, fut nommé en 1446 à l'archevêché de Bourges, n'ayant encore que vingt-six ans. On peut conclure approximativement de là, 1° que Jacques Cœur devait être né vers 1395; 2° qu'il dut se marier vers 1418.

[1] L'ost était pour défendre le pays, et la chevauchée son seigneur; mais ces termes furent souvent confondus. (*Ordonnances des rois de France*, t. I, p. 152, note.)

[2] *Ordonnances des rois de France*, t. I, p. 30.

c'est, il faut le dire, à l'occasion d'un procès fâcheux qu'il eut à subir devant cette juridiction, et auquel donnèrent lieu, en 1429, des infractions aux règlements concernant la fabrication des monnaies. Des lettres de rémission, accordées le 6 décembre 1429 par Charles VII, constatent qu'en 1420 un certain Ravaut le Danois quitta la ville de Rouen, où l'invasion anglaise avait ruiné son commerce, et proposa de se charger de la fabrication des monnaies à Bourges, à Orléans, à Saint-Pourçain et à Poitiers. Ses offres furent agréées. En 1427, ne pouvant, avec ses propres ressources, tenir tous ses engagements, Ravaut le Danois forma à Bourges où, en raison de la situation dans laquelle se trouvait le royaume, la fabrication des monnaies était sans nul doute la plus importante, une association avec Jacques Cœur et un changeur de la ville nommé Pierre Godart. Or, Jacques Cœur aurait, à ce qu'il paraît, fait affiner jusqu'à trois cents marcs d'argent au-dessous du titre « fixé, « auquel affinage, disent les lettres de rémis-
« sion, ledit Jacques a peu avoir proffict de six à sept
« vingt escus. » Ravaut le Danois reconnaissait bien ce qu'il y avait eu d'irrégulier dans quelques-unes des opérations qui lui étaient reprochées ainsi qu'à ses associés, mais il s'excusait sur l'obligation où il s'était trouvé de faire face aux demandes continuelles que les gens du roi lui adressaient ; il était prêt, d'ailleurs, à faire restitution, selon ses facultés, de la somme à laquelle il serait taxé. En considération des services qu'il en avait reçus, Charles VII commua

la peine et se contenta d'une amende de mille écus d'or payés comptant, et dont Jacques Cœur supporta sans doute une part. L'arrêt portait que, moyennant cette amende, Ravaut le Danois et ses facteurs ne pourraient plus être *travaillés ni molestés* pour les faits dont il s'agit [1].

Il n'existe aucune trace certaine de la résolution que dut prendre Jacques Cœur après cette condamnation; on peut croire toutefois que, dès ce moment, il tourna ses vues vers le commerce. Celui du Levant offrait, au quatorzième et au quinzième siècle, un moyen de fortune presque assuré aux Européens qui avaient l'énergie et les capitaux indispensables pour l'entreprendre. C'est celui auquel se livra Jacques Cœur.

Un écuyer du duc de Bourgogne qui avait entrepris, en 1432, le voyage de la Terre-Sainte, a laissé de son pèlerinage une curieuse relation, dans laquelle on lit ce qui suit [2] : « Et quant nous fusmes « venus à Damas, nous y trouvasmes plusieurs « marchans françois, venitiens, génois, florentins et « catalans, entre lesquels y avoit ung François nômé « Jacques Cueur, qui depuis a heu grant autorité « en France, et a esté argentier du Roy; lequel « nous dist que la gallée de Narbonne, qui estoit

---

[1] Bibl. nat^{le}, Mss. Fonds Saint-Germain, 572. — *Procès de Jacques Cœur*, p. 793 et suiv.

[2] Bibl. nat^{le}, Mss. 10,264; *Voyage de la Terre-Sainte*, par Bertrandon de la Brocquière. — Ce voyage a été remis en *français moderne* et publié par Legrand d'Aussy, dans le t. V, p. 422 et suiv. des *Mémoires de l'Académie des sciences morales et politi-*

« allée en Alexandrie, devoit revenir à Baruth. Et
« estoyoient lesdits marchans françois, allez pour
« achepter aucunes marchandises et danrées, comme
« espices et autres choses pour mectre sur ladite
« gallée. »

Évidemment Jacques Cœur était un des marchands dont la gallée de Narbonne devait transporter les achats en France. C'étaient sans doute, outre les productions du pays, telles que la noix de galle, la laine, la soie, le poil de chèvre, des étoffes et des tapis fabriqués dans la Turcomanie et la Caramanie[1]. En échange de ces marchandises, les Français fournissaient à la Turquie et à l'Égypte du fer, des bois de toutes espèces, de l'étain, du plomb, du cuivre, des draps légers, des objets de menue quincaillerie[2]. Ils y transportaient aussi, mais contrairement aux lois, car l'exportation des matières d'or et d'argent constituait alors un grave délit, des monnaies françaises, toujours fort recherchées dans les échelles du Levant[3].

Jamais peut-être les relations de ces contrées avec

---

que; an XII. — On ne s'explique pas cet *arrangement* de la part de Legrand d'Aussy. Heureusement, un de nos érudits les plus infatigables et les plus distingués, M. le comte A. de Laborde, prépare une édition fidèle de l'intéressante relation de la Brocquière.

[1] M. Pardessus, *Tableau du commerce antérieurement à la découverte de l'Amérique, servant d'introduction à la collection des lois maritimes*, 2ᵉ partie, p. XXI. — Je citerai souvent ce remarquable travail, un des modèles du genre, par la multitude et le choix des preuves, ainsi que par la sobriété de la narration.

[2] M. Pardessus, *loc. cit.*, p. XLIV.

[3] Cette exportation des monnaies françaises en Orient fut un des principaux griefs dirigés contre Jacques Cœur qui, sans doute,

l'Europe n'avaient été plus actives; et, si l'on en juge par les richesses que quelques villes avaient gagnées, ce commerce devait procurer des profits immenses. Un pèlerin de Florence, qui visita les principaux ports du Levant en 1384, en a laissé une description qui donne une haute idée de la splendeur qu'ils avaient à cette époque. Les chrétiens, qui en faisaient la fortune, y étaient néanmoins soumis à des vexations innombrables et bien souvent humiliantes. Ainsi, à peine le navire où le pèlerin de Florence avait pris passage fut-il entré dans le port, qu'une barque égyptienne vint à eux. Immédiatement, une vingtaine de douaniers et de noirs qu'elle transportait montèrent à bord et enlevèrent *la voile et le gouvernail*, afin d'empêcher le navire de repartir avant que les passagers eussent acquitté le tribu d'un ducat par tête, ainsi que les droits de transit qui étaient dus au soudan. On dit aux passagers, pour les consoler, que cela se pratiquait ainsi, non-seulement à Alexandrie, mais à Aden et sur toute la côte de Barbarie. Comme la ville de Florence n'avait pas encore, en 1384, de consul à Alexandrie, le consul de France, qui portait le titre de *consul des Français et des pèlerins*, prit les pèlerins florentins sous sa protection et leur donna un logement dans sa maison. Alexandrie comptait alors soixante-dix mille âmes. Lorsque les pèlerins de Florence voulurent se rendre au Caire, ils s'embarquèrent sur le canal du Nil, qui était

---

avait beaucoup d'imitateurs clandestins. La même pratique se retrouve encore du temps de Colbert.

encore en bon état et sur les bords duquel s'élevaient de nombreuses maisons de plaisance entourées de jardins et de vergers qui fournissaient des cédrats, des dattes, des oranges. Le delta du Nil était couvert de plantations de sucre. Une multitude de bateaux chargés de marchandises, et conduits par des femmes, sillonnaient le fleuve, se dirigeant sur Rosette et Alexandrie.

Une activité non moins grande régnait d'ailleurs au Caire. Boulak, qui sert de port à cette ville, comptait dans ses eaux autant de navires que Gênes et Venise. De nombreux joailliers étalaient des pierres précieuses et des perles d'un grand prix dans leurs boutiques situées sur une place, vis-à-vis le château du soudan. Parmi les chrétiens qui habitaient la ville, et le nombre en était considérable, il y avait des Grecs, des Nubiens, des Géorgiens, des Éthiopiens et des Arméniens, mais fort peu de Latins. On comptait en outre, au Caire seulement, vingt-cinq mille chrétiens renégats. La population de cette ville devait être, à la vérité, prodigieuse, car le pèlerin de Florence estima qu'elle était supérieure à celle de la Toscane. Faute de demeure, cent mille individus couchaient, lui dit-on, en plein air. Une foule de cuisiniers étaient occupés nuit et jour à servir les passants sur les rues et places publiques; des milliers de chameaux transportaient l'eau du Nil dans les maisons, et dix mille coursiers étaient toujours à la disposition des Sarrasins qui voulaient faire des excursions. La ville possédait des entrepôts considérables de sucre et d'épiceries où les marchands de l'Europe entière venaient s'approvisionner. C'était là sa principale richesse. Le luxe de la toilette des femmes était poussé à un point qui étonna les Italiens eux-mêmes. Elles portaient des chaussures ornées d'or, d'argent, de pierreries, de perles, et s'enveloppaient de drap fin et de toiles d'Alexandrie. Dès cette époque, de fréquentes révolutions amenaient à la tête du gouvernement des familles nouvelles; mais déjà la milice des mameluks disposait en quelque sorte du pouvoir. A chaque treizième lune, les chrétiens et les juifs payaient au soudan un tribut d'un ducat. Le pèlerin florentin rapporte en outre que la ville de Damas lui parut immense, qu'il en vit partir pour la Mecque une caravane composée de vingt-cinq mille personnes, que chaque métier avait son quartier ou bazar, que, de père en fils, les mêmes familles se livraient à la même industrie, ce qui donnait aux produits des fabriques de la ville une grande supériorité, et enfin que les essences de roses et les confitures y étaient particulièrement renommées [1].

De son côté, l'écuyer du duc de Bourgogne, qui vit Jacques Cœur à Damas, raconte que cette ville, bien qu'elle eût été saccagée et réduite en cendres au commencement du quinzième siècle par Tamerlan,

---

[1] *Viaggio di L. N. Frescobaldi in Egitto e in Terra Santa*; Rome, 1818; cité par M. Depping, *Histoire du commerce entre le Levant et l'Europe, depuis les croisades jusqu'à la fondation des colonies de l'Amérique*, t. II, p. 299 et suiv. Notes.

comptait, trente ans après, plus de cent mille habitants[1]. Un entrepôt, sur les murs duquel des fleurs de lis étaient sculptées, et qui avait été fondé, suivant toutes les apparences, par un Français, recevait toutes les marchandises précieuses. Cependant, les chrétiens étaient à Damas l'objet d'une profonde aversion, et, chaque soir, on les enfermait dans leurs maisons[2]. Il en était de même à Alexandrie, sous prétexte que l'on craignait qu'ils ne profitassent de la nuit pour s'emparer du gouvernement. Indépendamment de cette ville, Rosette et Damiette sur la Méditerranée, Suez sur la mer Rouge, étaient les ports principaux de l'Égypte; mais déjà, vers 1430, Alexandrie perdait chaque jour de son ancienne prospérité, et tout le mouvement de la ville s'était retiré dans le quartier voisin du port, où les chrétiens avaient leurs établissements[3]. A Beyrouth, bien que cette ville fût en même temps l'entrepôt des marchandises de Damas et des soies du Liban, la décadence était également sensible[4]. Jaffa, l'ancienne Joppé, était grandement déchue de sa splendeur passée, et un voyageur la trouva, en 1422, *bien déroquiée*[5]. La plus riche et la plus florissante de

---

[1] Bon de la Brocquière, Mss., *loc. cit.* Ce voyageur dit que Damas renfermait cent mille *hommes*. N'aurait-il voulu parler que de la population mâle? ce n'est guère probable. D'après Balbi (*Abrégé de géographie*, 1833), il y aurait aujourd'hui à Damas cent quarante mille âmes.

[2] De la Brocquière, Mss., *loc. cit.*

[3] M. Pardessus, *loc. cit.*, p. XLIV.

[4] De la Brocquière, *loc. cit.*

[5] *Voyage du Sire de Lannoy en Égypte et en Syrie*, cité par

toutes les villes de l'Orient était, notamment au quatorzième siècle, Famagouste, capitale de l'île de Chypre. Un prêtre allemand, Rodolphe de Saxe, qui la visita en 1341, en se rendant à Jérusalem, raconte que ni Venise ni Constantinople ne lui étaient seulement comparables. Une foule de Grecs, d'Arméniens, d'Arabes, de Turcs, d'Éthiopiens, de Syriens, de Juifs, y coudoyaient sur le port les marchands arrivés de la Vénétie, de l'Allemagne, de la Ligurie et des Deux-Siciles, du Languedoc, de la Flandre et de l'Aragon.

« Il y a dans ce pays de Chypre, écrivait Rodolphe
« de Saxe à l'évêque de Paderborn, les plus généreux
« et les plus riches seigneurs de la chrétienté. Une
« fortune de trois mille florins annuels n'est pas plus
« estimée ici qu'un revenu de trois marcs chez nous[1].
« Mais les Chypriotes dissipent tous leurs biens dans
« les chasses, les tournois et les plaisirs. Le comte

M. Depping, dans son *Histoire du commerce entre le Levant et l'Europe*, t. I, p. 89.

[1] Il est bien difficile de préciser la valeur dont parle ici Rodolphe de Saxe. D'après Du Cange, il y eut en France des florins de quatorze sols et des florins de quarante un sols, sans compter ceux d'une valeur intermédiaire. Il y avait en outre les florins d'Italie dont les variétés étaient fort nombreuses et les florins d'Allemagne. Quelle était la valeur des florins de Saxe, en 1341, date de la lettre citée? c'est ce que je ne saurais déterminer. Je dois ajouter néanmoins que, cent ans plus tard, Charles VII défendit la circulation de florins d'Allemagne, dit *mailles au chat*, qui avaient cours en France pour quinze sols six deniers. (*Ordonnances des rois de France*, t. XIV). Il est probable que les florins dont il s'agit dans la lettre de Rodolphe de Saxe avaient une valeur à peu près équivalente.

« de Jaffa, que j'ai connu, entretient plus de cinq
« cents chiens pour la chasse. Les marchands de
« Chypre ont aussi acquis d'immenses richesses; et
« cela n'est pas étonnant, car leur île est la dernière
« des chrétiens vers l'Orient; de sorte que tous les
« navires et toutes les marchandises, de quelque
« rivage qu'ils soient partis, sont obligés de s'ar-
« rêter en Chypre. De plus, les pèlerins de tous
« les pays qui veulent aller outre-mer doivent des-
« cendre d'abord en cette île. De sorte que l'on
« peut y savoir, à tous les instants de la journée,
« depuis le lever jusqu'au coucher du soleil, par
« les lettres ou les étrangers qui y viennent inces-
« samment, les nouvelles et les bruits des contrées
« les plus éloignées. Aussi les Chypriotes ont-ils
« des écoles particulières pour apprendre tous les
« idiomes connus.

« Quant à la ville de Famagouste, c'est une des
« plus riches cités qui existent. Ses habitants vivent
« dans l'opulence. L'un d'eux, en mariant sa fille,
« lui donna, pour sa coiffure seule, des bijoux qui
« valaient plus que toutes les parures de la reine de
« France ensemble, au dire de chevaliers français
« venus avec nous en Chypre. Un marchand de
« Famagouste vendit un jour au sultan d'Égypte,
« pour le sceptre royal, une pomme d'or enrichie
« de quatre pierres précieuses : une escarboucle,
« une émeraude, un saphir et une perle. Ce joyau
« coûta soixante mille florins : quelque temps
« après la vente, le marchand voulut le racheter

« et en offrit cent mille florins : mais le sultan les
« refusa....

« Il y a dans telle boutique que ce soit de Fa-
« magouste plus de bois d'aloès que cinq chars
« n'en pourraient porter. Je ne dis rien des épi-
« ceries, elles sont aussi communes dans cette
« ville et s'y vendent en aussi grande quantité que
« le pain.

« Pour les pierres précieuses, les draps d'or et les
« autres objets de luxe, je ne sais que vous dire; on
« ne me croirait pas dans notre pays de Saxe.

« Il y a aussi à Famagouste une infinité de cour-
« tisanes; elles s'y sont fait des fortunes considéra-
« bles, et beaucoup d'entre elles possèdent plus de
« cent mille florins; mais je n'ose vous parler davan-
« tage des richesses de ces infortunées [1]. »

En échange de ses vins, du sucre en poudre, de
l'indigo, du savon, des cotons bruts et filés, de la
soie et des autres marchandises auxquelles l'île de
Chypre servait d'entrepôt, les galères flamandes et
françaises l'approvisionnaient de draps de Bruxelles,
Malines, Louvain, Bruges, Gand, Toulouse, Narbonne, Carcassonne, Béziers, Perpignan, Bagnols,

---

[1] Rodolphe de Saxe, *De terra sancta et itinere Jherosolimitano*, in-4°, quinzième siècle; sans lieu ni date.—Cité par M. de Mas Latrie, dans un travail intitulé *Des relations politiques et commerciales de l'Asie Mineure avec l'île de Chypre, sous le règne des princes de la maison de Lusignan*, publié par la *Bibliothèque de l'Ecole des Chartes*, t. I, 2ᵉ série, p. 310 et suiv. — Les florins dont il s'agit dans ce passage étaient sans doute ces florins d'Allemagne qui eurent cours en France, au quinzième siècle, pour quinze sols six deniers. (Voir *Ordonnances des rois de France*, t. XIV; table.)

Amiens, et des couvertures alors très-renommées de Provins[1].

Cependant, cette grande prospérité de l'île de Chypre n'avait nullement porté atteinte à celle de Venise. Loin de là; car la fortune des nations est solidaire, et la richesse des unes ne fait qu'ajouter à celle des autres. Malgré l'infériorité de sa position relativement aux autres grandes villes du littoral italien, malgré les luttes qu'elle avait eu à livrer pour conquérir le sol même où elle était assise, Venise offrit pendant plusieurs siècles l'exemple d'une persistance de volonté rare chez les nations, plus encore peut-être que chez les individus, et des avantages qui en résultent[2]. Les deux plus anciennes industries de Venise, celles qui la rendirent pendant longtemps maîtresse de la Méditerranée, étaient la construction des galères et la vente du sel. Successivement, elle s'appropria le filage du coton et la fabrication des camelots. Ses soies brochées d'or, ses damas, ses velours n'avaient pas de rivalité à craindre au quin-

---

[1] Uzano, *Prattica della mercatura*, cité dans M. Depping, *ubi suprà*; t. I, p. 108.

[2] Un savant archéologue, M. Félix Verneilh, a constaté, d'après les registres des archives municipales de Périgueux, dans son livre de l'*Architecture byzantine en France*, que déjà, vers 1012, une colonie de Vénitiens s'établit à Périgueux pour y faire le commerce des épices d'Orient, et les vendre soit dans l'intérieur de la France, soit en Angleterre, en Écosse, et jusqu'en Irlande. Les Vénitiens habitaient un quartier de Périgueux, comme les Lombards à Paris. Outre la rue de Venise, qui porte encore ce nom, il y avait aussi à Périgueux la porte de Venise. Des Vénitiens s'étaient également, vers l'époque dont il s'agit, établis à Limoges, pour y faire le même commerce.

zième siècle. A la vérité, la république prenait d'étranges précautions pour conserver le monopole de son industrie. L'article 26 des statuts de l'inquisition d'État était ainsi conçu : « Si quelque ouvrier
« ou artiste transporte son art en pays étranger,
« au détriment de la république, il lui sera envoyé
« l'ordre de revenir; s'il n'obéit pas, on mettra en
« prison les personnes qui lui appartiennent de plus
« près, afin de le déterminer à l'obéissance par l'in-
« térêt qu'il leur porte; s'il revient, le passé lui sera
« pardonné, et on lui procurera un établissement à
« Venise; si, malgré l'emprisonnement de ses pa-
« rents, il s'obstine à vouloir demeurer chez l'étran-
« ger, *on chargera quelque émissaire de le tuer*, et,
« après sa mort, ses parents seront mis en liberté[1]. »

C'est à Venise, en 1429, que parut le premier recueil des procédés employés pour la teinture[2]. Deux rues entières étaient spécialement habitées par les armuriers, qui étaient, avec ceux de Milan, les plus renommés de l'Europe; là se fabriquaient ces lances, ces cottes de mailles, ces épées, ces arcs, ces casques, ces boucliers, ces armes de toute espèce enfin que les Vénitiens, au grand scandale de la chrétienté, expédiaient aux Sarrasins. Dans d'autres quartiers, on épurait la cire qui, nulle part ailleurs, soit que cela tînt à l'habileté des ouvriers ou à la qualité des eaux, n'atteignait le même degré de blan-

---

[1] Daru, *Histoire de Venise*, t. III, liv. XIX, p. 90.
[2] Berthollet, *Éléments de l'art de la teinture*, cité par M. Blanqui aîné, dans son *Histoire de l'Économie politique*, t. I, p. 330.

cheur, et dont la république fournissait le monde chrétien. Plus loin, se façonnaient ces objets d'orfévrerie dont la délicatesse de travail doublait le prix et que toutes les nations recherchaient. Il n'était pas jusqu'aux drogues médicinales de l'Orient qui, travaillées par les pharmaciens de Venise, ne décuplassent de valeur. Est-il besoin de rappeler ses admirables cristaux aux formes si élégantes, aux couleurs si limpides, ses glaces que la France a mis des siècles à égaler, ses cuirs dorés? Quant aux perles de Venise elles sont, au dire des voyageurs, restées la monnaie courante des peuples de la Nubie [1].

Les expositions maritimes des Vénitiens avaient un caractère de régularité et en même temps de puissance dont il est impossible de ne pas être frappé. Tous les ans, sept escadres composées de navires loués par la république à des compagnies mettaient à la voile pour la Romanie, Trébisonde, Chypre, l'Arménie, la Syrie, l'Égypte, la Barbarie, l'Angleterre et la Flandre. D'après une chronique contemporaine, il partit de Venise, en 1433, une escadre pour les ports de Romanie, une autre pour Beyrouth, une troisième pour Alexandrie, une quatrième pour la Barbarie, une cinquième pour la Flandre; une sixième transporta des pèlerins en Syrie; enfin, une septième se rendit à Aigues-Mortes [2]. Tandis qu'en France les commerçants étaient considérés et traités avec dédain par la noblesse, tombant dans l'excès con

---

[1] M. Depping, loc. cit., t. I, chap. III, passim.
[2] Ibid., loc. cit., t. II, p. 317 et 319. Notes.

traire, la république de Venise avait décidé que les galères faisant partie des escadres commerciales ne pourraient être commandées que par des nobles. Chacune de ces escadres se composait de huit à dix navires d'une construction hardie et pouvant porter de mille à deux mille tonneaux [1]. Celle qui était destinée pour la Flandre, passait le détroit de Gibraltar, longeait les côtes de l'Espagne, du Portugal, de la France et se rendait d'abord en Angleterre; il lui était interdit de faire aucun chargement en route et de rien vendre en allant, sinon des marchandises sorties du port de Venise. Mais au retour, les navires pouvaient prendre des marchandises, et les débiter où ils voulaient. Afin de pouvoir lutter avec les pays qui fabriquaient mieux et à meilleur marché certaines étoffes, Venise admettait sans droits, ou à des droits très-modérés, les objets qui devaient être échangés plus tard contre des marchandises asiatiques. D'ailleurs, son système commercial abondait en prohibitions et en entraves dirigées contre les étrangers. Après avoir essayé des droits différentiels, la république décida qu'on ne pourrait débarquer ailleurs qu'à Venise les marchandises du

---

[1] M. Jules Lecomte, *Venise, ou coup d'œil littéraire, artistique et historique sur les monuments de cette cité;* p. 458, *l'arsenal.* — « Les historiens de Venise, dit M. Lecomte, mentionnent, dès le « treizième siècle, des coques de navires pouvant contenir jusqu'à « mille hommes. Il faut la révélation de bâtiments pareils pour « comprendre le traité que la république fit avec saint Louis, pour « le transporter en Afrique avec son armée; Louis IX avait dix « mille fantassins et quatre mille chevaux, et le transport s'effectua « avec quinze navires seulement! »

Levant destinées pour des pays étrangers, ou celles de ces pays destinées pour le Levant; les lieux soumis à la domination vénitienne n'étaient pas même l'objet d'une exception. Un décret de 1272 contenait d'ailleurs une obligation qui mérite d'être signalée : « Dans aucun cas, y est-il dit, le marchand ne « pourra rapporter et introduire à Venise de l'or et « de l'argent monnayés ou des lettres de change, « sous peine de la perte du quart[1]. » Sans nul doute, la liberté eût mieux valu et l'exécution du décret de 1272 dut présenter des obstacles insurmontables ; mais ne faut-il pas admirer cette profonde sagacité de l'oligarchie vénitienne comprenant, dès le treizième siècle, que l'importation de marchandises ou de matières premières, source assurée de nouveaux bénéfices, était préférable à celle de l'or?

La prospérité de leur commerce devait naturellement suggérer aux Vénitiens l'idée d'un établissement destiné à simplifier les opérations financières : telle fut l'origine de la banque qu'ils fondèrent au douzième siècle, devançant ainsi de près de trois cents ans celle qui fut plus tard établie à Gênes, sous le nom d'office de Saint-Georges. En 1246, le pape Innocent IV déposait à la banque de Venise deux mille cinq cents marcs d'argent pour un bourgeois de Francfort. On ne s'étonnera pas qu'au milieu de tant de sources de richesse, les finances de la république fussent dans un état florissant. Un do-

---

[1] M. Pardessus, *loc. cit.*, 2ᵉ partie, p. LXXVI et suiv. M. Depping, *loc. cit.*, t. 1, p. 167.

cument qui remonte à l'année 1420 établit que son revenu net s'élevait à un million de ducats [1]. La population, déterminée par le cadastre, atteignait alors le chiffre de cent quatre-vingt-treize mille habitants [2]. Le seul arsenal de Venise occupait seize mille ouvriers et trente-six mille marins. A la même époque, il y avait dans le Conseil un parti qui, à l'instigation des Florentins, cherchait à l'entraîner dans une guerre à laquelle le doge Mocenigo était opposé. Dans plusieurs discours qui ont été conservés, Mocenigo déroula avec un juste orgueil, au sénat, le brillant tableau des affaires de la république, montrant ainsi ce que les citoyens auraient à souffrir de la guerre : « Toutes les semaines, disait-il, il nous « arrive de Milan dix-sept à dix-huit mille ducats ; « de Monza, mille ; de Côme, trois mille ; de Tortone « et de Novarre, deux mille ; de Pavie, autant ; de « Crémone et de Parme, autant ; de Bergame, quinze

---

[1] Le ducat effectif, celui dont il s'agissait dans la langue administrative, représentait une valeur de quatre livres à quatre livres dix sols. Mais, on aurait, en se bornant à ce rapprochement, une idée fort inexacte de sa valeur au quinzième siècle. Ainsi, le conseil de Venise ayant fait, en 1429, don d'un palais, dans cette capitale, à Louis de Gonzague, ex-capitaine général de la république, le palais acheté à cette occasion coûta six mille cinq cents ducats. Un autre palais, donné dans la même année au vaivode d'Albanie, coûta trois mille ducats. Il est donc probable qu'avec six mille cinq cents ducats, on achetait à Venise, au quinzième siècle, un palais qui coûterait à Paris, au dix-neuvième, de six à sept cent mille francs. A ce compte, le revenu net d'un million de ducats que Venise avait au quinzième siècle représenterait environ cent millions de nos jours.

[2] D'après l'*Abrégé de Géographie* de Balbi, elle était, en 1833, réduite à cent quatre mille habitants.

« cents. Tous les banquiers déclarent que le Milanais
« a tous les ans seize cent mille ducats à nous sol-
« der. Tortone et Novarre achètent par an six mille
« pièces de drap; Pavie, trois mille; Milan, quatre
« mille; Crémone, quarante mille; Côme, douze
« mille; Monza, six mille; Brescia, cinq mille; Ber-
« game, dix mille; Parme, quatre mille; en tout,
« quatre-vingt-quatorze mille pièces. Ces villes nous
« envoient en outre de l'or fin pour quinze cent cin-
« quante-huit mille sequins. Nous faisons avec la
« Lombardie un commerce de vingt-huit millions
« de ducats. Les Lombards achètent de nous, tous
« les ans, cinq mille milliers de coton, vingt
« mille quintaux de fil, quatre mille milliers de
« laine de Catalogne et autant de France, des étoffes
« d'or et de soie pour deux cent cinquante mille
« ducats; trois mille charges de poivre, quatre cents
« fardes de cannelle, deux cent milliers de gingem-
« bre, pour quatre-vingt-quinze mille ducats de
« sucre; autres marchandises pour coudre et broder,
« trente mille ducats; quatre mille milliers de bois
« de teinture; grains et plantes de teinture, cinquante
« mille ducats; savon, deux cent cinquante mille
« ducats; esclaves, trente mille [1]. Je ne compte pas

---

[1] Les Vénitiens ne fournissaient pas des esclaves aux seuls Lombards; ils vendaient aussi aux musulmans des jeunes gens qu'ils allaient acheter en Circassie. L'Église avait beau protester; la voix de l'or était la plus forte. Enfin, les Vénitiens n'hésitaient pas à augmenter la valeur de quelques esclaves par la mutilation. Au nombre des causes auxquelles M. Daru attribue la décadence de Venise, il cite la corruption et l'amollissement que les esclaves en-

« le produit des sels. Considérez combien de vais-
« seaux le recouvrement de ces marchandises entre-
« tient en activité, soit pour les porter en Lombar-
« die, soit pour aller les chercher en Syrie, en
« Romanie, en Catalogne, en Flandre, en Chypre, en
« Sicile, sur tous les points du monde. Venise gagne
« deux et demi à trois pour cent sur le fret. Voyez
« combien de gens vivent de ce mouvement : cour-
« tiers, ouvriers, matelots, des milliers de familles,
« et enfin les marchands dont le bénéfice ne s'élève
« pas à moins de six cent mille ducats. Sachez que
« tous les ans, Vérone prend deux cents pièces d'é-
« toffes d'or, d'argent et de soie; Vicence, cent
« vingt; Padoue, deux cents; Trévise, cent vingt;
« le Frioul, cinquante; Feltre et Bellune, douze;
« que vous fournissez à ces divers pays quatre cents
« charges de poivre, cent vingt fardes de cannelle,
« cent milliers de gingembre, cent milliers de sucre,
« et deux cents pains de cire par an. Florence vous
« envoie des marchandises pour la valeur de seize
« mille sequins, et trois cent cinquante mille en
« espèces pour lesquelles elle reçoit des laines d'Es-
« pagne et de France, des grains, des soies, de l'or
« et de l'argent filés, de la cire, du sucre et des bi-
« joux. Enfin, le commerce de Venise met en circu-
« lation, tous les ans, dix millions de sequins.—Vous
« êtes les seuls, disait le doge en terminant, à qui la
« terre et la mer soient également ouvertes. Vous êtes

gendrèrent dans cette ville. Il y a des lois morales que les peuples
n'outragent pas impunément.

« le canal de toutes les richesses ; vous approvisionnez
« le monde entier ; tout l'univers s'intéresse à votre
« prospérité ; tout l'or du monde arrive chez vous[1]. »

Pendant que Pise, dont les entreprises maritimes avaient, au treizième siècle, jeté un si vif éclat dans la Méditerranée, disparaissait de la scène commerciale, Florence, son heureuse rivale, après s'être longtemps bornée à la fabrication de la draperie, venait d'acquérir tout à coup une importance considérable par la cession que la république de Gênes lui avait faite, en 1421, du port de Livourne. Au commerce des laines, des draps et des soieries, qu'ils avaient fait jusqu'alors, les Florentins joignirent celui de la banque et des échanges où on les accusait, au surplus, de faire des bénéfices exagérés. Bientôt, il n'y eut plus en Italie, en Espagne, en Portugal, en France, en Angleterre, en Flandre, une place où les commerçants de Florence n'eussent des comptoirs. A l'exemple de Venise, des expéditions florentines sillonnèrent tous les ans la Méditerranée, la mer Noire et l'Océan. On a vu la description un peu pompeuse, mais fidèle sans doute, des ressources commerciales et manufacturières de Venise. D'après un auteur florentin du quinzième siècle, les lainages et draperies de Florence l'emportaient de beaucoup sur les produits similaires de Venise. « On
« sait cela, ajoutait-il, à la cour de Rome, à celle de

---

[1] Daru, *loc. cit.*, t. II et III, l. XIII et XIX ; M. Pardessus, M. Depping, M. Blanqui, *loc. cit.* M. de Villeneuve-Bargemont, *Histoire de l'Économie politique*, t. I, chap. VIII.

« Naples, en Sicile, à Constantinople, à Pera, à Scio,
« à Bursa [1], à Gallipoli, à Salonique, à Andrinople
« et partout où les Florentins envoient leurs draps,
« ont des banques, des factoreries et des consulats.
« Quant aux soieries et aux brocards d'or et d'ar-
« gent, nous en faisons et en ferons toujours plus
« que votre Venise, Gênes et Lucques ensemble.
« Demandez-le à vos marchands qui fréquentent
« Marseille, Avignon, Lyon, Genève, Bruges, An-
« vers et Londres ; partout ils trouvent de fortes
« banques, des bourses magnifiques, des négociants
« respectables, des fondes [2], des églises et des consu-
« lats appartenant aux Florentins. Informez-vous
« des banques des Médicis, des Pazzi, des Capponi,
« des Brandelmonti, des Corsini, des Falconieri, des
« Portineri et de tant d'autres maisons dont les noms
« rempliraient des pages. Dans ces établissements,
« ce n'est pas de merceries, de quincaillerie, de fil à
« coudre, de franges, de chapelets, de verroteries
« que l'on fait trafic : on y débite des ducats, des
« brocards et de la draperie. Quand vous autres Vé-
« nitiens allez chercher des épices, des cotons et de
« la cire à Alexandrie, vous êtes obligés de les

---

[1] Brousse, ville d'Anatolie, à vingt-quatre lieues de Constantinople et à huit lieues de Moudanié (mer de Marmara), qui lui sert de port. Dès la plus haute antiquité, Brousse a été le siége du plus grand commerce du monde. Sa population actuelle est de près de cent mille âmes. Cette ville est encore renommée par ses fabriques d'étoffes de soie, ses toiles et ses tapis.

[2] Dépôt public de marchandises, douane, magasin. (*Glossaire de la langue romane*, de Roquefort.)

« acheter à ducats comptants. En échange de ces
« marchandises, les Florentins donnent leurs draps
« et autres tissus ¹. »

Quant à la république de Gênes, rivale infatigable, acharnée, des Vénitiens et des Catalans tout à la fois, elle mettait tout en œuvre pour écraser leur marine. Cette fière et turbulente république, travaillée sans relâche par les dissensions intérieures, rêvait toujours le monopole du commerce de l'Orient. Les richesses qui s'étaient accumulées sur ce point de la Méditerranée depuis le onzième siècle, époque où la marine génoise commence à jeter un vif éclat, jusqu'au milieu du quinzième, étaient incalculables, immenses. On raconte qu'en 1201 une seule de ses flottes avait rapporté du Levant quinze cents livres d'or, d'argent et de pierres fines. En 1379, un bâtiment à trois ponts, le plus grand que les Génois eussent jamais construit, revint avec une cargaison d'épices, de mousselines, d'étoffes de soie d'or et d'argent, évaluée à quinze cent mille ducats². Gênes avait fondé dans le Bosphore et la mer Noire des colonies importantes; c'était Phocée, renommée par son alun comparable à celui de Trébizonde; Galata, appelée aussi Péra, où les négociants génois avaient des établissements considérables; Caffa, qui rendait en quelque sorte la république maîtresse du commerce de la mer

---

[1] M. Pardessus, *loc. cit.*, 2ᵉ partie, p. XC; — M. Depping, *loc. cit.*, t. I, p. 237 et suiv.

[2] Muratori, dans M. Depping, *loc. cit.*, t. I, p. 214.

Noire. Caffa était l'entrepôt d'une grande partie des marchandises que la haute Asie, l'Asie septentrionale, la Chine, l'Inde et la Perse expédiaient en Europe. D'une audace sans égale, stimulés outre mesure par les richesses de leurs concitoyens, les marins de Gênes ne reculaient devant aucune entreprise, quelque téméraire qu'elle fût, et, grâce à leur courage, à leur habileté, à leur persévérance, ils finissaient presque toujours par réussir. Au surplus, leurs expéditions étaient-elles de nature à compromettre, à embarrasser la république : elle en désavouait les auteurs. Une carte dressée à Gênes en 1436 prouve que les côtes des pays fréquentés par les marins de la république avaient déjà été reconnues avec soin. Comme à Venise, l'esclavage était toléré à Gênes, et le commerce des esclaves y était une source importante de bénéfices [1]. Le voyageur français qui rencontra Jacques Cœur dans le Levant parle d'un Génois qui faisait ce trafic, reste odieux des temps barbares [2]. Les négociants génois du quinzième siècle connaissaient d'ailleurs les assurances maritimes [3]; ils se livraient en outre aux mêmes spéculations à la hausse ou à la baisse que ceux du dix-neuvième, vendant pour une époque déterminée des marchandises qu'ils n'avaient pas, sauf, quand le moment fixé pour en faire la livraison était arrivé,

---

[1] M. Pardessus, d'après les auteurs italiens, *loc. cit.*, p. LXXIX et suiv.

[2] La Broquière, cité par M. Pardessus.

[3] M. Pardessus, *loc. cit.*, p. CLXXX.

à payer ou à recevoir la différence entre le prix stipulé et le prix courant au jour de la liquidation [1]. En échange des draps de soie, des épiceries, des parfums, de l'or, de l'argent et des perles qu'ils rapportaient du Levant, les Génois y exportaient des draps de moyenne qualité, des toiles, du fer ouvré, des armes et des cottes de mailles que leur fournissaient Milan et une partie de la Lombardie. Bien que plus spécialement voués aux spéculations maritimes, ils avaient cependant des filatures de coton, des fabriques de draps et d'autres étoffes de laine, de maroquins, de mégisserie. Ils filaient l'or et l'argent, tissaient les cotons de Chypre, d'Alexandrie et de Malte, les laines de Catalogne, de Barbarie, de Provence et des îles Baléares [2].

On ne sera pas surpris que des opérations commerciales aussi actives, aussi développées, eussent donné naissance à des institutions de crédit d'une importance réelle. Toutes les fois que la république méditait une grande expédition ou voulait fonder une colonie, des compagnies s'organisaient et lui avançaient les fonds nécessaires. Si la guerre ou la colonie avait réussi, les sociétaires, désignés sous le nom de *mahons*, ou *mahonais*, recevaient, soit en numéraire, soit en marchandises, quelquefois en propriétés territoriales, une part de profit proportionnée à leur mise de fonds. Jusqu'en 1407, la république avait affermé la perception des divers

---

[1] M. Depping, *loc. cit.*, p. 213.
[2] *Ibid.*, *loc. cit.*, p. 212 et 222.

impôts à des particuliers ou à des compagnies. Le maréchal de Boucicaut, gouverneur de Gênes à cette époque, ayant établi des impôts exagérés, le peuple se trouva dans l'impossibilité de payer, et les fermiers firent faillite. A cette occasion, et pour diminuer sans doute les frais d'administration et de perception qui devaient être considérables, on réunit toutes les fermes en une seule qui prit le nom d'office de Saint-Georges, patron de la république, sous la protection duquel elle fut placée. L'Office, car il porta le nom de banque seulement à partir de 1673, était chargé de la perception de toutes les contributions dues à l'État. Le taux de l'intérêt qu'il eut à payer à ses actionnaires fut fixé à sept pour cent. Administré par un conseil composé de huit protecteurs choisis parmi les hommes les plus expérimentés dans les affaires, l'office de Saint-Georges prospéra bientôt au point de pouvoir acheter successivement à la république les riches colonies de Famagouste, de Caffa et la Corse elle-même, ce diamant brut qui a résisté au frottement de toutes les civilisations. Ainsi, pendant que la France se débattait depuis près d'un siècle contre la domination anglaise faute de quelques millions pour solder les troupes nécessaires à sa délivrance, les républiques italiennes possédaient des institutions de crédit aussi perfectionnées que celles des temps modernes. A Gênes notamment, au quinzième siècle, des particuliers ou des communautés achetaient des actions de l'office Saint-Georges. Nul doute d'ailleurs que ces titres ne donnassent lieu aux mêmes spéculations que les marchandises elles-mêmes. Enfin, des actions étaient aussi achetées pour servir de dot à des enfants ou pour fonder des services religieux [1].

On a vu comment se trahissait, de la part des républiques italiennes, cette jalousie qui devait contribuer à les perdre successivement les unes par les autres. Suivant toutes les apparences, Jacques Cœur visita, soit en allant dans le Levant, soit à son retour, ces villes fameuses, Venise, Gênes, Florence, dont l'industrie, l'activité et les richesses devaient, à bon droit, paraître en quelque sorte fabuleuses à nos modestes marchands. Rien, il est vrai, ne constate que la gallée de Narbonne ait fait escale à Livourne et à Gênes, mais tout permet de le supposer. Une ville entre autres, Florence, devait offrir un attrait particulier à la curiosité du marchand de Bourges. Il y avait là, en effet, en 1432, à l'époque du voyage de Jacques Cœur dans le Levant, un de ces hommes rares qui, pacifiquement, par leur travail et sans causer une seule larme, illustrent à jamais leur patrie en l'enrichissant et remplissent le monde du bruit de leur nom. On a dit que Jean de Médicis devait sa fortune à d'heureuses spéculations sur les charbons. Né en 1389, Cosme, son fils, était, en 1432, chef d'un puissant parti, et marchait, en flattant, il est vrai, le peuple, à cette espèce de souveraineté qui est restée l'apanage de sa famille pendant plusieurs

[1] M. de Mas Latrie, *Histoire de l'île de Chypre, sous les princes de la maison de Lusignan*, t. II. Documents, p. 366 et suiv.

siècles. C'était, au dire de ses historiens, un homme habile et prudent, mais généreux, plein de fermeté et de franchise. Sa fortune, que la banque et le commerce vivifiaient, n'aurait, dit-on, jamais dépassé deux cent cinquante mille florins d'or [1]. Il dépensait annuellement la cinquième partie de ses revenus à encourager les lettres et les arts, l'étude de la philosophie platonicienne, à fonder des bibliothèques, à faire construire des palais magnifiques dont le luxe contrastait avec la noble simplicité de ses manières, à doter sa ville natale et plusieurs autres de temples, et Jérusalem d'un hospice. Pénétrés de reconnaissance, les concitoyens de Cosme de Médicis lui décernèrent de son vivant le titre de Père de la patrie [2].

Vers l'époque où Jacques Cœur accomplissait son voyage dans le Levant, les comtes de Provence étaient en hostilité avec les rois d'Aragon. Cet état de choses datait même de loin. Aussi la prospérité de Marseille, loin de s'accroître, éprouvait des vicissitudes que trahissait l'élévation du taux de l'intérêt dont le chiffre ordinaire dépassait alors vingt pour cent. Or, cette élévation n'avait pas alors pour cause, comme cela a lieu quelquefois, l'abondance, mais

---

[1] Le florin d'or le plus généralement désigné à Florence valait la huitième partie d'une once d'or, soit vingt-quatre sols du temps.

[2] *Vie de Laurent de Médicis*, traduite de l'anglais de Roscoe, par M. F. Thurot, t. I, chap. Ier; — de Sismondi, *Histoire des Républiques italiennes au moyen âge*, t. IX, p. 360; — M. Delécluse, *Florence et ses vicissitudes*, t. I, p. 163 et suiv.

l'incertitude des affaires[1]. A la vérité, Marseille était en même temps ce qu'elle est redevenue depuis, une ville industrielle; mais, les expéditions maritimes s'arrêtant, tout souffrait à la fois. Déjà, au treizième siècle, elle fabriquait des armes d'après les procédés de l'Orient, et, comme à Venise, une rue entière, celle des Fabres, était le siége de cette industrie. Marseille fabriquait aussi des draps, des bonnets, et ses savonneries étaient renommées. Les marchandises qui donnaient lieu aux transactions les plus nombreuses étaient, indépendamment des armes, des draps et des savons, les soieries, les pelleteries, les épices et la cire dont l'usage, considérable à cette époque, attestait l'abandon où était tombée la culture de l'olivier. Loin de partager les funestes préjugés des Français contre le commerce, les sujets même les plus nobles, des comtes

---

[1] Il y a lieu de remarquer, au surplus, que l'intérêt de l'argent était aussi fort élevé aux treizième, quatorzième et quinzième siècles, dans les grandes villes commerçantes de l'Italie. On voit dans M. Cibrario (*Della Economia politica del medio evo*, p. 534) que le taux de l'argent était, à Vérone, en 1228, de douze et demi pour cent, à Modène, en 1270, et à Florence, en 1430, de vingt pour cent. — En Normandie, dans les treizième et quatorzième siècles, les petits placements se faisaient au taux moyen de dix pour cent. Au commencement du treizième siècle, le seigneur de Saint-Marcouf prélevait, tous les ans, à la Saint-Michel, sur les produits du manoir, une certaine somme qu'il partageait entre plusieurs de ses tenanciers, lesquels devaient la lui rendre, grossie d'un tiers, au bout de l'année. C'était une banque agricole à plus de trente-trois pour cent. L'évêque de Coutances la fit fermer en 1221, sous peine d'excommunication. — *Études sur la condition de la classe agricole en Normandie au moyen âge*, par M. Léopold Delisle, p. 212.

de Provence, ne dédaignaient pas de se mêler de trafic. Les chefs de plusieurs grandes familles locales, les Montolieu, les Candole prenaient la qualité de noble et marchand, *nobilis et mercator*. Vers 1460, l'un des principaux facteurs de Jacques Cœur, Jean de Village, son neveu, qui avait, on le verra plus loin, fondé à Marseille un grand établissement commercial où il s'était enrichi, était, en même temps que négociant, seigneur de Lançon, en Provence, viguier de Marseille, capitaine général de la mer, conseiller et maître d'hôtel du roi René, et chambellan du duc de Calabre [1].

A quelque distance de Marseille et sur la route de Barcelone, dont la prospérité égalait à cette époque, si elle ne la surpassait, celle de Gênes, sa rivale implacable, s'élevait, non loin du littoral, une ville où se concentrait alors presque tout le commerce extérieur de la France. Bâtie à près de deux lieues dans les terres, Montpellier, dont le nom est destiné à offrir un éternel sujet de controverse aux étymologistes [2], était reliée à la mer par un étang et par la petite rivière du Lez, à l'embouchure de laquelle se trouvait le port de Lattes. Un juif espagnol, Benjamin de Tudèle, qui le visita au douzième siècle, l'a

---

[1] M. J. Juliany, *Essai sur le commerce de Marseille*, t. I, p. 32 et suiv.; excellent ouvrage, abondant en documents historiques et statistiques d'un véritable intérêt.

[2] Voici les trois versions sur lesquelles s'est établi le débat : *Mons puellarum, mons pessulanus, mons pellerius*; jusqu'à présent la question est restée fort obscure, et il n'est pas probable qu'on arrive jamais à une solution satisfaisante.

décrit comme il suit : « Le port de Lattes est beau et
« bien commode et le port Sarrasin contribue à sa
« gloire. Les chrétiens et les mahométans y abor-
« dent des Algarves, de la Lombardie, du royaume
« de la grande Rome, d'Égypte, de la terre d'Israël,
« de la Grèce, de la Gaule, de l'Espagne, de l'An-
« gleterre : mesme les Indes et l'Éthiopie qui com-
« mercent d'antiquité avec Lisbonne et Marseille y
« paraissent quelquefois, et fort souvent des mar-
« chands de la Grande-Arménie et de la Perse la plus
« reculée [1]. »

L'organisation municipale et commerciale de Montpellier favorisait du reste, autant que sa position géographique, l'esprit entreprenant de sa population. En 1293, six consuls, nommés tous les ans, administraient la ville et jugeaient les contestations commerciales. Cinquante-trois ans plus tard, en 1346, les consuls de Montpellier députèrent un de leurs collègues, Étienne Lobet, à Constantinople, « pour mieux régler, disait la délibération, la négo-
« ciation du Levant et pour accommoder quelques
« différends de nos trafiqueurs. » Le serment que préta, à cette occasion, Étienne Lobet peint tout à la fois les caractères et les mœurs du temps. « Moy,
« Estienne Lobet, consentant à l'élection qui a esté
« faite de ma personne, du mandement et à la ré-
« quisition de messieurs les consuls de Montpellier
« je reçois l'office de ce nouveau consulat, à l'hon-

[1] Pierre Gariel, *Idée de la ville de Montpellier recherchée et présentée aux honnêtes gens;* Montpellier, 1665, in-4°, p. 4.

« neur de Dieu et pour la commodité des marchands
« et de toute la société de Montpellier et de France,
« et je jure sur les saints Évangiles de Dieu que je
« touche corporellement que je me comporterai
« dans les fonctions de ma charge en homme de bien
« et loyal marchand et chef des marchands, et que,
« de toutes mes puissances, je procurerai l'honneur
« et l'avantage de mes compagnons et associés, sans
« faire rien dans la fraude, mais tout dans la bonne
« foy. Ainsi me soit Dieu en ayde [1]. »

Dans les environs, deux villes, Narbonne et Aigues-Mortes, eurent, à diverses époques, quelque importance commerciale; néanmoins les principaux établissements, les comptoirs étrangers étaient à Montpellier, qui avait aussi des foires célèbres où le Languedoc, le Gévaudan, le Rouergue, l'Auvergne vendaient leurs draps aux Vénitiens, aux Florentins, aux Génois. La ville de Montpellier jouissait en outre de deux priviléges considérables, bien que tout à fait différents. En 1254, saint Louis l'avait dotée d'un tribunal dit du *petit scel,* dont la juridiction s'étendait à tout le royaume et même à l'étranger. La justice de ce tribunal était en même temps plus prompte et moins dispendieuse que celle des établissements ordinaires, et l'on se figure les avantages qu'y trouvait le commerce auquel la lenteur des

---

[1] Pierre Gariel, *loc. cit.*, p. 74. — Il convient d'ajouter que des serments de ce genre étaient demandés, au moyen âge, à tous ceux qui étaient investis d'une autorité, d'un commandement quelconque, ce qui devait, naturellement, affaiblir quelque peu la portée morale de ces serments.

procédures est particulièrement nuisible. L'autre privilége consistait dans la faculté que le pape Urbain V avait, en 1367, accordée à la ville de Montpellier de commercer, sans encourir les censures ecclésiastiques, avec les Sarrasins, à Alexandrie et dans les autres ports soumis à la domination du soudan. Urbain V avait déclaré d'ailleurs qu'il « n'ac-
« cordait cette permission que pour un seul navire,
« chaque année, sur les six appartenant à la ville de
« Montpellier, et sous la condition expresse qu'il n'y
« serait chargé de marchandises que des seuls habi-
« tants de cette ville et qu'il ne porterait aux infidèles
« ni armes, ni fer, ni bois pour la construction des
« vaisseaux, ni en général rien qui fût capable de
« nuire au bien et à l'avantage de la chrétienté[1]. »

Tandis que les documents du temps font connaître quelle était, au quinzième siècle, la population de Venise et de Florence, aucune indication de ce genre ne nous a été laissée sur celle de Marseille, de Montpellier et même de Paris à la même époque. Les historiens locaux constatent que déjà, au douzième siècle, Montpellier était appelée *la populeuse*. « Toute la ville, disait Froissart, environ deux cents
« ans après, était de grande recouvrance pour le fait
« de la marchandise par mer et par terre. » Au seizième siècle, François Ier aurait dit à Charles-Quint : « Paris n'est pas une ville, mais un monde.
« Tolose, Lyon, Bourdeaux et Rouen, sont bien esti-

---

[1] Astruc, *Mémoire pour l'histoire naturelle du Languedoc*, p. 545.

« mables; mais Montpellier les surpasse[1]. » On a vu que Bourges, avec ses quarante églises, pouvait compter, vers le milieu du quinzième siècle, environ soixante mille habitants. On peut, ce semble, à défaut d'autres indices, conclure des données qui précèdent et des soixante-cinq églises que renferma Montpellier au moment de sa plus grande splendeur, que sa population, aujourd'hui réduite à trente-sept mille âmes, dut atteindre à cette époque un chiffre peut-être trois fois plus élevé.

Enfin, un autre grand port de la Méditerranée, celui de Barcelone, jouissait, au quinzième siècle, d'une prospérité remarquable qui datait d'ailleurs de plusieurs siècles et qui n'éprouva jamais d'interruption bien sensible. Heureuse d'obéir à des rois, possédant en même temps un excellent régime municipal, la capitale de la Catalogne se trouvait, sous quelques rapports, dans des conditions beaucoup plus avantageuses que les républiques italiennes, notamment que celles de Gênes et de Florence. Dès le quatorzième siècle, Barcelone avait un magnifique arsenal; son port, défendu par des travaux importants, était fréquenté par des navires de toutes les nations. Des constructeurs habiles y construisaient des galères à deux et à trois ponts, renommées pour leur légèreté, et dont ils louaient une partie à des étrangers. Là, de même qu'à Venise, à Gênes et à Marseille, le commerce était honoré, et la noblesse ne croyait pas dé-

---

[1] Pierre Gariel, *loc. cit.*, p. 2 et suiv.

roger en s'y adonnant. En 1404, les syndics du consulat de Barcelone avancèrent au roi don Martin, conjointement avec les consulats de Valence, de Mayorque et de Perpignan, l'argent nécessaire pour soutenir la guerre contre la Sardaigne. Plus tard, en 1453, la bourse de Barcelone prêta aussi de l'argent au roi don Alphonse V, mais en y mettant en quelque sorte pour condition qu'il ne négligerait rien pour conclure la paix avec le soudan d'Egypte. « Car, di-
« saient sagement les négociants, la guerre nous em-
« pêche de faire librement, dans ce pays, un com-
« merce nécessaire à la nation catalane, et qui est
« le principe et la clef du commerce en général. *En
« effet, une fois les relations avec le Levant troublées,
« tout autre commerce s'en ressent plus ou moins.* » Les premiers peut-être en Europe, les négociants de Barcelone établirent, dans les divers ports étrangers, des consuls permanents chargés du soin de défendre les intérêts des nationaux. D'un autre côté, si les ordonnances municipales accordaient appui et protection à ceux qui en étaient dignes, elles punissaient sévèrement les falsificateurs, ce fléau du commerce. Celui qui était convaincu d'avoir altéré les denrées du Levant avait le poing coupé; quant aux drogues falsifiées, elles devaient être réexportées sur-le-champ. Loin de nuire au commerce de Barcelone, la protection accordée par les ordonnances municipales aux étrangers ajoutait encore à sa prospérité. On comptait, en 1420, dans cette ville, quinze maisons allemandes et treize de la Savoie. De leur côté,

les Barcelonais étaient devenus d'habiles banquiers, et un grand nombre d'entre eux s'étaient établis en cette qualité en Italie, en Castille, en Flandre et en France, notamment dans la Gascogne. Comprimées par des règlements minutieux, les corporations de Barcelone se traînèrent sans éclat. Les seules industries où elles paraissent avoir réussi sont celles des tissus communs, de la verrerie, imitée de celle de Venise, de la maroquinerie et de la pelleterie. Il faut ajouter que la coutume odieuse et déshonorante en vertu de laquelle les habitants du littoral, même dans les pays les plus civilisés, dépouillèrent et volèrent pendant si longtemps les malheureux naufragés, n'existait déjà plus en Catalogne au moyen âge. Enfin, les assurances maritimes furent réglées, en 1435, à Barcelone, par une ordonnance très-développée, qui servit, en quelque sorte, de code aux autres nations [1].

C'est au milieu des circonstances commerciales dont nous venons de présenter l'esquisse, que Jacques Cœur établit à Montpellier vers 1432, sans doute au retour du voyage qu'il avait fait dans le Levant, le centre de ses opérations. Ces circonstances étaient, on a pu en juger, des plus favorables. D'une part, les républiques italiennes, emportées par leur jalousie habituelle, se livraient à des guerres incessantes, et deux d'entre elles, Florence et Gênes, notamment la dernière, étaient alors en proie aux factions intestines. D'un autre côté, la plus dangereuse

---

[1] M. Depping, *loc. cit.*, t. II, p. 243 à 277; M. Pardessus, *loc. cit.*, introduction, 3ᵉ partie, p. CLXXX.

rivale de Montpellier, Marseille n'appartenant pas encore à la France, ne faisait qu'une partie des échanges que réclamaient les besoins des populations méridionales. Affaiblie, d'ailleurs, par les luttes malheureuses que soutenait la maison d'Anjou pour recouvrer le royaume de Naples, elle était, de plus, à cette époque, hors d'état de lutter avec les Catalans, ses redoutables voisins, qui faisaient à sa marine une guerre acharnée. Enfin, les facilités accordées par Urbain V à la ville de Montpellier pour le commerce du Levant, constituaient, en faveur de cette ville, un privilége qui, habilement exploité, pouvait avoir les plus heureuses conséquences. Aucun document ne fait connaître les ressources avec lesquelles Jacques Cœur entreprit les opérations qui devaient le rendre célèbre. On n'a pas non plus le détail des développements successifs qu'il y donna. Mais si les particularités de cette organisation commerciale, la plus grande sans contredit dont l'histoire ait conservé la trace, manquent, on verra du moins se dérouler successivement les preuves de la prodigieuse fortune de l'illustre commerçant, et l'on jugera, par l'importance des résultats, de l'activité, de l'intelligence, on peut même dire du génie qu'il dut déployer.

CHAPITRE II.

La France à l'avénement de Charles VII. — Portrait de ce roi. — Ses habitudes, temps qu'il donnait au travail. — Organisation de son Conseil. — Mauvais état de ses finances pendant une grande partie de son règne. — Appréciation de son caractère par divers auteurs contemporains. — Luttes de ses favoris. — Le président Louvet, Pierre de Giac, Lecamus de Beaulieu, La Trémouille. — Portraits du connétable de Richemont et de Dunois, bâtard d'Orléans. — Les frères Chabannes. — Détails concernant La Hire et Xaintrailles. — Jean et Gaspard Bureau, grands maîtres de l'artillerie. — Martin Gouge, Regnauld de Chartres, Guillaume Cousinot, Étienne Chevalier, Jean Dauvet, le comte du Maine. — Influence qu'exerce la bourgeoisie dans le Conseil de Charles VII.

Aucun règne n'eut de plus tristes commencements que celui de Charles VII. Les Anglais maîtres de Paris et d'une grande partie du littoral, grâce surtout à l'inimitié si longtemps implacable du duc de Bourgogne qui faisait cause commune avec eux ; les quelques provinces qui avaient reconnu le nouveau roi ravagées dans tous les sens, moins encore par les Anglais et les Bourguignons, dans leurs irruptions, que par les hommes d'armes, leurs chefs en tête, qui suivaient la bannière de Charles VII ; les paysans enlevés et décimés comme du bétail, lorsqu'ils ne pouvaient payer à ceux-là même qui avaient mission de les défendre une rançon la plupart du temps impossible ; d'immenses étendues de pays couvertes de ronces ;

nulle part enfin, sauf dans quelques villes protégées
par leurs murailles, trace d'administration ou d'autorité. Avec cela, un roi de vingt ans dont l'absence
d'énergie et de caractère fût le défaut dominant pendant la première partie de sa vie, et que l'on savait
plongé dans ces excès où la raison de son père s'était,
disait-on, perdue. Cependant ce roi, sur qui pesait en
outre le fatal souvenir des représailles de Montereau,
est celui sous lequel la France, par un glorieux effort,
rejeta de son sein les garnisons anglaises. Grâce aux
règlements trop peu connus qu'on lui doit, à sa politique habile et ferme, on voit peu à peu disparaître les
décombres que le malheur des temps avait laissé
s'accumuler de toutes parts. A la même époque, plusieurs procès éclatants apprennent aux princes du
sang et aux grands barons qu'il leur faudra désormais compter avec le roi, c'est-à-dire avec la loi.
Une armée régulière remplace enfin les bandes indisciplinées ; à la vérité, l'impôt se trouve par suite
augmenté, mais il est assis sur des bases relativement équitables. De belles ordonnances sur l'administration de la justice et de la police, sur la comptabilité financière, sur les monnaies et les mines; de
puissants efforts, que le succès couronna, pour arrêter un nouveau schisme dont l'Église était affligée ;
de prudentes limites imposées au pouvoir des papes
en ce qui touchait leurs rapports avec le temporel du
royaume, tels furent encore les principaux actes de ce
règne. Comment ces choses s'accomplirent-elles sous
un prince si longtemps gouverné par des favoris qu'il

laissait égorger sous ses yeux? qui, dans son inexcusable apathie, se rendit en quelque sorte complice des juges de Jeanne Darc en ne tentant aucun effort pour la sauver? qui scandalisait ses contemporains en leur donnant le spectacle des mœurs les plus dissolues qu'un roi de France ait jamais affichées? C'est ce qu'il importe d'examiner.

Les contemporains même de Charles VII l'avaient, de son vivant, surnommé le *Bien-Servi*. Jamais, en effet, même sous Louis XIV, la royauté n'a eu à son service, dans un temps donné, autant de vaillants capitaines, de ministres et de diplomates habiles que sous Charles VII. Le principal secret de la force de ce prince et des résultats qu'il obtint, au moins pendant la première partie de son règne, est là. Au nombre des personnages historiques qui se groupent autour de lui, quelques-uns sont devenus populaires; tels sont Jeanne Darc, Dunois, La Hire, Xaintrailles, le connétable de Richemond, Jacques Cœur, les frères Bureau. D'autres ont jeté moins d'éclat, et il en est, dans le nombre, qui sont aujourd'hui presque inconnus; mais leur heureuse influence apparaît fréquemment lorsqu'on étudie de près les différents événements de ce règne, les grandes négociations que ses diplomates ont menées à bonne fin, et les monuments qu'il a laissés de sa législation.

Les chroniqueurs contemporains représentent Charles VII avec une physionomie gracieuse et ouverte. D'une taille ordinaire, il ne manquait pourtant pas d'élégance lorsqu'il était vêtu de la toge ou

habit long, que l'on portait encore alors; mais lorsque, obéissant aux lois de la mode, il s'habillait en veste de couleur verte qu'il affectionnait, ce qui lui arrivait fréquemment, ses jambes courtes et mal tournées, ses genoux fort gros le rendaient presque difforme[1]. « Solitaire estoit, dit un écrivain ano-
« nyme qui paraît avoir fait partie de sa cour, vivant
« sobrement, aymant joyeuseté. Son jeu estoit aux
« eschecs ou à tirer de l'arbalète; son serment,
« *sainct Jean! sainct Jean!* Il prenoit ordinairement
« chaque jour deux repas seulement; il parloit et
« buvoit peu. Il oyoit tous les jours trois messes, c'est
« à sçavoir une grande messe courte et deux basses
« messes, et disoit ses heures chaque jour sans y fail-
« lir[2]. » On a la preuve que, lorsqu'il se trouvait à Poitiers, il assistait, avec la chape, aux offices de l'église collégiale de Saint-Hilaire, dont le chapitre le comptait parmi ses membres[3], et il en était sans doute de même dans d'autres villes. Il se levait matin et

---

[1] Amelgardi, *De rebus*, etc., Bibl. nat^{le}. Mss. « *Fuit autem
« ipse Carolus rex de statura mediocri et bona facie satis venusta,
« œquis humeris, sed cruribus et tibiis justo exilior atque subti-
« lior. Cum togatus esset, satis eleganti specie apparebat, sed cum
« curta veste indueretur, quod faciebat frequentius, panno viridis
« utens coloris, eum exilitas crurium et tibiarum, cum utriusque
« poplitis tumore, et versus se invicem quædam velut inflexione,
« deformem utrumque ostentabant.* » (Voir pièces justificatives, n° 1, extrait F.)

[2] Denys Godefroy, *Histoire de Charles VII*; reproduction d'un Mss. anonyme, intitulé : *De la vie, complexion et condition du roy Charles VII.*

[3] *Annales archéologiques* de M. Didron; t. I, p. 27.—Les annales donnent la description de la chape que portait Charles VII dans les cérémonies de l'église Saint-Hilaire.

mangeait seul, excepté les jours de fêtes solennelles, où il admettait à sa table un prince du sang et un évêque ou un abbé, et, dès que l'on commençait à servir, tous les courtisans se retiraient [1].

Un autre chroniqueur, dévoué au duc de Bourgogne et qui n'avait aucun intérêt à flatter Charles VII, a tracé de lui le portrait suivant :
« Cestuy Charles septiesme, à proprement le des-
« cripre au vif selon que nature y avoit ouvré, pas
« n'estoit des plus espéciaulx de son œuvre, car
« moult estoit linge (sic) et de corpulence maigre.
« Avoit feble fondacion et estrange marce, sans
« porcion; visage avoit blesme [2], mais spéciculx
« assez, parolle belle et bien agréable et subtille,
« non de plus haulte oye. En luy logeait ung très-
« beau et gracieux maintien. Néantmoins, aucuns
« vices soutenoit, souverainement trois : C'estoit
« muableté, diffidence, et au plus dur et le plus,
« c'estoit envye pour la tierce... Il a esté dit que
« moult estoit de condition muable ce roy, dont, à
« cause de tel accident, ils escheurent aussi fré-
« quentes et diverses mutacions autour de sa per-
« sonne; car, avoit de condicion qu'en terme de
« temps, quand on s'estoit bien haut eslevé emprès
« ly jusques au sommet de la roe, lors s'en com-
« mençoit à esnuyer, dont, à la première occasion

[1] *De la vie, complexion*, etc., dans Godefroy, *loc. cit.*
[2] D'après l'auteur anonyme cité par Godefroy, Charles VII était, au contraire, « de complexion sanguine, belle forme, stature et « bon régime. » Il est difficile d'accorder ces versions, sur certains points contradictoires.

« que pouvoit trouver aulcunement apparence, vou-
« lontiers le renversa de hault à bas. Clerement
« percevoit que, en diverses gens y a diverses pro-
« prietez et plus en deux que ung, et en dix que en
« trois. Finablement, ly qui estoit renouvellant
« voulontiers et assavouroit le fruit que ne povoit
« traire, en devint si duit que, de toutes qualités en
« quoy hommes pouvoient servir, il en tira à luy
« les plus excellents, et, selon leur vocacion,
« chascun en son estat, les employa à utilité telle
« qui leur séoit : l'ung à la guerre, l'aultre aux
« finances, l'aultre au conseil, l'aultre à l'artillerie.
« Dont enfin, par la grant distincte cognoissance
« qu'avoit des uns et des aultres, sur toutes choses
« avoit son regard également sur les fautes aussi
« comme sur les vertus, et l'estat, entour de ly,
« devint à estre si dangereux, que nul, tant feust
« grant, povoit cognoistre à peine là où il en estoit,
« et se tint ferme chascun en son pas deu, de peur
« que, du premier mespris que feroit, ne fut pris à
« pied levé...

« Donna cours à justice qui, paravant, y avoit
« esté morte longtemps ; fist cesser les tyrannies et
« exactions de gens d'armes aussi admirablement
« que par miracle ; fist d'une infinité de murtriers
« et de larrons, sur le tour d'une main, gens résolus
« et de vie honneste ; mist bois et foretz murtrières,
« passages assurez ; toutes voies segures, toutes
« villes paisibles, toutes nacions de son réaume
« tranquilles. Corrigeoit les mauvais et les bons

« honoroit; piteux étoit toutes voies de sang humain
« et se délibéroit en vis. Tenoit heures limitées pour
« servir Dieu et ne les rompoit pour nul accident;
« mectoit jours et heures de besoignier à toutes
« condicions d'hommes, lesquelles infailliblement
« voloit estre observées, et besognoit de personne
« à personne distinctement à chascun; une heure
« avecques clercs, une aultre avecques nobles, une
« aultre avecques estrangiers, une aultre avecques
« gens mécaniques, armeuriers, voulentiers, bom-
« bardiers; et, sur les gens, avoit souvenance de
« leurs cas et de leur jour estably. Nul ne les osoit
« prévenir. Avoit merveilleuse industrie, vive et
« fresche mémoire; estoit historien grant, beau
« racompteur, bon latiniste et bien saige en con-
« seil [1]. »

Un annaliste du quinzième siècle confirme quelques-uns de ces détails sur Charles VII. « Il estoit,
« dit-il, moult bel prince et biau parleur à toutes
« personnes et estoit piteux envers pòvres gens.
« Mais il ne s'armoit mie vollontiers et n'avoit point
« chier la guerre, s'il s'en eust pu passer [2]. » Or, ce
roi qui n'aimait pas la guerre fut obligé de la faire
pendant plus de trente ans.

La défiance de Charles VII pour les avis de son conseil, le soin qu'il prenait de le consulter en toutes

---

[1] Georges Chastellain; extrait inédit publié par M. J. Quicherat dans la *Bibliothèque de l'École des Chartes*, t. IV, p. 76 et suiv.

[2] *Mémoires de Pierre de Fénin.*

choses sont constatés, on le voit, par des écrivains contemporains. Convaincu que la première règle des affaires, c'est l'ordre, Charles VII avait assigné à chacun des jours de la semaine son emploi spécial. Le lundi, le mardi et le jeudi, il travaillait avec le chancelier et expédiait toutes les réclamations relatives à la justice. Il voulait d'ailleurs qu'elle fût administrée promptement au pauvre comme au riche, au petit comme au grand. Il défendait absolument le trafic des charges de magistrature, et, toutes les fois qu'un office venait à vaquer dans un parlement, il n'y nommait que sur les présentations de la Cour. Le mercredi, il entendait d'abord les maréchaux, capitaines et autres gens de guerre. Il y avait le même jour Conseil pour les finances, indépendamment d'un autre Conseil qui se tenait aussi pour cet objet le vendredi. La guerre étant toujours subordonnée aux moyens qu'on avait de la faire, les gens de guerre et les gens des finances assistaient d'ordinaire aux mêmes Conseils. « Et aucune « fois, ajoute le chroniqueur, il prenoit le jeudy ou « partie du jour pour sa plaisance [1]. » Plus explicite à ce sujet, le chroniqueur bourguignon dit, dans le portrait dont on a vu des extraits : « Avoit ses jours « de récréacion aussi avec femmes, par lesquelles il « devoya plus que assez et fut exemple de grant mal « et de grant playe en son temps. » De nombreux témoignages viendront plus tard s'ajouter à ceux-là.

---

[1] Denys Godefroy, etc., Mss. anonyme cité plus haut.

En ce qui concerne l'administration de ses finances, Charles VII s'en occupa toute sa vie avec un soin particulier. Non-seulement il signait de sa main les rôles des receveurs généraux, mais encore il se faisait rendre compte de tout ce qui se rattachait à l'assiette et à la perception de l'impôt. Dans un pays ravagé et appauvri comme l'était la France à cette époque, la pénurie à peu près constante du trésor dut être une des plus fréquentes préoccupations de la royauté. On était loin des temps où, grâce à la sagesse et à la prévoyance de Charles V, dix-sept millions d'or étaient tenus en réserve pour les événements. En 1422, Charles VII, encore Dauphin, passa l'hiver à Bourges. Sa détresse était telle alors que le chapitre de Saint-Étienne, propriétaire de vastes étangs, lui fournit à crédit le poisson nécessaire pour sa table; et cette créance, qui s'éleva avec le temps à quatre mille livres parisis, n'était pas encore payée en 1435 [1]. C'est sans doute vers les premières années de son règne que se passait le fait suivant raconté par un poëte de la fin du quinzième siècle, et si souvent répété depuis :

> Un jour que La Hire et Poton
> Le veindre veoir ; pour festoyement,
> N'avoit qu'une queue de mouton
> Et deux poulets tant seulement.
> Las! cela est bien au rebours
> De ces viandes délicieuses

---

[1] M. Raynal, *Histoire du Berry*, t. III, p. 6.

Et des mets qu'on a tous les jours
En des tables trop somptueuses [1].

Cette pénurie se faisait d'ailleurs sentir à chaque instant et dura presque autant que le règne de Charles VII. En 1437, le Dauphin, alors âgé de quatorze ans, n'avait que dix écus par mois pour ses menus plaisirs; il en eut vingt l'année suivante. Quatre ans après, il fut obligé, pour payer des troupes qu'il commandait, et qui menaçaient sans doute de l'abandonner, d'emprunter à l'église de Vienne une croix et un hanap qu'il mit en gage pour douze cents écus d'or et qu'il rendit plus tard [2]. Ne tenant nul compte de ces difficultés, des contemporains blâmaient Charles VII d'avoir conclu avec le duc de Bourgogne, en 1435, le traité d'Arras, cette œuvre d'une politique habile qui sauva la France. « Depuis que le Roy s'en « vint de le ville de Saint-Denys, dit l'un d'eux, il

---

[1] Martial d'Auvergne, *les Vigilles du Roy Charles septiesme*. — Enfin, on ne sait s'il faut ajouter foi à l'anecdote suivante : « Le roy Charles septiesme estant à Bourges, et y essayant une paire de bottes neufves, en ayant jà chaussé une, il fut contraint de se la faire tirer, pour ce que le cordonnier, ayant appris de luy qu'il n'avoit lors argent, ne les voulut laisser aller. » (*Discours des choses advenues en Lorraine, depuis le duc Nicolas jusqu'à René*; cité par M. Leber dans son *Essai sur l'appréciation de la fortune privée au moyen âge*, p. 58, note.)

[2] L'abbé Legrand, *Histoire de Louis XI*; Bibl. nat^{le}. Mss. — L'histoire manuscrite de l'abbé Legrand est un magnifique travail en six volumes in-folio, accompagnée de chartes, de lettres et de documents du plus grand prix. Un historien de Louis XI, qui s'en est approprié dès passages considérables, Duclos, n'a pas même cité le savant et consciencieux auteur dont les recherches lui ont été si utiles.

« monstra si petit vouloir de soy mestre sus pour
« conquérir son royaume, que tous ses subgectz, che-
« valiers et escuiers et les bonnes villes de son obéis-
« sance s'en donnoient très grant merveille. Et sem-
« bloit à la plupart que ses prouchains conseilliers
« fussent assez de son vouloir, et leur suffisoit de
« passer temps et vivre, et par espécial depuis la
« prinse de la Pucelle. Le Roy et sesdiz conseilliers
« se trouvèrent, depuis ladite prinse, plus abaissiez
« de bon vouloir que par avant, et tant que nulz
« d'entre eulx ne sçavoient aviser ne trouver autre
« manière comment le Roy peust vivre et demourer
« en son royaulme, sinon par le moyen de trouver
« appointement avecques le Roy d'Angleterre et le
« duc de Bourgoigne, pour demourer en paix. Le
« Roy monstra bien qu'il en avoit très grant vouloir
« et ayma mieulx à donner ses héritaiges de la cou-
« ronne et de ses meubles très largement que soy
« armer et soustenir les frais de la guerre[1]. »

Telles étaient sans doute les réflexions et les critiques que le traité conclu avec le duc de Bourgogne inspira aux chevaliers, aux écuyers, aux partisans de la guerre. Était-ce l'opinion des villes et des campagnes? Un document contemporain va nous l'apprendre. En 1444, neuf ans après que le traité d'Arras eut détaché le duc de Bourgogne de l'Angleterre, Charles VII conclut avec cette puissance une trêve

---

[1] Parceval de Caigny; *Chronique de la Pucelle*, écrite en 1438, et publiée par M. Quicherat, dans la *Bibliothèque de l'École des Chartes*, 2e série, t. II, p. 171.

qui devait être de huit mois et qui fut continuée pendant quatre ans. Or, la nouvelle de cette trêve causa en France une joie universelle[1]. Délivrés des terreurs au milieu desquelles ils avaient vécu pendant si longtemps, les habitants des villes et des campagnes s'échappaient de leurs maisons ou de leurs bourgs comme d'un cachot, et croyaient sortir d'un long esclavage. Une foule immense des deux sexes se rendait dans les temples pour remercier Dieu. En outre, un grand nombre de citadins allèrent en pèlerinage dans diverses provinces du royaume. Parmi eux, ceux-ci n'avaient jamais vu les forêts, ceux-là les campagnes elles-mêmes, et, quelque dévastées qu'elles fussent, ils ne se lassaient pas de les admirer. Et cette joie, ce n'étaient pas seulement les habitants des villes et la multitude qui s'y livraient, les soldats eux-mêmes la partageaient ; enfin, les garnisons et les troupes anglaises prirent part à ces réjouissances, tant la lassitude de la guerre était grande et le besoin de repos général[2]. Or, sans le traité d'Arras, Charles VII aurait-il pu conclure ces trêves qui permirent à la France de respirer, et à l'expiration desquelles il lui fut possible, au moyen d'un dernier effort, de chasser les Anglais de la Normandie et de la Guyenne ?

Cependant, tandis que son gouvernement suivait

---

[1] Amelgard, Mss., *loc. cit.*, lib. IV, cap. I. « *Populos Galliarum immensa et quæ vix referri possit lætitia perfudit.* » (Voir pièces justificatives, n° 1, extrait C.)

[2] « *Quod nedum à civibus et inermi multitudine, verum etiam à viris militaribus, tam Francis quam Anglicis, similiter fiebat.* » Amelgard, *ubi supra.*

modestement, mais avec persévérance, cette habile politique, Charles VII, grâce à la faiblesse de son caractère, passait sa vie au milieu des plus violentes passions. La maturité de l'âge et l'expérience des hommes lui donnèrent avec le temps de la fermeté, de l'énergie, et il en fit preuve dans plusieurs circonstances ; mais rien, dans nos annales, ne saurait être comparé aux luttes qui ensanglantèrent sa cour elle-même pendant les premières années de son règne. Indépendamment du président Louvet, et de Tanneguy-Duchâtel qu'il avait dû sacrifier à une alliance très-nécessaire avec la Bretagne, deux favoris assassinés presque sous ses yeux, un troisième traqué de ville en ville par celui-là même à qui il devait son élévation, donnent une idée de ces scènes de désordre qui rappellent les cours de l'Orient. Le premier et le plus célèbre de ces favoris, Pierre de Giac, était, en 1426, au plus haut degré de la faveur. C'était un homme d'un caractère violent et emporté, qui avait joué un rôle dans l'affaire du pont de Montereau. Dans une assemblée des trois États qui eut lieu à Mehun-sur-Yèvre, près de Bourges, un évêque nommé Hugues Comberel ayant consenti un nouvel impôt, mais à condition qu'on « osteroit les pilleries, et non autrement, » le sire de Giac conseilla au roi de faire jeter maître Comberel à la rivière, avec tous ceux qui avaient été de son opinion, ce dont les courtisans eux-mêmes furent scandalisés. On racontait en outre que pour se débarrasser de sa femme, ancienne maîtresse du duc Jean, il lui avait donné un breuvage empoisonné, l'avait prise en croupe et avait chevauché ainsi avec elle plus de quinze lieues. Elle morte, avec son enfant, car elle était grosse, il avait épousé la comtesse de Tonnerre dont il était amoureux. Les exactions et l'insolence du sire de Giac lui avaient attiré des ennemis puissants, en tête desquels figuraient le connétable de Richemont et la Trémouille. Ils résolurent sa mort. Une nuit de janvier, à Issoudun, ils pénétrèrent dans sa chambre, l'arrachèrent des bras de sa femme qui s'empressa, disent les chroniques, *de sauver la vaisselle*. Quant à lui, ils l'entraînèrent « sans estre vestu ni chaussé, sinon « d'un manteau et d'une botte. » Il avoua qu'il avait vendu une de ses mains au diable, empoisonné sa première femme, enfin, tout ce qu'on voulut. Condamné à mourir par le bailli de Dun-le-Roi, dont le connétable était le seigneur, le sire de Giac demanda grâce de la vie en proposant pour otages sa femme, ses enfants, ses places et cent mille écus d'or. — *Il aurait tout l'argent du monde*, répondit le connétable, *que je ne le laisserais pas aller, puisqu'il a mérité la mort*. Le bourreau de Bourges fut chargé de mettre le favori de la veille dans un sac et de le jeter à la rivière, celle-là même où Giac voulait faire noyer cet évêque mal avisé qui prétendait empêcher les pilleries, et avec lui tous ceux qui étaient de cet avis. « Ne demandez pas si le Roy fut bien courroucé, dit « un chroniqueur; mais dès qu'il fut bien informé « du gouvernement et de la vie dudit Giac, il fut très-« content. » Quant à la veuve du favori, elle épousa,

« assez tost après, » le sire de La Trémouille, qui, d'après ce que rapporte un autre chroniqueur, *en eut plusieurs beaux enfants*[1].

Lecamus de Beaulieu, qui succéda à Pierre de Giac, fit une fin aussi tragique. En peu de temps, il trouva le moyen d'indisposer contre lui toute la cour. « Il gastoit tout ; ne vouloit que homme appro-« chast du Roy, et faisoit encore pis que Giac. » Le connétable ne s'était point débarrassé de ce dernier, de la manière que l'on a vue, pour supporter patiemment les impertinences de son successeur. Trahi par un des siens, Lecamus de Beaulieu fut conduit à la promenade, près du château de Poitiers. Deux hommes du maréchal l'y attendaient. « Ils lui don-« nèrent sur la teste tant qu'ils la luy fendirent « et luy coupèrent une main ; de sorte que plus il « ne bougea, et s'en alla celuy qui l'avoit amené, et « ramena son mulet au chasteau, là où estoit le « Roy qui le regardoit, et Dieu sçait s'il y eut beau « bruit[2]. »

Mais ce bruit dura peu. Il fallait un favori à Charles VII ; le connétable lui donna Georges de La Trémouille, le même qui l'avait si bien secondé dans son expédition nocturne contre Giac, et qui avait

---

[1] Denys Godefroy ; *Histoire de Charles VII*, p. 15, 374, 493 et 751. — On sait que cette histoire n'est autre chose que la collection des chroniques de divers auteurs contemporains, tels que Chartier, Berry, Mathieu de Coucy, etc., sur le règne de Charles VII.

[2] Guillaume de Bruel ; *Vie du connétable de Richemont*, dans Godefroy, p. 751 et 752.

épousé sa veuve. C'était, disait le connétable pour le faire accepter, un homme puissant et qui pourrait bien servir le roi. Cependant, Charles VII fit plus de difficultés qu'à l'ordinaire. « *Vous me le baillez, beau cousin*, dit-il au connétable, *mais vous vous en repentirez, car je le connois mieux que vous.* » Et, dit un chroniqueur contemporain, La Trémouille *ne fit point le roi menteur*. Bientôt, ce favori devint plus nécessaire à Charles VII que ne l'avaient été Giac et Lecamus; le connétable n'eut pas alors d'ennemi plus puissant. Instruit par le sort de ses devanciers, sachant de quelle manière on se débarrassait des favoris incommodes, La Trémouille prit ses précautions. Grâce à elles, son crédit se maintint environ six ans. Ce fut dans cet intervalle que Jeanne Darc vint à la cour. La Trémouille ne négligea rien pour diminuer l'influence qu'elle avait bientôt conquise, et il n'y réussit que trop bien[1]. Avide, faux, violent, il se rendit odieux à tous. En 1434, une conspiration fut ourdie contre lui, à la cour même, et en quelque sorte avec l'assentiment de la reine. Une nuit, quelques Bretons dévoués au connétable pénétrèrent dans la demeure du favori, et l'un d'eux lui donna dans le ventre un coup d'épée qui l'eût tué, sans son embonpoint. Un de ses neveux, qui était de la conspiration, lui sauva la vie[2].

---

[1] M. J. Quicherat, *Aperçus nouveaux sur l'histoire de Jeanne d'Arc*, p. 25.

[2] Godefroy, *loc. cit.*, p. 752; — M. Henri Martin, *Histoire de France*, t. VII, p. 33 et suiv.

Ces violences ne ternirent d'ailleurs que quelques années du règne de Charles VII, et l'on peut dire qu'à partir de la chute de La Trémouille, la funeste influence des favoris sans talent cessa de compromettre la marche des affaires en même temps que la dignité du pouvoir. Les jalousies, les haines, les ambitions effrénées ne disparurent sans doute pas de la cour, mais elles y occupèrent une moindre place, et pendant que le cœur humain, là comme ailleurs, plus qu'ailleurs peut-être, cédait trop souvent à ses mauvais instincts, la France, grâce à la bravoure des uns, à la patiente habileté des autres et à la docilité de Charles VII à suivre les avis de ses ministres, se relevait peu à peu de l'extrême détresse où il l'avait trouvée à son avénement.

A la tête des hommes qui contribuèrent le plus à ce résultat, on doit placer ce connétable de Richemont, l'ennemi implacable des favoris qui s'enrichissaient de pillage, alors que les troupes qui disputaient pied à pied aux Anglais le sol de la patrie, attendaient en vain leur solde. Le connétable était frère du duc de Bretagne. Fait prisonnier à la bataille d'Azincourt, il y avait donné des preuves d'un courage qui ne se démentit jamais. Chef de l'armée, après le roi, il fixait les garnisons des places fortes et des châteaux, nommait les capitaines des gens d'armes et représentait le roi, pour tout ce qui concernait la guerre, partout où celui-ci n'était pas présent. Le 6 septembre 1425, le connétable adressa de Poitiers une lettre à « ses très-chers et bons amis les conseillers, bour-

« geois et habitants de Lyon, pour les prier d'aviser
« aux moyens d'aider monseigneur le Roi à soutenir
« la guerre, et à résister aux entreprises des Anglais,
« ses ennemis, lesquels étaient en grande puissance
« dans le pays du Maine [1]. » Toutes les grandes opérations militaires du règne de Charles VII furent dirigées par le connétable dont l'heureuse influence se manifesta, en outre, on le verra plus loin, dans la rédaction des célèbres ordonnances qui organisèrent les armées permanentes. On a pu juger en même temps de son caractère et des mœurs de l'époque par la double exécution de Giac et de Lecamus de Beaulieu. D'après un auteur contemporain, il n'y avait pas, de son temps, un meilleur catholique que le connétable. Non-seulement il n'avait jamais blasphémé, mais s'il entendait un blasphème et que le coupable fût sous ses ordres, il le punissait rigoureusement. En même temps, et par suite de ces dispositions, le connétable professait une profonde aversion pour les hérésies et pour les sorciers et sorcières qui en étaient convaincus. « Bien y parut,
« ajoute son panégyriste, car il en fist plus brusler
« en France, en Poictou et en Bretagne, qu'aucun
« autre de son temps. » Né en 1393, il était attaché à Charles VII depuis 1424, époque où celui-ci l'avait nommé son connétable pour sceller la réconciliation de la Bretagne et de la France que de misérables

---

[1] *Catalogue des lettres autographes de M. le baron de L. L.* Paris, Charon, 1846.

querelles divisaient depuis plusieurs années, à la grande satisfaction des Anglais [1].

Bien plus aimé du roi qui le combla de biens et d'honneurs, le bâtard d'Orléans était, officiellement, subordonné à l'autorité du connétable. C'était, comme on sait, le fils naturel de ce duc d'Orléans, frère de Charles VI, assassiné en 1407 par Jean sans Peur. Peu d'hommes ont rendu à leur patrie d'aussi grands services que Dunois; rarement aussi la popularité a été plus juste qu'à son égard. Le bâtard d'Orléans fut du très-petit nombre des personnages de la cour de Charles VII qui crurent à l'inspiration de Jeanne Darc et qui la secondèrent. Un jour Jeanne Darc accompagnait Charles VII qui retournait avec son armée à Château-Thierry. Une foule immense la suivait toujours, criant Noël! Noël! pleurant de joie et chantant le *Te Deum*. « En nom Dieu, « dit Jeanne Darc, voicy un bon peuple et dévot, « et quand je devray mourir, je voudrois bien que « ce fût en ce pays. — Jeanne, lui demanda Dunois, « savez-vous quand vous mourrez et en quel lieu? » Elle répondit qu'elle ne savait et que c'était à la volonté de Dieu. — « Je voudrois qu'il plût à Dieu, « mon créateur, ajouta-t-elle, de me laisser partir à « cette heure et délaisser les armes pour aller servir « mon père et ma mère et garder leurs brebis avec « ma sœur et mes frères qui seraient si joyeux de me « voir. » En l'entendant parler ainsi, en voyant ses yeux levés vers le ciel et remerciant Dieu, Dunois et

---

[1] Guillaume Gruel, dans Godefroy, *loc. cit.*, p. 741 et suiv.

le chancelier crurent plus que jamais, dit un chroniqueur, que *c'estoit chose venue de la part de Dieu plustost qu'autrement* [1]. Heureux dans la plupart des batailles où il se trouva, employé dans toutes les grandes négociations de l'époque, le bâtard d'Orléans doit figurer en première ligne parmi ceux qui contribuèrent le plus activement à la délivrance de la France.

Dans un rang inférieur, les trois Chabannes, Étienne Vignolles, dit La Hire, et Poton de Xaintrailles, secondaient vaillamment Charles VII comme hommes d'action. La famille de Chabannes a traversé, non sans éclat, les règnes de Charles VII et de Louis XI. L'un des trois frères, Étienne de Chabannes était mort capitaine de gens d'armes, en 1423, à la bataille de Crevant. Jacques de Chabannes, fut sénéchal du Bourbonnais, puis grand maître d'hôtel de France, et mourut de la peste en 1452. Le plus célèbre des trois frères, Antoine de Chabannes, avait d'abord été page de La Hire. Plus tard, il se distingua au siége d'Orléans et dans les campagnes de la Pucelle ; enfin, impatient du commandement, il se mit, avec La Hire, à la tête de quelques compagnies franches, et parcourut l'Artois, la Champagne, la Lorraine, la Bourgogne, pillant indistinctement les Français et les ennemis. « L'an 1437, dit un écrivain contemporain, il mena « en Cambresis et Haynaut une compagnie de Fran-

---

[1] *Procès de Jeanne d'Arc*, déposition de Dunois, t. III, p. 14 ; —Chronique anonyme dite *de la Pucelle*, dans Godefroy, *loc. cit.*, p. 509, 510 et 525.

« çois, lesquels on nommait en commun langage les
« escorcheurs, pour autant que toutes gens qui es-
« toient rencontrez d'eux estoient devestus de leurs
« habillemens tout au net jusques à leurs chemises[1]. »
Quoi qu'il en soit, Antoine de Chabannes ne perdit
rien de sa faveur dans ces expéditions, et nous le
retrouverons plus tard activement mêlé au procès de
Jacques Cœur.

La figure la plus caractéristique et la plus curieuse
à étudier dans ces temps de désordres, où la royauté
était obligée d'accepter de si étranges soutiens, est
sans contredit celle de La Hire. D'où descendait-il?
dans quel pays et à quelle époque était-il né? Rien ne
l'apprend. On sait seulement qu'il était d'origine gas-
conne. En 1418, après la surprise de la ville de Couci,
livrée à l'ennemi par la trahison d'une chambrière, La
Hire est nommé capitaine par un certain nombre
d'hommes, et depuis ce moment jusqu'à sa mort, la
terreur qu'inspire son nom va toujours croissant. « Si
« Dieu le père se faisait gendarme, disait La Hire pour
« se justifier, il deviendrait pillard. » Cependant, ce
même pillard croyait en Dieu. En 1427, à Montar-
gis, il avisa un passage par où il lui sembla qu'on
pourrait entrer dans le camp des Anglais. L'entreprise était périlleuse. Un chapelain était là; La Hire
lui avoua qu'il avait fait tout ce que gens de guerre
ont coutume de faire, en obtint l'absolution, et, joignant les mains : « Dieu, je te prie, dit-il en son gas-

---

[1] Sébastien Monerot (*Chroniques de*), citées dans les *Œuvres
d'Alain Chartier*, édition de Duchesne, *annotations*, p. 833.

« con, que tu fasses aujourd'hui pour La Hire au-
« tant que tu voudrais que La Hire fît pour toi, s'il
« était Dieu et que tu fusses La Hire. » Le 16 mai
1427, il délivrait quittance d'une somme de trois
cents écus d'or que le roi lui avait donnée « pour l'ai-
« dier à avoir ung bon cheval. » Plus tard, le 23 avril
1431, Charles VII lui fit un nouveau don dans les
termes les plus honorables : « Savoir faisons que
« pour consideracion des bons et aggréables services
« que notre bien-amé escuier d'escueirie, Estienne
« de Vignolles, dit La Hire, nous a faictz et fait cha-
« cun jour au fait de nos guerres et autrement, et
« pour certaines autres causes à ce nous mouvans,
« nous luy avons donné et donnons par ces présentes
« la somme de 600 livres tournois. » Après la prise
et pendant le procès de Jeanne Darc, La Hire, qui avait
sans doute combattu auprès d'elle, essaya une attaque sur Rouen, dans l'espoir d'y provoquer un soulè-
vement et de la sauver ; par malheur, son entreprise
échoua et il fut lui-même fait prisonnier. « Cette se-
« maine, dit le *Journal d'un bourgeois de Paris*, fut
« pris le plus mauvais et le plus tyran et le moins pi-
« teux de tous les capitaines qui furent de tous les
« Armagnacs, et estoit, par sa mauvaiseté, nommé La
« Hire, et fut pris par povres compagnies, et fut mis au
« chastel de Dourdan. » Mais La Hire parvient à s'é-
chapper, et en 1433, il est nommé capitaine général
de l'Ile de France, Picardie et Beauvoisis. Bientôt
il parcourt et ravage les provinces avec Antoine de
Chabannes. On lui a reproché un acte d'une déloyauté

insigne. Un de ses amis, le seigneur d'Aussemont, venait lui offrir des rafraîchissements; La Hire s'empara perfidement de son château et força le seigneur d'Aussemont de le lui racheter. Charles VII lui-même ne put obliger La Hire à rendre deux places fortes dont il s'était rendu maître, et dont il ne commanda de livrer les clefs qu'après avoir été fait prisonnier. La Hire mourut en 1442 de la suite de ses blessures, dans un âge fort avancé; Charles VII, reconnaissant des services qu'il en avait reçus, donna six mille écus d'or à sa veuve, qui épousa, en 1444, Jean de Courtenay [1].

Jean Poton de Xaintrailles était, comme La Hire, de cette race de Gascons « bons chevaucheurs et « hardis, n'épargnant ni leurs corps ni leurs che- « vaux, » et qui, de tout temps, vinrent volontiers chercher fortune sur les terres de la langue d'oil. Témoin des prodiges qu'avaient enfantés l'enthousiasme et le courage de Jeanne Darc, Xaintrailles eut la faiblesse de croire qu'il dépendait de lui de les renouveler. Il imagina de se faire accompagner par un

---

[1] *Chronique de la Pucelle*, ap. Godefroy, p. 495; — Bibl. nat^{le}. Mss., Portefeuille Fontanieu; *règne de Charles VII*; — *Journal d'un bourgeois de Paris*, année 1431; — *Mémoire du Beauvoisis*, par Antoine Loisel, pièces justificatives, p. 327; — M. H. Martin, *Histoire de France*, t. VII, p. 35, note; — *Biographie universelle*, article La Hire. — On voit, en outre, dans la *Chronique du connétable de Richemont* (ap. Godefroy, p. 759), que La Hire avait un frère portant le singulier nom d'*Amadoc*, et qui mourut en 1434, au siége de Creil, d'*une flèche à la volée toute déferrée*. Le chroniqueur ajoute : « Et estoient dedans Antoine de Chabannes et autres « qui ne tinrent guères ladite place depuis la mort d'Amadoc. »

jeune berger, Guillaume le Pastourel, qui se prétendait inspiré de Dieu ; mais, à la première bataille, ils tombèrent tous deux au pouvoir des ennemis [1]. Xaintrailles devint successivement capitaine de gens d'armes, bailli du Berry, puis maréchal de France. Entre autres faveurs, Charles VII lui accorda, à l'occasion de son mariage, une gratification de quatre mille écus d'or à percevoir, disaient les lettres patentes, « sur le produit des tailles de la chastellenie de Salignac [2]. » D'après ses biographes, Xaintrailles n'aurait jamais pris part aux expéditions des écorcheurs. Le fait suivant vient à l'appui de cette assertion. Un prieur de sa terre de Vailly, en Berry, était venu se plaindre à lui de ce qu'on voulait, en son nom, retirer au prieuré des priviléges dont il avait joui jusqu'alors. « Monsieur le prieur, répon« dit Xaintrailles en présence d'un garde du scel royal « qui enregistrait ses paroles, les usages et privi« léges qu'avez en mes bois et que mes prédéces« seurs, seigneurs de Vailly, vous ont donnez ainsi « qu'il m'appert, je veuil que vous en jouissiez et « que l'on ne vous donne aucun destourbier (trou« ble), car je ne veux rien de l'Église [3]. »

Un dessin du temps représente La Hire et Xaintrailles sur le même cheval, « *allant fourrager le*

---

[1] *Biographie universelle*, article *Xaintrailles*, par M. de Barante.

[2] *Catalogue des Archives de M. le baron de Joursanvaulx*, année 1442.

[3] M. L. Raynal, *loc. cit.*, t. III, p. 317, pièces justificatives.

« *pays du duc de Bourgogne*[1]. » On les voit également tous deux en scène dans un charmant fabliau qui paraît remonter au commencement du seizième siècle. « Au temps du roy Charles VIIe, Poton et
« La Hire furent deux gentilz capitaines qui aydè-
« rent bien à chasser les Anglois de France. La Hire
« dit ung jour à Poton : Mon compaignon, nous
« combattrons demain les Anglois qui ont si gros
« nombre d'archiers que leurs flèches nous feront
« perdre la clarté du soleil. Poton respondit : Ce
« sont bonnes nouvelles; nous combattrons à
« l'ombre[2]. »

Issus d'un simple bourgeois de Paris, les frères Gaspard et Jean Bureau occupèrent aussi dans les conseils et dans les armées de Charles VII une grande position : l'aîné, Gaspard Bureau, s'était le premier distingué dans l'artillerie, science nouvelle et qui, à cette époque de siéges et de combats incessants, jouait pourtant un grand rôle. Jean Bureau avait commencé par être commissaire au Châtelet. Chargé, grâce sans doute au crédit de son frère, de diverses missions qu'il remplit avec intelligence, il s'avança à la cour, fut employé dans l'artillerie avec son frère et le surpassa bientôt. Au siége de Pontoise qui, par les difficultés qu'il présentait et par ses conséquences, fut un des événements de l'é-

---

[1] Bibl. nat^{le}, cabinet des estampes, collection Gaignières, *règne de Charles VII*.

[2] Bibl. nat^{le}, Mss. de Bethune 8,623, fol. 45, cité par Delort dans son *Essai sur Jeanne d'Arc, Agnès Sorel et Charles VII*.

poque, il fit des prodiges. « Tellement s'y comporta, « dit un historien contemporain, qu'il en est digne « de recommandation perpétuelle¹. » En peu de temps, la faveur des frères Bureau égala celle des plus puissants et leur suscita des envieux ; on leur fit un crime de leur naissance. Il importait sans doute à la France que les Anglais fussent chassés du royaume par des hommes comptant douze ou quinze quartiers. La science accommodante des généalogistes vint d'ailleurs en aide aux frères Bureau, et ils prouvèrent que « leur père, pauvre cadet de fa- « mille, estoit venu de Champagne s'habituer à « Paris, par le malheur des guerres, néantmoins « qu'il estoit noble et sorty de devanciers qui es- « toient nobles *de toute ancienneté.* » Comme les frères Bureau lui étaient très-utiles, Charles VII confirma ces prétentions par des lettres patentes². Les contemporains ont cependant persisté à donner à Jean Bureau une origine moins illustre. Un écrivain qui s'était trouvé à la cour avec lui en a laissé ce portrait : « Il y avoit alors dans les conseils du « roi un homme qui étoit chargé de la direction de « toutes les machines et des appareils de guerre des- « tinés aux siéges, c'étoit maître Jean Bureau, bour- « geois de Paris. Issu d'une famille plébéienne, « d'une petite taille, mais grand par l'audace et le « courage, il excelloit dans la disposition et l'emploi

---

¹ Jean Chartier, dans Godefroy, *loc. cit.* p. 117.
² Godefroy, *dissertation sur les frères Bureau*, p. 866 et suiv. de l'*Histoire de Charles VII.*

« de ces machines[1]. » A la mort de son frère, Jean Bureau, qui avait jusqu'alors partagé avec lui la charge de grand-maître de l'artillerie de France, en eut seul la direction. Au siége de Cherbourg, il plaça des canons dans la mer même, de telle sorte que lorsque les eaux se retiraient, la ville était battue en brèche de très-près et avec une vigueur qui décida le succès. A Rouen, à Castillon, dans toutes les batailles et dans tous les siéges du temps, Jean Bureau rendit à la France les plus grands services[2].

Mais le connétable de Richemont, Dunois, les

---

[1] « *Erat tunc in ministerio regis Francorum, generaliter super omnes machinas et bellicos apparatus prepositus magister Joanes Bureau civis parisiensis, vir quidam plebius et statura corporis parvus, verum audax et animo magnus, qui in usu et exercitio hujusmodi machinarum, atque in eis convenienter ordinandis, valde industrius et peritus erat, ut pote qui jam per annos plurimos etiam sub Anglorum servitio et ditione, tali officio incubuerat.* » —Amelgard, *De rebus gestis Carol. VII*, lib. V, cap. VI. Mss. 5,963, f. 77, cité dans les *Études sur le passé et l'avenir de l'artillerie*, par le prince L. Napoléon Bonaparte, t. I, p. 50. — D'après la version d'Amelgard, Jean Bureau aurait d'abord servi chez les Anglais. Cependant l'on a vu plus haut qu'il avait été commissaire au Châtelet et chargé de diverses missions. Il est donc plus probable que c'est Gaspard Bureau, dont Amelgard ne parle pas, qui aurait été, pendant quelque temps, au service des Anglais. C'est probablement aussi un des frères Bureau qui fit fondre un canon dont parle un historien de Charles VII, et dont la pesanteur était telle qu'il fallait, disait-on, cinquante chevaux pour le traîner sur son affût. (*Histoire de la milice en France*, par le P. Daniel, t. I, p. 446).

[2] Martial d'Auvergne, le poëte populaire de l'époque, les chanta ainsi dans ses *Vigilles de Charles VII* :

(*Siége de Cherbourg.*)

Près dudit Cherbourg et autour
Où François leurs engins dressoient,
Venoit le flot deux fois le jour

Chabannes, La Hire, Xaintrailles, les frères Bureau et quelques autres, tels que Pierre de Brézé qui, à partir de 1440, jouit d'une grande faveur auprès de Charles VII, et le maréchal de France Gilbert de La Fayette, gentilhomme d'Auvergne, qui avait blanchi sur les champs de bataille, représentaient principalement l'esprit militaire. Or, il y avait à la même époque, dans les Conseils du jeune roi, des hommes spécialement chargés de l'administration civile du royaume et dont les services, pour avoir eu moins d'éclat, ne furent pas moins honorables ni moins utiles. Le plus ancien d'entre eux était Martin Gouge de Charpaigne, qui avait d'abord été évêque de Chartres, puis de Clermont, ensuite chancelier de Berry et d'Auvergne. On l'accusait, il est vrai, « d'avoir « moult profité durant le brouillis, à l'époque où il « avait le gouvernement des finances du duc Jean de

> Dont Anglois fort s'esbahissoient,
> Bureau y fist là grant chief-d'œuvre.
>
> (*Entrée de Rouen.*)
>
> Et quant est de l'artillerie,
> Bureau qui estoit gouverneur,
> Y fist une triumpherie
> Et y acquist moult grant honneur.
>
> (*Journée de Castillon.*)
>
> Bureau allors ne dormoit pas,
> Car avoit sept cens manouvriers
> Qui faisoient fossez par compas
> Et un champ clos audit d'ouvriers.
>
> Dans ledit champ si fust enclose
> Toute ladicte droguerie,
> Et besoignoient ouvriers sans pose
> A asseoir l'artillerie.

« Berry[1]. » On avait même fait signer à Charles VI une ordonnance portant confiscation des biens de Martin Gouge, *comme partial des Armagnacs*. Mais cette dernière accusation donne la clef des autres. En 1424, Charles VII, encore dauphin, nomma Martin Gouge chancelier de France, reconnaissant par « expérience de fait, disaient les lettres patentes, « les très-grand sens, prudence, loyauté, et suffi-« sance, ensemble la bonne conduite, diligence et « autres commendables vertus et mérites estant en « la personne dudit seigneur de Clermont. » Martin Gouge fut remplacé en 1428, comme chancelier de France, par Regnauld de Chartres, cardinal et archevêque de Reims.

Regnauld de Chartres jouissait, conjointement avec Georges de La Trémouille, d'un grand crédit auprès de Charles VII, à l'époque où Jeanne Darc était venue délivrer Orléans et changer la face de la guerre. Chacun d'eux espérait alors relever, au moyen de sa propre influence, les affaires du roi, et se grandir encore par le service qu'il lui aurait rendu. L'arrivée de l'héroïque jeune fille, la faveur qui s'attacha aussitôt à son nom, leur avait été un vif sujet de jalousie, et, tacitement, sans s'être communiqué leur projet, ils avaient travaillé à la perdre. Regnauld de Chartres était un prélat de cour; négociateur habile, il comptait sur son adresse diplomatique pour sauver le royaume. Mais subjugué par Jeanne,

---

[1] Godefroy, *Vie de Charles VI*, édition du Louvre, p. 358.

il ne savait la combattre qu'absente. Quand elle eut été faite prisonnière, il écrivit aux habitants de Reims « que Dieu avait souffert prendre la pucelle
« parce qu'elle s'était constituée en orgueil, soit pour
« les riches habits qu'elle avait pris, soit pour ce
« qu'elle avait fait sa volonté au lieu de faire la vo-
« lonté de Dieu.—Elle ne voulait croire conseil, ajou-
« tait l'archevêque de Reims, ains faisait tout à son
« plaisir. Au surplus, un pâtre du Gévaudan s'était
« présenté au roi, avec commandement de Dieu
« d'aller déconfire sans faute les Anglais et Bour-
« guignons. » Tels étaient les regrets que la prise de Jeanne Darc et la certitude de sa mort prochaine avaient inspirés au chancelier de France, Regnauld de Chartres [1]. Quant à Martin Gouge, son prédécesseur, il resta à la cour et il exerça jusqu'en 1444, époque de sa mort, principalement dans les affaires de l'Église, une influence dont nous retrouverons les traces plus loin [2].

Un homme dont le nom est resté inconnu aux biographes et à la plupart des historiens s'était aussi attaché à la fortune de Charles VII dès les premières années de son règne, et il lui avait sans doute donné de grandes preuves de dévouement et d'intelligence; car elles lui ouvrirent plus tard l'entrée du conseil privé. Il s'appelait Guillaume Cousinot. Nommé suc-

---

[1] M. Quicherat, *Aperçus nouveaux sur l'histoire de Jeanne d'Arc*, p. 28 et 92.

[2] F. Duchesne, *Histoire des chanceliers et gardes des sceaux de France depuis Clovis jusqu'à Louis XIV*, p. 478 et suiv.

cessivement chevalier, chambellan, maître des requêtes et bailli de Rouen, Guillaume Cousinot reçut de Charles VII une preuve d'intérêt sans exemple peut-être, et, dans tous les cas, fort honorable. Il avait été fait prisonnier par les Anglais qui fixèrent sa rançon à vingt mille écus d'or. Charles VII mit une taille de pareille somme pour le délivrer[1]. Guillaume Cousinot fut envoyé plusieurs fois en Angleterre pour y traiter de la paix. Au retour, il suivait le roi à l'armée, et on le voit figurer, en 1449, à une attaque qui décida la capitulation de Rouen, dont il fut alors nommé bailli. Son expérience et son habileté étaient grandes sans doute; en effet, Louis XI, à son avénement, lui conserva toutes ses charges. Enfin, Guillaume Cousinot s'intéressa aux affaires publiques jusqu'à un âge fort avancé, car il assista en 1484 aux États de Tours. « Et s'en mesloit fort, « dit un historien contemporain, un fort ancien « homme qu'on nommoit maistre Guillaume Cou-« sinot[2]. »

Le fils d'un secrétaire de Charles VII, Étienne Chevalier, jouit auprès de ce prince d'une faveur égale à celle de Guillaume Cousinot. Envoyé comme lui et avec lui deux fois en Angleterre, Étienne Chevalier s'éleva jeune aux plus hautes charges de

---

[1] Godefroy, *Vie de Charles VII*, p. 6 de l'*Éloge du roi Charles VII*, au commencement du volume.

[2] Saint-Gelais, *Histoire de Louis XII*, citée dans l'*Abrégé de la vie et actions mémorables de messire Guillaume Cousinot, chevalier, seigneur de Montreuil, etc.* — Brochure d'environ cinquante pages, sans lieu ni date.

l'État. Il fut secrétaire du roi, conseiller et maître des comptes, contrôleur de la recette générale des finances et trésorier de France. La plupart des grandes ordonnances de ce règne furent contresignées par lui, et nul doute qu'il n'ait été appelé à les discuter. Étienne Chevalier aima et protégea les arts. Originaire de Melun, il enrichit l'église de cette ville d'une statue de la Vierge en argent doré et d'autres ornements de prix; y fit construire des orgues et la dota de deux tableaux à volets, qu'on y admirait encore au milieu du seizième siècle, et dans l'un desquels on croyait reconnaître les traits d'Agnès Sorel, dont il fut avec Jacques Cœur et le médecin Robert Poitevin chargé d'assurer les dernières volontés [1].

Enfin le procureur général, Jean Dauvet, joua un grand rôle, principalement dans le procès de Jacques Cœur et pendant les dernières années du règne. De son côté, le comte du Maine [2] contre-balançait auprès du roi la faveur des Chabannes, avec lesquels il vivait dans un état d'inimitié déclarée.

Tels étaient les hommes qui, dans une période

---

[1] *Dissertation sur Étienne Chevalier et sa famille*, par Godefroy, *Vie de Charles VII*, p. 881; — *Recherches sur les prétendus amours d'Agnès Sorel et d'Étienne Chevalier, Melunois*, par Eugène Grésy, Melun, 1845. — M. Grésy donne le dessin de ces tableaux. Étienne Chevalier y est présenté par un apôtre à la Vierge dont les traits seraient, d'après la tradition, ceux d'Agnès Sorel.

[2] Il était frère du roi René. Après un premier mariage avec une duchesse napolitaine, il épousa en secondes noces Isabelle de Luxembourg Saint-Pol, de laquelle il eut Charles qui hérita du comté de Provence à la mort du roi René... Il eut de plus un fils naturel nommé Jean, surnommé *le bâtard du Maine*. (Papon. *Histoire de Provence*, t. III, p. 354, note.)

d'environ trente années, exercèrent tour à tour la plus grande influence dans la direction des affaires générales du royaume. Ajoutons à ces personnages, parmi lesquels se faisaient remarquer les noms plébéiens des frères Bureau, malgré leurs faiblesses nobiliaires, de Guillaume Cousinot, d'Étienne Chevalier et de Jean Dauvet, le fils de l'ancien marchand de Bourges, Jacques Cœur, à partir de l'époque, incertaine d'ailleurs, où son intelligence et la grande position que lui avaient faite les richesses que lui procurait le commerce, lui eurent donné accès dans le conseil *étroit et privé* de Charles VII.

CHAPITRE III.

Rentrée des Français à Paris. — Le connétable de Richemont préserve la ville du pillage. — Charles VII vient visiter Paris après une absence de dix-neuf ans. — Fêtes à cette occasion. — Paris en 1438. — Une famine y fait mourir cinquante mille habitants. — Doléances des Parisiens. — Jacques Cœur est nommé maître des monnaies à Bourges et à Paris. — Variations dans la valeur des monnaies au quinzième siècle. — Leurs résultats. — Nouvelles ordonnances concernant les monnaies. — Organisation des impôts sous Charles VII. — Produits du domaine, des aides et gabelles, des tailles. — Ordonnances sur les tailles, la comptabilité, le domaine. — L'université de Paris est en lutte avec le parlement, et menace de suspendre ses leçons. — Une ordonnance tranche la question contre elle. — Ordonnances de Henri VI et de Charles VII pour la réformation de la justice.

La lutte de Charles VII contre l'Angleterre avait, depuis le traité d'Arras, été marquée par divers succès; aussi, les populations supportaient chaque jour plus impatiemment le joug de la domination étrangère. Après bien des conspirations découvertes et punies, Paris en tenta une nouvelle qui eut un meilleur résultat. En 1436, la ville se livra au connétable de Richemont, sous la réserve que tous les événements antérieurs seraient oubliés. Le connétable, qui était muni de pleins pouvoirs, n'eut garde de se faire prier, et il fut introduit avec quelques troupes d'élite dans la capitale du royaume, soumise depuis quatorze ans à la domination anglaise. Les compagnies de routiers et d'écorcheurs qui composaient le gros de l'armée française se flattaient que les choses se passeraient comme à l'ordinaire. Les charretiers et fournisseurs qui la suivaient comptaient eux-mêmes sur les bénéfices d'une prise d'assaut. « On « pillera Paris, disaient-ils, et quand nous aurons « vendu nostre victuaille à ces vilains, nous char- « gerons nos charrettes du pillage, et remporterons « or et argent et mesnages, dont nous serons riches « toutes nos vies. » Ces espérances furent heureusement trompées. A peine entré dans la ville, le connétable y fit crier à son de trompe « que nul ne fust « si hardy, sur peine d'estre pendu par la gorge, de « soi loger en l'ostel des bourgeois, ne des mesnai- « gers, outré sa voulenté, ne de reprocher, ne de « faire quelque desplaisir, ou piller personne de « quelque estat, s'il n'estoit natif d'Angleterre ou « souldoyers. » Cette recommandation, que nul dans l'armée n'osa enfreindre, car on connaissait la justice expéditive du connétable, le rendit, pour peu de temps, il est vrai, l'idole des Parisiens « qui « le prirent en si grant amour que, avant qu'il fust « lendemain, n'y avoit celuy qui n'eust mis son « corps et sa chevance pour destruire les Anglois [1]. »

L'année suivante, après divers avantages remportés sur les Anglais, après le siége et l'enlèvement de la forteresse de Montereau, où il avait risqué sa vie comme l'eût fait le plus brave de ses capitaines,

---

[1] *Journal d'un bourgeois de Paris*, édition Petitot, p. 474.

Charles VII résolut de visiter Paris. Il en était sorti en 1418, dans cette nuit fatale où la ville ayant été surprise par les Bourguignons, environ quatre mille Armagnacs y avaient été massacrés. Depuis cette époque, Charles VII n'y était pas revenu. Les Parisiens lui firent une réception des plus brillantes. L'Université, le Clergé, les magistrats de la ville allèrent le recevoir à la Chapelle-Saint-Denis. Sur son passage, toutes les rues furent richement tendues; des fontaines versèrent le vin à profusion, et l'on représenta les plus beaux mystères du temps, à l'entrée de divers carrefours. A la vérité, le même cérémonial avait été observé six ans auparavant, pour l'entrée de Henri VI, roi de France et d'Angleterre. Arrivé à la Porte-Saint-Denis, Charles VII vit au-dessus de sa tête un jeune enfant habillé en ange, qui paraissait descendre du ciel et tenait un écu d'azur à trois fleurs de lis d'or. En même temps, des voix accompagnées d'instruments firent entendre ces quatre vers :

> « Très-excellent roi et seigneur,
> « Les manans de vostre cité
> « Vous reçoivent en tout honneur
> « Et en très-grant humilité [1]. »

Lorsque les cérémonies de l'entrée royale furent terminées et que les choses eurent repris leur cours ordinaire, Paris se montra à Charles VII tel qu'il était réellement. Cette ville offrait alors et présenta pendant plusieurs années encore un aspect des plus

---

[1] Le P. Daniel, *Histoire de France*, année 1437.

tristes. En proie depuis vingt ans à toutes les violences, à toutes les misères des guerres civiles, elle avait vu sa population diminuer peu à peu, ses riches habitations successivement abandonnées et des rues entières devenir désertes. Diverses ordonnances rendues de 1423 à 1436 constatent cette profonde détresse. Forcés par l'augmentation des impôts d'exiger des loyers hors de proportion avec les ressources de la population qui n'avait pas émigré, les propriétaires de Paris ne trouvaient plus de locataires pour leurs maisons, et n'avaient plus, par conséquent, d'intérêt à les entretenir. Aussi, après avoir inutilement cherché à les vendre, ils en faisaient enlever les fenêtres, les portes, tout ce qui aurait pu être volé, et attendaient des temps meilleurs. L'arrivée de Charles VII à Paris avait donné à ses habitants quelque espoir de voir reparaître l'ordre, les transactions, la sécurité, ce qui constitue l'état des peuples civilisés, mais cet espoir n'avait pas été de longue durée. Le mal était trop profond, les environs mêmes de Paris étaient trop inquiétés par les Anglais pour que la situation pût s'améliorer en aussi peu de temps; bientôt même, elle empira encore. En 1438, une famine terrible emporta, dans Paris seulement, cinquante mille personnes, s'il faut en croire un de ses habitants dont le journal, bien que très-passionné et souvent entaché d'exagération, est resté comme une des peintures les plus curieuses de l'époque. A Rouen, dans la même année, le blé avait décuplé de

valeur et la misère y était si horrible que « l'on trou-
« vait, tous les jours, au milieu des rues, dit le
« même chroniqueur, de petits enfants morts que les
« chiens mangeaient ou les porcs. » Abattus, exté-
nués par la faim et par les privations de toutes sortes,
les Parisiens n'avaient même plus la force de se défendre contre les loups qui venaient les attaquer
jusque dans leurs murs. Dans la dernière semaine
de septembre, entre Montmartre et la Porte-Saint-
Antoine, ces animaux étranglèrent quatorze personnes; le 16 décembre, quatre femmes eurent le
même sort; quelques jours après, ils mordirent dix-
sept personnes, dont onze succombèrent. Quant
aux environs mêmes de la ville, on compta que
près de quatre-vingts personnes y avaient été dévo-
rées par les loups. Vers la même époque, le gouvernement fut obligé, pour avoir le moyen de se
défendre, de lever de nouveaux impôts qui occasionnèrent une vive irritation.

« En celuy mois d'aoust 1438, dit à ce sujet le
« *Journal d'un bourgeois de Paris*, on leva une taille,
« la plus estrange qui oncques mais eust esté faite,
« car nul, en tout Paris, n'en fust exempté, de
« quelque estat qu'il fust...

« Et fut premièrement fait une grosse taille sur
« les gens de l'Église, et après sur les gros mar-
« chands. Et payaient, l'un 4,000 francs, l'autre
« 3,000 ou 2,000... Et autres plus petits, nul ne
« passait 100 sols, ne moins de 40 sols parisis...

« Après cette douloureuse taille, firent une autre

« très-déshonneste, car les gouvernans prindrent
« ès-églises les joyaux d'argent, comme encensiers,
« plats, burettes, chandeliers, etc.[1]. »

Enfin, comme si ce n'eût pas été assez de tant de misère, les environs même de la capitale étaient infestés de voleurs qui pillaient et rançonnaient sans pitié tous ceux qu'ils rencontraient. « Jusqu'à six « ou huit lieues, dit le chroniqueur que nous venons « de citer, nul n'osait aller aux champs ou venir à la « ville, fust moine, prestre, nonnain, femme ou en-« fant, qui ne fust en grand péril de sa vie, et si on ne « lui ostoit la vie, il estoit déspouillé tout nu. » Les Parisiens auraient voulu que Charles VII se fût d'abord occupé de faire cesser ces brigandages. « Au lieu « de cela, disait-on, le roy va en Lorraine, et le « dalphin, son fils, en Allemagne, guerroyer ceux « qui rien ne leur demandaient. » Aussi les plaintes étaient amères, surtout de la part des anciens Bourguignons. « Et en ce temps, disait celui d'entre eux « qui nous a laissé l'expression de leurs doléances, « il n'avoit ne roy ne évesque qui tenoit compte de « la cité de Paris; et se tenoit le roy toujours en « Berry; ne il ne tenoit compte de l'Isle de France, « ne de la guerre, ne de son peuple, que s'il fust « prinsonnier aux Sarrasins[2]. »

On a vu plus haut que Jacques Cœur avait, en 1432, visité les échelles du Levant. Sans doute, le com-

---

[1] *Journal d'un bourgeois de Paris; passim.*
[2] *Ibid.* — *Vie de Charles VII*, dans Godefroy, p. 99; *Ordonnances des rois de France*, t. XIII, préface, p. VIII et suiv.

merce qu'il entreprit au retour de ce voyage ne tarda pas à prospérer, car, trois ans après, en 1435, malgré l'amende qu'il avait eu à payer quelques années auparavant pour sa participation à la fabrication d'espèces faibles frappées à Bourges, nous le retrouvons maître des monnaies dans cette ville. Un an plus tard, aussitôt après la reddition de Paris, Charles VII y rétablit un hôtel des monnaies, et c'est à Jacques Cœur qu'il en donna la direction[1]. Or, à cette époque, et après les bouleversements qu'avaient subis les monnaies depuis près d'un demi-siècle, les fonctions confiées à Jacques Cœur avaient une très-grande importance, et celui qui en était investi pouvait, suivant le système de fabrication qui prévaudrait, exercer la plus grande influence sur les transactions, et, par suite, sur la situation générale du royaume.

Il est difficile, en effet, de se figurer le trouble qui s'était introduit dans cette partie si essentielle de l'administration publique, et il importe, pour en donner une idée, d'exposer rapidement les causes et les résultats de cette perturbation.

Les nombreux changements que Philippe le Bel avait décrétés dans la valeur courante des monnaies lui valurent, comme on sait, la qualification, par malheur exacte, de faux-monnayeur. Un de ses successeurs, le sage et habile Charles V, suivit un système tout opposé. Afin de se créer les ressources

[1] Le Blanc, *Traité historique des monnoyes de France*, p. 300.

nécessaires pour résister, comme il le disait d'ailleurs dans une ordonnance du 7 mars 1418, *à son adversaire d'Angleterre, et obvier à sa damnable entreprise,* Charles VI eut, lui aussi, vers 1415, la funeste idée d'affaiblir la valeur des monnaies. En peu d'années, cet affaiblissement se trouva porté à un tel point que toutes les fortunes en furent profondément troublées. « Cela étoit fort au préjudice des seigneurs,
« dit un auteur contemporain, car les censiers qui
« leur devoient argent vendoient un septier de bled
« dix ou douze francs [1], et pouvoient ainsi payer une
« grande cense par le moyen et la vente de huit ou
« dix septiers de bled seulement, de quoy plusieurs
« seigneurs et pauvres gentilshommes reçurent de
« grands dommages et pertes. Cette tribulation
« dura depuis l'an 1415 jusques à l'an 1421, que
« les choses furent remises à plus juste point, ce
« qui fit naistre quantité de procès et de dissen-
« sions entre plusieurs habitants du royaume, à
« cause des marchés qui avoient esté faits dans le
« temps de la foible monnoye [2]. »

Pendant l'espace de quatorze ans qu'ils furent les maîtres de Paris, les Anglais firent frapper diverses monnaies d'un titre élevé, dans l'espoir de décré-

---

[1] La valeur du setier de blé monta, en 1420, jusqu'à trente-deux francs, précisément à cause de l'élévation de la valeur des monnaies, compliquée d'une disette. — Contenance du setier : 1-56 hectol.

[2] Le Blanc, *loc. cit.*, p. 290. — On voit, par ce passage, que Le Blanc s'appuie sur un auteur contemporain qu'au surplus il ne désigne pas.

diter ainsi celles de Charles VII, qui, réduit aux expédients, fut, en effet, obligé de donner aux siennes, du moins pendant plusieurs années, une valeur fictive bien supérieure au prix vénal des métaux précieux [1]. Cette différence dans la valeur des monnaies d'un pays où, malgré la guerre, les intérêts du nord et du midi étaient si étroitement liés, tournait néanmoins contre les Anglais, dont les monnaies étaient incessamment transportées à Bourges pour y être refondues. Cela donnait donc lieu à un commerce fort désavantageux pour leur gouvernement, mais très-favorable aux particuliers, et que les Anglais cherchaient vainement à empêcher. Dans quelques-unes des ordonnances qu'ils rendirent à ce sujet, ils accusaient Charles VII *de fraudes, mauvesties et déceptions dans le but d'attirer à luy les monnoies du véritable roy de France en fabriquant des gros et des deniers de moindre poids et aloy.* Enfin, ils *décrièrent*, comme on disait alors, ses monnaies, et en proscrivirent la circulation sur toutes les parties du territoire qui leur apparte-

---

[1] On en jugera par les faits suivants. Le marc d'argent de huit onces, qui ne valait en 1418 que neuf livres, fut, en 1422, porté à quatre-vingt-dix livres dans les États de Charles VII. Converti en monnaie, il lui rapportait trois cent soixante-une livres dix sols. De même, le marc d'or, qui était payé trois cent vingt livres aux hôtels des monnaies, représentait une valeur monétaire de deux-mille huit-cent quarante-sept livres. Cela constituait donc, au profit du roi, un bénéfice de deux cent soixante-dix livres sur le marc d'argent, et de deux mille cinq cent vingt-sept livres sur le marc d'or.

naient. D'ailleurs, les Anglais n'agissaient pas ainsi par principe, et ils se réglaient uniquement sur leur intérêt, car, à Rouen, où probablement cet intérêt n'était pas le même, ils altérèrent tellement les monnaies que la livre tournois tomba pendant quelque temps de vingt-cinq à quatre sous [1].

Ces variations incessantes dans la valeur des monnaies n'étaient pas, au surplus, moins fâcheuses pour les pays qui reconnaissaient la domination de Charles VII, à cause des brusques secousses qu'elles imprimaient à la valeur de toutes choses et de l'incertitude de toutes les fortunes. D'un autre côté, le public avait, depuis longtemps, pris l'habitude de stipuler généralement en marcs d'or ou d'argent dans tous les contrats qui comportaient soit une constitution de rente, soit un remboursement. Ainsi l'on ne prêtait pas mille livres, mais tant de marcs d'or ou d'argent remboursables en nature [2]. Frappé de tous ces abus, Charles VII s'empressa, dès l'année même de son avénement, de proportionner la valeur nominale des monnaies à leur valeur intrinsèque. Par suite, quelques pièces d'or furent réduites au quarantième de la valeur que les ordonnances leur avaient attribuée. Si, plus tard, dans quelques circonstances critiques, il se trouva obligé d'élever encore le prix des monnaies, ces augmenta-

---

[1] M. A. Chéruel, *Histoire de Rouen sous la domination anglaise, au quinzième siècle*, p. 82.

[2] Secousse, préface du t. III des *Ordonnances des rois de France*, cité par M. Leber, dans son *Essai sur la fortune privée au moyen âge*, p. 331.

tions furent momentanées et n'eurent, d'ailleurs, relativement aux précédentes, qu'une très-faible importance. Charles VII fit, en outre, fermer un certain nombre d'ateliers de monnaies où, profitant du désordre des guerres, divers seigneurs avaient fait fabriquer des pièces d'or et d'argent, à son nom et à ses armes, de la même forme que les siennes, mais de moindre valeur.

Jacques Cœur avait vu de trop près les funestes effets de la variation des monnaies sur le commerce pour ne pas encourager Charles VII à persister dans le nouveau système qu'il avait adopté. « C'est lui, « dit un historien des plus compétents, qui rétablit « en quelque façon les monnaies, en les faisant « fabriquer sur le fin [1]. » A peine nommé maître de la monnaie de Paris, il fit faire des écus d'or à la couronne en or fin. Parmi les pièces frappées de son temps à Bourges, on a remarqué des gros d'argent où se trouve le nom de cette ville, particularité unique depuis le commencement de la troisième race. Ces pièces portaient, d'un côté, trois fleurs de lis surmontées d'une couronne, avec cette légende : KAROLVS. FRANCORVM REX. BITVR.; de l'autre, autour d'une croix fleurdelisée, ayant deux couronnes dans les angles opposés, ces mots : SIT NOMEN DOMINI BENEDICTVM. Cette monnaie ne fut-elle pas la cause de la qualification de *roi de Bourges*, que les Anglais donnèrent par dérision à Charles VII [2]? Parmi les

---

[1] Leblanc, *loc. cit.*, p. 300
[2] M. Raynal, *loc. cit.*, p. 59.

pièces qui furent frappées sous son règne, huit étaient en or, neuf en argent et quarante-trois en monnaie de billon. Enfin, chacune de ces pièces avait une effigie différente, et c'est par là qu'on distinguait la valeur de plusieurs d'entre elles.

La plupart des ordonnances sur les monnaies, promulguées de 1435 à 1451, furent, tout porte à le croire, inspirées et préparées par Jacques Cœur. En 1438, le gouvernement interdit, sous peine d'amende, les opérations du change à toute personne non autorisée. Cette prescription avait sans doute pour but d'empêcher qu'au milieu de cette multitude de monnaies, tant françaises qu'étrangères, qui circulaient dans le royaume, le public ne fût trompé par des changeurs sur lesquels l'administration n'aurait eu aucun pouvoir. La même ordonnance fixait, en outre, la remise des changeurs. En même temps, elle défendait aux habitants de la vicomté de Paris de transporter l'or et l'argent hors de cette circonscription, sous peine de confiscation et d'amende. Il est inutile d'ajouter que l'exportation des matières d'or et d'argent était déjà sévèrement défendue. Une ordonnance de Philippe le Bel avait prescrit à ce sujet les dispositions les plus formelles. « Et commandons à tous, souz paine de cors « et d'avoir, que nuls ne porte, ne ne face porter or, « ne argent, ne billon hors dou roiaume[1]. » Mais les ordonnances concernant le change et l'expor-

---

[1] *Ordonnances des rois de France*, t. I, p. 324, édition du Louvre, dans M. Leber, *loc. cit.*, p. 292.

tation des monnaies étaient sans doute mal exécutées. Dans le but de les remettre en vigueur, le gouvernement nomma, en 1441, Pierre Délandes et Gaucher Vivien *réformateurs généraux par tout le royaume sur le fait des monnaies*. Ces commissaires furent armés des pouvoirs les plus étendus. Ils étaient autorisés à saisir au besoin les monnaies, soit en circulation, soit dans la bourse des particuliers; à s'informer du nom de ceux qui étaient soupçonnés d'en exporter hors du royaume; à les faire arrêter, à les juger ou faire juger par des délégués, et à les punir corporellement ou criminellement, disait l'ordonnance, en les frappant d'une amende proportionnée au délit. En 1443, le nombre des maîtres des monnaies fut réduit à sept, par le motif qu'ils avaient été *multipliés légèrement et par importunité des requérants*. Parmi ceux qui furent maintenus se trouvait ce Ravaut le Danois qui avait, dans le temps, affermé à Jacques Cœur l'exploitation de la monnaie de Bourges. Une autre ordonnance de 1443 renouvela l'interdiction de se mêler de change sans autorisation, d'exporter aucunes monnaies défendues, françaises ou étrangères; de faire des contrats ou marchés en stipulant par marcs d'or ou d'argent, et prononça une amende contre les notaires ou tabellions qui se serviraient de termes autres que sols et livres, à moins qu'il ne s'agît de prêt, dépôt, contrat de mariage, vente ou rachat d'héritages [1].

[1] *Ordonnances des rois de France*, t. XIII, p. 263; 358, 371 et 386.

En proscrivant sagement une forme de stipulations qui rappelait des époques où les valeurs monétaires avaient été violemment surhaussées, le gouvernement témoignait de l'intention où il était de s'en tenir désormais sur ce point au système loyal et régulier qu'il avait adopté.

En même temps qu'il avisait aux moyens de rétablir l'ordre dans cette partie tout à la fois si délicate et si importante du service public, le Conseil de Charles VII proposait et faisait adopter successivement diverses ordonnances, la plupart très-remarquables, sur l'assiette et la perception de l'impôt, sur l'Université et sur l'administration de la justice. Un chroniqueur contemporain a remarqué que Charles VII « voyoit chacun an, et plus souvent, « tout le fait de ses finances, et le faisoit calculer en « sa présence, car il l'entendoit bien; qu'il signoit de « sa main les rôles des receveurs généraux, les états « et acquits de ses finances, et tellement s'en prenoit « garde, qu'il apercevoit et concevoit tout ce qu'on « y pouvoit faire [1]. » Les nombreuses ordonnances qu'il rendit relativement à l'impôt et à sa perception témoignent de ces préoccupations. Le revenu de la France s'éleva, sous son règne, à 2,300,000 livres du temps [2], indépendamment des profits que pouvaient donner l'alliage légal et le droit de sei-

---

[1] Godefroy, *Vie de Charles VII*, *Eloge de Charles VII*, par un anonyme, au commencement du volume.
[2] M. Leber, *loc. cit.*, p. 57, *note*.

gneuriage des monnaies. Ce revenu avait trois sources : le Domaine, les Aides et gabelles, les Tailles. Le produit du Domaine et des Aides et gabelles a été évalué, pour ce règne, à 500,000 livres; les tailles s'élevèrent, d'après les auteurs contemporains, à 1,800,000 livres. Pendant longtemps, le revenu du Domaine avait, dans les circonstances ordinaires, suffi aux besoins de la couronne; ensuite on y ajouta les Aides et gabelles; enfin on eut recours aux Tailles qui, établies d'abord à des intervalles éloignés, pour faire face à des situations critiques, devinrent perpétuelles à partir du règne de Charles VII[1].

Les revenus du Domaine consistaient en rentes et censives provenant des terres et seigneuries qui appartenaient à la couronne, en droits féodaux dont jouissaient ces mêmes terres et seigneuries et en droits domaniaux, tels que ceux dits de franc-fief, d'amortissement, de banalité, d'aubaine, de bâtardise, etc., attachés à la souveraineté[2].

---

[1] *Ordonnances des rois de France*, t. XIII, préface, p. 82 et suiv.

[2] Le droit d'amortissement était un droit que les gens de mainmorte payaient au roi pour devenir propriétaires de quelque immeuble, soit par héritage, soit par acquisition ou autrement.

Le droit de banalité était celui que le roi avait dans les terres du domaine, comme les seigneurs dans leurs terres, d'obliger les habitants de ces terres de faire cuire le pain, moudre le grain ou pressurer le vin au four, moulin ou pressoir du domaine ou de la terre, et d'empêcher ces habitants de cuire, moudre ou faire pressurer ailleurs. « *Burgenses debent deferre bladum suum ad molinum domini, et ibi debent expectare per unam diem et noctem; et si, infrà dictum terminum, non possint incipere expediri, possunt tunc deferre bladum alibi sine pœnâ.* » (Charte d'affranchissement

Les Aides étaient une imposition sur les denrées et les marchandises. Accordées par le consentement exprès des États pour un temps déterminé, elles devaient être renouvelées, si les circonstances l'exigeaient. Elles étaient perçues sur la marchandise d'après le prix payé par l'acheteur. *Les Nobles, sans fraude, vivant noblement et poursuivant armes ou qui, par ancienneté, ne les pouvaient poursuivre,* en étaient seuls exempts. D'ordinaire, on les donnait à bail ;

des habitants de Châtel-Blanc, du 2 mai 1303, citée par M. Leber dans son *Histoire critique du pouvoir municipal*, p. 397.) Voir aussi sur l'établissement des banalités et sur les origines des institutions féodales en général, le remarquable ouvrage de M. Championnière, intitulé : *De la propriété des eaux courantes, des droits des riverains et de la valeur actuelle des concessions féodales*, ouvrage contenant l'exposé complet des institutions seigneuriales et le principe de toutes les solutions de droit qui se rattachent aux lois abolitives de la féodalité. « Le droit de faire des règlements qui, sous la domination romaine, appartenait aux gouverneurs des provinces et qui devint, par la suite, un des attributs les plus considérables du pouvoir seigneurial, fut appelé *bannus, bannum*. Il y avait *les bans du roi, les bans du comte, les bans de l'évêque*. De là, défense au propriétaire de chasser sur ses terres, de pêcher dans ses eaux, de moudre à son moulin, de cuire à son four, de fouler ses draps à son usine, d'aiguiser ses outils à sa meule, de faire son vin, son huile, son cidre à son pressoir, de vendre ses denrées au marché public, d'avoir étalon pour ses troupeaux, ou lapins dans son clapier. » (Championnière, p. 552 et suiv.)

Le droit d'aubaine était un droit régalien en vertu duquel le roi succédait aux biens situés dans le royaume, appartenant à des étrangers qui décédaient sans enfants légitimes nés dans le royaume.

On a vu plus haut (p. 5, note 2) qu'on entendait communément par le droit de franc-fief une taxe que les roturiers, possesseurs de fiefs, payaient au roi tous les vingt ans, et à chaque mutation de vassal, pour la permission de conserver leurs fiefs. (Denisart, *Collection de décisions nouvelles*, etc.)

Quant au droit de bâtardise, il consistait dans l'héritage des

mais, lorsque les offres des soumissionnaires ne paraissaient pas assez élevées, on les faisait régir par des commissaires pour le compte de la couronne.

La Taille proprement dite se levait sur les personnes à raison de leurs biens ou de leur fortune présumée [1]. Une ordonnance du mois de juin 1445 porte que « tous les subjects, tant marchans, mécani« ques, laboureurs, procureurs, praticiens, officiers, « tabellions, notaires comme autres de quelque

---

bâtards qui, au quinzième siècle, ne pouvaient tester au delà de cinq sols. A cette époque, les bâtards étaient regardés comme véritablement serfs du roi et assujettis aux mêmes règles que les étrangers. Ils étaient obligés de payer une taxe annuelle de douze sols parisis, et ils ne pouvaient contracter mariage avec des personnes d'une condition différente de la leur, sans en demander au roi une permission, appelée *formariage*, pour laquelle ils étaient tenus de donner la moitié de leurs biens. La législation concernant les bâtards ne se relâcha de cette rigueur que vers le milieu du seizième siècle, sous le règne de François Ier. (*Mémoires sur les matières domaniales, ou Traité du Domaine*, par Lefebvre de La Planche, t. II, p. 278 et suiv.).

[1] Un subside ayant été accordé au roi Jean, en 1355, par les États réunis à Paris, les commissaires députés pour la levée du subside, dans la ville et diocèse de Paris, reçurent les instructions suivantes : Les commis devaient se transporter dans chaque paroisse, choisir, avec le conseil du curé, trois ou quatre notables, aller avec eux dans toutes les maisons, requérir tous leurs habitants, de quelque état et condition qu'ils fussent, clercs, gens d'église, religieux ou religieuses, exempts ou non exempts, nobles et autres quelconques, de déclarer *leur état et facultés*. Les commis devaient, de leur côté, se procurer tous les renseignements nécessaires pour contrôler ces déclarations, et faire un registre du tout. Si les contribuables refusaient de payer la somme à laquelle ils avaient été taxés, les commis étaient autorisés à mettre chez ceux d'entre eux qui étaient riches et solvables un ou plusieurs sergents. (Moreau de Beaumont, *Mémoires concernant les impositions et droits*, t. III, p. 297.

« estat qu'ils fussent, estoient tenus d'y contribuer. » Les nobles, les officiers de la couronne, les maîtres des monnaies, la plupart de ceux qui remplissaient des charges publiques, les écoliers de l'Université eux-mêmes n'étaient pas soumis à cette contribution dont le poids retombait ainsi, en grande partie, sur le commerce et sur les petits propriétaires. La même ordonnance défendait aux tribunaux ecclésiastiques d'évoquer les réclamations auxquelles donnait lieu l'assiette de la Taille, ces affaires étant expressément réservées à la juridiction spéciale des élus en premier ressort, et des généraux de l'Élection, en cas d'appel. On peut juger, par ces dispositions, de la vivacité de la lutte qui exista, notamment pendant la dernière période du moyen âge, entre les deux juridictions. L'ordonnance constate en outre que des officiers, fermiers, collecteurs et receveurs, avaient été frappés d'excommunication ou d'autres censures ecclésiastiques qu'elle déclarait d'ailleurs abusives et mettait à néant.

Plusieurs ordonnances spécialement relatives à la comptabilité, au maniement et à la rentrée des deniers publics furent rendues de 1443 à 1445. La première signalait de grandes diminutions dans les revenus du Domaine, objet constant des convoitises de tous ceux qui pouvaient alléguer quelque service rendu, et elle prescrivait diverses mesures pour remédier à cet abus. En même temps, elle imposait à tous les agents du fisc, quelle que fût l'importance de leur charge, l'obligation d'adresser tous les ans à un receveur géné-

ral siégeant à Paris la situation exacte de leurs recettes, sous peine, en cas de fraude, de destitution et d'amende arbitraire. Quelques grands fonctionnaires attachés à la cour, tels que l'Argentier du roi, le Grand écuyer, le Trésorier des guerres et les Maîtres de l'artillerie étaient même obligés de produire un pareil état tous les mois, s'ils en étaient requis. Bien plus, afin de pouvoir surveiller lui-même à toute heure la situation du trésor royal, Charles VII fit tenir par les gens de son Conseil des finances un registre de toutes ses recettes et dépenses. L'ordonnance de 1443 disait à ce sujet :
« Et pour que, toutes et quantes fois que bon nous
« semblera, puissions voir clairement au vray l'estat
« et dépense de nos dictes finances, sans qu'il soit
« besoin audit receveur général de rapporter par-
« devers nous lesdits roolles et acquits, voullons
« et ordonnons que doresnavant soit faict par nos
« dits gens de finances un registre ou papier au-
« quel ils seront tenuz d'enregistrer tout ce que
« par nous aura esté ainsy commandé et par eux
« expédié touchant le service de nos finances, le-
« quel papier ou registre demeurera toujours près
« de nous [1]. »

Un an après, Charles VII porta, dans de nouvelles lettres patentes *sur le fait et gouvernement des finances*, le premier coup au régime féodal, et ouvrit ouvertement contre lui cette campagne que Louis XI

---

[1] *Ordonnances des rois de France*, t. XIII, p. 372; ordonnance du 25 septembre 1443.

continua par tous les moyens, et que Richelieu eut la gloire de terminer. Il s'agissait d'obliger les seigneurs et barons qui avaient reçu du roi des châtellenies ou d'autres terres du Domaine à contribuer aux charges de l'État. Il fut décidé que, sur leur refus, ces châtellenies, terres et seigneuries reviendraient au Domaine. En même temps, on ordonna aux Trésoriers de France ainsi qu'à des agents désignés sous le titre de *Généraux*, et qui remplissaient sans doute les fonctions de *missi*, d'inspecteurs extraordinaires, de suspendre et remplacer les officiers du Domaine et ceux des finances qui, « par leur « petit gouvernement et insuffisance, » seraient reconnus être cause que les finances de leur ressort ne rapportaient pas tout ce que le roi devait en attendre. Enfin, de nouveaux pouvoirs furent conférés en 1445 aux trois Trésoriers de France, au nombre desquels figurait alors Jean Bureau. Ces trésoriers avaient, entre autres obligations, celle de vérifier tous les titres des anciens biens domaniaux et de remettre entre les mains du roi les villes, villages, châteaux, rentes, maisons, vignes, prés et autres propriétés qui auraient été usurpés; ils devaient en outre interdire aux receveurs de payer les gages des fonctionnaires absents, à moins que ceux-ci n'eussent une légitime excuse pour ne pas résider; informer contre les particuliers qui auraient transporté de la monnaie hors du royaume, punir les usuriers, contraindre *toutes gens non nobles ou non vivant noblement* à vider tous fiefs nobles qu'ils auraient eus par succession, acquêt ou autrement, les leur laisser moyennant finance ; maintenir enfin, de la même manière, certaines lettres de noblesse ainsi que des affranchissements d'impôt, et des exemptions de poursuites qui auraient pu motiver des contrats et des faits usuraires [1]. Ainsi se posaient les premières règles de l'administration financière. Quelques-unes d'entre elles ressemblaient beaucoup, il est vrai, à des expédients. Mais on ne saurait trop louer celles qui avaient pour but de réprimer les usurpations du Domaine, et de contraindre les officiers publics à la résidence, cette obligation qu'une certaine catégorie de fonctionnaires a pendant longtemps trouvée si pénible, et qui, après quatre cents ans et des règlements sans cesse renouvelés, est à peine entrée, de fait, dans les mœurs administratives du pays.

Des ordonnances importantes sur l'université de Paris et sur l'administration de la justice parurent vers le même temps et témoignent de l'activité du Conseil de Charles VII, principalement pendant la période de 1440 à 1450. Chaque partie de l'administration publique était ainsi successivement remaniée

[1] Ordonnances des 10 février 1444 et 12 août 1445. — Un financier du dix-huitième siècle a apprécié comme il suit ces réformes : « Cette ordonnance (10 février 1444) et la précédente doivent être « considérées comme la base de tout ce qui a été depuis statué « pour le gouvernement, l'ordre et la forme de l'administration et « du maniement des finances, et singulièrement du trésor royal. » Mss. anonyme, relié aux armes de France, appartenant à M. Paulin Paris, qui a bien voulu me le communiquer, et intitulé : *Mémoire concernant le trésor royal.*

et améliorée. Pour quiconque examine attentivement l'ensemble des travaux de cette époque, il est constant que là se trouve le véritable point de départ de la société nouvelle. Vers 1445, les luttes du parlement et de l'université de Paris, le résultat dont elles furent suivies, préoccupèrent vivement les esprits. Cette université, composée alors en grande partie de clercs et de docteurs en théologie, venait de traverser des circonstances critiques, et le rôle fâcheux qu'elle avait joué pendant l'occupation de Paris par les Anglais pesait sur elle. On sait avec quelle passion elle avait épousé le parti du duc de Bourgogne et de Henri VI contre le dauphin, et l'avis funeste qu'elle avait émis, en 1431, au sujet de Jeanne Darc qu'elle aurait peut-être pu sauver. Pour la récompenser, Henri VI avait, dans la même année, accordé à l'université de Paris une exemption totale de tailles, aides et subsides. D'un autre côté, elle s'était opposée de toutes ses forces à l'établissement d'une université à Caen, et l'on savait que son opposition était surtout fondée sur ce que cette création diminuerait le nombre de ses écoliers. Ainsi, au lieu de faciliter l'enseignement, elle y mettait obstacle, et cela par les motifs les moins avouables. A la vérité, Henri VI avait passé outre en créant l'université de Caen, qui fut plus tard confirmée par Charles VII. Cependant, comme l'université de Paris avait seule alors la science et le renom, sa puissance sur l'opinion était grande et ses quatre mille écoliers lui formaient un cortége d'approbateurs, sinon très-raisonnables, du moins fort bruyants et avec lesquels le gouvernement lui-même était obligé de compter.

Un des principaux priviléges de l'université de Paris était d'être jugée par le roi sans être assujettie à la procédure ordinaire. En 1445, le prévôt de Paris ayant fait arrêter quelques écoliers et les ayant remis au parlement, le recteur et quelques députés de l'université les réclamèrent d'une manière assez irrévérencieuse, en menaçant, suivant leur habitude, de suspendre les leçons, s'ils n'obtenaient satisfaction. Le parlement ajourna la cause au lendemain en enjoignant à l'université de *continuer les leçons et faits d'étude sous peine de méfaire envers le roi*. Alors, elle allégua qu'elle n'était en rien sujette au parlement, que le roi seul pouvait connaître de ses causes, et elle interrompit ses leçons, espérant sans doute que la crainte de ses quatre mille écoliers tiendrait le gouvernement en respect. Mais celui-ci s'était peu à peu affermi, et il eut le bon esprit de ne pas s'effrayer de cette menace. Le procureur général du parlement représenta d'ailleurs au roi que c'était pour le peuple un véritable scandale de voir cesser, *à tout instant*, pour des intérêts particuliers, l'instruction publique et religieuse; il insista notamment sur les inconvénients qu'il pouvait y avoir à admettre le recours au roi pour chaque cause de l'université, alors surtout qu'il était obligé de se transporter d'un bout du royaume à l'autre, pour des affaires bien autrement importantes. Ces raisons déterminèrent Charles VII à faire un coup d'autorité; le 26 mars 1445, il ordonna que *doresnavant le parlement, qui estoit sa Cour souveraine et capitale de tout le royaume, à laquelle répondaient et obéissaient les princes du sang, pairs, ducs, comtes et autres grands seigneurs, connaîtrait des causes de l'université et de ses suppôts.* En même temps, il fit informer contre les principaux auteurs de la dernière interruption des leçons. Le prévôt de Paris ayant prétendu, de son côté, que les causes de l'université seules devaient être portées au parlement, elle eut la mortification de voir celles concernant *ses suppôts*, sans doute les écoliers et le personnel attaché à ses établissements, déférées à la juridiction beaucoup plus modeste du Châtelet [1].

Dans cette révision générale des anciennes ordonnances, celles concernant la justice ne furent pas oubliées. En 1425, les Anglais, maîtres de Paris, avaient, par une ordonnance qui mérite d'être remarquée, déterminé les attributions et obligations du prévôt de cette ville et de ses lieutenants, ainsi que des auditeurs, avocats, procureurs, notaires et geôliers du Châtelet. Cette ordonnance, qui contenait cent quatre-vingt-cinq articles, devait être lue deux fois par an, en séance publique, le lendemain du dimanche de Quasimodo et le premier jour de plaidoirie *après les vendanges.* Elle obligeait le prévôt de Paris à se trouver au Châtelet à sept heures

---

[1] *Ordonnances des rois de France*, t. XIII, préface, p. LII et suiv.

du matin, « pour y besoigner et entendre au fait de
« son office » toutes les fois que le parlement siégeait, à visiter les prisons et à interroger les prisonniers tous les lundis. En même temps, il lui était défendu d'exiger des sergents et autres officiers sous ses ordres, de l'or, de l'argent, des présents, ainsi que de prendre « pour les appliquer à son prouffit,
« les ceintures, joyaulx, habitz, vestemens ou au-
« tres paremens deffendus aux fillettes [1] et femmes
« amoureuses ou dissolues. » Les avocats et procureurs étaient également tenus de se trouver en toute saison au Châtelet à sept heures du matin. Le salaire le plus élevé qu'il fût permis aux avocats d'exiger était fixé à seize livres, « et s'il s'agissoit de
« petites causes et pauvres gens, ils devoient s'en
« payer modérément et courtoisement. » Quant aux notaires, il leur était expressément enjoint, « sous
« peine d'amende arbitraire, d'éviter longues es-
« criptures avec grande multiplication de termes sy-
« nonymes, » qui n'avaient d'autre but que d'augmenter les frais. Une des premières obligations des geôliers était de s'assurer si les prisonniers qu'on leur amenait étaient clercs ou laïques; pour cela, ils devaient décrire leurs habits. A moins d'être dans un état de pauvreté constatée et de *n'avoir de quoi vivre*, les prisonniers devaient payer aux geôliers un droit nommé *d'entrée et d'issue* qui était fixé comme il suit :

---

[1] Un chroniqueur du temps raconte que Jeanne Darc, choquée de la licence des troupes, avait exigé des capitaines qu'ils renvoyassent *les fillettes*, et qu'ils lui avaient obéi.

Pour un comte ou une comtesse, dix livres parisis; pour un chevalier banneret ou une dame bannerette, vingt sols; pour un simple chevalier ou une simple dame, cinq sols; pour un écuyer ou une simple demoiselle noble, douze deniers; pour un juif ou une juive, onze sols; pour un lombard ou une lombarde, douze deniers; pour tous autres prisonniers, huit deniers.

Seuls, les prisonniers pour dettes n'avaient pas de droit de geôle à payer; ceux qui les faisaient incarcérer étaient tenus de fournir à leur entretien. Enfin, l'article 177 de l'ordonnance de 1425 disposait que « la quarte de vin de bienvenue, le parler dessoubz « la ceinture, le voler de moine, le parler latin[1] et « telles truffes étoient deffendus, les prisonniers « étant assez chargiez de payer les dépenses néces- « saires. »

Telles étaient les principales dispositions de l'ordonnance de 1425 pour la réformation de la justice.

Le 28 octobre 1446, Charles VII rendit à son tour, sur le même objet, une ordonnance qui constituait un nouveau et très-remarquable progrès. Elle portait notamment qu'à l'avenir, en cas de vacance dans le parlement, toutes les Chambres assemblées feraient choix de deux ou trois candidats, en ayant soin d'indiquer le plus capable; que

---

[1] C'étaient sans doute autant de contributions imposées sur les prisonniers. Il serait difficile aujourd'hui d'expliquer en quoi consistaient *le voler de moine, le parler dessoubz la ceinture*, etc.

tous les membres de la Cour seraient obligés de résider, « sous peine d'être privés de leurs émoluments
« pour tout le parlement où ils auroient fait faulte
« de résider, et pour tout le parlement ensuivant;
« qu'il leur étoit défendu de recevoir pension d'une
« autre personne que du roi, sous peine de destitu-
« tion, tout comme d'accepter des invitations des
« parties, des avocats et procureurs, ne boire ne
« mangier. » En même temps, il leur était ordonné
d'être au palais à six heures un quart du matin, au
plus tard, sous peine de privation du salaire pour le
jour où ils y auraient manqué. Enfin, comme corollaire de l'injonction faite aux notaires par l'ordonnance de 1425, de s'abstenir des écritures superflues et des multiplications de synonymes, celle
de 1446 prescrivit, à l'égard de certains avocats, des
mesures analogues. L'article 25 qui les mentionne
mérite d'être rapporté. « Pour ce que les advocats
« de nostre dicte court, en plaidant leurs causes
« souventes fois sont trop longs et prolixes en pré-
« faces, réitérations de langages, accumulations de
« faits et de raisons sans cause, et aussi en répli-
« quant et dupliquant, voulons et ordonnons par
« nostre dicte court leur estre enjoint, sur leur ser-
« ment, que doresnavant, ils soient briefs le plus
« que faire se pourra, et s'ils y font faulte, *amende*
« *arbitraire.* »

Ainsi, le pouvoir royal, dans sa sollicitude pour le
peuple, s'efforçait, il y a plus de quatre siècles, de
détruire des abus que les générations contempo-

raines n'ont pas encore tous vu disparaître et qui seront peut-être de tous les temps. Il appartient d'ailleurs aux magistrats du dix-neuvième siècle de décider si les injonctions que s'attiraient les avocats du quinzième sont devenues inutiles. D'un autre côté, les règlements n'exigent plus, avec raison d'ailleurs, que les juges soient sur leurs siéges à six heures un quart du matin. Mais la magistrature n'a-t-elle pas par suite un peu perdu de sa dignité en se mêlant à la vie et aux agitations du monde? les affaires sont-elles aussi promptement expédiées qu'autrefois[1]? les prévenus n'attendent-ils pas plus longtemps l'arrêt qui doit décider de leur sort? Ce sont là autant de questions intéressantes dont l'examen exigerait une étude spéciale et sur lesquelles il serait peut-être difficile de porter un jugement basé sur des faits suffisamment établis.

[1] Il faut reconnaître d'ailleurs que déjà, à cette époque, l'on se plaignait de la durée des procès. Un vœu ayant été émis à ce sujet par une assemblée de nobles dont la réunion eut lieu à Nevers en 1441, Charles VII répondit « qu'il n'avait jamais eu plainte « desdites choses, qu'il désirait de tout son pouvoir la bonne admi- « nistration de la justice et l'abréviation des procès, qu'il punirait « ceux qui agiraient contrairement à ses vues et qu'il écrirait pour « cet objet à sa Cour du parlement et à ses autres Cours de jus- « tice. » *Recueil général des anciennes lois françaises*, par M. Isambert; t. IX, p. 106.

CHAPITRE IV.

Détails concernant les excès commis par les *routiers, écorcheurs* et *retondeurs* vers 1425. — Témoignage d'un archidiacre de Bayeux. — Requêtes adressées par l'évêque de Beauvais aux États d'Orléans et de Blois en 1433 et 1435, au sujet des violences commises par les gens de guerre. — Autres témoignages contemporains. — Rodrigue de Villandrando, célèbre routier. — Sa vie, ses aventures. — Le bâtard de Bourbon, ses cruautés, sa fin tragique. — Ordonnances rendues par Charles VII en 1438 et 1439 concernant les gens de guerre. — La première organisation régulière de l'armée a lieu en 1445. — Serment d'investiture des capitaines et des lieutenants des compagnies. — Organisation de la milice en 1448. — Appréciation des réformes militaires de Charles VII par des contemporains. — Résultats immédiats de ces réformes. — Opposition qu'elles soulèvent. — Le comte Charles d'Armagnac et le maréchal de Raiz. — Leur procès. — Constitution définitive de l'influence et de l'autorité royales.

Mais ce n'était rien d'avoir réformé les monnaies, les finances, la justice, toutes les parties de l'administration ; il restait à opérer une autre réforme plus importante encore et indispensable pour que la France pût se remettre des années de trouble qu'elle venait de traverser, c'était celle de l'armée, ou plutôt des bandes indisciplinées de *routiers, écorcheurs* et *retondeurs* qui usurpaient ce nom. Il faut lire dans les chroniqueurs contemporains eux-mêmes le récit des violences des gens de guerre et les doléances des évêques pour se faire une idée du désordre et de la barbarie où la France était tombée. La population des villes n'avait pas trop à souffrir de ces excès et elle en était quitte pour vivre constamment renfermée, n'osant s'éloigner des remparts qui la protégeaient, ou, tout au moins, ne les perdant guère de vue [1]. Quant aux bourgades et aux campagnes, elles étaient incessamment pillées et ravagées non-seulement par l'ennemi, mais principalement par les troupes françaises, par celles-là mêmes qui avaient pour mission de les défendre, et qui, au lieu de cela, traitaient les malheureux paysans avec un raffinement de cruauté que l'imagination la plus dépravée ne saurait se figurer aujourd'hui. On voudrait, pour l'honneur de la France, douter de la vérité de ces accusations; l'abondance et la concordance des preuves ne le permettent pas. Non contents de faire main basse sur tous les animaux domestiques, les compagnies d'écorcheurs forçaient les paysans à les suivre avec les victuailles et les provisions qu'elles n'avaient pu consommer sur place. D'autres fois, après avoir saccagé ou brûlé tout ce qui n'était pas à leur convenance, elles emportaient tranquillement leur butin sur des chars. Naturellement, le viol et l'enlèvement des femmes et des filles n'étaient que des peccadilles pour cette soldatesque sans frein, qui, indépendamment de quelques gentilshommes, était

---

[1] « *Cuncta quæ murorum ambitu non sunt cœpta, diripiunt.* » Voir *Nicolaï de Clemangiis Catalaunensis archidiaconi Baiocensis opera omnia*; lettre adressée à Jean Gerson. — Je reproduis cette lettre en entier aux pièces justificatives; pièce n° 2.

habituellement composée de serfs fugitifs, d'ouvriers paresseux, de voleurs, souvent même de malheureux ruinés, dépouillés eux-mêmes par les compagnies franches et qui, réduits au désespoir et à la misère, se joignaient à elles dans l'espoir de recouvrer par le vol ce que le vol leur avait enlevé [1].

Tels étaient, d'après un prélat qui en avait été longtemps le témoin, les excès des gens de guerre vers 1425. Le besoin que Charles VII avait de leurs services, l'impunité dont ces hommes jouissaient, l'exemple donné par quelques chefs fameux, portèrent le désordre à un point qu'il semblait impossible d'atteindre. C'est alors que la condition des cultivateurs devint véritablement digne de pitié. En effet, ce ne fut plus rien de les piller et de saccager leurs biens; persuadés qu'ils avaient caché leur argent, les écorcheurs les emmenaient avec eux par centaines et les entassaient dans des fossés humides, dans des cavernes, jusqu'à ce qu'ils eussent demandé à se racheter. Si les malheureux se taisaient, ils étaient mis à la question; si, n'ayant rien à avouer, ils ne donnaient aucune indication, on les laissait mourir de faim. Arrivée à ce point, la cruauté des écorcheurs ne connut plus de bornes; la vue de la souffrance et de la douleur était devenue pour eux une volupté, un besoin [2]. Mais il faut laisser parler les témoins de ces horribles scènes. En 1433,

---

[1] Lettre de Nicolas de Clemangis, *passim*. Voir pièces justificatives, n° 2.

[2] « *Quin imò, instar sevissimarum bestiarum, in innocentes ac*

Charles VII avait assemblé les trois États à Orléans pour les consulter sur un projet de traité de paix que ses ambassadeurs et ceux du roi d'Angleterre avaient préparé. A cette occasion, Juvénal des Ursins, alors évêque et comte de Beauvais, depuis archevêque de Reims, adressa au roi une touchante *complainte* relative aux crimes des gens de guerre. « Dieu sçait, disait-il, les tyrannies que a souffert
« le pauvre peuple de France par ceux qui le deus-
« sent avoir gardé; car entre eux n'a ordre ne
« forme de conduite de guerre, mais chacun a fait
« le pis qu'il a peu en eux glorifiant. En ce fai-
« sant, quantes églises ont esté par eux arses et
« destruictes, les bonnes gens ars et desrompus
« dedans! Les autres par eux rémparées et forti-
« fiées, ordonnées à estre héberges et réceptacles
« à larrons, ribaux, meurtriers et toutes mauvaises
« gens, estables à chevaux, bordeaux publics,
« prisons à tenir en prison et tyranniser les pau-
« vres gens, mesme de tous les estats et gens du
« païs; jeter les reliques en lieux prophanes, non
« honnestes; prendre corporaux et autres habille-
« ments d'église et les appliquer en autres usages
« tres déshonnestes et abominables à nommer.
« Et au regard des pauvres prestres, gens d'église,
« religieux et autres pauvres laboureurs tenant
« vostre parti, on les prend et emprisonne, et les

---

supplices agrorum cultores, scevire delectabat plerosque ex ipsis prædonibus. » Ap. Amelgard, lib. II, cap. VI.

« met on en fers, en fosses, en lieux ors plains de
« vermine et les laisse-on mourir de faim, dont
« plusieurs meurent. Hé Dieu! les tyrannies qu'on
« leur faict! On rostit les uns, aux autres on ar-
« rache les dents, les autres sont battus de gros
« bastons, ne jamais ne seront délivrez jusques à
« ce qu'ils ayent payé argent plus que leur chevance
« ne monte : et encore quand on les délivre, ils
« sont tellement débilitez de leurs membres, que
« jamais ne feront bien. Et ne prennent pas seule-
« ment hommes, mais femmes et filles et les em-
« prisonnent ; et aucunes fois en font par force leur
« plaisir, en la présence des marys, pères ou frères,
« et se ils en parlent ils seront battus et navrez, et
« aucunes fois tuez [1]. »

Deux ans après, en 1435, l'évêque de Beauvais fit parvenir aux États généraux réunis à Blois une nouvelle supplique sur les violences des gens de guerre. « Tous ces délicts, y était-il dit, ont été faits et com-
« mis, non par les ennemis, ains par aucuns de
« ceux qui se disoient au Roy, lesquels, soubs umbre
« des appatis [2] et autrement, prenoient hommes,
« femmes et petits enfans, sans différence d'âge ou
« de sexe, efforçoient les femmes et filles, prenoient
« les mariz et pères et les tuoient en présence des
« femmes et filles, prenoient les nourrices et lais-
« soient les petits enfans qui, par faute de nourri-

---

[1] *Mémoires des pays, villes, comtés et comtes de Beauvois et Beauvoisis*, par Antoine Loisel ; Paris, 1617, p. 229 et suiv.

[2] *Appatir*, rançonner.

« ture, mouroient; prenoient les femmes grosses, les
« mettoient en ceps ¹, et là ont eu leur fruit, lequel
« on a laissé mourir sans baptesme. Et après on a
« getté et femmes et enfans en la rivière. Prenoient
« les moynes et gens d'église; laboureurs, les met-
« toient en ceps et autres manières de tourments
« nommé sargez ². Et eux estant en iceux les bat-
« toient, dont les aucuns sont mutilez, les autres
« enragez et hors de sens. Appatissoient les vil-
« lages, tellement que un pauvre village estoit à ap-
« patis à huict ou dix places. Et si on ne paioit, on
« alloit bouter le feu ès villages et églises. Et quant
« les pauvres gens estoient prins, et ils ne pouvoient
« payer, on les a aucunes fois assommez eux estant
« en ceps et gettez en la rivière. Et n'y demouroit
« cheval laboureur n'y autres bestes. Si le Roy
« donnoit sauvegardes à pauvres églises ou autres
« personnes, ils estoient rompuz, et n'en tenoit-on
« compte, au grand déshonneur du Roy et de sa
« seigneurie ³. »

Les auteurs de ces violences étaient, comme on l'a
vû, désignés sous les noms de routiers, écorcheurs,
retondeurs. Dans le Midi, on les appelait *routiers*.

---

¹ Le cep était un instrument que l'on mettait aux pieds des con-
damnés. Il y avait des ceps portatifs ou volants. « Jehan, seigneur
« de Montcavrel, dit le *Glossaire* de Du Cange, t. I, v° *Cippus*,
« fu mis en cep volant, auquel ledist chevalier fu pendu par long-
« temps en l'air. »

² Ni Carpentier ni Roquefort ne donnent l'explication de ce mot.

³ *OEuvres de Maistre Alain Chartier*, p. 839; édition et notes
d'André Duchesne.

Une ordonnance de Charles VII du 16 avril 1434 permit aux habitants de Nîmes d'avoir une cloche pour *sonner l'alarme et convoquer les assemblées*; attendu, disait l'ordonnance, que les faubourgs de cette ville, situés sur la grande route d'Avignon à Toulouse, étaient incessamment ravagés par des bandes de gens d'armes qui les pillaient et rançonnaient de leur mieux[1]. On voit par une pièce comptable du temps que « aucuns gens d'armes et de
« trait de la compagnie du Dauphin (depuis Louis XI)
« lesquels estoient descendus au païs de Langue-
« doc, faisoient maulx infinis, mesmement sur les
« marchands et autres gens venant à la foire de
« Saint-Ylaire à Montpellier, et tellement qu'il n'es-
« toit personne qui plus osast venir ne aller à la-
« dite foire[2]. » Pour les gens du nord, c'étaient des *écorcheurs et retondeurs*, noms qui n'étaient que trop bien justifiés. « Audit an 1435, vindrent au
« païs de Champagne trois à quatre mille hommes
« de guerre, lesquels dommagèrent grandement le
« païs, et n'y avoit homme, femme, ne enfant qu'ils
« ne dépouillassent jusques à la chemise. Et quant
« ilz avoient tout pillé, ilz arançonoient les villages;
« et estoient leurs capitaines ung nommé de Cha-
« bannes et deux bastards de Bourbon, et les nom-
« moit le peuple vulgarement les *escorcheurs*. » — « Et

---

[1] *Ordonnances des rois de France*, t. XIII, p. 196.

[2] « *Ordre de payer quinze livres tournois à un courrier dépêché au Dauphin par les gens de Montpellier.* » Bibl. Nat^{le}. Mss. Portefeuilles Fontanieu, n°s 118-119.

« la cause pourquoy ils avoient ce nom, dit un autre
« chroniqueur, si estoit que toutes gens qui estoient
« rencontrez d'eux, tant de leur parti, comme
« d'autre, estoient devestuz de leurs habillemens
« tout au net jusques à la chemise : et pour ce,
« quand iceux retournoient ainsy nuds et devestuz,
« en leurs lieux, on leur disoit qu'ils avoient esté
« entre les mains des escorcheurs, en les gabant
« de leur male adventure [1]. »

Les *retondeurs* achevaient ce que les écorcheurs avaient si bien commencé. Les détails suivants, bien qu'empruntés à un témoin passionné, ancien partisan des Bourguignons, compléteront le tableau. « Quand un prudhomme avoit une jeune
« femme et qu'ils le povoient prendre, s'il ne po-
« voit payer la rançon qu'on luy demandoit, ils le
« tourmentoient et le tirannoient moult griève-
« ment. Et les aucuns mettoient en grants hu-
« ches, et puis prenoient les femmes, et les met-
« toient par force sur le couvercle de la huche
« où le bonhomme estoit..... ; et quant ils avoient
« fait leur malle œuvre, ils laissoient le pouvre
« périr là-dedans, s'il ne payoit la rançon qu'ils
« luy demandoient; et si n'estoit roy ne nul
« prince qui pour ce s'avançast de faire aucune
« aide au pouvre peuple; mais disoient à ceulx qui
« s'en plaignoient : il faut qu'ils vivent; si ce

---

[1] Œuvres de Jean Chartier et de Monstrelet, année 1437. — *Gaber*, se moquer. La chose était, en effet, très-risible.

« fussent les Anglois, vous n'en parlassiés pas ; vous
« avez trop de biens [1]. »

Un des plus redoutables et des plus célèbres routiers de cette époque fut sans contredit Rodrigue de Villandrando. Espagnol d'origine, il vint en France vers 1415 pour y chercher fortune, et s'attacha d'abord au maréchal de Sévérac. Ambitieux, d'une audace sans égale, s'estimant assez redoutable pour faire seul son chemin, Rodrigue de Villandrando se mit bientôt à la tête d'une bande de gens d'armes qu'il disciplina à son point de vue, ne souffrant dans son camp ni querelles, ni pilleries, ni violences, et punissant de mort quiconque enfreignait ses ordres. En 1429, Rodrigue fit, dans diverses affaires, un grand nombre de prisonniers dont la rançon lui rapporta, pour sa part, plus de huit mille écus d'or. Nommé comte de Ribadeo, recherché par La Trémouille, par le comte d'Armagnac, il prit, en 1432, envers le comte de Beaufort, un engagement qui peint à la fois l'homme et son siècle et qu'il faut citer textuellement :

« Je, Rodiguo de Villadrando, conte de Ribedieux
« et cappitaine de gens d'armes et de traict pour le
« roy nostre syre, ay juré aux saints Dieu Évangèles,
« et si ay promis et promect sur la foy et serment
« de mon corps et sur mon honneur et la diffama-
« cion de mes armes, que je seray doresnavant bon,
« vray, loyal amy, alié et bienvueillant de mons. le
« conte de Beaufort, viconte de Turenne et de Va-

[1] *Journal d'un bourgeois de Paris.*

« lerne et seigneur de Lymueille; et ly secourray et
« ayderay envers touz et contre touz, excepté le roy,
« messeigneurs les contes de Clermont, d'Armei-
« gnac, Mgr. de La Trémoille, et Mgr. de Saincte-
« Sevère, mareschal de France; et, avecques ce,
« son bien et honneur ly garderay; son mal et dom-
« maige et deshonneur ly enverray et ly feray as-
« savoir, à mon povoir. Et, toutes les choses dessus
« dictes promect et jure, comme dessus, tenir et
« accomplir sans fraud, baras et mal engin, de poinct
« en poinct, non obstans quelxconques promesses
« et alyences faictes le temps passé. En tesmoing de
« ce, j'ay signé ces présentes de mon seing manuel
« et fait sceler du scel de mes armes. Ce xvij^e jour
« de janvier, l'an mil cccc trente et deux. RODRIGO
« DE VILLAANDRANDO [1]. »

Riche, redouté des plus puissants personnages de
la cour, Rodrigue de Villandrando était arrivé au

---

[1] Copié par M. J. Quicherat sur l'original en parchemin existant aux Archives nationales (K. 63, n° 22); scellé des armes de Rodrigue, qui sont écartelées 1 et 4 de trois fasces; 2 et 3 d'un croissant renversé. — Tous les détails qui précèdent et qui suivent sur Rodrigue de Villandrando sont extraits d'une curieuse notice que M. Quicherat a publiée sur ce personnage dans *la Bibliothèque de l'École des Chartes*, 2e série, t. I, p. 119 et suiv.
Les engagements de ce genre ou analogues n'étaient, du reste, pas rares. Il en existe un très-curieux, souscrit le 1er mai 1229, en faveur du comte de Champagne, par le sire de Joinville, historien de saint Louis. En voici un extrait : « Je Jehans, sires de Join-
« ville, Sénéchaux de Champaigne, fas à scavoir à tous cels qui
« ces lettres verront, que je jure mon très chier signor Thiebaulx,
« par la grâce de Dieu, roi de Navarre, conte palais de Cham-
« paigne et de Brie, sur la foi que je li dois, que je ne m'alieray

comble de la faveur. Vers cette époque, il épousa une fille naturelle du duc de Bourbon. On le retrouve bientôt dans les Cévennes, l'effroi du pays qu'il mettait, suivant son habitude, à contribution. Battu quelquefois, presque toujours vainqueur, il prenait d'assaut les villes qui ne voulaient pas lui donner de l'argent, et se rendait tout armé dans les cathédrales, où il s'asseyait fièrement à la place de l'évêque. Le Languedoc, où il avait annoncé l'intention « de chevaucher en long et en travers jus- « qu'à totale destruction, » vivait dans la terreur de son nom. Les provinces voisines n'étaient pas plus rassurées. Le Quercy notamment était, depuis un siècle, sans cesse en proie à ces bandes malfaisantes de routiers. Aussi, vers 1440, il n'existait plus à quelque distance des grandes villes ni cultures, ni chemins, ni délimitations de propriétés. Des villages entiers avaient disparu. Gramat, ville autrefois florissante, était réduite à sept habitants. Toutes les maisons y formaient des amas de décombres[1]. Le *méchant* Rodrigue, comme l'appelaient les populations du Midi, était, plus que Charles VII, le roi de la contrée. Un jour, quelques-uns de ses hommes tuèrent le bailli du Berri. Une autre fois,

---

« au conte de Bar, ne par mariage, ne par autre chose, ne à luy, « ne à autruy, encontre luy, et noméement je ne prendray à « feme la fille le comte de Bar..... » (*Mémoires de l'Académie des Inscriptions et Belles-Lettres*, t. XX, *La vie du sire de Joinville*, p. 314).

[1]. *Chronique manuscrite du Quercy*, par l'abbé de Foulhiac, citée par M. Quicherat dans sa notice sur Villandrando.

la reine elle-même le supplia de ne pas visiter la ville de Tours où elle se trouvait. Dans une autre circonstance, il rencontra les fourriers du roi et les battit. Outré de colère, Charles VII se mit enfin lui-même à la tête de quelques troupes et dispersa la grande compagnie de Rodrigue, qu'il bannit du royaume, donnant en outre permission au premier venu de courir sus à ses routiers, s'ils se montraient sur le territoire, et de les tuer *comme des bestes nuisibles*. Cependant, une brillante expédition en Guyenne contre les Anglais fit rentrer Rodrigue en grâce. Il entreprit ensuite dans le Roussillon, en compagnie de Xaintrailles et d'un des bâtards de Bourbon, une campagne au retour de laquelle les habitants de Toulouse lui donnèrent une gratification de deux mille écus d'or, à condition qu'il n'entrerait pas dans la ville. Devenu vieux, atteint par les infirmités, Rodrigue de Villandrando se retira à la cour de Castille, où il mourut vers l'âge de soixante-dix ans, après avoir expié les crimes de sa vie par le jeûne, la prière et la contrition.

Le bâtard Alexandre de Bourbon, son beau-frère, fit une fin moins édifiante. Destiné primitivement à l'Église, il avait renoncé à un canonicat et abjuré ses vœux pour suivre Rodrigue de Villandrando et apprendre à ses côtés le noble métier de pillard. Ce fut lui qui, après la publication du traité d'Arras, organisa, de concert avec quelques chefs de bandes que le ralentissement des hostilités allait laisser sans emploi, les fameuses compagnies d'é-

corcheurs dont La Hire fut aussi l'un des capitaines, et qui, plus redoutables que les Anglais eux-mêmes[1], ravagèrent particulièrement le Nord, la Normandie, l'Anjou, le Berri et l'Auvergne. Le bâtard de Bourbon se distingua entre tous par les atrocités les plus odieuses, et il fut, en outre, un de ceux qui, en 1439, entraînèrent le Dauphin dans sa première rébellion contre Charles VII. Celui-ci ne l'oublia pas, et quand vint une occasion favorable, il fit un exemple qui produisit la plus salutaire impression. En 1440, le bâtard de Bourbon ravageait la Champagne à la tête de ses bandes d'écorcheurs ; il annonçait même hautement l'intention de passer avec elles à l'étranger, malgré les ordres du roi. « Vers le même temps, dit un chro-
« niqueur, un homme et sa femme se vinrent
« plaindre au Roi et à monseigneur le connes-
« table d'un grand oultrage que ledict bastard de
« Bourbon leur avoit faict : car il avoit forcé la
« femme sus l'homme, et puis l'avoit fait battre
« et découpper, tant que c'estoit pitié à voir. »
Une action aussi abominable fit verser la mesure et parut sans doute un prétexte suffisant pour mettre fin à tant de violences. Sur l'ordre du roi, le connétable s'empara du bâtard de Bourbon et

---

[1] Un capitaine anglais s'était néanmoins rendu célèbre par sa férocité. Il portait le nom de Mathieu Gough, dont le peuple avait fait *Matago*. Dans quelques provinces de la France, notamment en Provence, le nom de *Matago* est encore aujourd'hui l'équivalent de Croquemitaine.

on lui fit sommairement son procès. Condamné à mort, il fut cousu dans un sac et jeté dans l'Aube, comme il le méritait [1].

On peut juger par ce qui précède des désordres commis par les gens de guerre, et de la nécessité qu'il y avait de prendre enfin des mesures capables de retirer la France de la situation où elle était plongée. Charles VII a été accusé, non-seulement de ne pas s'en être suffisamment préoccupé, mais d'avoir, pendant longtemps, prêté les mains à ces violences. On disait notamment, parmi le peuple, que les princes et les grands seigneurs qui criaient le plus contre les désordres les entretenaient sous main et que le roi lui-même en soutenait les auteurs [2]. D'un autre côté, tandis que le gouverneur de Paris faisait espérer que le roi apporterait un prompt remède au mal, les anciens Bourguignons remarquaient qu'il allait en Lorraine et le Dauphin, son fils, en Allemagne « guerroyer ceux qui ne leur « demandaient rien [3]. » Ces accusations étaient injustes. Charles VII déplorait, au contraire, les crimes

---

[1] *Chronique du connétable de Richemont*, dans Godefroy, p. 777. — Le bâtard de Bourbon *fut noyé par justice*, dit Berry, *ibidem*, p. 412. — On a vu plus haut que le même genre de supplice avait été employé à l'égard du favori Pierre de Giac. Un autre supplice de l'époque était l'immersion dans l'eau bouillante. Je ne sais quel auteur du temps dit, en parlant des faux monnayeurs, que la coutume était de les *faire bouillir*.

[2] Bibl. Nat^{le}. Mss., l'abbé Legrand, *Histoire de Louis XI*; liv. I, p. 29, *verso*.

[3] *Journal d'un bourgeois de Paris*, année 1440.

et les exactions des compagnies franches ; mais, se soutenant en grande partie par l'appui qu'elles lui prêtaient; hors d'état, d'ailleurs, à raison de la détresse où il se trouvait lui-même, de payer la solde qui leur était due, il était bien obligé, en attendant des temps meilleurs, de fermer les yeux sur les brigandages qu'elles commettaient.

En effet, dès que l'autorité royale fut suffisamment affermie, on le vit s'occuper sérieusement de réprimer ces excès trop longtemps impunis. En 1438, il rendit une première ordonnance portant que « des clameurs « et complaintes lui arrivaient de tous côtés au sujet « des griefs, maux et dommages causés par les gens « de guerre dans les environs de la capitale, » et il donna l'ordre au prévôt de Paris d'en exiger réparation. Un an après, le 2 novembre 1439, une nouvelle ordonnance, provoquée par une assemblée des trois États, et la plus importante de son règne, précisa encore mieux les intentions de Charles VII. « Le roi, « disait-elle, ayant égard à la pauvreté, oppres- « sion et destruction de son peuple, ne voulait pas « tolérer plus longtemps de pareils excès. » En conséqence, il décida qu'à l'avenir nul ne pourrait lever une compagnie sans son consentement formel et que tous les capitaines des compagnies seraient à sa nomination. En même temps, il défendit aux gens de guerre de rançonner les laboureurs et les marchands, de s'emparer des bestiaux, des blés ou autres marchandises, de mettre le feu aux gerbes ou aux maisons, d'aller dans les champs *en estrade*[1] « pour piller, rober et destrousser les passants et jus- « qu'aux propriétaires dans leurs maisons. » Les barons, seigneurs et capitaines des compagnies ne furent pas oubliés, et le roi leur parla enfin le langage de l'autorité. L'article 36 leur enjoignait de restituer les forteresses, églises et châteaux dont ils s'étaient emparés et d'où ils faisaient des excursions en toute sûreté. Il leur était également ordonné de supprimer un grand nombre de péages qu'ils avaient établis de leur propre mouvement au préjudice du commerce. « En quoy, disait l'ordon- « nance, les marchands et le peuple du royaume « avoient été moult opprimez et grevez. » L'article 41 de l'ordonnance du 2 novembre 1439 constate en outre que, précédemment, Charles VII avait, du consentement des trois États, établi des tailles pour en affecter le montant à la solde des gens de guerre; mais les seigneurs et barons avaient constamment mis obstacle à ses intentions, soit en s'attribuant le montant de ces tailles sous prétexte de sommes qui leur étaient dues, soit en les augmentant à leur profit de manière à en rendre le payement impossible. Charles VII proscrivit sévèrement le retour de pareils abus. Enfin, l'ordonnance de 1439 enjoignit aux officiers du parlement, aux baillis, aux sénéchaux et à tous les autres justiciers du royaume d'exécuter strictement les volontés du roi,

---

[1] Du mot *estradiots*, sorte de cavalerie légère du temps. — Voir e P. Daniel, *Histoire de la milice française*, t. I, p. 230.

sous peine d'être privés de leurs offices et de voir leurs biens confisqués [1].

Cependant, il ne suffisait pas, dans ces temps malheureux, de faire des règlements; il fallait encore en assurer l'exécution, et ici ce n'était pas une médiocre difficulté, à raison de l'étendue des abus qu'il s'agissait de déraciner et de la condition même de ceux qui en vivaient. L'ordonnance du mois de novembre 1439 n'avait pas produit des effets immédiats; dans tous les cas, elle n'avait remédié au mal qu'en partie. Dans les années qui suivirent, Charles VII employa tous ses soins à compléter l'œuvre commencée. Après avoir été longtemps étudiée sous toutes ses faces, la question fut définitivement résolue en 1445, par la création de quinze compagnies d'ordonnance, commandées chacune par un capitaine à la nomination du roi et composées de cent lances, chaque lance comprenant six personnes, savoir : l'homme d'armes, son page ou valet, trois archers et un coustelier, c'est-à-dire un écuyer armé d'un couteau ou baïonnette qu'il portait au côté. Chaque compagnie formait donc un corps de six cents hommes tous à cheval. Bientôt, les compagnies s'accrurent d'un grand nombre de volontaires qui sollicitèrent comme une véritable faveur d'y être admis, dans l'espoir de devenir hommes d'armes à leur tour. L'effet de cette organisation fut en quelque sorte instantané. Au bout

---

[1] *Ordonnances des rois de France*, t. XIII, p. 295 et 306. — Voir cette célèbre ordonnance aux pièces justificatives, n° 4.

de quinze jours, disent les chroniqueurs, tous les soldats qui n'avaient pas été désignés pour faire partie des compagnies étaient rentrés dans leurs foyers, et les routes étaient devenues plus sûres qu'elles ne l'avaient été depuis plus d'un siècle. En même temps, et à partir de ce jour, l'importance personnelle des grands vassaux de la couronne décrut sensiblement. Ce qu'on appelait la chevalerie, c'est-à-dire cette classe de seigneurs et de barons si longtemps toute-puissante à cause des services, chèrement payés d'ailleurs, qu'elle rendait au pouvoir royal, cessa bientôt d'exister [1].

Avant de prendre possession de leurs compagnies, les capitaines durent prêter un serment ainsi conçu : « Je promets et jure à Dieu et à « Nostre-Dame que je garderai justice et ne souf- « frirai aucune pillerie et pugnirai tous ceux de ma « charge que trouveray avoir failli, sans y espargner « personne, et sans aucune fiction, et ferai faire « réparation des plaintes qui viendront à ma con- « naissance, à mon pouvoir avec la pugnition des « susdits ; et promets faire faire à mon lieutenant « semblable serment que dessus. [2] » Chaque capitaine de compagnie et son lieutenant étaient donc en quelque sorte des prévôts, des justiciers, institués par la royauté pour protéger la société, notamment les laboureurs et les commerçants, contre les dévastations des routiers, écorcheurs et retondeurs.

---

[1] Le P. Daniel, *Histoire de la milice française*, t. I, p. 215.
[2] *Ibidem*, t. I, p. 227.

Ainsi, l'autorité militaire, enfin disciplinée, était appelée à retirer la France du chaos où la guerre et ses suites l'avaient plongée.

Après avoir organisé la cavalerie, Charles VII s'occupa des milices. Antérieurement à ce prince, et si l'on en excepte quelques troupes d'arbalétriers et d'archers, pour la plupart Génois, l'infanterie française n'était, a-t-on dit, composée que de « ma-
« rauds et bellistres, mal armez, mal complexionnez,
« fainéans, pilleurs et mangeurs de peuples [1] ».
Une ordonnance de 1448 institua la milice des francs-archers. « En chacune paroisse de nostre
« royaume y aura un archer qui sera et se tiendra
« continuellement en habillement suffisant et con-
« venable de salade, dague, espée, arc, trousse,
« jaque ou huque, brigandine [2], et seront appelez
« les francs-archers, lesquels seront choisis par

---

[1] Brantôme, *Discours des colonels*, cité dans le P. Daniel, t. I, p. 237.

[2] Voici, d'après le P. Daniel, t. I, p. 240 et suiv., la définition de quelques-uns des objets qui composaient l'habillement du franc-archer. — La salade était une espèce de casque léger sans crête, avec ou sans visière. Le jaque ou huque était une sorte de justaucorps, renflé de coton, et qui descendait au moins jusqu'aux genoux. La brigandine était un corcelet fait de lames de fer, garni de velours à l'intérieur ; la trousse, un carquois pouvant renfermer au moins dix-huit traits. Enfin, parmi les francs-archers, il y en avait qui portaient le nom de guysarmiers, à cause de la guisarme, espèce de hallebarde garnie par un bout d'un fer large et pointu. On lit dans le roman de Rou :

    Et vous avez lances aiguës
    Et guisarmes bien émollues.

Il résulte d'un mémoire publié par le P. Daniel, que Louis XI remplaça la dague et l'épée de ses milices par la guisarme.

« nos eslus en chacune élection, les plus droits et
« aisez pour le fait et exercice de l'arc qui se pour-
« ront trouver en chacune paroisse sans avoir
« égard ne faveur à la richesse. » Le roi promettait
quatre francs par mois aux francs-archers pour tout
le temps qu'ils le serviraient. En même temps, il
les tenait quittes des tailles, du guet, ainsi que de
l'entretien des gens de guerre. Le nombre des paroisses étant à cette époque évalué à seize mille,
Charles VII disposait donc, indépendamment des
neuf ou dix mille hommes des compagnies d'ordonnance, de seize mille francs-archers qui, au premier
signal, devaient se rendre au poste qui leur était indiqué. Relativement assez considérable, cette armée
suffisait pour parer à un péril urgent et permettait,
au besoin, d'attendre de nouvelles recrues. Enfin,
les compagnies d'ordonnance ne se composant que
de neuf à dix mille hommes, elles ne devaient pas
être, en réalité, onéreuses aux populations, puisque des villes assez importantes, telles que Troyes,
Châlons, Reims, Laon, n'avaient pas plus de vingt
à trente gens d'armes à entretenir.

Le plan de Charles VII réussit au delà de toutes
les espérances. « Au bout de deux mois, dit un his-
« torien contemporain, les marches et pays du
« royaume furent plus sûrs et mieux en paix qu'ils
« n'avoient esté trente ans auparavant. Si sembla
« à plusieurs marchands, laboureurs et populaires
« qui de longtemps avoient esté en grandes tribula-
« tions et excessives afflictions, par le moyen des

« guerres, que Dieu, nostre créateur, les eut pour-
« veus de sa grâce et miséricorde. Ensuite de quoy,
« de plusieurs endroits du royaume, commencèrent
« les marchands de divers lieux à traverser de pays
« à autre, à exercer leurs marchandises et à faire
« leur négoce de commerce. Pareillement, les labou-
« reurs et autres gens du plat pays, qui avoient esté
« de longtemps en grande désolation, s'efforçoient
« de tout leur pouvoir à labourer et réédifier leurs
« maisons et habitations, et avec cela à desfricher et
« essarter leurs terres, vignes et jardinages très di-
« ligemment, et tant en cela continuèrent, avec l'ayde
« des seigneurs, gentilshommes et gens d'église,
« que, plusieurs villes et pays qui, longtemps aupa-
« ravant, avoient esté comme non habitez, furent
« remis sus et repeuplez assez abondamment; et
« nonobstant qu'iceux eussent grande peine et endu-
« rassent grand travail en ce faisant si se tenoient-
« ils pour bien heureux, quand Dieu leur faisoit
« cette grâce qu'ils demeuroient paisibles en leurs
« lieux, ce qu'ils n'avoient pu faire la plus grande
« partie de leur vie.[1] »

D'autres historiens apprécièrent de la même manière les réformes militaires de Charles VII. On a vu
plus haut que l'un d'eux, narrateur impartial, à coup
sûr, à cause de son attachement pour la maison de

---

[1] Mathieu de Coucy, *Histoire de Charles VII*, dans Godefroy,
p. 546. — Un poëte du temps a célébré, à sa manière, la révolution
opérée par Charles VII dans l'organisation de l'armée. Il est utile
de consulter, sur les effets produits par ces réformes, ceux qui les

Bourgogne, raconte que le roi de France « fit cesser
« les tyrannies et exactions des gens d'armes aussi
« admirablement que par miracle; qu'il fit d'une in-
« finité de meurtriers et larrons, sur le tour d'une
« main, gens résolus et d'une vie honneste; mist
« bois et foretz, passages assurez, toutes voies se-
« gures, toutes villes paisibles, toutes nacions de son
« réaulme tranquilles [1]..... »

On croira sans peine, toutefois, que ces réformes rencontrèrent des opposants et firent de nombreux mécontents. Sans parler de cette multitude de routiers habitués depuis si longtemps à vivre de pillage, elles réduisirent considérablement l'importance des seigneurs et des barons dont les services devinrent, par le fait, beaucoup moins nécessaires à la royauté. Enfin, comme l'entretien des compagnies d'ordonnance et des francs-archers avait nécessité l'augmen-

---

avaient en quelque sorte vues s'accomplir ou qui avaient pu en apprécier les bienfaits.

« L'an mil quatre cent trente-neuf,
Le feu roi si fist les gens d'armes
Vestir et abiller de neuf,
Car lors estoient en povres termes.

« Les ungs avoient habitz usez
Allant par pièces et lambeaulx;
Et les autres tous dessirez
Aïans bon besoing de nouveaulx.

« Si les monta et artilla
Le feu roi selon son désir,
Et grandement les rabilla,
Car en cela prenoit plaisir. »

(Martial d'Auvergne, *les Vigilles de Charles VII*, année 1439.)

[1] Georges Chastellain, extrait publié par M. J. Quicherat, dans la *Bibliothèque de l'École des Chartes*, t. IV, p. 76.

tation des tailles, bien des gens oublièrent promptement les violences dont ils avaient tant souffert pour ne songer qu'à l'aggravation d'impôt que l'organisation de l'armée avait rendue indispensable. Un prélat contemporain, évêque de Lisieux, se rendit l'organe de ces plaintes. A son avis, le système des armées permanentes était essentiellement favorable aux despotes et aux mauvais rois qui, toujours disposés à compter sur elles, devenaient peu soucieux de la justice, se croyaient dispensés de s'occuper du bonheur de leurs sujets, s'abandonnaient à tous leurs caprices et s'endormaient dans la débauche et la mollesse. L'évêque de Lisieux faisait remarquer en outre que les nombreuses armées étaient très-onéreuses aux peuples, soit à cause des lourds impôts qu'il fallait lever pour les entretenir, soit par la charge des logements. Suivant lui, on aurait dû seulement désigner dans les paroisses, comme on l'avait pratiqué pour les francs-archers, le nombre de cavaliers ou de miliciens qu'on voulait avoir en réserve, les faire exercer une ou plusieurs fois l'année par des commissaires spéciaux et les appeler au moment du danger [1].

Spécieuses sur plusieurs points, fondées à quelques égards, inopportunes dans tous les cas, ces considérations ne détournèrent pas le gouvernement de son but. En même temps que, grâce à la prudence et à l'énergie des mesures qui avaient été adoptées,

---

[1] Amelgard, *de Rebus gestis Caroli septimi*, lib. IV, cap. V et VI. Voir pièces justificatives, n° 1, extrait D.

il ramenait l'ordre et la tranquillité dans le royaume, Charles VII veillait d'ailleurs à ce que la main de la justice atteignît, quel que fût leur rang, tous ceux de ses sujets qui avaient enfreint les lois. On a vu la juste punition qui avait été infligée, pour ses méfaits, au bâtard de Bourbon. En 1445, les plaintes les plus graves s'élevèrent contre le comte Charles d'Armagnac. On l'accusait, entre autres griefs, d'avoir fabriqué de la fausse monnaie, d'avoir levé deux ou trois fois l'an les tailles établies sur ses terres, d'avoir fait des prisonniers et d'entretenir trente ou quarante bandits qui pillaient et rançonnaient sans pitié toute la contrée. Le bruit courait, en outre, qu'il battait son confesseur, on ne savait trop pour quels motifs, qu'il avait pillé un grand nombre de prieurs et de curés, et que ses gens avaient violé plusieurs filles des environs. Quelques services que la famille des Armagnac lui eût rendus, Charles VII fit instruire le procès de l'indigne héritier de ce grand nom. Cependant, le comte Charles d'Armagnac promit de s'amender. D'un autre côté, le roi d'Espagne, les ducs de Bretagne, d'Alençon, de Bourbon et de Dunois intervinrent en sa faveur. Sur leur intercession, Charles VII consentit à suspendre la procédure à la condition, qui fut acceptée, qu'ils lui fourniraient pour garantie deux mille hommes d'armes [1].

---

[1] Bibl. Nat^{le}. Mss. *Portefeuilles Fontanieu*, n°s 119-120. — Le comte Charles d'Armagnac était aussi accusé « *de peccato contra « naturam, de quo constat*, dit le Mss. *per petias G. M et L. in- « ventarii.* » Enfin, on lui reprochait « d'avoir souvent battu un « sien chapelain nommé messire Pierre, quand il lui refusait

D'après l'organisation adoptée, chaque homme d'armes avait par mois quinze francs seize sols, et chaque archer sept francs dix sols. Charles VII tint la main à ce que cette solde, qui était assez élevée, fût régulièrement payée. « Pourquoy, observe un chro-
« niqueur, il n'y avoit sy hardy ni sy mauvois des-
« dicts gens d'armes qui osassent personne desrober
« ny rien prendre de l'aultruy. Ains passoient mar-
« chands et tous autres bonnes gens aussy seurement
« par les lieux où ils se tenoient que parmy les bonnes
« villes. Et ainsy faisoit-on par tout le royaume de
« France, euist-on porté par les champs son poing
« plein d'or; oncques n'y avoit faict si seur, car
« mesme larrons ne brigands ne s'osoient tenir en
« France que tantost ne fuissent pris par les justices
« où les gents d'armes [1]. »

Ainsi, dans l'espace d'environ treize années, de 1435 à 1448, Charles VII avait promulgué des ordonnances importantes sur la comptabilité publique et

« choses secrètes entre eux. » — Le comte Jean V d'Armagnac, son frère, occasionna, quelques années après, de bien autres scandales. C'est lui qui, éperdument épris de sa sœur Isabelle, en eut deux enfants, voulut l'épouser, bien que déjà marié, fabriqua, pour simuler les dispenses nécessaires, une fausse bulle du pape Calixte III, et trouva, faut-il le dire? un prêtre pour bénir cette horrible union. Toute la vie de Jean d'Armagnac fut une longue lutte contre l'autorité royale et contre la justice. Enfin, en 1473, il fut massacré dans la ville de Lectoure, où il soutenait un siége contre les troupes royales, qui, après l'avoir saccagée, la livrèrent aux flammes. Une étude approfondie sur cette famille des Armagnac jetterait une lumière fort curieuse sur l'histoire du quinzième siècle.

[1] *Mémoires de J. Du Clerc, Panthéon littéraire*, p. 175.

sur l'établissement de l'impôt, réprimé de graves abus qui s'étaient introduits dans l'université, et sensiblement amélioré l'administration de la justice. Depuis, grâce à l'institution des compagnies d'ordonnance, la sécurité la plus complète avait succédé au pillage et à la dévastation des campagnes. Enfin, la féodalité elle-même recevait de cette institution une atteinte devenue nécessaire. D'autre part, des châtiments éclatants[1] apprenaient aux plus hautes familles qu'il leur faudrait désormais subir le joug de la loi. En même temps, les Anglais perdaient chaque jour du terrain, et l'on pouvait déjà entrevoir le jour où ils seraient chassés du royaume. On peut donc le dire avec vérité : sous le rapport politique et administratif, la France sortait en quelque sorte du chaos ; une ère nouvelle commençait.

---

[1] Un autre procès, horrible entre tous, fut celui de Gilles de Raiz, ou de Retz, jugé à Nantes, en 1440, d'après les ordres et dans les États du duc de Bretagne. Gilles de Retz avait longtemps servi dans les armées de Charles VII, qui l'avait nommé maréchal de France. Retiré en Bretagne, il s'y livra, pendant quelques années, aux crimes les plus abominables. Les détails de son procès que j'ai sous les yeux remplissent trois cent huit pages d'un Mss. in-folio de la Bibl. Nat^le (Fonds Saint-Germain, 572). Le maréchal de Retz fut convaincu d'avoir fait enlever une centaine d'enfants de huit à dix ans, auxquels il coupait ensuite la tête lentement, et en quelque sorte avec volupté, « prenant à cela, « dit un témoin oculaire dans sa déposition, plus grande plai- « sance qu'à avoir habitation d'iceulx. » Il fut pendu à Nantes, avec deux de ses complices, le 26 octobre 1440. Son procès n'a jamais été publié, je crois, dans son affreuse nudité.

CHAPITRE V.

Jacques Cœur est nommé argentier du roi. — Il est anobli par lettres du mois d'avril 1440. — Sa participation à la révision des statuts de la draperie de Bourges ; son commerce. — Jean de Village, son neveu, est envoyé en ambassade dans le Levant. — Réponse du soudan d'Égypte à Charles VII. — Fondation de l'influence française en Orient. — L'importation des dindons en France est attribuée à Jacques Cœur. — Il exploite des mines d'argent, de cuivre et de plomb dans le Lyonnais. — Erreur des historiens au sujet des avantages qu'il en aurait retirés. — Population de la France au quatorzième et au quinzième siècle. — La peste de 1348. — Celle de 1428 en Provence. — Beaucoup de villes étaient plus peuplées à cette époque qu'aujourd'hui. — Projet de budget des recettes et des dépenses du royaume attribué à Jacques Cœur. — Description géographique de la France au quinzième siècle par un auteur contemporain. — Jacques Cœur est chargé de l'installation du nouveau parlement du Languedoc. — Tous les ans, de 1444 à 1450, il est nommé commissaire du roi aux États de cette province. — Les États lui allouent des indemnités considérables. — Il fait partie, en 1446, d'une ambassade ayant pour objet de réclamer l'annexion de Gênes à la France. — Motifs qui s'opposent à ce résultat. — Lettre de Janus de Campofregoso à Jacques Cœur. — Il est nommé ambassadeur auprès du duc de Savoie dans le but de faire cesser le schisme qui divisait l'Église. — Détails relatifs aux affaires de l'Église sous Charles VII. — La pragmatique sanction. — Instructions remises à l'ambassade dont Jacques Cœur fait partie. — Il est envoyé en ambassade auprès du pape. — Entrée solennelle dans Rome. — Les ambassadeurs déterminent le pape à un accommodement qui met fin à toutes les difficultés concernant les affaires de l'Église. — Heureuse influence et habileté de Charles VII dans ces négociations.

Pendant que, grâce l'administration réparatrice de Charles VII, la France se relevait peu à peu de ses ruines, Jacques Cœur, chargé tout à la fois de la fabrication des monnaies à Paris et à Bourges, et entretenant avec les ports du Levant, de l'Italie, de la Catalogne et de l'Angleterre, des relations dont chaque année voyait sans doute s'accroître l'importance, posait les bases d'une immense fortune. D'un autre côté, lorsque la perception des impôts fut enfin redevenue régulière et que le roi put appliquer aux dépenses de sa maison une partie des revenus du Domaine si longtemps absorbés et au delà par les frais de la guerre, il rétablit la charge d'argentier et en confia les fonctions à Jacques Cœur, qui y trouva sans doute la source de nouveaux profits. Ces fonctions ne conféraient pas, d'ailleurs, comme l'ont pensé quelques historiens, la direction des finances publiques. Les attributions de l'argentier consistaient à recevoir tous les ans des trésoriers généraux une certaine somme affectée aux dépenses de la maison royale et dont il devait faire connaître l'emploi à la chambre des comptes. Un des prédécesseurs de Jacques Cœur dans ces fonctions touchait, au quatorzième siècle, quatre cents livres pour ses gages [1]. Mais, indépen-

---

[1] « *Argentarius.* — *Ejusmodi munus fuit argentarii Regis in
« aula Regum nostrorum, penes quem Thesaurii Regii ex fisco quo-
« tannis certam pecuniæ summam deponebant ad domus regiæ im-
« pensas, de qua rationes inibat in camera computorum : is autem
« an. 1351. 400 lib. pro vadiis percipiebat; ut docemur ex com-
« puto Stephani de la Fontaine, argentier du Roy, quod in ea ca-
« mera asservatur.* » — Du Cange, *Glossarium ad scriptores mediæ
et infimæ latinitatis,* t. I.

Voici, en outre, comment Olivier de La Marche définit les fonc-

damment d'autres avantages qui y étaient peut-être attachés, la charge d'argentier procurait à Jacques Cœur celui de vivre à la cour et le mettait sans doute à même d'obtenir, pour son commerce avec le Levant, des facilités, des priviléges dont il ne manquait pas de tirer profit. Il est à croire en outre que Charles VII avait quelquefois recours aux richesses de son argentier pour faire face à des dépenses urgentes. Reconnaissant des services qu'il en avait reçus, « tant en sa charge d'argentier qu'autrement, « et en considération de ses mérites, » il lui accorda, au mois d'avril 1440, des lettres d'anoblissement, ainsi qu'à Marie de Léodepart, sa femme, et à leurs enfants [1].

De leur côté, les compatriotes de Jacques Cœur s'adressaient à lui pour faire sanctionner par le gouvernement les mesures qu'ils croyaient utiles

---

tions de l'argentier des ducs de Bourgogne. « Là sied l'argentier
« auquel sont baillez les appointements pour payer les dons des
« ambassades et voyages, le faict des habillements et garderobbe,
« et autres choses extraordinaires. » *Estat de la maison de Charles
le Hardi. — Des finances.* Collection Michaud et Poujoulat, t. III,
p. 581.

On voit clairement par là que les fonctions d'argentier n'étaient pas, comme on l'a cru généralement, l'équivalent de celles de surintendant des finances ou de contrôleur général.

[1] Bibl. Nat¹ᵉ. Mss. Dupuy, vol. 755, fol. 108, *verso*. — *Nobilitatio Jacobi Cordis, argentarii dñi Regis, per litteras datas Landuni, mense aprili* 1440. — M. Raynal, *Histoire du Berry*, t. III, p. 60. — Ces lettres d'anoblissement eussent été précieuses à consulter, attendu qu'il devait certainement y être fait mention des titres de Jacques Cœur à cette faveur ; mais la collection Dupuy n'en donne que le titre. — M. Raynal n'en cite que les mots que j'ai mis entre guillemets.

à leur contrée. On a vu que la fabrication de la draperie avait été fort en honneur à Bourges antérieurement au quinzième siècle. Plus tard, les fabricants de Rouen surpassèrent ceux du Berry. Pour combattre cette rivalité redoutable, les fabricants de Bourges crurent qu'il suffirait de soumettre leurs statuts à une révision rigoureuse. Au mois de juillet 1443, Charles VII chargea quelques personnes, au nombre desquelles figuraient l'archevêque de Vienne et Jacques Cœur, de préparer de nouveaux statuts pour la draperie de Bourges. Le roi espérait ainsi « accroître en biens temporels sa ville de « Bourges, qui est située et assise loing de port de « mer, et de grosse rivière ou fleuve portant grand « navire, et qui, à l'occasion des guerres, était dé- « peuplée et désolée. » La commission se rendit à Bourges, entendit les maîtres drapiers, et rédigea des statuts où toutes les parties de la fabrication étaient réglées, les méthodes de teinture déterminées, et qui semblent avoir servi de modèle aux statuts analogues du dix-septième siècle [1]. Mais on ne supplée pas par des règlements au désavantage des lieux, et, bien que les statuts nouveaux portassent défense de vendre dans le Berry les draperies de la Normandie, la draperie de Bourges ne se releva pas de son infériorité.

On a déjà vu le portrait qu'un contemporain de Jacques Cœur a laissé de lui : « C'était, dit-il, un

---

[1] *Ordonnances des rois de France*, t. XIII.

« homme sans littérature, mais d'un esprit infini,
« et très ouvert, très industrieux pour tout ce qui
« concernait les affaires [1]. Le premier en France,
« dans le quinzième siècle, dit le même historien, il
« fit construire et équipa des navires qui transportè-
« rent en Afrique et en Orient des draps et autres
« marchandises du royaume. A leur retour, ses na-
« vires rapportaient de l'Égypte et du Levant diverses
« étoffes de soie et toutes sortes d'épices. Arrivés en
« France, quelques-uns de ces navires remontaient
« le Rhône, tandis que d'autres allaient approvi-
« sionner la Catalogne et les provinces voisines, dis-
« putant par ce moyen aux Vénitiens, aux Génois et
« aux Catalans une branche de trafic qu'ils avaient
« seuls exploitée jusqu'alors. C'est ainsi qu'il acquit,
« par son industrie et par ses opérations maritimes,
« des richesses prodigieuses [2]. »

Pour suivre et surveiller ces opérations, Jacques
Cœur avait des représentants dans diverses villes
de l'intérieur et dans toutes celles où abordaient
ses navires. Suivant un contemporain, il ne comptait
pas moins de trois cents facteurs ou employés. Les
principaux étaient Jean de Village, qui avait épousé
Perrette Cœur, nièce de l'argentier, et Guillaume
de Varye [3]: Jean de Village représentait Jacques
Cœur à Marseille, où celui-ci avait acheté une belle

[1] Amelgard, *de Rebus*, etc., lib. V, cap. XXIII. Pièces justificatives, n° 1 ; extrait G.

[2] *Ibid.*, lib. IV, cap. XXVI. Pièces justificatives, n° 1 ; extrait E.

[3] La Thaumassière, *Histoire du Berry*, l. I, p. 91.

maison, ainsi que des droits de bourgeoisie et des franchises qui lui permettaient de faire, avec exemption de taxes auxquelles étaient soumis les étrangers, des expéditions importantes [1].

Cependant, Charles VII avait accordé à Jacques Cœur pour son commerce, tant en France qu'à l'extérieur, des facilités et des priviléges qui provoquaient à juste titre la jalousie des autres marchands. Ceux-ci se plaignaient « de ne pouvoir rien gagner à cause *d'icelui Jacquet*. » D'après un écrivain de l'époque, il faisait vendre « à l'hostel du Roy toutes « sortes de marchandises de quoy corps d'homme « pouvoit s'imaginer [2]. » Ces marchandises étaient principalement des draps de soie, du velours, des fourrures, des armes. Un fragment de l'inventaire de ses papiers fournit, à ce sujet, des renseignements authentiques. Diverses obligations dont cet inventaire donne le détail constatèrent qu'il lui était dû, en 1451 :

Par le sieur de Chabannes, le prix non spécifié d'une brigandine de velours sur velours;

Par un varlet de fourrure du roi, le prix de 30 aunes de chanevay, pour faire trois paillasses;

Par le roi, pour présent fait à messire Hugues de Villefranche, chevalier, le prix de 12 aunes de velours plein noir;

---

[1] Archives nationales, Regist. K. 328. Mss. *Vente des biens de Jacques Cœur.* Pièces justificatives, n° 3; extrait L.

[2] Mathieu de Coucy, *dans Godefroy,* p. 691. — J'ai reproduit ce passage de Mathieu de Coucy dans la préface.

Par le roi, le prix de deux harnois complets à armes, dont il avait fait présent à Guillaume Gouppil et à Jean Debroc, écuyers [1].

Outre son commerce à l'intérieur, Jacques Cœur faisait aussi vendre certaines marchandises dans les pays étrangers. Un document officiel fournit la preuve que, pendant les trêves avec l'Angleterre, c'est-à-dire de 1444 à 1448, Guillaume de Varye y avait envoyé quelqu'un, « pour les besongnes de Jacques « Cuer avec certaines martres, draps d'or et autres « choses, pour les vendre audit pays [2]. »

Jusqu'à cette époque, la France n'avait entretenu avec le Levant que des relations sans importance. Grâce à Jacques Cœur, elle allait enfin être appelée à disputer désormais aux Génois, aux Vénitiens, aux Marseillais et aux Catalans une partie des bénéfices que procurait ce commerce. A la vérité, grâce à l'avidité des agents du soudan et des préjugés de son gouvernement contre les Francs, ces relations se trouvaient alors soumises à des vicissitudes sans cesse renaissantes, et elles étaient fréquemment in-

---

[1] Bibl. Nat^{le}. Mss. *Inventaire des papiers de Jacques Cœur.* — Fragment, en très-mauvais état, et que je crois original, de ce précieux document. Par malheur, le fragment qui reste se réduit à fort peu de chose. C'est un simple cahier, dont les pages ont été déchirées vers le milieu. Ce manuscrit fait partie d'une liasse de documents désignée sous le titre de *Portefeuille de Jacques Cœur* (Voir pièces justificatives, n° 4).

[2] *Bibliothèque de l'Ecole des Chartes.* 3e série, t. I, p. 309; Lettres de rémission en faveur d'Etienne de Manné, qui avait donné à vendre en Angleterre une pièce de fourrure, déposée chez Jacques Cœur, laquelle avait appartenu à *Agnès Sorel*; article de M. Vallet de Viriville sur Agnès Sorel.

terrompues par les exigences des autorités musulmanes. Les Vénitiens eux-mêmes furent, en 1442, les victimes de cette intolérance. On ne sait sous quel prétexte le soudan les chassa de ses États et confisqua leurs biens. Quelque temps après, il est vrai, l'interdit qui les avait frappés fut levé par l'intervention des facteurs de Jacques Cœur [1]. Dans le but sans doute d'épargner pour l'avenir de semblables avanies à la France, Jacques Cœur profita de son influence sur Charles VII pour le décider à envoyer au soudan d'Égypte un ambassadeur muni de quelques présents, et il obtint que cette mission fût confiée à son neveu, Jean de Village. Un chroniqueur contemporain a reproduit la lettre suivante, que celui-ci, de retour de sa mission, remit au roi de la part du soudan :

« Ton ambassadeur, homme d'honneur, gentil-
« homme, lequel tu nommes Jehan Villaige, est
« venu à la mienne Porte-Saincte et m'a présenté
« tes lettres avec le présent que tu m'as mandé, et
« je l'ay receu, et ce que tu m'as escript que tu
« veulx de moy je l'ay faict. Et sy ay faict une
« paix à tous tes marchands pour tous mes pays et
« ports de la marine, ainsy que ton ambassadeur
« m'a sceu demander... et sy mande à tous les sei-
« gneurs de mes terres, et par spécial au seigneur
« d'Alexandrie, qu'il fasse bonne compaignie à
« tous les marchands de ta terre, et sur tous les

---

[1] M. Pardessus, *loc. cit.* Introduction, 3ᵉ partie, p. LXXVIII.

« aultres ayant liberté en mon pays, et qu'il leur
« soit faict honneur et plaisir, et quand sera venu
« le consul de ton pays, il sera à la faveur des aultres
« consaux bien haut... Sy te mande par ledit am-
« bassadeur un présent, c'est à sçavoir du baume
« fin de nostre saincte vigne, un bel liépart, trois
« escuelles de porcelaine de Sinan, deux grands
« plats ouvrés de porcelaine, deux bouquets de por-
« celaine, un lavoir-ès-mains et un garde-à-manger
« de porcelaine ouvré; une jatte de fin gingembre
« vert, une jatte de noyaulx d'amandes [1], une jatte
« de poivre vert, des amandes et cinquante livres
« de nostre fin bamouguet [2]; un quintal de sucre
« fin. Dieu te mène à bon sauvement, Charles,
« Roy de France [3]. »

[1] L'envoi de ces noyaux d'amandes semble indiquer que l'amandier n'était pas encore connu en France. C'est donc au facteur de Jacques Cœur, à Jean de Village, que l'on devrait l'importation de cet arbre dont les produits sont une source de richesse pour plusieurs de nos départements méridionaux.

[2] D'après M. Depping, *Histoire du commerce du Levant*, t. II, p. 304, les soudans de l'Égypte récoltaient à l'entrée du désert, sur la route de Syrie, un baume alors très-renommé. — C'est sans doute de ce baume qu'il est ici question. — Miss Costello examine, dans une dissertation de plusieurs pages, ce que pouvait être ce *bamouguet* dont il s'agit; mais elle est loin de conclure d'une manière positive. — *Jacques Cœur*, etc., p. 347 et suiv.

[3] *Mémoires de Mathieu de Coucy*, année 1447. — C'est probablement vers cette époque qu'eut lieu, en France, l'importation des dindons. D'après Delamarre, Jacques Cœur, rappelé de son exil par le roi, aurait rapporté « entr'autres raretez, des poules de Tur-
« quie, *gallinas turcicas*, lesquelles n'auraient été appelées poules
« d'Inde qu'un siècle plus tard. » (*Traité de la police*, t. II, p. 728). Comme Jacques Cœur ne revint jamais en France, après sa con-

La mission de Jean de Village avait donc été couronnée d'un succès complet, car il avait obtenu notamment, et c'était alors un point important, que les consuls français seraient désormais traités dans les États du soudan sur le pied de ceux des nations les plus favorisées. Ainsi, Jacques Cœur fonda par cette mission, décidée sans aucun doute sur sa demande, l'influence française dans le Levant. Si cette influence fut d'abord particulièrement utile à ses intérêts; si, par la suite, elle fut souvent attaquée, elle n'en a pas moins toujours été, depuis cette époque, un des titres d'honneur de la France, et, pour le commerce, une occasion continuelle de bénéfices. En même temps, les agents qu'il entretenait dans le Levant se rendaient utiles aux chevaliers de Rhodes, pour lesquels ils négocièrent en 1445 un traité avec le soudan d'Égypte. Grâce aux sauf-conduits qu'il avait pour le commerce de son maître, un de ces agents transporta à Alexandrie un représentant de

damnation, il y a tout lieu de croire que les dindons furent apportés soit par Jean de Village, avec les autres présents dont le soudan l'avait chargé, soit, dans tout autre occasion, par un des navires de l'argentier. A la vérité, d'après Bouche, historien de Provence, c'est le roi René qui aurait introduit les dindons en France. Enfin, Legrand d'Aussy se fonde sur ce passage d'un traité de 1560, *De re cibaria*, par Champier, « venere in Gallias, annos abhinc pau-
« cos, aves quœdam externœ quas gallinas Indicas appellant, »
pour conclure que cette importation ne remonte guère que vers le milieu du seizième siècle (*Histoire de la vie privée des Français*, t. I, p. 350). Malgré cette diversité d'opinions, celle de Delamarre, ordinairement très-bien informé pour tout ce qui regarde les sujets spéciaux qui font l'objet de son travail, paraît assez vraisemblable.

l'Ordre. Plus tard enfin, le 8 février 1446, le grand-maître de l'Ordre enjoignait par une bulle à deux de ses receveurs en Provence, de payer à Jacques Cœur les frais qui lui étaient dus pour ce voyage et pour le transport d'un grand nombre d'esclaves chrétiens et de prisonniers qu'il avait ramenés d'Alexandrie [1].

Indépendamment du commerce qu'il faisait avec le Levant, des étoffes, des armures et des denrées étrangères de toutes sortes dont il fournissait le roi, la Cour, et dont il avait des entrepôts à Marseille, à Montpellier, à Tours, à Bourges et dans les principales villes du royaume, Jacques Cœur avait été amené, en sa qualité de maître des Monnaies de Paris et de Bourges, à exploiter diverses mines d'argent, de plomb et de cuivre, situées aux environs de Tarare et de Lyon. Une ordonnance de 1415, renouvelée en 1437, portait que la dixième partie du produit net des mines appartenait au roi, à l'exclusion des seigneurs qui avaient voulu se l'attribuer. Les mines dont Jacques Cœur avait entrepris l'exploitation étaient : 1° celles de Saint-Pierre-la-Pallu, dans le territoire du bourg de Saint-Bel, à trois lieues de Lyon et à une demi-lieue de la grande route du Bourbonnais; elles contenaient un peu d'argent, du fer, du kis et beaucoup de pyrites ; 2° celles de Cheissy, à très-peu de distance de Saint-Bel, contenant du cuivre ; 3° enfin, celles de Jos-sur-Tarare, à cinq lieues de Lyon, dans lesquelles l'on trouvait

---

[1] *Histoire de l'ordre de Malte*, par Vertot; liv. VI.

un peu d'argent, et principalement du plomb. On croyait que ces mines avaient été autrefois exploitées par les Romains ; celles de Jos-sur-Tarare avaient même, disait-on, donné de l'or, mais d'un titre assez bas et d'une extraction difficile, ce qui les avait fait abandonner[1]. Les contemporains de Jacques Cœur ont supposé que l'exploitation de ces diverses mines avait été l'origine de ses grands biens. On ajoutait que, « sans le bail de la Mon- « naie, il n'en eust tiré si grand prouffit. » Des pièces authentiques permettent aujourd'hui de réduire à leur juste valeur ces appréciations. Après la condamnation de Jacques Cœur, le roi s'empara des mines de son argentier et les mit en régie. Or, les comptes officiels qui ont été conservés de cette gestion depuis le 1er février 1454 jusqu'au dernier jour de février 1455 constatent que, pendant ces treize mois, la recette, tant de l'argent, du plomb et du cuivre que de diverses dépendances des mines, s'était élevée à 16,563 livres, sans compter environ 2,000 quintaux de plomb, et que les dépenses d'exploitation et de réparations avaient excédé les recettes de près

---

[1] *De la fonte des mines, des fonderies*, etc., par Hellot, t. I, p. 30 et 31. — *Les anciens minéralogistes du royaume de France*, par Gobet, Paris, 1779, 2 vol. in-8°. — C'est une collection très-curieuse et très-intéressante, sous le rapport historique, de toutes les brochures concernant l'exploitation des mines en France, qui ont été publiées de 1579 à 1625. — Les deux publications où il est question des mines ayant appartenu à Jacques Cœur, sont : 1° *De la police des mines en France*, par F. Garrault, 1579 ; dans Gobet, t. I, p. 38 ; 2° *De l'exploitation des mines*, par Jars fils, 1765 ; dans Gobet, t. II, p. 618.

de 2,200 livres. Enfin, l'exploitation de ces mines ayant été, après cet essai, confiée à un entrepreneur, dans l'espoir sans doute que l'on arriverait à de plus heureux résultats, celui-ci renonça bientôt après à son bail et l'on fut obligé de pourvoir à son remplacement [1].

Ce n'est donc point aux mines du Lyonnais que Jacques Cœur fut redevable de sa fortune. Tout porte à croire, au contraire, que s'il ne les avait pas abandonnées lui-même, c'est à cause de l'espèce de prestige qui s'attachait à cette exploitation. Peut-être se flattait-il de l'espoir, ordinaire en pareil cas, d'arriver avec le temps à des résultats plus fructueux. D'un autre côté, l'ordre qui se raffermissait de jour en jour, la prospérité renaissante des campagnes, l'augmentation de la richesse et celle de la population qui en étaient la suite, permettaient sans doute à Jacques Cœur d'étendre chaque année ses spéculations, et, dans l'immense mouvement de ses affaires, la perte que lui occasionnaient probablement les mines du Lyonnais était un fait sans conséquence.

Relativement à la population de la France au quinzième siècle, aucun document contemporain ne permet d'en faire l'évaluation, même approximative. Une étude approfondie sur le chiffre qu'elle avait dû atteindre pendant le siècle précédent a, il est vrai, donné des résultats inattendus. D'après un manus-

---

[1] Archives nationales; *Compte des mines de Jacques Cœur*, K. 329. — Voir pièces justificatives, n° 6.

crit du temps¹, on comptait en France, en 1328, dans les seules terres dépendantes de la couronne et sujettes à l'impôt des aides, 2,564,837 feux. Comme ces terres représentaient à peine le tiers de l'étendue de la France actuelle², le nombre de feux qui pouvaient exister à cette époque dans la partie de territoire dont elle se compose a été évalué à 7,694,511. Or, même en ne comptant en moyenne que quatre personnes et demie par feu ou famille, bien que la moyenne généralement adoptée soit de cinq personnes, on a trouvé que ce territoire devait renfermer une population de plus de trente-cinq millions d'habitants.

« Il faut ajouter à ce nombre, dit un savant aca-
« démicien, les vilains qui possédaient au-dessous
« de dix livres parisis et les serfs qui ne furent point
« comptés. Et l'on sait qu'alors, malgré l'affran-
« chissement des communes, il y avait encore
« beaucoup de familles qui n'avaient pas acquis la
« liberté. On doit en outre y joindre un clergé com-

---

¹ *C'est la manière comme le subside fut faict pour l'ost de Flandre, en* 328 (1328); ancien fonds, nº 9,475; cité par M. Dureau de la Malle, dans un curieux *Mémoire sur la population de la France au quatorzième siècle*, t. XIV, 2ᵉ partie, des *Mémoires de l'Académie des inscriptions et belles-lettres.*

² La France, en effet, ne comprenait pas les provinces possédées alors par les rois d'Angleterre et de Navarre, les comtés de Foix et d'Armagnac, Bayonne et ses dépendances, le Roussillon, la Bourgogne, la Franche-Comté, la Flandre, le Hainaut, le Cambrésis, l'Artois, la Bretagne, la Lorraine, le Barrois, l'Alsace, le Dauphiné, la Bresse, le Bugey, le comtat Venaissin et la Provence.

« posé d'une multitude immense d'ecclésiastiques
« et de personnes religieuses des deux sexes, les
« universités, le corps entier de la noblesse, tous
« exempts de subsides, et certes, on sera stupéfait
« de l'énorme population de la France à cette époque
« et de la diminution de l'espèce humaine depuis
« environ cinq siècles... Il est hors de doute que les
« cent seize années de guerre d'extermination que se
« firent les Français et les Anglais depuis 1336 jus-
« qu'en 1452, plus l'interruption de la culture cau-
« sée par ces guerres et les ravages des compagnies
« de brigands armés qui occupèrent le pays pendant
« un siècle tout entier enlevèrent une grande partie
« de la population française. Nous pensons qu'elle se
« releva dans la dernière moitié du quinzième siè-
« cle et les soixante-dix premières années du sei-
« zième ; qu'elle s'affaiblit de nouveau dans les
« guerres de religion, sous le règne de Louis XIV
« par la révocation de l'édit de Nantes et la guerre
« de succession, et qu'enfin c'est depuis la régence
« jusqu'à nos jours que la population est dans un
« état de progression constante.... [1] »

[1] M. Dureau de la Malle, *ubi suprà*. — Le témoignage de M. Dureau de la Malle est confirmé dans les termes suivants par M. Léopold Delisle, dans ses *Etudes sur la condition de la classe agricole et l'état de l'agriculture en Normandie au moyen âge* : « M. Dureau
« de la Malle, dit M. Delisle, p. 174, prétend qu'au quatorzième
« siècle la population de la France était au moins aussi considé-
« rable que de nos jours. *Nous sommes assez porté à adopter cette
« opinion.* En parcourant les censiers et autres registres du qua-
« torzième siècle, on est frappé de la multitude des personnes qui y
« sont nommées dans chaque paroisse. On y remarque que chaque

Aux causes de dépopulation qui viennent d'être signalées, il faut ajouter une peste terrible qui dévasta l'Europe en 1348. Un auteur contemporain, Symon de Covino, a décrit dans un poëme latin les effets de cette épidémie, à l'occasion de laquelle les populations se soulevèrent une fois de plus contre les juifs, et qui donna naissance à la secte des flagellants. « Quelque éloignés que soient les souvenirs
« gardés par les vieux livres, dit Symon de Covino,
« jamais l'espèce humaine n'a souffert pareille ruine;
« jamais peste aussi formidable n'a été répandue en

« famille renferme beaucoup d'enfants. D'un autre côté, les églises
« bâties au moyen âge sont presque toujours en rapport avec la
« population moderne, et il est assez naturel de penser que, comme
« les cimetières des villes, ces édifices étaient proportionnés au
« nombre des fidèles qu'ils devaient contenir. Enfin, au treizième
« siècle, nous voyons de tous côtés s'établir de nouveaux villages;
« de vastes terrains sont dépouillés de bois et mis en culture. La
« réunion de toutes ces circonstances nous porte à croire qu'au
« moyen âge nos campagnes étaient bien peuplées, trop peuplées
« même pour les ressources alimentaires que l'agriculture pouvait
« alors fournir. Aussi, voyons-nous les famines et les pestes re-
« venir périodiquement ramener la population à un chiffre en rap-
« port avec la production agricole. Malheureusement, ces terribles
« avertissements n'étaient guère écoutés. » — Il s'en faut, d'ailleurs, que les avis soient unanimes sur la question. Un économiste italien, M. Louis Cibrario, a fait des recherches approfondies à ce sujet, et il arrive, du moins en ce qui concerne la Savoie et le Piémont, à des conclusions contraires à celles de MM. Dureau de la Malle et Léopold Delisle, par rapport à la France. M. Cibrario reconnaît bien que la population de plusieurs grandes villes d'Italie s'est beaucoup amoindrie depuis quatre siècles. Ainsi, Florence comptait, en 1396, environ cent quarante mille habitants; cette ville n'en a plus aujourd'hui que quatre-vingt mille; Sienne est descendue de cent mille à vingt mille; il y a des raisons de croire que la population de Milan a été, vers 1492, de deux cent

« tant de lieux, n'a régné durant tant d'années.
« Pendant qu'elle ravageait les peuples du Midi et de
« l'Orient, les nations occidentales et les froides
« contrées du Nord se confiaient vainement dans la
« grande pureté de leur atmosphère... *Le nombre*
« *des personnes ensevelies fut plus grand que le nombre*
« *même des vivants.* Les villes sont dépeuplées; mille
« maisons sont fermées à clef; mille ont leurs portes
« ouvertes, vides d'habitants, et sont remplies de
« pourriture. » D'autres auteurs contemporains ont
estimé que la peste de 1348 avait emporté un quart
de la population de l'Europe [1].

---

quatre-vingt-douze mille habitants; il n'y en a plus que cent quarante mille. Suivant M. Cibrario, ce sont là des faits exceptionnels, et le seul pays de l'Europe où la population a dû, suivant lui, diminuer, c'est en Espagne, à raison de l'expulsion des Juifs et des Mores. M. Cibrario conclut de la population *présumée* de certaines villes d'après le nombre de feux indiqués dans les rôles d'impositions et de la quantité d'habitants que ces villes comptent actuellement, que la population, au moyen âge, était inférieure à ce qu'elle est aujourd'hui (*Della economia politica del medio evo*; Turin, 1839, cap. IV; *Della popolazione*; p. 406 et suiv.). Je crois, pour mon compte, cette conclusion trop absolue. Il est très-possible, en effet, que le mouvement de la population n'ait pas été égal en France et dans toutes les parties de l'Italie pendant plusieurs siècles. Rien, au surplus, dans le travail de M. Cibrario n'infirme les évaluations de M. Dureau de la Malle, dont le Mémoire explique, en outre, parfaitement, les causes qui, du milieu du quatorzième siècle à 1720, ont dû exercer, en France, une dépression puissante sur le chiffre de la population. C'est là, dans tous les cas, une question historique neuve en quelque sorte, et sur laquelle il ne sera possible de se prononcer avec certitude que lorsqu'on aura pu établir le chiffre de la population d'un certain nombre de communes ou provinces sur divers points de la France, à plusieurs époques du moyen âge.

[1] M. Littré a publié pour la première fois, dans la *Bibliothèque*

Quatre-vingts ans plus tard, en 1428, une nouvelle peste désolait la Provence. A cette occasion, le Conseil de ville de Draguignan constata que déjà neuf mille habitants avaient émigré [1]. Cependant, la population de Draguignan n'excède pas aujourd'hui ce nombre. Quel en était donc le chiffre à une époque où la crainte de la peste en chassait neuf mille habitants ?

Enfin, au commencement du quinzième siècle, la population de Rouen fut évaluée à deux cent cinquante mille habitants par quelques historiens, et à quatre cent vingt mille par d'autres. Dans tous les cas, cette population devait être considérable, car, d'après un chroniqueur contemporain [2], une famine y enleva, vers cette époque, cinquante mille

---

de l'Ecole des Chartes, 1re série, t. II, p. 201, le poëme de Symon de Covino.

[1] « .... *Considerans quod novem mille jam migrantes in præ-*
« *senti villa, ex peste, ideo est Deus magis dignetur placari et mi-*
« *sereri populo præsentis villæ, auctoritate dicti domini judi-*
« *cis, ordinavit quò fiat tres processiones solemnes et cum majori*
« *devotione quâ fieri potuit, per tres dies continuos et disconti-*
« *nuos, pro ut consulent viri religiosi præsenti villæ, et in proces-*
« *sionê celebretur solemnem missam quæ dicitur in galli cantu*
« *nativitatis, dicentes in secundam illam quæ celebratur in aurorâ*
« *dicta festivitatis, et in tertiam illam quæ cantatur in magnâ*
« *missâ ipsius festivitatis.* » (Délibération du 29 novembre 1428.) Par une délibération du 31 décembre suivant, le Conseil de ville défendit de sonner les *glatz*, qui étaient incessants à cause du nombre des morts. « *Ob pestem nulli pulsentur clari.* » — *Extraits inédits des registres du conseil de ville de Draguignan.* — Je dois la communication de ces extraits à l'obligeance de M. Anglès, qui a fait, avec la patience d'un bénédictin, un dépouillement complet et des plus curieux des anciens registres municipaux de notre ville natale.

[2] Monstrelet.

âmes. Elle est actuellement de près de cent mille habitants. Environ cent ans plus tard, la ville de Dieppe dont la prospérité, arrivée à son apogée, commençait pourtant à décliner, passait pour avoir soixante mille habitants[1]. On a vu plus haut que la population de Bourges devait être, au quinzième siècle, d'environ soixante mille habitants. Or, cette ville n'en compte pas vingt-cinq mille aujourd'hui.

Sans doute, lorsque les compagnies franches et les Anglais désolaient le pays, les campagnes étaient abandonnées et la population s'entassait dans les villes ; mais cet état de choses, bien qu'il n'ait duré que trop longtemps, était exceptionnel. On en a la preuve dans un dénombrement sommaire des lieux imposables pendant le règne de Charles VII, dénombrement qu'un écrivain du commencement du seizième siècle attribue à Jacques Cœur.

« On dict que Jacques Cueur, trésorier du roy
« Charles septième (qui très bien le servit en ses
« très grans affaires et nécessités, dont son exil fut
« la récompense), trouva par la soigneuse reserche
« qu'il fist de l'estat des finances du Roy qu'au
« royaulme de France y avoit 1,700,000 closchiers,
« presnant chacune ville pour ung closchier, dont il
« en rescindoit pour païs gasté et aultrement

---

[1] *Histoire de Dieppe*, par M. Vitet ; 2ᵉ édition, p. 53. — M. Vitet ajoute que Dieppe n'a aujourd'hui que seize à dix-sept mille habitants. On objectera que le Havre n'existait pas alors ; mais ce ne serait, dans tous les cas, qu'un déplacement, et cela n'infirmerait en rien le système de M. Dureau de la Malle.

« 700,000 et par ainsy demouroit ung million
« de closchiers. Et à prendre sur chacun clo-
« chier, le fort portant le feuble, vingt livres tour-
« nois par an pour toutes aydes, tailles, imposi-
« cions et huytiesmes se monte en somme par
« chacun an à vingt millions qui sattisferont à ce
« qui s'ensuyt :

« Pour la despence de l'hostel du Roy, par cha-
« cun jour, mil livres tournois qui font par an,
« 366,000 livres tournois. Autant pour la despence
« de la Reyne et de ses dames, et autant pour la
« despence des enfans du Roy, s'il en y a.

« Pour entretenir en estat les villes, forteresses
« et chasteaux du royaulme, par chacun an, ung
« million ;

« Pour les gaiges de 20,000 hommes d'armes tant
« yver que esté, pour chacun homme d'armes, l'ung
« portant l'aultre, 30 livres par mois, qui se monte
« par an, six millions deux cens trois mille livres
« tournois ;

« Pour les gaiges des officiers, ung million par
« an ;

« Pour donner aux chevalliers, escuyers et
« aultres pour leurs mérites et récompenses, ung
« million par an ;

« Pour donner aux estrangiers, comme ambas-
« sadeurs et plusieurs autres gens alliez, ung million
« par an ;

« Pour les engins de guerre, troys cens mil livres
« par an ;

« Pour entretenir gens sur mer, deux millions par
« chacun an ;

« Qui est, en tout, quinze millions quatre cens
« mil livres tournois.

« Et par ainsy demouroit encore au Roy à mettre
« en épargne ou pour augmenter le nombre de ses
« gens de guerre quatre millions cinq cens soixante
« quatorze mil livres par an, sans son domaine[1]. »

L'écrit attribué à Jacques Cœur donnait-il l'indication exacte des revenus du royaume sous Charles VII et de l'emploi qui en était fait? Était-ce plutôt un projet d'augmentation des impôts et de réforme que son argentier lui soumettait? Cette dernière opinion paraît plus vraisemblable, car,

---

[1] « *Le panégyric du chevalier Sans-Reproche* (*Loys de la Tré-
« moille*), par Jehan Bouchet, procureur ès-cours royalles de Poi-
« tiers. » — Poitiers, 1527, folio CX. — Jehan Bouchet termine
sa citation par ces mots : « Tu pourras t'enquérir si ce dire est
« véritable. » — Cette pièce, reproduite dans les Mss. de Béthune,
vol. 8,623, fol. 103 R°, porte en marge ce mot : *Faux*. Mais cette
qualification ne paraît concerner que le titre où l'on indique,
comme *étant unis à la couronne*, divers duchés qui n'y ont été
annexés que postérieurement à Charles VII.
D'après Godefroy, *Histoire de Charles VII*, p. 866, Jacques Cœur
aurait écrit plusieurs autres *Mémoires et instructions pour policer
l'estat et la maison du Roy, ensemble tout le royaume de France.*
Godefroy ajoute que ces écrits ne sont pas encore imprimés. Le
savant historien a tout simplement répété, à ce sujet, une assertion de Lacroix du Maine, dans sa *Bibliothèque des auteurs français*
(Paris, 1584). — On ne connaît dans les bibliothèques publiques
de Paris aucun écrit, manuscrit ou imprimé, qui puisse être attribué à Jacques Cœur. Le Père Lelong et le catalogue des manuscrits
des bibliothèques de province, par Haëner, ne mentionnent pas
davantage le travail dont Lacroix du Maine a donné le titre et qui
s'est peut-être perdu.

d'après les écrivains contemporains, les revenus du royaume n'auraient pas excédé 2,300,000 livres pendant le règne de Charles VII. Quoi qu'il en soit, vers le même temps, un clerc du roi adoptait, en ce qui concerne le nombre des clochers ou agglomérations, le chiffre de l'écrit qu'on vient de lire.

« Au royaume de France a dix sept cens mille
« villes à closchier, et pour ce que le royaume de
« France a esté bien dommagié pour les guerres,
« si n'en prendrons que dix cens mille villes à clos-
« chier[1]. »

Mais si aucun document authentique ne permet d'évaluer avec quelque certitude la population de la France au quinzième siècle, un auteur contemporain nous a du moins laissé une description intéressante des provinces et des principales villes du royaume, ainsi que de leurs ressources, de leur industrie et du caractère des habitants. La relation qu'on va lire contient à ce sujet des détails nouveaux par leur ancienneté même[2]. Elle est attribuée à Gilles Bouvier, dit Berry, premier héraut d'armes de Charles VII.

« Iceluy royaume est très fertil de blez, de vins,

---

[1] *Manuale Petri Amari, clerici regis*. Mss. cité par M. Monteil, *Histoire des Français des divers états*, t. IV, p. 424 et 426. — La *Revue anglo-française* a publié, t. III, p. 123, l'extrait d'un manuscrit du quinzième siècle qu'elle indique comme appartenant à la ville de Poitiers, et qui contient des indications analogues.

[2] Cette relation est extraite de l'*Abrégé royal de l'alliance chronologique de l'histoire sacrée et profane*, par le R. P. Philippe Labbe; 2 vol. in-4°; Paris, 1651; t. I, p. 696 et suiv.

« de bestail, de plon, de cuivre, de laines, de fruicts.
« Aucuns païs y a où ne croist point de vin... mais
« assez en croist ès païs voisins, parquoy ils en ont
« assez et à bon marché... Ce Royaume est en ma-
« nière de losange, car il n'est ne long, ne carré, et
« passe le fleuve de Loire formant par le milieu du
« Royaume. Or, veux-je conter des païs qui sont
« d'un des costés de ladite rivière de Loire, depuis
« où elle commence jusques là où elle tombe en mer
« et jusques ès royaume d'Aragon et de Valence.

« Ladite rivière part du païs de Velay, qui est
« païs de grandes montagnes, et y a une cité nommée
« le Puy où y a grant pélérinage de Nostre-Dame.
« Ce païs est fort peuplé et y a grant foison de bes-
« tial, beufs, vaches, chevaux, laicts, fromages et
« foison chasteaux forts sur roche... Et sont les gens
« de cedit païs rudes gens, vestus de gros bureaulx,
« comme sont gens de toutes montagnes.

« Puis y est le païs d'Auvergne devers le cou-
« chant, qui est païs de montagnes, où a bains
« chaulx nommés les bains de Chaudesaigues, de
« telle condition que les païs dessus dicts. Et y a
« plein païs en aucuns lieux, spécialement en la
« Loumaigne, qui est un bon païs et fertil de blez,
« de vins, de bestial... Et y a très bon vin et très
« bel vinoble.

« Et après y est le païs de Bourbonnois, le païs
« de Berry et le païs de Combrailles où y a bains
« chaulx nommés les bains de Bourbone, de Vichy
« et de Néris... Et les païs de Bourbonnois et de

« Berry sont bons païs, et fertils de blez, de vins,
« de bestial blanc et rouge et grant foison d'estans,
« belles forest et petites rivières, et y a une bonne
« cité nommée Bourges. Les gens de ce païs sont
« bonnes gens et simples et bien obéissans à leur
« seigneur, et ne sont pas gens de grans bobans[1] en
« habillemens ne en vestures.

« Puis y est le païs de Souloingne, qui est maigre
« païs, et est pays de sablons et de bruyères, et y a
« grant foison d'estans, petites rivierettes, bois,
« bestial, volailles et venaisons.

« Puis y est le païs de Touraine qui est un très bon
« païs et fertil de vins, de blez, de bestial, de venai-
« sons, volailles et de poissons d'estans, de rivières
« et belles forests comme la forest de Loches, de
« Beaumont, de Montrichard et d'autres moult belles.
« Aussi y a-t-il de beaux chasteaux et très forts.

« Puis y est le païs de Poictou qui est très bon
« païs de blez, de vins, de chairs, de poissons de mer
« et d'eau douce, et y a de beaux chasteaux et villes
« et foison noblesse.

« Puis y est la duchié de Guyenne qui est grand
« païs et bon, et en est Saintonge, Angoulesme,
« Piegort, La Marche, Limosin, Cressy, Agenès,
« Rouerghe, Armignac, Bierne et toutes les mon-
« tagnes jusques à Navarre et en Aragon. Et est
« tout cedit païs un des fertils païs du monde s'il
« estoit en paix. Et sont les gens d'icelui païs cou-

---

[1] *Boban*, orgueil, vanité, somptuosité. *Glossaire* de Roquefort.

« rageuses gens et legiers de teste et bonnes gens
« d'armes... Ses menus gens sont tous arbalestiers,
« mal vêtus, et portent solles (souliers) de bois ou
« de cuir à tout le poil par poureté, et sont gens
« joueurs de dez ou de quartes : et y a bons vins
« partout et grand foison de vins de pommes. Les
« femmes y sont fortes et habiles, et font le labour,
« et vivent de pain de millet et boivent le vin de
« pommes dont ils ont grant foison, et vendent les
« blez et le vin.

« Puis y est le païs de Languedoc, qui est un
« très bon païs et riche d'or et d'argent, de blé, de
« vins, d'huiles d'olives, de dates et d'amandes. Et
« y croist grant foison de ghedes et graine d'escar-
« late dont l'on taint les draps...

« Puis y est, delà Loire, le païs de Lionnois et de
« Beaujolois. Là sont les mines d'argent, de cuivre
« et de plon...

« Puis y est la duchié de Bourgogne et la comté
« de Charolois, qui est moult bon païs et plain et
« abondant de tous biens. Sur la rivière de Loire,
« en ce païs de Charolois, a bains chaulx. Et est ce
« païs de Bourgogne et de Charolois très fertil de
« blez, de vins, les meilleurs du Royaume et aussi
« de bestial et de poissons. Et y a en icelle duchié et
« sur ladite rivière jusques à Lyon, la cité de Lyon
« qui est archevesché, la cité de Mascon, la cité de
« Châlon. Et la principale est nommée Dijon.

« Puis y est le païs de Morvant en icelle duchié,
« qui est païs de montagnes pleines de neige l'hi-

« ver : et entre la ville de Dijon et icelles montagnes
« est la cité d'Autun. Ce païs est poure païs, et est
« païs de sablons, et y a assez bestial rouge et grant
« foison de bois. Et sont les gens dudit païs rudes
« comme ils sont en païs de montagnes, et aussi
« sont mesme rudes ceux de la duchié de Bour-
« gogne.

« Puis y est le comté de Champagne, qui est
« beau païs et bon et plein païs et y a peu bois, et
« assez blez et vins, bestial blanc, et labourent à
« chevaux, et y a assez vaches et petites rivières et
« y a bonnes toilles. Le peuple de ces païs sont
« bonnes gens et gens de bonne foy.

« Puis y est la duchié de Bar, qui est très bon
« païs de blez, de vins, de bestial et de poissons...

« Puis y est la comté de Retel, le païs de Launois,
« et la comté de Guise, et le païs Vermandois qui
« sont très bon païs et plains sans montagnes et y
« a grant foison blez, vins et bestial et rivières, et
« sont bonnes gens, et se tiennent honnestement de
« vestures et de pannes, et y a grans seigneurs et
« barons.

« Puis y est le païs d'Artois qui est plain païs et
« peu bois, et y a grant foison blez, bestial et pe-
« tites rivières, et n'y croist point de vin, et boivent
« cervoises les gens d'iceluy païs, et sont sobres
« gens et se tiennent bien vestus et sont légiers à
« coursier et très nettes gens.

« Puis y est le païs de Tournesis, Douai, Lisle,
« Orcies, qui sont tels païs et de telle condition les

« gens comme ceux d'Artois. Et y est la cité de
« Tournay qui est une moult belle cité et forte,
« et y fait-on moult mercerie et de harnois de
« guerre, et est cette cité nüement au Roy. Et passe
« par icelle cité la rivière de l'Escaut qui départ le
« Royaume et l'Empire. Et en tous iceux païs ne
« croist point de vin, mais le peuple et poures gens
« boivent cervoise.

« Puis y est la comté de Flandres[1] qui joint à
« icelui païs, qui est riche païs de marchandise qui
« vient par mer, de tous les Royaumes chrestiens,
« et est ce païs fort peuplé, et y fait-on moult de
« draps de laines, et y a deux moult bonnes villes,
« c'est à sçavoir Gant et Bruges. Le païs de soy est
« poure païs et peu de labour, pour ce qu'il est en
« en eaües et sablons. Les gens de ces païs sont
« honnestes gens et bien vestus de fins draps, et de
« fines pannes, sont grans mangeurs de chairs, de
« poissons, de laict et de beurres : et sont gens
« périlleux à course et souvent rebellent contre
« leur comte ou leur souverain : est n'est ce païs
« riche que des grans marchandies qui descendent
« en iceluy païs.

« Puis y est le païs d'Amiennois, de Beauvoisis, de
« Soissonnois et de Vesquesin le François, qui est
« très bon païs de blez, de vins, de bestial et de bois,
« et sont les peuples de ces païs très bonnes gens et
« très honnestes de vestures et de vivres...

---

[1] La description de Gilles de Bouvier est intitulée : *Explication du royaume de France et des provinces voisines.*

« Puis y est le païs de Normandie qui est bonne
« duchié, puissant et riche : et est très bon païs de
« blé et de bestial blanc et rouge, et foison de belles
« forests et petites rivières, et grant foison de
« pommes et poires, dont l'on fait le cidre et le
« poiré, dont le peuple boit, pour ce qu'il n'y boist
« point de vin, combien qu'il en vient assez par
« mer et par la rivière de Seine. En ce païs se font
« de moult bons draps en grant foison, et est ce
« païs de grant revenu au prince... En ce païs a
« grant noblesse et de grans seigneurs et barons,
« et y a grant foison de bons marchans par mer
« et par terre : et sont les populaires de grant peine
« et fort laboureux hommes et femmes : et sont
« honnestes gens de vesture et de mesnaige; et
« sont grans beuveurs en leurs festimens, et grans
« chières se font par boire.

« Puis y est la duché de Bretaigne, qui est bon
« païs, espécialement Bretaigne Galo du costé de la
« Normandie et d'Anjou, et là parlent françois. Et
« en Bretaigne bretonnant, parlent un langage que
« nul qu'eux n'entand, s'il ne l'apprand. En ce païs
« ne croist point de vin, ce n'est autour de Nantes :
« mais ils en ont assez de Poictou, et d'ailleurs par
« mer. Le plus de ces gens ne boivent qu'eaue
« sinon aux festes : et font moult de beurre qu'ils
« vendent aux estranges païs, et en mangent en
« caresme par faute d'huile... En ce païs a grant
« foison de bons ports de mer, grant foison de bœufs
« et vaches et bons petits chevaux, grans landes et

« forests et petites rivières, et plain païs sans mon-
« taignes, et grans seigneurs, barons et grant gen-
« tillesse, et de forts chasteaux et fortes gens et bons
« lucteurs, et les menues gens sont vestues de bu-
« reaux, et sont bonnes gens de mer. Et ces gens
« sont rudes gens et grans plaideux.

« Puis y est le païs de la duchié d'Anjou et la
« comté du Maine qui est bon païs et fertil de
« blez, de bois, de vins, de bestial blanc et rouge,
« et de poissons, et y a belle noblesse, bonnes gens
« d'armes et vaillans, et y a très bon peuple et font
« leur labour à bœufs, comme en Bretaigne.

« Puis y est la comté du Perche et la comté de
« Vendosme, qui est très bon païs de la condi-
« tion d'Anjou et du Maisne.

« Puis y est la duchié d'Orléans, le païs de Char-
« tres, celuy de Beauce, la comté de Blois et de
« Dunois, qui sont moult bons païs de blez, de vins.
« Et y a assez bois en aucuns lieux, et y a bon
« peuple et grans laboureurs. Ces païs ont esté
« moult foullez de la guerre. Il y a deux bonnes citez,
« c'est-à-sçavoir, Orléans et Chartres; et en ces
« païs labourent à chevaux.

« Puis y est la comté de Dreux, la cité de Mont-
« fort, le païs de Nurepois, le païs de Gastinois; la
« comté de Meulan, l'Isle-de-France, le païs de Brie,
« la comté de Gien qui sont moult bons païs et fer-
« tils de blez, de vins, de bestial, de bois et de ri-
« vières. Et y a moult bon peuple et honnêtes gens
« et bons catholiques. Et est à parler proprement le

« meilleur païs de tout le royaume. Et y sont les
« cités de Paris qui est la maistresse cité du royaume
« et la plus grant, et y est le palais du Roy assis au
« milieu de la ville, et passe la rivière de Seine au-
« tour dudit palais : et est iceluy palais le mieux
« composé et édifié, et le plus grant qui soit en
« nuls des royaumes des chrestiens : et là est assis la
« grant chapelle collégial du Roy, et là aussi sont
« ses grans salles où quotidiennement se tient le
« grant parlement, où on fait la justice de tout le
« Royaume[1]. Puis y est les cités de Senlis, de Meaux,
« de Soissons. Et y sont les païs d'Auxerrois et de
« Nivernois, et y a deux cités Auxerre et Nevers.
« Ainsy ai nommé tous les païs de ce royaume.

« En ce royaume y a XIV duchez sans les éveschez
« et archeveschez, dont il y a quatre-vingt et qua-
« torze citez comprins dix archeveschez qui sont
« audit royaume. Et y a moult de comtes et de
« barons, et moult grande noblesse plus qu'en
« deux autres royaumes chrétiens. Le peuple de ce
« royaume sont simples gens, et ne sont point gens
« de guerre, comme autres gens. Car leurs seigneurs

---

[1] L'auteur ne donne pas, malheureusement, le chiffre de la population de Paris. M. Dureau de la Malle l'évalue à 303,490 individus, pour l'année 1328, à raison de 61,098 feux (*Document statistique inédit*, publié dans la *Bibliothèque de l'École des Chartes*, 1re série, t. II, p. 169.). Je trouve dans une *Étude sur Gilles Corrozet, Parisien, et sur deux manuscrits relatifs à la ville de Paris au quinzième siècle*, par M. Bonnardot (brochure in-8o, Paris, 1848), qu'en 1434, le nombre des *mendiants* de Paris était évalué à quarante mille, et que l'on y comptait, à la même époque, quatre mille tavernes ou cabarets.

« ne les mènent point à la guerre qu'ils puis-
« sent. Ils sont gens de grant peine, de mestier
« et grans laboureurs, et paisibles gens et de
« bonne foy. Et est cedit Royaume bien fourny
« de notables clercs et de gens d'Église. Et y a des
« plus belles églises du monde, et des plus beaux
« ponts de pierre sur les grosses rivières que en
« nuls autres royaumes. »

Cependant, la faveur dont jouissait l'argentier de Charles VII allait toujours en augmentant, et, chaque année, on le voyait intervenir davantage dans la direction des diverses branches de l'administration publique. On possède la copie d'une ordonnance de payement de la somme de cent livres tournois à un inspecteur chargé « par le commandement de Jac-
« ques Cueur, conseiller et argentier du Roy, de faire
« les visitations et estimations des sels qui estoient
« tant ès salins que ès boutiques du Languedoc et
« atteindre les faultes, abus et larrecins qu'on di-
« soit estre sur lesdits greniers, affin d'y donner
« ordre et provision [1]. » Déjà, au mois de juin 1444, Charles VII le chargeait, conjointement avec Pierre du Moulin, archevêque de Toulouse, et Jean d'Étampes, trésorier et maître des requêtes, de procéder à l'installation du nouveau parlement du Languedoc [2]. La même année, au mois de septembre, Jacques Cœur figurait avec Tanneguy-Duchatel au

---

[1] Bibl. Nat^{le}. Mss. *Portefeuilles Fontanieu*, nos 119-120.

[2] *Histoire du Languedoc*, par un religieux bénédictin de la congrégation de Saint-Maur (Dom Vaissette), t. V, p. 3.

nombre des commissaires chargés de présider, au nom du roi, les États généraux de cette province. Les commissaires demandaient aux États un aide ou *don gratuit* de 200,000 livres. Les députés des États alléguèrent la misère du pays, misère causée tant par la sécheresse que par les ravages des gens d'armes du bâtard d'Armagnac, et ils parvinrent à faire accepter 160,000 livres [1]. Une fois l'imposition votée, Jacques Cœur fut chargé d'en faire la répartition dans le diocèse de Maguelonne. D'après un acte autographe que l'on a conservé, les États lui allouèrent pour ce travail une indemnité de 300 livres [2]. Depuis cette époque jusqu'au jour de sa disgrâce, Jacques Cœur fit chaque année partie des commissaires du roi près les États du Languedoc. En 1445, il était en outre désigné avec l'archevêque de Reims, le président du parlement de Toulouse et plusieurs autres pour juger un différend que le comte Mathieu de Foix avait avec la noblesse et les peuples du Cominges. L'année suivante, les États généraux du Languedoc, réunis à Montpellier, votèrent un don gratuit de 170,000 livres, non sans protester, suivant l'usage, en se fondant sur la détresse du pays. Les États faisaient observer qu'ils avaient payé

---

[1] *Histoire du Languedoc*, etc., t. V, p. 5.

[2] *Catalogue des livres imprimés de M. Leber*, t. 3, art. 5,698. « La signature de Jacques Cœur, dit M. Leber, est d'une élégance « et d'une netteté qui prouvent que cet homme célèbre, le plus « riche marchand et le premier financier de son siècle, était encore « un excellent calligraphe. » Voir le *fac-simile* de cette signature dans le chapitre suivant.

au roi depuis six ans, pour les tailles ou *fogaiges*, 1,250,000 livres, sans compter l'impôt de l'équivalent et du grenier à sel[1]. Le don gratuit de l'année 1448 fut fixé à 150,000 livres, « tant pour la décharge du logement des 500 lances et des francs-archers que la province estoit obligée d'entretenir que pour les autres besoins de l'État. » L'année d'après, les États accordèrent une somme égale, « plus 7,000 livres aux gens du Grand Conseil, pour avoir aidé à obtenir l'abolition générale que naguère le roi avait accordée au Languedoc; 4,000 livres à Jacques Cuer, argentier du roy, pour les dépenses par lui faites pour entretenir le fait de la marchandise, par le moyen des galères, navires et autres fustes... » Au mois de janvier 1450, les États renouvelèrent l'aide de 170,000 livres pour le roi, l'indemnité de 6,000 livres pour les gens du Grand Conseil et celle de 4,000 livres pour Jacques Cœur, « *pour le dédommager des dépenses qu'il avait faites à l'armée pour la conquête de la Normandie.* » Enfin, en 1451, les États votèrent 120,000 livres pour le roi, 1,000 livres pour Jean d'Étampes, évêque de Carcassonne, « *général ordonné par le roy au gouvernement de toutes ses finances, tant en Languedoc comme en Lan-*

---

[1] *Histoire du Languedoc*, etc., t. V, p. 9. — L'équivalent était un droit que Charles VII avait, en 1444, autorisé les États du Languedoc à mettre sur la chair fraîche et salée, sur le poisson de mer, et sur la vente du vin au détail. Il y remplaçait les *aides*. (*Mémoires sur les impositions*, par Moreau de Beaumont, t. II, p. 196.). On sait ce qu'étaient les droits du grenier à sel.

« *guedoil*, » 400 livres à l'archevêque de Toulouse, « pour avoir présidé l'assemblée, » et 4,000 livres à Jacques Cœur[1].

De son côté, Charles VII n'oubliait pas son commissaire près les États du Languedoc. Dans une répartition d'un fonds de six mille écus d'or, répartition par laquelle Charles VII retint trois mille écus pour lui, Jacques Cœur figure pour une somme de six cents écus, tandis que le parlement n'y est porté que pour deux cents écus. Un seul de tous ceux qui y participèrent eut six cents écus comme Jacques Cœur; ce fut l'évêque de Carcassonne, son ami le plus dévoué[2].

Ainsi tous les honneurs arrivaient alors, comme à l'envi, à Jacques Cœur. A toutes les époques, lorsqu'un homme est parvenu à une certaine élévation au-dessus de ses contemporains, tout conspire pour le faire croire partout indispensable et pour l'écraser en quelque sorte sous sa fortune. On a vu que Jacques Cœur faisait, tant à l'intérieur qu'à l'étranger, un commerce immense qui occupait trois cents commis; ses navires sillonnaient la Méditerranée; les mines d'argent, de plomb et de cuivre qu'il possédait dans le Lyonnais réclamaient ses soins; il avait fait établir une papeterie[3]; il était maître des mon-

---

[1] *Histoire du Languedoc*, etc., t. V, p. 12, 13 et 14.

[2] Bibl. Nat^{le}, Mss. Fonds Saint-Germain, n° 572; *Procès de Jacques Cœur*, p. 927.

[3] M. Raynal dit, *loc. cit.*, p. 89, *note*, qu'il a vu des registres du chapitre de Bourges, du quinzième siècle, composés d'un papier excellent, portant dans la pâte l'écusson de Jacques Cœur.

naies à Bourges et à Paris, argentier et conseiller
du roi. Chaque année enfin, celui-ci le nommait un
de ses commissaires aux États du Languedoc. En
1446, Charles VII le désigna en outre pour faire
partie, avec l'archevêque de Reims, Saint-Vallier et
Tanneguy-Duchatel, prévôt de Paris et sénéchal de
Provence, d'une ambassade chargée de se rendre à Gênes et d'opérer l'annexion de cette ville à la France[1].

La république de Gênes était alors et depuis
longtemps travaillée par des guerres intestines, et,
plusieurs fois déjà, les partis qui s'y disputaient le
pouvoir avaient fait appel à la France. En 1444, les
Adorno d'un côté, les Campofregoso de l'autre,
étaient les factions dominantes. Craignant de ne
pouvoir l'emporter avec leurs seules ressources, ces
derniers signèrent un traité par lequel ils s'enga-
geaient à livrer Gênes à Charles VII. Deux ans
après, ils s'unirent aux Doria, armèrent cinq vaisseaux et vinrent à Marseille réclamer l'exécution du
traité. L'ambassade dont Jacques Cœur faisait partie
avait pour mission d'aider Janus de Campofregoso
à chasser les Adorno de Gênes et d'opérer ensuite la
réunion des deux pays. Mais à peine Campofregoso

M. Raynal en conclut naturellement que celui-ci avait une papeterie, et qu'il améliora la fabrication du papier.

[1] *Histoire chronologique du roi Charles VII*, par Berry, premier
héraut d'armes; dans Godefroy, p. 429. — D'après Legrand, *Histoire de Louis XI*. Mss., t. V, Pièces justificatives, l'ambassade
aurait été composée, outre Jacques Cœur, de Charles de Poitiers,
chevalier, de Saint-Vallier, chambellan, et de Jean de Jambes,
premier maître d'hôtel.

se fut-il emparé de la ville avec l'appui des troupes françaises, qu'il déclara, dit un chroniqueur, que « le « *pays et la ville il avoit conquestés à l'espée, et à l'es- « pée les garderoit contre tous.* » Vainement les ambassadeurs se rendirent à Nice, et de Nice devant Gênes même, pour le sommer de tenir sa parole. N'ayant rien pu en obtenir, ils revinrent à Marseille, et de là à Bourges où se trouvait Charles VII[1]. Cependant Jacques Cœur était entré et continua de rester en relations avec Janus de Campofregoso. On en a la preuve par une lettre que celui-ci lui écrivit de Gênes le 25 septembre 1447, et par laquelle, répondant à une dépêche qu'il avait reçue de l'argentier, il le remerciait des longs détails qu'elle contenait sur les affaires du moment. Cette réponse constate que Jacques Cœur avait eu pour but, en écrivant à Campofregoso, de l'amener à livrer Gênes à la France, conformément aux engagements pris en 1444. Mais tout en protestant de son dévouement absolu à Charles VII, Campofregoso s'abstint de traiter cette question. Il terminait en priant Jacques Cœur de lui écrire fréquemment et longuement [2].

Une mission plus délicate fut, en 1447, confiée à Jacques Cœur. Un schisme profond divisait alors

---

[1]. *Histoire chronologique*, etc., *loc. cit.*, p. 429.
[2] « Remque nobis gratissimam efficietis, si sepe litteras, et quid « prolixas, ad nos dederitis. » Bibl. Nat^{le}: Mss. France. N° 5,414, A, p. 78. — Cette lettre, qui se trouve au milieu d'un certain nombre de pièces reproduites dans le *Spicilegium* de dom Luc d'Achery, ne fait pas partie de cette précieuse collection et paraît être inédite. Voir aux pièces justificatives, n° 7.

l'Église. Deux papes avaient été nommés. L'un d'eux était cet Amédée, ancien duc de Savoie, qui, ayant abdiqué en faveur de ses fils, s'était retiré, avec six seigneurs de sa cour, sur les bords du lac de Genève, à Ripaille, où ils formèrent comme une communauté d'ermites. Cette résolution donna lieu, on le sait, à beaucoup de commentaires vraisemblablement mal fondés [1]. Cinq ans après, Amédée fut élu pape par le concile de Bâle, malgré la désapprobation de la France qui tenait pour Eugène IV. Cependant, tout en lui conservant son appui et en continuant d'employer tous ses efforts pour faire cesser les difficultés qui s'étaient élevées dans les affaires de l'Église, Charles VII poursuivait avec une habileté profonde la réalisation d'un projet qu'il avait formé depuis longtemps. Au mois de mai 1438, une assemblée à laquelle assistèrent, indépendamment des membres ordinaires du Conseil du roi tant ecclésiastiques que laïques, cinq archevêques, vingt-cinq évêques, des jurisconsultes, des députés des universités et des chapitres, et qui fut présidée par Charles VII lui-même, avait eu lieu à Bourges. Cette assemblée où le concile de Bâle, depuis longtemps en hostilité ouverte avec Eugène IV, envoya, de même que ce pape, plusieurs députés, adopta, après deux mois de délibérations, diverses résolutions d'une

---

[1] Le P. Daniel, *Histoire de France*. — La version de Monstrelet est, à la vérité, toute différente. « Et se faisoient, dit-il, lui et ses « gens, servir, au lieu de racines et d'eau de fontaine, du meilleur « vin et des meilleures viandes qu'on pouvoit rencontrer. »

grande importance qui furent consacrées dans l'édit célèbre du 7 juillet 1438, connu sous le nom de *pragmatique sanction*. Le but de cet édit était de réformer plusieurs abus qui s'étaient introduits dans l'Église, d'empêcher que les papes ne pussent nommer aux bénéfices des étrangers ennemis du roi, comme cela avait eu lieu plusieurs fois, d'abolir ce qu'on appelait les *expectatives*, les *annates* et les appels au pape, *medio omisso*. L'abolition des expectatives enlevait au pape le droit d'accorder des bénéfices avant qu'ils ne fussent vacants. On sait que les annates consistaient, dans le payement au saint-siège, d'une année du revenu des bénéfices, à chaque mutation du titulaire. Leur suppression devait naturellement être aussi préjudiciable au pape qu'utile à la France. D'un autre côté, les appelants, *medio omisso*, se dérobaient à la juridiction des tribunaux subalternes français, c'est-à-dire de l'évêque, du métropolitain et du primat, ce qui était une atteinte réelle à la souveraineté du roi. L'édit stipulait d'ailleurs, à ce sujet, que lorsque des Français iraient, par appel, jusqu'au pape, il devrait nommer des juges français, habitant le royaume. Enfin, la pragmatique sanction contenait une disposition très-grave concernant les élections ecclésiastiques. Dès l'origine de la monarchie au douzième siècle, les rois avaient, malgré l'opposition des papes, nommé eux-mêmes aux évêchés et prélatures. Vers le douzième siècle, l'usage s'était établi de laisser faire les élections des évêques et des prélats par le clergé, lequel ne pouvait au surplus s'assembler, à cet effet, sans la permission du roi qui confirmait les nominations, pour le maintien de son droit. Depuis, les papes ayant porté atteinte à ce droit d'élection, Charles VII le rétablit formellement par l'édit de la pragmatique sanction [1].

C'est à la suite de cet édit que le concile de Bâle, persuadé qu'il pouvait compter désormais sur l'appui absolu de la France, avait élu pape Amédée de Savoie qui prit le nom de Félix V; mais le concile ne tarda pas à avoir la preuve qu'il s'était complétement abusé. L'Assemblée de Bourges existait encore. Charles VII y déclara solennellement qu'il avait vu avec beaucoup de douleur les différends survenus entre le pape et le concile ; que c'était contrairement à ses pressantes instances que celui-ci s'était laissé entraîner jusqu'à déposer le pape ; que, tout bien considéré, il ne renonçait pas à l'obédience d'Eugène ; qu'il le prierait d'assembler l'année suivante, en France, un concile œcuménique pour éteindre un schisme si pernicieux à l'Église ; qu'il conseillait aux pères de Bâle et à monsieur de Savoie de songer sérieusement à faire cesser les troubles de l'Église, et, pour cela, de s'abstenir de nouvelles

---

[1] La pragmatique subsista dans son entier jusqu'au concordat de François Ier et de Léon X. La principale disposition de ce concordat fut de supprimer le droit d'élection, à cause des graves abus auxquels il donnait lieu, et de déléguer de nouveau au roi les nominations aux évêchés et prélatures (*Recueil des Ordonnances des rois de France*, t. XIII. Préface, p. XLII).

excommunications; que le duc de Savoie étant son parent, il était disposé à en bien user envers lui, mais qu'il comptait sur sa prudence pour le rétablissement de la paix[1].

Quoi qu'il en soit, cette paix se fit attendre longtemps encore. En 1447, le schisme durait depuis sept ans. Craignant que le mal ne devînt irrémédiable s'il se prolongeait davantage, Charles VII envoya l'archevêque de Reims, l'évêque de Carcassonne, messire Robert Thibault, maître en théologie, et Jacques Cœur, tous membres de son Conseil, en ambassade auprès de messieurs de Savoie pour les exhorter, disent les instructions données aux ambassadeurs français, « à se désister et départir du chemin « qu'ils tenaient touchant le fait du papal et à « quérir moyens convenables pour eulx mettre en « bonne voye et obéissance envers Dieu et l'É- « glise... » Un mémoire qui fut remis aux ambassadeurs portait que Charles VII adhérerait volontiers à la réunion d'un concile général dont il reconnaissait la nécessité « tant pour la réformation de l'É- « glise que pour faire ôter le scrupule de tous ceux « qui avoient diverses imaginations en ces ma- « tières; que l'Église gallicane étoit très fort op- « pressée pour les grandes extorsions et indues « exactions des Italiens et de la cour de Rome à « l'encontre d'iceulx de ladite Église gallicane et « aussi pour le mépris qu'ils faisoient du Roy et de

---

[1] Le P. Daniel, *Histoire de France*, t. VII.

« son autorité royale[1]. » Les ambassadeurs de Charles VII avaient pour mission de soumettre à la maison de Savoie les propositions suivantes : 1° Toutes les procédures faites par les deux partis l'un contre l'autre seraient considérées comme non avenues ; 2° Eugène IV serait reconnu comme le vrai pape ; 3° en cédant le pontificat, Amédée obtiendrait le plus haut rang qu'on pourrait lui accorder dans l'Église, et ceux qui avaient embrassé son parti auraient part à l'accommodement par les dignités et les honneurs qui leur seraient conférés[2].

L'ambassade dont Jacques Cœur faisait partie remplit heureusement l'objet de sa mission. A dater de cette époque, Amédée parut disposé à abandonner ses prétentions à la tiare. Mais, sur ces entrefaites, Eugène IV était mort et avait été remplacé par Nicolas V. Voulant tout d'abord frapper un grand coup, celui-ci s'empressa de déclarer Amédée et ses adhérents déchus de leurs États et de les donner à la France qui n'eut garde de les accepter. Prévoyant, à ce début, que les difficultés viendraient désormais du nouveau pape, Charles VII lui envoya une ambassade composée de Juvénal des Ursins, archevêque de Reims, d'Élie de Pompadour, évêque d'Alet, de Gui Bernard, archidiacre de Tours, de Thomas de Courcelles, docteur en

---

[1] Legrand, *Histoire de Louis XI*, Mss., t. VII. Pièces justificatives.

[2] Le P. Daniel, *Histoire de France*, t. VII.

théologie, de Tannegui-Duchatel et de Jacques Cœur.

Les ambassadeurs se mirent en route au mois d'avril 1448, à l'exception de Tannegui-Duchatel et de Jacques Cœur qui les rejoignirent au mois de juillet suivant. Ceux-ci partirent de Marseille avec onze barques ou navires chargés de vivres, et ravitaillèrent, chemin faisant, la ville et le château de Final qui tenaient toujours pour le roi. Charles VII espérait encore que le traité de 1444 concernant l'annexion de Gênes à la France finirait par recevoir son exécution, et il attachait, par suite, le plus grand prix à la conservation de Final. Tannegui-Duchatel et Jacques Cœur se dirigèrent ensuite, avec trois navires seulement, sur Civita-Vecchia. L'ambassade fit son entrée à Rome d'une manière solennelle et avec le plus grand éclat. Plus de trois cents chevaux richement caparaçonnés et harnachés figuraient dans le cortége. « Il n'y avoit pour lors homme vi-
« vant, a dit un chroniqueur, qui oncques eust vu
« entrer à Rome si honorable ambassade, ny en si
« grande magnificence, ny qui eust ouy parler de
« pareille compagnie, ce qui tournoit au grand hon-
« neur du roi et de son royaume [1]. » La chronique rimée du règne de Charles VII parle comme il suit de cette cérémonie :

« L'en ne vid entrée si ponpeuse
« Des François comme ceste-là,

---

[1] Jean Chartier, dans Godefroy, p. 131.

« Ne despence si oultrageuse
« Comme l'en fist çà et delà [1].

Enfin Nicolas V écrivit lui-même, le 5 août 1848, à Charles VII que ceux-là mêmes qui habitaient Rome depuis soixante ans ne se souvenaient pas d'avoir jamais vu une ambassade aussi nombreuse et composée d'hommes aussi illustres [2]. Peu de jours après son arrivée à Rome, Jacques Cœur avait été atteint de la fièvre. Aussitôt, Nicolas V le fit transporter dans son palais de Saint-Pierre et donna des ordres pour qu'il y fût l'objet des soins les plus attentifs [3]. Il lui accorda en outre, comme l'avait déjà fait Eugène IV, l'autorisation de faire le commerce avec les infidèles.

Des ambassadeurs du roi d'Angleterre avaient précédé ceux de Charles VII à Rome. Ayant échoué

---

[1] *Les Vigilles de Charles VII*, par Martial d'Auvergne, année 1448.

[2] « *Misit quippe ad nos Celsitudo tua legationem prælatorum ac aliorum insignium et nobilium virorum omni ex parte præstantium, cum adeo insigni et præclaro comitatu, ut qui sexaginta annorum in Romanâ curiâ retinebant, nunquam meminerint tam præclaram, tam insignem, tam numerosam legationem adventasse...* » (Voir la lettre aux pièces justificatives, n° 7.)

[3] « *Sanctitas sua eundem argentarium diligebat in tantum quantum tunc temporis fuisset aliquali infirmitate febrium alteratus, sua Sanctitas voluit eum tenere infirmum in palatio suo Sancti Petri ut majorem curam de eo haberem medici suæ Sanctitatis quibus mandavit ut non minus curarent de sanitate ejus quam de personâ suæ sanctitatis si infirmata fuisset, quia casu arripuerat cum febris ipso stante in camera parlamenti..... etc.* » *Dépositions en faveur de Jacques Cœur, envoyées, en 1462, à la cour de France par celle de Rome.* Bibl. Nat.le Mss. Fonds Saint-Germain, n° 572; *Procès de Jacques Cœur*, p. 708.

dans leurs démarches auprès de Nicolas V, ils s'étaient retirés à Viterbe pour y attendre le résultat des tentatives de l'ambassade française. La mission de celle-ci était d'ailleurs difficile. En effet, Félix V mettait à sa renonciation au pontificat des conditions exorbitantes. Il voulait préalablement faire trois bulles qui auraient pour objet, la première, de rétablir tous les ecclésiastiques qu'Eugène IV et Nicolas V avaient déposés ou privés de leurs biens à l'occasion du schisme; la deuxième, de lever toutes les excommunications qu'il avait lui-même publiées contre les personnes, communautés et villes qui avaient fait acte d'obédience envers Eugène et Nicolas; la troisième, de confirmer tout ce qu'il avait fait pendant son pontificat. Il devait ensuite se déposer volontairement entre les mains d'un concile général qui élirait Nicolas V. Une fois déposé, Amédée serait cardinal, évêque, légat et vicaire perpétuel du saint-siège dans toutes les terres du duc de Savoie; il aurait, dans l'Église romaine, la première place après le pape; si jamais il paraissait devant Sa Sainteté, elle se lèverait de son siége pour le recevoir et le baiserait à la bouche, sans exiger de lui d'autres marques de respect et de soumission; enfin, il conserverait l'habit et les ornements du pontificat, excepté l'anneau du pêcheur, le dais et la croix sur sa chaussure.

« Quelques-unes de ces conditions n'avaient pas obtenu l'assentiment de Charles VII. Nicolas V, de son côté, refusa d'abord d'y adhérer. Néanmoins, les ambassadeurs français l'y décidèrent. L'année suivante, au mois d'avril, Félix transféra le concile de Bâle, qui l'avait élu, à Lausanne, et s'y déposa solennellement, suivant ce qui avait été arrêté. Dès ce moment, Nicolas V fut reconnu pape par toute la chrétienté, et le schisme cessa, après avoir duré neuf ans[1]. En annonçant à la Chambre des comptes, par une lettre de Lausanne du 20 avril 1449, la conclusion de cette grande affaire, Jacques Juvénal des Ursins, évêque de Poitiers, exprimait l'avis qu'il conviendrait de rendre grâce à Dieu de l'entière pacification de l'Église. Cela eut lieu peu de temps après. « Le jeudi au soir, 15e jour de may 1449, « dit à ce sujet un chroniqueur, par l'ordonnance « des prévost des marchands et eschevins de la ville « de Paris, furent faites réjouissances et festes par « tous les carrefours, et autres plusieurs lieux en « la ville de Paris. Et le lendemain, furent faites « processions générales à Nostre-Dame, et d'illec « allèrent à Saint-Victor remercier Dieu[2]. »

Les historiens sont unanimes pour rendre hommage à la prudence et à l'habileté consommées dont le gouvernement de Charles VII fit preuve dans cette grave question. Un prélat contemporain, ordinairement sévère pour ce prince, a constaté son heureuse influence dans les longues négociations que suscitèrent, sous son règne, les affaires

---

[1] Le P. Daniel; *Histoire de France*, t. VII. — Toute cette partie est traitée par le P. Daniel avec beaucoup de talent.
[2] Dom Luc d'Achery, *Spicilegium*, etc., t. III, p. 784.

de religion[1]. Un autre historien du temps a pleinement confirmé ce témoignage. « Pour laquelle
« paix conduire et mener à bonne fin, dit-il à ce
« sujet, le très chrestien Roy de France et les siens
« travaillèrent grandement. Et à ce faire, pour y
« parvenir, il employa grandes finances; partant,
« il en est digne de très grande louange et récom-
« pense[2]. »

Ainsi se trouvait heureusement accomplie l'œuvre importante à laquelle Jacques Cœur avait été appelé à coopérer.

---

[1] Amelgard (Thomas Bazin, évêque de Lisieux). « *Ad extinguen-*
« *dum schismatum, tanquàm catholicus et christianissimus prin-*
« *ceps laborabat*, etc. » (Voir pièces justificatives, n° 1, extrait H.)

[2] Jean Chartier; dans *Godefroy*, p. 134.

PIÈCES JUSTIFICATIVES.

PIÈCES JUSTIFICATIVES.

PIÈCE N° I.

(INÉDITE.)

EXTRAITS DE L'HISTOIRE DE CHARLES VII, PAR AMELGARD
(THOMAS BASIN [1]).

Extrait A. — Lib. II, cap. I.

Qualiter Carolus septimus, patre mortuo, se regem Francorum titulavit, et de miserabili regni vastatione qua suis contingit temporibus.

« ... Quod suis temporibus tum diuturnis causantibus guerris et intestinis et externis, tum regentium ac ducum qui sub ipso erant socordia atque ignavia, tum etiam militaris disciplinæ et ordinis carentia et armatorum rapacitate atque omnimodo dissolutione ad tantam vastationem pervenit, ut a flumine Ligeris usque ad Secanam, et inde usque ad fluvium Summonnæ, mortuis vel profligatis colonis, omnes agri fermè

---

[1] Amelgardi, Presbyteri Leodinensis, *De rebus gestis temporibus Caroli VII et Ludovici, ejus filii.* — Bibl. Nat^{le}, Mss. La Bibliothèque nationale possède deux copies de ce précieux manuscrit. L'une, numérotée n° 5,962, a appartenu à Colbert; l'autre copie, portant le n° 5,963, est d'une date plus récente. — Voir, au sujet de Thomas Basin, la préface, p. XXII.

et sine cultura, et sine populis à quibus coli potuissent, per annos plurimos, longaque tempora permanserint, paucis duntaxat portiunculis terræ exceptis, in quibus si quid tunc colebatur, procul à civitatibus, oppidis, vel castellis, propter prœdonum assiduas incursiones, extendi non poterat. Inferior tamen Normannia, in Bajocismo et Constantino, eoquod sub Anglorum ditione consistens, ab adversantium munitionibus longius aberat nec tam facile ac frequentius à prœdonibus incursari poterat, et culta et populosa aliquantò melius permansit, licet etiam plagis maximis sæpe attrita, ut in sequentibus clarius apparebit. Vidimus ipsi Campaniæ totius vastissimos agros, totius Belciæ, Briæ, Gastiniati, Carnotensis, Drocensis, Cenomaniæ, et Pertici, Vellocasses seu Vulgacinos tam Franciæ quam Normanniæ, Belluacenses, Caletenses à Secana usque Ambianis et Abbatis Villam, Silvanectensium, Suessonum et Valisiorum usque ad Laudunum, et ultra versus Hannoniam, prorsùs desertos, incultos, squalidos, et colonis nudatos, dumetis et rubis oppletos, atque illic in plerisque ad proferendas arbores feraciores existunt, arbores in morem densissimarum sylvarum excrevisse. Cujus profecto vastitatis vestigia in plerisque locis, nisi divina propitiatio meliùs consuluerit rebus humanis, verendum est longo ævo esse duratura atque mansura. Si quid autem tunc in dictis terris colebatur, id solum fiebat in ambitu et continentibus locis civitatum, oppidorum seu castellorum, ad tantam distantiam quantam de turri vel specula alta speculatoris oculus prædones incursantes intueri et spectare potuisset, qui vel campanæ tinnitu, vel venatorio aut alio cornu dans sonitum, per hoc ad munitum se recipiendi locum cunctis, qui tùm in agris agerent, vel vineis, signum dabat. Quod tam assiduè ac frequenter in quam plurimis fiebat locis, ut cùm boves et jumenta aratoria ab aratro solverentur, audientes speculatoris signum, ilicò, absque ductore, ad sua tuta refugia, ex longa assuefactione edocta, cursu rapido, velut exterrita, accurrerent, quod et oves atque porci similiter facere consueverant. Sed cùm in dictis provinciis, pro agri latitudine, raræ sunt civitates et loca munita, e quibus etiam plura hostili vastatione incensa, ac direpta fuerant, vel habitantibus vacuata, tantillum illud, quod veluti furtim circùm munitiones colebatur, minimum et propè nihil videbatur, comparatione vastissimorum agrorum qui deserti prorsùs et sine cultoribus permanebant. »

Extrait B. — Lib. II, cap. VI.

De prædis et rapinis miserabiliter actis per Gallias.

« Per utriusque enim partis armatos, qui assiduè alii in aliorum terminos incursabant, captivi rustici ad castra et munitiones ducebantur ut terris clausi, carceribus et in specubus retrusi, atque etiam variis cruciatibus et tormentis affecti, sese quanta pecuniarum summa ab eis consequi sperabatur, redimerent. Erat in foveis et specubus castrorum et turrium invenire pauperes colonos ex agris abductos, interdum in una fovea centum, interdum ducentos, et alibi quidem plus, alibi minus, secundum quod vel major, vel minor prædonum numerus illic aderat; quorum quidem sæpe magnus numerus eorum quibus possibile non erat petitas ab eis summas atque requisitas persolvendi, nullam in eos misericordiam prædonibus habentibus, fame, inedia et carceris squallore necabantur. In cruciatibus verò et tormentis, sibi ad extorquendum summas popositas quibus se redimerent, adhibitis sæpe deficiebant. Tanta rabies avaritiæ et crudelitatis animis prædonum insederat, ut nulla prorsus miseratione in pauperes ac supplices moverentur ; quin imò, instar sevissimarum bestiarum, in innocentes ac supplices agrorum cultores sævire delectabat plerosque ex ipsis prædonibus. Præter verò eos qui Francorum partibus se militare dicebant, et licet plerumque absque ordine, et stipendio tamen oppida et castra incolebant qui Francis parerent, et sese ac prædas suas in eisdem receptabant. »

(En Normandie, à cette passion effrénée du pillage, s'ajoutait la haine des Anglais auxquels les routiers faisaient une guerre d'extermination. Aussi des lois très-sévères avaient été portées contre eux, et Amelgard raconte que, dans une seule année, dix mille de ces voleurs furent mis à mort.)

Extrait C. — Lib. IV, cap. I.

Quanta lætitia, treugis factis, omnes Galliarum populos perfuderit.

« Factis igitur et confirmatis treugis inter Reges et regna utriusque partis, comprehensis fœderatis, populos Galliarum immensa et quæ vix referri possit lætitia perfudit. Cum enim sub magnis ubique terroribus et periculis infrà urbium atque oppidorum, seu munitionum suarum mœnia diutissime clausi velut in carcerem damnati, absque ullo pene solatio delituissent, miram eisdem afferebat lætitiam, quod veluti e longo et tetro carcere in libertatem se abductos, atque restitutos, ex durissimâ servitute arbitrabantur. Videbantur per turmas cives utriusque sexus, tamquam à sævissimis tempestatibus salvati et protecti, ex civitatibus atque oppidis exire ; in templa summi Dei, vel in honorem gloriosæ Dei genitricis, vel sanctorum dedicata, et devotionis oratoria per diversas provincias, et loca visitatum pergerent, et quæ Deo in suis voverant angustiis atque necessitatibus fideliter persolverent. Quod nedùm à civibus, et inermi multitudine, verum etiam à viris militaribus tàm Francis quam Anglicis similiter fiebat. Juvabat evasisse tot pericula atque metus sub quibus plerique a pueritia ad canos usque senectutemque pervenerant. Juvabat et silvas videre et agros licet ubique pene squallentes et desertos, virentia prata, fontesque atque amnes et aquarum rivulos intueri. De quibus quidam à multis qui urbium claustra numquàm exierant, fama duntaxat, experimenti vero, nulla notitia habebatur. Unum vero valde admirandum, et quod divinum opus fore ambigendum minime erat, poterat tùm videri. Nam cùm ante treugas inter utriusque partis armatos atque populos, tanta odiorum acerbitas et sævitiæ atrocitas fuissent, diutissimèque durassent, ut nulli sub vitæ suæ periculo sive militi, sive plebeio, nec etiam sub quovis salvo conductu, quoquam transire licuisset, statim publicatis treugis unicuique quocumque se vellet conferre sive in eadem, sive in diversa obdientia transire atque peregrinare securum et liberum fuit.... Et quidem pene per annum hac atque illac omnia in hunc modum quieverunt. »

Extrait D. — Lib. IV, cap. V et VI.

DES ARMÉES PERMANENTES.

(Dans les chapitres V et VI de ce livre, Amelgard se montre complétement opposé au système des armées permanentes, qu'il considère comme étant tout à fait favorables aux despotes (*tyrannis*) et aux mauvais rois qui, s'appuyant sur elles, négligent la justice, se croient dispensés de s'occuper du bonheur de leurs sujets, se livrent à toutes leurs fantaisies, s'endorment dans la débauche et la mollesse. Les nombreuses armées sont, en outre, d'après lui, très-onéreuses aux peuples, soit à cause des lourds impôts qu'il faut lever pour les entretenir, soit à cause des logements, soit enfin à cause de leurs exigences de toutes sortes. Dans le chapitre VI, Amelgard indique, comme il suit, le système qu'il aurait préféré:)

« Sed ubi tanta naturalis militia Regi, regnoque in promptu semper adest, et adhuc facile absque magno regni onere paratior, atque expeditior effici possit, nec aliquo minus quam conductilia militia, si semel aut bis, vel etiam pluriès quolibet anno, per balivias et senescalias, in armis et equis sese ostendere coram certis commissariis cogentur, non potest rectè et juridicè deffendi, quin tanta militia facile ad omnia cavenda pericula, sive de foris et ab exteris, sive ab intraneis emergant, meritò sufficere possit et debeat. »

Extrait E. — Lib. IV, cap. XXVI.

(Dans les chapitres précédents, Amelgard a raconté la prise de Rouen, de Honfleur, Harfleur, Bayeux, Caen, etc. Le chapitre XXVI est intitulé:)

De recuperatione Faleriæ, Dompnifrontis, Cæsarisburgi et per hæc complemento recuperationis totius Normanniæ.

« ... Cum autem ad tantos sumptus gravissimasque impensas solita, regnicolis imponi ingentia tributorum onera minime sufficerent, pecuniæque Regalis fisci deficerent, prope fuit Rex in magno discrimine ne interrupta operis consummatio sineretur et ad annum sequentem differretur Quod si ita fuisset factitatum, verisimiliter non modo Normanniæ, sed etiam vicinis regionibus maximo obvenisset detrimento. Sed, ex Dei providentiâ, opportune tantæ necessitati subventum est.

« Erat tùm in ministerio Regiæ domus, vir quidam valde industriosus et providus, Jacobus Cordis nominatus, civis Bituriensis, ex plebeio genere, sed profecto grandi et acri ingenio, plurimaque hujus sæculi prudentia callens. Argentarius Regius is erat, et maximis quas diù exercuerat, exercebatque continuò negotiationibus, multùm per omnia opibus ditatus et illustratus. Primus enim omnium Francorum sui ævi galleas instruxit et armavit, quæ exportantes pannos laneos et alia artificiata ex Regno per Affricæ et Orientis littora, usque ad Alexandriam Egypti navigarent, et inde varios pannos de serico et de omni etiam aromatum genere intrà Rhodanum reveherent, quæ non modo per Galliam, sed per Catholoniam et provincias vicinas posteà funderentur earum usibus profecturæ. Nàm per ante cum id longo ævo fieri fuisset insolitum, non nisi aliarum gentium ministerio, ut Venetorum seu [1] Januensium aut Barcinomensium res hujusmodi in Gallia habebantur. Hac itaque navalis negotiationis industria, maximis opibus idem Jacobus Cordis auctus fuerat et insignitus. Cui rei magnifica illa domus quam in sua civitate breviter construxit luculentissime astipulatur: quæ profectò tam magnifica, et tantis ornamentis decorata existit, ut vix in tota Gallia, nec modo secundi gradus nobilitatis, sed nec Regis pro sua magnitudine et capacitate ornatior ac magnificentior facile posset inveniri. Cum igitur tantis abundaret opibus et divitiis, esset que regii honoris, ac totius Regni reipublicæ utilitatis zelantissimus, in tanta reipublicæ necessitate non deficit, sed pluribus ex magnatibus qui, largitione regià, opibus erant refectissimi, inopiam simulantibus, et falsas ac frivolas excusationes afferentibus, magnum auri pondo ultrò regi mutua-

[1] Génois.

turum se obtulit, exhibuitque pecuniam quæ ad summam circa centum millia scutorum auri ascendere ferebatur [1], in tam sanctum, per necessarium que opus convertendum. Cujus subventionis auxilio prædicta oppida Faleria, deindè castrum Dompnifrontis et novissimi Cæsaris burgi obsessa fuerunt...»

Extrait F. — Lib. V, cap. XXII.

De moribus et conditionibus Caroli Regis.

« Fuit autem ipse Carolus Rex statura mediocri et bona facie, satis venusta, œquis humeris, sed cruribus ac tibiis justo exilior atque subtilior. Cum togatus esset, satis eleganti specie apparebat, sed cum curta veste indueretur, quod faciebat frequentius, panno viridis utens coloris, eum exilitas crurium et tibiarum, cum utriusque poplitis tumore et versus se invicem quadam velut inflexione deformem, utcumque ostentabant. Cibi ac potus satis temperans fuit, quod eidem ad valetudinis bonæ conservationem plurimum conferebat. Raro quippe infirmatus est, eo quod dietam sibi communem à medicis indictam satis studiose observaret. Lasciviis, non modo in prima etate, verùm etiam jam senex satis et supra quam fas honestumque fuisset, deditus fuit, in hujusmodi ministrantibus sibi qui circa se aderant assentatoribus, ut tali ministerio ejus sibi gratiam ac favores ampliores conciliarent. Unde tempore treugarum [2] quæ inter ipsum et Anglicos cucurrerunt, habuit in deliciis unam precipuam satis formosam mulierculam quam vulgo pulchram

---

[1] Voir Jean Chartier, année 1450, dans Godefroy.

[2] Cette époque correspond à celle de 1444, date à laquelle Agnès Sorel fut placée à la cour comme dame d'honneur de la reine Marie d'Anjou. Mais sa liaison avec le roi était certaine-

Agnetem appellabant. Nec eam quippe solam, nec ipsa eum solum, sed cum ipsa etiam satis copiosum gregem muliercularum omni vanitatis generi deditarum. Qui pellicum grex, proh dolor! sumptuosus nimis, atque onerosus regno tunc pauperi existebat. Nam quoquo ipse Rex pergeret, illo etiam, cum apparatu luxuque regali, gregem illum advehi oportebat. Ad quarum vanitates pascendas infinita quodam modo pecunia expendebatur, et longè amplior quam status Reginæ consumeret. Quæ, licet nihilominus tantum studii, gratiæ ac favoris eisdem impartiri non ignoraret, easdem que frequentius simul cum ea, in eodem castro seu palatio sciret hospitari, tamen patientiam prestare sibi opus erat, ita ut nec mutire propterea ausum haberet, nec vero sibi duntaxat inde querelas facere periculum erat; sed et cum alicui bono et honesto homini aliquis canum palatinorum invidiam conflare vellet, atque in eum regiam indignationem excitare, illud sibi pro crimine capitali impingebatur, quod de pulchra Agnete locutus fuisset[1].

ment plus ancienne : on s'accorde à reconnaître que Charlotte de Valois, la première des quatre enfants d'Agnès Sorel et de Charles VII, naquit vers 1434. (Note de M. Vallet de Viriville. — *Recherches historiques sur Agnès Sorel*. Bibliothèque de l'École des Chartes, 3ᵉ série, t. I, mars-avril. M. Vallet de Viriville a publié dans ce travail le présent extrait de Thomas Basin, relatif à Charles VII.)

[1] Dans ses *Annales rerum Flandricarum* (Anvers, 1561, p. 323 et suiv.), Jacques Meyer cite des passages assez nombreux de Thomas Basin, qu'il appelle tantôt *Thomas Lexovius* (Thomas de Lisieux), tantôt l'auteur anonyme; mais il ne cite pas textuellement. Voici, par exemple, la manière dont l'annaliste flamand, craignant sans doute de reproduire les expressions de *canum palatinorum* comme un peu trop fortes, a arrangé et modifié ce passage de Thomas Basin : « Capitale prope erat de pulchra Agneta aliquid
« loqui. Cum homo quivis malus invidiam alteri apud regem con-
« flare vellet, accusaretque eum dixisse mala vel risisse Agnetem,
« capitalis Regis erat inimicus. »

« Ipsa autem, cùm filiam unam, aut duas a Rege, ut fama erat, peperisset, et in flore juventutis esset, dissenterico morbo prope monasterium Gemetense in villa abbatis ejusdem monasterii quæ Mesnillum appellatur, vitam finivit. Fuit autem in eodem monasterio sepulta, magnifico desuper regali sumptu extructo monumento. Cui etiam monasterio idem Rex dedit, pro fundatione perpetui obitus pro eadem, villam, quæ Annevilla vocatur ex opposito monasterii, ad aliam ripam Secanæ cum pertinentiis ejusdem terræ. »

Extrait G. — Liv. V, cap. XXIII.

Qualiter Jacobus Cordis, argentarius regis dictus, captus et per regem condemnatus fuerit.

« Et quoniam quod veneno (Agnès Sorel) extincta fuisset, suspectus, æmulis procurantibus, Jacobus Cordis, argentarius regis habitus est licet, re verâ, de hoc à pluribus crederetur immunis. Consummata recuperatione Normanniæ ad quam consilia atque opes ejusdem argentarii, quemadmodum supra retulimus, plurimùm valuerant, ob dicti veneficii suspicionem, reus postulatus, in carcerem missus est, ac diù detentus, ac servatus in castro de Lusignen Pictaviæ. Ad quem locum, pro ipsius processu et condemnatione, rex magnum consistorium convocavit, quod nonnulli solum seu lectum, vel thorum justiciæ vulgo dici volunt. In quo submissis delatoribus qui eundem argentarium accusarent, quod in suis galeis arma ac mercedes prohibitas ad infideles detulisset; simul etiam repetundarum reus postulabatur et quod nonnullas pecunias in patria Occitana ubi administrationem largam habuerat illicite ac furtim provincialibus extorsisset. Ob quæ et nonnulla alia, quæ confecta ab æmulis potius quam vera à plurimis credebantur, tacito veneficio prœdicto, condemnatoriam sententiam reportavit. Cum autem diu in dicto castro fuisset asservatus, tandem, corrupta custodia, fugâ evasit, et diversas in diversis regni partibus ecclesias ingressus, consequende immunitatis causa, tandem cujusdam conventus fratrum minorum in Bellquadro, supra ripas Rhodani, satis diù accola fuit, et inibi vinctus ferreis compedibus custoditus. Sed cum quendam sibi fidelissimum servitorem habuisset, et ipsum Bituricensem Guillelmum Varie nominatum, idem servitor noctu adventans cum unâ aut duabus mioparonibus quas galeas subtiles seu cursorias vulgò appellant, eum Jacobum Cordis, suis adjutus satellitibus, de conventu dictorum fratrum extraxit et in mioparonem deportatum vinclis absolvit et suæ restituit libertati. Qui postea, à summo pontifice Nicolao, quibuasdam galeis præpositus quas contra infideles armaverat, cum, strenuum se aliquanto tempore in hujusmodi navali præbuisset exercitio, mors inde contracta eum ad feliciorem vitam ex hac instabili luce evocavit. Virum quippe sine litteris, valde ingenio callentem, et in mundanis artibus oculatum valdé et industrium. Quis autem aliquando æstimare potuisset ut Carolus rex cui tam fideliter ac sodulò ministraverat, et ad cujus tantam familiaritatem, atque, ut a cunctis æstimabatur, amicitiam accesserat, ut in eum postea tam durus et severus esse potuisset. Sed, procul dubio, quidquid in eum obtenderetur criminis, undè, confecto colore justitiæ, ejus damnatio peteretur. Solum tamen illud in eum Regis acerbitatem accenderat, quod a nequissimis delatoribus dictam pulchram Agnetem toxico appetiisse suggestum regiis auribus affectumque fuerat. De quo inde et omnibus aliis sibi objectis criminibus, cum ab vitæ hujus corporalis 'extremum devenisset, se coram multis sacramento magno expurgasse ferebatur, et Regi atque delatoribus suis veniam dedisse et a summo Deo imprecatus ut omnia in se nequiter admissa condonare vellet. Talem exitum sæpe invenisse qui regum ac principum familiarites acquirere studuerunt, et se dum talia essent assecuti fœlices existimabant, in omni fere regno et gente, frequentissime compertum est, taliumque exemplorum et veteres annales et recentiores historiæ. »

Extrait H. — Lib. V, cap. XXIV.

Qualiter Carolus Rex erga Dei Ecclesiam se habuit.

« Ecclesiam Dei et decorem domus ejus atque honorem, idem Carolus multùm dilexit. Undè cum schisma inter Eugenium pontificem et Concilium generale quod ipse apud Basileam urbem Germaniæ congregaverat, obortum fuisset, eoquod ipsum Concilium, eodem Eugenio pontifice deposito, Amedeum Sabaudiæ Ducem, qui per aliquot ante annos vitam duxerat eremiticam, in summum pontificem sublimarat et Felicem nominarat. Ex quo periculoso schismate magnum discrimen Ecclesiæ Dei imminere posse veri similiter timebatur. Ad illum extinguendum tanquam catholicus et christianissimus princeps plurimùm laborabat, et tandem post crebras et multas legationes quas ab hujusmodi causam variis miserat vicibus, optato potitus, ad cedendum præfato pontificio eundem Amedeum seu Felicem inflexit. Ex quo ipsum perniciosum schisma taliter sopitum, extinctumque fuit, Nicolao quinto post Eugenium Roma subrogato, unico et indubitato pontifice Ecclesiæ romanæ remanente... »

PIÈCE N° 2.

LETTRE DE NICOLAS DE CLÉMANGES, ARCHIDIACRE DE BAYEUX, SUR LES RAVAGES CAUSÉS EN FRANCE PAR LES GENS DE GUERRE DANS LA PREMIÈRE PARTIE DU QUINZIÈME SIÈCLE.

Ad Johannem de Gersonio cancellarium Ecclesiæ parisiensis, de rapinis et cœteris horribilibus armatorum maleficiis quibus omnia impune licent, et de militaris disciplinæ necessaria in regno Franciæ reformatione[1] (Epistola LIX).

« Tempus hoc (quod presenti cursu jam volvitur) turbulentissimum apellas, nec (ut midi quidem videtur) injuria, si illa debito librentur examine, quæ in eo fieri cernimus, non ut pestes prætereamus, assiduo pene incursu urbes incolis, agros colonis, domos totis familiis vacuantes, et non modo genus humanum, sed feras ac pecora campi consumentes, ut sterilitates annorum taceamus, modo frumentum, modo vinum, modo oleum, modo universos fructus abnegantes, ut illuviones aquarum solito amplius exundantes omittamus, quæ non modo a radicibus arbores eruunt, sata vastant, pontes vastant, sed à solo ac fundamentis ædes concutiunt, villas suffodiunt, et (sicut Poeta loquitur)

    Cum stabulis armenta trahunt,

ut hæc inquam pertranseamus, quibus, contra nos, ob nostra

---

[1] *Nicolai de Clemangiis Catalaunensis archidiaconi Baiocensis, opera omnia.* 1 vol. in-4°. Lyon, 1613. IIe partie, p. 160 — Nicolas de Clemanges est mort vers 1453, et Jean Gerson en 1429. Cette lettre a dû être écrite de 1422 à 1429, époque où la licence des troupes fut portée à son comble.

intoleranda facinora, Elementa et orbis ipse pugnare videntur, quæ tam felix et copiosa potest esse eloquentia, quæ armorum concussionnes, pauperùmque agrestium per illa compressionnes, satis possit compecti, pauca de immenso cumulo attentabo his scriptis, non pro rei magnitudine, sed pro mei tenuitate eloquii, perstringere. Accepimus a majoribus arma, pro patriæ salute, pro populi Ecclesiæque tutamento sumi oportere, tuncque juste ac licenter bella geri, quando his ex causis geruntur. Ad hoc siquidem in Republica instituta militia est, ut hœc per eam defendatur, defensaque tranquillam agant in pace et quietam vitam. Itane, quæso, hodierni nostri agunt exercitus quos passim vagos ac avolantes per medios cernimus campos discurrere? Quomodo ipsi hæc conservent instituta, res ipsa loquitur, imo vero bellum patriæ nefarium inferunt, et quasi ad eam delendam arma capere jussi essent, summo illam certant studio profligare, pene omnia hostilia in illam exercentes. Nam quantum ad prædas attinet ac rapinas, non aliter quam in terra hostili, cuncta quæ murorum ambitu non sunt cæpta, diripiunt, maxime autem terram Dei et pauperculos, Ecclesiæque agricolas (quibus potissimum tuendis invigilare debuerant) persequuntur.

« Prima eorum questio est quæ ad jura Ecclesiarum personasque Ecclesiasticas loca pertineant ; quo comperto, mox ea petunt, quo autem illa impetu percusserint atque spolient, quis explicet? Luporum sane illi morem servant : sicut enim lupi si forte caulas introierint, omnia (nisi impediantur) strangulant, ita hi non solum mactant quod suæ sit voracitati suffectum, sed quod cohorti posset sufficere, quatuor vilissimi enecant furciferi, non pullum, non gallinam, non gallum gallinaceum, quem oculis assequi possunt, in tota cui insederint relinqunt villa. Quantam vero stragem faciant, hædorum, vitulorum atque agnellorum, aliorumque tenerorum ac saginatorum pecorum, horribile est intueri : lanistas ac macellarios istuc advenisse crederes, tanta illic carnificina conspicitur. Bene autem ac feliciter cum miserrimis ageretur agrorum cultoribns, si his saltem contenti essent, quæ penes eos inveniunt, sed illos ad pisces ex urbe deportandos, ad aromaticas species atque ad vina peregrina, ad caligas insuper atque ocreas, minis et verberibus urgent, qui non satis habent unde calceos sibi liberisque comparent. Nihilo quippe in tuguriis rusticorum minores quærunt lautitias, ciborumque copias, quam in regia essent aula habituri.

« Sed omittamus omnia ista, quæ ad cyclopeam illorum exsaturandam ingluviem spectant, suum luxum effeminatum in epulis ac poculis, suam ingurgitationem, suas assiduas commessationes, quas castrensis continentiæ antiquo exemplo faciunt, relinquamus, et de rapinarum incredibili horrore pauca explicemus.

« Ut primum in pagum aliquem campestrem, more turbinis ac procellæ intraverint, primum eorum est studium loca omnia oculta, nequid ibi reconditum sit, penetrare, clausaque nisi presto adsit, qui continuo aperiat, effringere. Arcas, scrinia, cistas, cubicula, lectos, caveas, angulos atque recessus scrutantur, et siquid ibi quod suos oculos, vel pretio, vel specie alliciat, invenerint, id compilatum est. Non modo autem viriles tollunt vestes, sed feminea etiam non verentur indumenta atque ornamenta asportare. Cum vero tempus emigrandi, movendorumque castrorum institerit, tum vero nihil in domiciliis omnino relinquetur, quod non pecunia redimi necesse sit; non vinum, avena, triticum, non equi aut ulla armenta, non vasa escaria aut coquinaria, quæ si non eorum voto redimantur, omnia dilapidabuntur, frumenta dispergentur; dolia conquassabunt, pecora abigentur, alibique venundabuntur, aut in domini conspectu ingulabuntur; lebetes, ollœ, patellæ, cacabi, contra saxa et parietes collidentur.

« Vidimus, et sæpe vidimus, quasi in patria victa prædæque post victoriam exposita, plerosque ad prædam venire, cum curribus, qui usque adeo universa corrodebant, ut ne lucernam quidem vel salinum in villa aut domo aliqua relinquerent. Visi sunt ante unum mensem exactum, qui sub tempore ui egressus, gladiis vagina eductis, nudos hospites e lecto, nocte media extrahant, sicque supplices ac trepidos ad sui suorumque omnium redemptionem, morte intentata, cogebant. Sunt qui scamna, mensas, sedilia lignea, omnia exurant, nisi redimantur, nec modo lignea, sed lanea quoque ipsa ac linea. Sunt qui matronarum lectos discerpere non vereantur, plumamque in ventos spargere; preterea sacrilegia, raptus, adulteria, clandestinas virginum stuprationes, preterea monasteriorum atque Ecclesiarum, sacrorumque locorum spolia, violationes, impias profanationes, libet quoque contumelias, ludibria, irrisiones, violentas injurias quas Dei ob irreverentiam, ministris ejus irrogant; preterire libet et pleraque alia gravia non commemorare flagitia, quæ si cuncta exequi vellem, modum non esset habitura oratio.

« Sed quis illud pretereundum tolerandumque arbitretur, quod effreni jam audacia a locis munitioribus, fossaque ac mœnibus cinctis non abstinent, imo castella ipsa vi et minis aggrediuntur irrumpere? Quid jam ab eorum rapinis et insidiis poterit tutum esse, si oppida et loca firma a quibus etiam hostes arcentur, vi aut dolo ingrediuntur. Ex quibus autem hominum generibus illa conflata sit patriæ pernities, paucis accipe.

« Rara illic nobilitas est, quamquam sese plerique nobilitate jactent; armorum sentina illa partim ex servis fugitivis, hominibusque apostatis, partim ex desidiosis, ignavisque artificibus, sua odio artificia habentibus, et in luxu atque otio suam fovere inertiam quærentibus, partim ex lenonum gregibus, cum suis pariter scortis; partim vero ex exulibus, et omni genere latronum sceleratorumque hominum collecta est. Itaque pauci jam latrones, angustas itinerum fauces, insidiososque saltuum anfractus obsident; castra omnes illi sequuntur, ad armaque se contulerunt. Quid mirum, cum latrocinia, quæ in tenebris ac latibulis formidolose exercebant, et cum periculo capitis, nunc luce palam absque metu aut periculo exerceant. Quid enim jam illi timeant, quibus omne quod libitum est, libere pro arbitrio exequi conceditur? Non est qui furori eorum, qui furtis, qui insolentiis, qui nefariis conatibus ausibusque temerariis habenas aliquas imponat. Quamprimum exiit edictum de aliqua expeditione, convolant passim ex urbibus perditi quique, et audaces homines, maleficiis omnibus assuetti, aleatores, scortatores, cæterique, qui ex turpi vita, ære alieno laborant. Convolant præterea ex agris aratores, ex vineis fossores, atque vinicolæ, jam per has clades bonis suis exhausti, sperantesque artibus eisdem quibus ad inopiam fuerant reducti, se rursum, alios spoliando, facile ditari. Concurrunt ad poxtremum ex sylvarum insidiis latrunculi quique, et homicidæ. Hi omnes per turmas et cohortes se congregant, et non ad bellum hostibus inferendum, cujus rei prorsus ignari existunt, sed ad prædas et ad spolia accinguntur; nulli parcunt ætati non senibus, non decrepitis, non pupillis, non viduatis, sed his aliisque similibus personis miserabilibus, bellum exitiale et crudelissimum inferunt. Non regii ulli magistratus ipsis obsistunt, non præfecti urbium, non prætores castrorum, non capita et potestates regionum. Si quis autem ex pauperibus quos tanta inhumanitate atque impietate affligunt, eis repugnare ausus sit, usque adeo vapulabit, ut de vita periclitetur.

« Protenus autem et confestim armati sunt, nec sua illis magno constat armatura. Equos ex aratris detrahunt, quæ primum sibi occurerint. Satis autem est ad armorum speciem terroremque popularibus inferendum, si quis eisdem rubiginosum vaginaque seminudatum, aut veteres, ferro exeso, contectas secum chirothecas gestet. Denique, hic jaculo armatur, ille arcu, alius pharetra et sagittis. Quid ni his contenti armis sint, contra nudos atque inermes sine ulla repugnantia pugnaturi? Quæ cum ita sint quis miretur servos hoc tempore tam paucos inveniri, aut inventos, tam caro conduci, cum omnes hanc castrensem petant præclaram ac pulcherrimam disciplinam, in qua nec hostem ferire, nec viros adversi timere exercitus, nec castra, vallo et fossa munire, nec signa aut ordines sequi; nec graves militiæ cœteros labores subire necesse sit. Sed id tantummodo facere, quod Poeta ait;

Comportare juvat prædas et vivere rapto.

« Quem felicem pugnæ successum, adversus hostes, quem triumphum potest ille sperare, qui tali furum manipulo suam aciem instruxit? Deum nimirum hostem habet, qui talem ducit exercitum Deo odibilem; nec aliquid potest prosperum ex prælii commissionne reportare. Cum magna populis et multa pendant onera, tributorumque cuncta bellorum occasione exiguntur. Illud est omnibus tributis et angariis gravius, his saltem qui patentes campos inhabitant, quod ita omni protectione præsidioque indefensi, prædæ ac populationi omnium arma ferentium exponuntur; et nisi Deus sua piissima miseratione eis propitietur, non video quomodo diu possint, in hac tanta vitam agere calamitate. Quod si hanc procellam temporum longius trahi contigerit, quod pietas avertat cœlestis, illos sua domicilia relinquere, suisque migrare sedibus oportebit. Alioqui fame in illis rerumque omnium conficiendos inopia, nec facile numerabilis est turba illa, quæ his impellentibus causis, ex hujus regni limitibus, in alienas terras et regiones jam profecta est.

« Equidem credere non possum piissimum regem nostrum, clementesque regni proceres, has clades, hasque angustias sui pauperrimi populi, quo nullus est sui Principis amantior, notas habere. Neque enim tanto tempore illis eum atterri passi essent. Imo jamdudum cum illorum qui talia operati sunt operarique non desinunt, severissima coarctione, per oportuna remedia tanto sui regni vulneri subvenisset, subventurosque dum id scierint existimo [1]... »

---

[1] L'archidiacre de Bayeux termine indiquant les moyens à l'aide desquels on aurait pu, suivant lui, remédier au mal. Ces moyens étaient au nombre de quatre :

1° Interdiction générale de lever des troupes dans toute l'étendue du territoire, à moins d'un ordre exprès du roi ;

2° Engagement pris par le roi de payer les divers chefs des troupes employées à son service, à la charge par eux de distribuer chaque mois à leurs hommes ce qui leur revenait, avec obligation d'en rendre bon compte ;

3° Défense générale de rien enlever par force ou clandestinement, avec injonction aux baillis, quand des troupes devraient traverser leur territoire, de les faire surveiller pour empêcher le pillage et le punir au besoin ;

4° Enfin, réforme de la discipline militaire, dont toute trace avait complétement disparu.

PIÈCE N° 3.

EXTRAITS INÉDITS DU COMPTE DE LA VENTE DES BIENS DE JACQUES COEUR [1].

Extrait A.

« Le premier jour du mois de juing l'an mil CCCC cinquante et trois, le Roy estant en son chastel de Lezignen, commenda et ordonna à moy Jehan Dauvet, conseiller et procureur général du dit seigneur, prandre la charge de mectre à exécution l'arrest prononcié en la présence d'icellui seigneur le XXIX° jour de may précédent, à l'encontre de Jacques Cuer, et en commenda ses lettres de commission, desquels arrest et commission la teneur s'ensuit :

« Charles, par la grâce de Dieu, Roy de France : à tous ceulx qui ces présentes lettres verront, salut. Comme après le décès de feue Agnès Sorelle damoiselle, la commune renommée fut qu'elle avoit esté empoisonnée, et par icelle commune renommée, Jacques Cuer, lors notre conseiller et argentier, en eust été soupçonné... » (*Voir l'arrêt de condamnation*, t. II, pièce n° 12.)

Extrait B [2].

« Et le lendemain, deuxième jour du dit mois de juing,

---

[1] Archives nationales, registre K, n° 328, folio 1. — (Voir la préface, p. L).

[2] Folios 12 et suiv.

m'en parti du dit Lezignen en la compaignie de monseigneur le chancellier et arrivé à Poictiers au giste, et les trois, quatre et cinquième jours du dit mois fu vacqué à l'exécution des amendes honorables que le dit Cuer et mademoiselle Jehanne de Vendosme, dame de Mortaigne, devoient faire par les arrest prononcés à l'encontre d'eulx. Et par vertu du dist arrest et des dites lettres de commission, à moy adressans et en obéissant au commandement et ordonnance du Roy, le sixième jour du dit mois de juing me transporté par devers le dit Jacques Cuer estant prisonnier ou chastel de Poictiers. Et en la présence de monseigneur le conte de Dampmartin, de Jehan Lebrun et ses autres gardes, luy notiffié la charge et commission que le Roy m'avoit donnée de mectre le dit arrest à exécution, et fis commandement au dit Jacques Cuer de paier et contenter le Roy ou ses receuveurs à ce commis de la somme de cent mille escuz, en quoy il a esté condempné par le dit arrest pour la restitution des sommes par luy levées et exigées indement sur le Roy et ses subgectz; et de la somme de IIIe M. escuz pour amende. A quoy le dit Jacques Cuer me dist et respondit qu'il ne savoit que dire au contraire, mais qu'il seroit impossible de paier si grans sommes et que ses biens ne pourroient fournir à beaucoup près, et qu'il devoit de cent à six vins mille escuz qu'il avoit emprunctez de plusieurs personnes pour les affaires du Roy, en requérant mon dit seigneur de Dampmartin et moy de remonstrer au Roy son pouvre fait et luy supplier qu'il lui plaise avoir pitié et compacion de luy et de ses pouvres enfans. Et je lui dis que mon entencion estoit en diffault de paiement de procéder à la vente et exploitation de ses biens meubles et immeubles, et qu'il falloit qu'il se aidast et qu'il advisast les moyens par lesquelx il pourroit plus promptement faire finance ; a quoy il me dit qu'il ne sçavoit que deux moiens. C'est assavoir, ou qu'il pleust au Roy le délivrer en baillant ses enfans en hostaiges avec bonnes cautions, ou si ce n'est le plaisir du Roy de ainsi le faire qu'il peust parler avec son filz monseigneur l'arcevesque de Bourges, maistre Jehan Thierry et Pierre Joubert, et que on fist venir Guillaume de Varye et Anthoine Noir à seurtez, et il aviseroit avec eulx ce qu'il pourroit faire. Et le dit jour après disgner, mon dit seigneur de Dampmartin et moy fismes venir par devers le dit Jacques Cuer le dit monseigneur l'arcevesque de Bourges et trois autres ses enfants, lequel Jacques Cuer et le dit monseigneur l'arcevesque parlèrent assez longuement ensemble en noz présences du fait des compaignies du dit Cuer et de ses biens, et des exécutions et main mises qui avoient esté faictes de par le Roy sur ses dits biens. Et par ce que le dit arcevesque disoit au dit Cuer son père, il n'y avoit pas grans meubles ne debtes, sur quoy la dite exécution se peust faire et après plusieurs parolles le dit monseigneur de Dampmartin et moy dismes au dit Jacques Cuer et arcevesque qu'ilz y pensassent et advisassent plus à plain, et que le lendemain serions encores tous ensemble pour y prandre conclusion. Lequel jour de lendemain mon dit seigneur de Dampmartin, le dit monseigneur l'arcevesque, et ses frères et moy, fusmes par devers le dit Jacques Cuer, qui nous dist qu'il avoit rédigé et mis par escript tout ce qu'il savoit du fait de ses biens en deux feuilles de papier. Et lors dis au dit Jacques Cuer et au dit arcevesque son filz que mon entencion estoit de procéder à la vente des biens du dit Cuer, et qu'ils advisassent d'avoir de leurs gens si bon leur sembloit pour veoir les dites ventes, les cures et subhastacions, et autres exploix que je entendoye à faire en mectant le dit arrest à exécution. Et le lendemain vendredi VIIIe du dit mois, monseigneur de Dampmartin s'en partit pour aler devers le Roy, et emporta l'escript baillié par le dit Cuer, et

je demouré au dit lieu de Poictiers, actendant Octo Castellain et Jehan Briconnet, commis par le Roy à la recepte des condempnations du dit Cuer, jusques au vendredi XVᵉ du dit mois que je m'en party du dit lieu de Poictiers pour m'en tirer et aler à Tours, auquel lieu je arrivé le dimenche XVIIᵉ jour du dit mois de juing, et le lendemain lundi XVIIIᵉ du dit mois je assemblé les lieutenants du bailli et les advocats et procureurs du Roy à Tours, avec lesquelx je eu consultation et advis sur la fourme et manière que je devoye tenir pour mectre les biens meubles du dit Cuer, estant au dit lieu de Tours, entre les mains du dit Briconnet en vente. Et par l'advis et délibération des dessus dits fis le lendemain mardi XIXᵉ du dit mois publier à son de trompe et par cry publicque en la dite ville de Tours que les biens meubles du dit Jacques estant au dit lieu de Tours en l'ostel de Jehan Briconnet estoient mis et exposez en vente, selon la sédulle de laquelle la teneur s'ensuit : — « On fait assavoir de par le
« Roy à tous que en procédant à l'exécution de l'arrest na-
« gaires prononcié à Lezignen, à l'encontre de Jacques Cuer,
« les biens meubles du dit Cuer estant à Tours, tant draps
« d'or, d'argent, de soye, de layne, pelleterie, joyaulx, vais-
« selle, toilles, tixus et autres bagues et biens meubles sont
« et seront mis en vente aux plus offrans et derreniers enche-
« risseurs, par maistre Jehan Dauvet, conseiller et procureur
« général du Roy, et commissaire du dit seigneur, en ceste
« partie, et commencera la première vente et le premier ban
« le XIXᵉ jour de ce présent mois de juing, la seconde com-
« mencera le samedi XXIIIᵉ jour du dit mois, et la tierce et
« derrenière le samedi derrenier jour de se dit mois. Lequel
« derrenier jour et autres jours aussi les dits biens meubles
« qui seront mis à pris seront délivrés aux plus offrans et
« derreniers enchérisseurs, et sont les dits biens en l'ostel

« de Jehan Briconnet, esleu pour le Roy sur le fait des aides
« à Tours, et commis par le dit sieur à la recepte des con-
« dempnations et amendes desclairées à l'encontre du dit
« Cuer en Languedoil, et qui vauldra voir les dits biens
« vienne en l'ostel du dit Briconnet, et on les monstrera.

« Item, on fait assavoir de par le Roy à tous ceulx qui au-
« ront ou sauront aucuns des biens de Jacques Cuer qu'ilz les
« viennent reveler et desclairer au dit maistre Jehan Dauvet
« de dans huit jours sur peine de pugnir ceulx qui feront le
« contraire de grands pugnitions et amandes arbitraires. » De
laquelle sedulle j'an envoyé le double aux lieuxtenants des
séneschaulx de Poictou et d'Anjou, et du bailli de Berry, afin
qu'ilz la fassent publier à Poictiers, à Angers et à Bourges.

« Et le XXe jour du dit mois de juin du dit an mil IIIIᶜ LIII,
en la dite ville de Tours, en la présence de moy Jehan Dauvet, commissaire dessus dit, de Baudet Berthelot, lieutenant
principal du bailli de Touraine, de Pierre Godeau, lieutenant
particulier à Tours, dudit bailli et de Jehan Briconnet, receveur dessus dit, me transporté en l'ostel du dit Briconnet,
receveur qui avoit et a en garde les biens du dit Cuer estant
au dit lieu de Tours pour iceulx biens veoir et visiter, et faire
aprecter les bagues et joyaulx, et fut par moy monstré une
croix d'or garnie de pierreries à Gillebert, orfevre du Roy, et
Jehan Boudenier, receveur des aides et changeur à Tours,
Raoul et Tontin, marchands, et Jehan de Denan, orfevre. Et
après le serment par eulx solempnellement fait de dire et
rapporter la vérité du pris et valeur des croix, sallières d'or
et autres bagues et joyaulx qui leur seront monstrées, lesquelles croix, sallières d'or et autres bagues j'ay veues et visi-
tées, et ay trouvé quelles estoient entières tant en or que en
pierrerie, selon la désignation contenue en l'inventoire fait
par maistre Pierre de Caigneux, secrétaire du Roy et commis-

saire à mectre les biens du dit Cuer en la main du Roy, fut par eulx l'or de la dite croix touchié et rapporté par serment que l'or du pié de la dicte croix estoit à XVII caratz, et le seurplus estoit à XVIII caratz, et pesèrent la dite croix et rapportèrent que le tout ensemble poise six marcs cinq onces II gros, et l'ont prisé valoir, tant l'or que la pierrerie, III^c IIII^{xx} escuz.

« Item, le dit jour, a esté monstré aux dessus dits et à Loys, juré changeur, une salière d'or à ung personnage de compaignon, vestu en figure de drap d'or garnie de pierrerie, laquelle ilz ont touchée et pesée, et ont rapporté que l'or est à XVIII caratz et pèse le tout ensemble, en ce compris le jaspe et l'esmail, cinq marcs six onces six gros, et le jaspe appert poisé cinq onces trois gros, et ont prisié l'or et la pierrerie II^c IIII^{xx} XV escuz, et le jaspe cinq escuz.

« Item, leur a esté monstré une autre salière de nacre de parle garnie de pierrerie, laquelle ilz ont touchée et pesée, et ont rapporté quelle peise le tout ensemble III marcs une once ung gros, et leur semble qu'il y a bien ung marc et demi d'or à XVII caratz, et a esté prisé le tout ensemble II^c escuz.

« Item, leur a esté monstré une autre salière d'or garnie de pierreries à façon de serf, laquelle a esté touchée et pesée, et ont rapporté que l'or est à XXII caratz et poise le tout ensemble trois marcs deux onces trois gros demy, et ont aprécié le tout ensemble II^c XL escuz.

« Item, leur a esté monstré une autre salière d'or garnie de pierreries à personnage d'une damoiselle à la façon d'Angleterre, laquelle a esté touchée et pesée, et ont rapporté que l'or est à XVI carats et poise le tout ensemble six marcs une once, dont il fault rabattre pour les pierres de la salière, pour l'esmail et pour le poix des autres pierres, six onces et demye, et ont aprécié le tout à III^c escuz.

« Item, leur a esté monstré une autre salière d'or garnie

de pierrerie, à personnage d'un villain, laquelle a esté touchée et pesée, et ont rapporté que l'or est à XIX carats et poise le tout ensemble sept marcs six onces sept gros, sur quoy fault rabattre, pour la pierre de la salière et pour les autres pierres, VI onces VII gros, et ont aprécié le tout IIIIe LIII escuz.

« Item, leur a esté monstré ung colier d'or, à XXX boutons d'or esmaillés, lequel ilz ont touchié et pesé, et ont rapporté qu'il poise II marcs VII onces III gros ou environ, et est l'or à XVIII caratz, dont il fault rabactre une once pour l'esmail, et ont prisé le tout VII^{xx} XI escus.

« Item, leur ont esté monstrez VII balaiz persez d'une sorte ou environ, lesquelz ilz ont pesez ensemble, et ont rapporté qu'ilz poisent IIe IIII caratz, et leur semble que chacun carat puet bien valoir l'un portant l'autre IIII escuz et reviennent en somme toute à VIIIe XVI escuz.

« Item, leur ont esté monstrez deux saphirs, l'un gros caboche persé, lequel il ont prisé L escus, l'autre à VIII quarres et n'est point persé, l'ont prisé XXXV escus.

« Item, leur a esté monstré ung diamant poinctu en ung aneau d'or esmaillé à fleurs de rouge cler et à petit chevrons de rouge cler et de blanc achevronné, lequel ilz ont prisé à XX escus.

« Item, leur a esté monstré ung autre diamant poinctu naïf en ung aneau d'or esmaillé à fleurs de rouge clerc et à petis chevrons de rouge cler et de blanc, et l'ont prisé XV escuz.

« Item, leur a esté monstré ung autre diamant poinctu naïf en ung aneau d'or esmaillé à chevrons de rouge cler, de blanc, de vert et de bleu, et l'ont prisé XV escus.

« Item, ung autre petit diamant poinctu esmaillé de bleu à petis roleaux escript de lettres blanches, et l'ont prisé VI escus.

« Item, leur a esté monstré ung gros balay caboche pesant LXXIII caratz, qu'ils ont prisé à cinq escuz et demy le carat, vault le tout ensemble IIII^c escuz.

« Item, leur a esté monstré une perle persée, pendant à une petite brochete d'or, laquelle n'est pas bien blanche ne ronde, mais est aucunement rousse, et a esté ostée du balay dessus dit, pesant environ de XIIII à XV caratz, et l'ont prisée à cinquante escuz.

« Item, ont veu XVIII perles enfillées ensemble et quatre autres perles qui sont en ung petit fil d'arechal, lesquelles ilz ont prisées toutes ensemble XLV escuz... »

Extrait C [1].

Du samedi dernier jour du mois de juing 1453. — Maistre Pierre Cadoet, official de Bourges, est venu vers moy et m'a dit et déclaré que monseigneur l'arcevesque de Bourges et ses frères, enfans de Jacques Cuer, avaient fait requeste au Roy que luy pleust faire délivrer aus dits frères sur les biens du dit Cuer leur père estans en la main du Roy leur part et porcion d'iceulx biens qui leur appartenoient, à cause de la succession de leur feue mère, et que le Roy les m'avoit renvoyez et leur avoit dit que je leur feroye tele responce qu'il appartiendroit par raison. Sur quoy j'ay demandé au dit Gadoet s'il faisoit la dite requeste par porsuite judiciaire, et comme procureur des dits enfants, ou s'il la faisait en implorant et suppliant la grâce et bénignité du Roy, en luy remonstrant la condempnation du dit Jacques Cuer et comment les biens sont venus de luy, et ne puet partir de prison

[1] Folios 18 et suiv.

jusqués à ce qu'il ait paié les sommes en quoy il a esté condempné, se le Roy ne luy en fait grâce, et que le dit Cuer et et ses dits enfans avoient conclué et délibéré ensemble, présens monseigneur de Dampmartin, le trésorier de Thoulouse et moy, que tous les dits biens seroient mis réaument et de fait en la main du Roy et l'exécution faicte sur iceulx sans ce que les dits enfans ilz meissent nul quelconques empeschement. Et d'autre part luy remonstré que veu le crime de lèze-majesté pour lequel le dit Jacques Cuer a esté condempné, les dits enfans ne pouvoient prétendre droit es dits biens, et que par ces moiens la requeste qu'il faisoit n'estoit pas raisonnable. A quoy le dit Cadouet m'a dit et respondu que la requeste qu'il faisoit n'estoit point par porsuite de justice contencieuse, mais le faisoit en grant humilité et en implorant la grâce, miséricorde et bénignité du Roy et non autrement, et que de tous les dits biens ilz s'en rapportoient au bon plaisir du Roy et ne vouloient point empescher la dite exécution. Ainçoy, tous les biens qu'ilz avoient et pourroient jamais avoir de leur propre vouldroient employer pour la délivrance de leur père, en moy priant que je voulsisse avoir leur fait pour recommandé envers le Roy. A quoy je luy ay répondu que je le feroye voulentiers. »

Extrait D [1].

« *Du IIe jour d'aoûst* 1453. — Je fis venir par devers moy en l'ostel de Briçonnet, receveur à Tours, etc., Jéhan de Neufbourg, Julien Beauvarlet, Pierre Castellain et Pierre le Maslé, marchans, demourans à Tours, lesquelx je fis jurer

---

[1] Folios 41 à 70, *passim*.

solempnellement aux sains euvagilles de notre Seigneur de prisier bien et loyaument les draps d'or, d'argent, de soye, de layne, pelleterie, toiles et autres marchandies estans en l'ostel du dit Briconnet qui estoient du dit Jacques Cuer, lesquelx marchands présents le dit Briconnet, receveur, et Octo Castellain son contrerooleur, le dit IIe jour et autres jours ensuivans, prinsèrent les dites marchandises en la manière qui s'ensuit :

« Le dit jour, les commissaires estans à Maillé, Octo Castellain et moy receumes lettres closes du Roy adressans à nous, faisons mencion que les enfans du dit Cuer s'estoient tirez vers luy et luy avoient requis avoir délivrance de la succession de leur mère sur les biens du dit Cuer, estans en la main du dit Seigneur, et en cas que la chose prandroit delay luy avoient requis provision pour vivre sur les dits biens. Et par les dites lettres nous mandoit le Roy que debatissions ensemble la matière et que luy en escripvissions notre advis et que se nous advisions que bien fust que moy Dauvet fisse délivrer aus dits enfans, jusques à la somme de cinq C francs pour leur aider à vivre. Et pareillement le dit jour vint par devers nous, Ravaut Cuer, fils du dit Jacques Cuer, qui nous dist qu'il avoit requis au Roy pour luy et ses frères la délivrance de la dite succession de leur mère, au moins provision, et que le Roy lui avoit fait réponce, qu'il nous en escriproit et que luy ferions sa responce sur tout ; sur laquelle matière nous avons conféré ensemble et pour ce que le dit Jacques Cuer avoit ses biens, tant meubles que immeubles, en plusieurs et divers païs, et où il y a diverses coustumes, et aussi que on dit que paravant l'emprisonnement du dit Cuer, y a eu certain appointement fait entre le dit Cuer et sa feue femme, par lequel la dite femme fut contente d'aucuns héritages et biens meubles pour tout le droit qu'elle povoit avoir et prétendre ès biens du dit Cuer et d'elle, fusmes d'oppinion qu'il estoit expédiant de se enquérir au certain du fait des dites coustumes et aussi du dit traictié et de toutes autres choses qui povoient touchier et concerner la matière avant que nous puissions donner ne asseoir sur ce certaine oppinion. Et, au regard de la provision que les dits enfans requéroient, nous a semblé que le Roy leur povoit bien faire délivrer jusques à la dite somme de cinq C francs, mais que moy, Dauvet, soye à Bourges, par manière de don et non pas de provision, et ainsi l'avons escript au Roy.

« Et aussi fismes responce au dit Ravaut, que pour le présent ne luy povoit estre faicte responce sur la dite requeste, qu'il avoit faicte au Roy de la délivrance des biens de la succession de sa mère, pour ce que n'estions pas bien informez ne instruis, s'ilz y devoient aucune chose avoir et qu'il estoit besoing de se enquérir d'aucunes choses avant que la dite responce leur puisse estre faicte, et, au regard de la provision qu'il requéroit, luy dis que brief seroye à Bourges, et que lors se tirast vers moy, et que je luy feroye tant qu'il auroit cause d'estre contant.

« Et avec ce dis au dit Ravaut, que ainsi qu'il povoit veoir qu'il estoit tout notoire en default de paiement des sommes esquelles le dit Jacques Cuer, son père, avoit esté condempné, je procédoye à la vente des biens du dit Cuer, et que autreffoiz avois notiffié la dite vente au dit Cuer, son père, et si l'avois fait crier et publier en ceste ville, afin que le dit Ravaut ou autres, pour le dit Cuer, fussent présens à veoir faire les dites vantes et prisées des dits biens et marchandises se bon leur sembloit et encores le lui notiffié.

« Les trois, quatre et cinquième jours du dit mois furent les draps, pelleteries et autres marchandies estans en l'ostel du dit Briconnet, nectoyées, ployées et mises a point sur tables pour mieulx les visiter et aprécier.

« *Du VIe jour du dit mois d'aoust 1453.* — Vendu à maistre Yves (*le nom en blanc*), chanoyne de Poictiers, quatre pièces de toille de soye du grant, le tout le pris de dix escuz.

« Item, le dit jour, à maistré Jean Burdelot, secrétaire du Roy, trésorier de Nevers, deux pièces de la dite toille, le pris, le tout, cinq escus.

« Ce jour, vendu à Vayly, poursuivant de monseigneur le Patriarche, une aulne trois quartiers de drap noir, au pris de XXV^s l'aulne, valant XLIII^s IX^d.

« Vendu à Jehanin Jehan, quartier et demy de noir de Rouen, le tout vint et ung solz trois deniers.

« Item, le dit jour, à Jehanne Jehannete, trois quartiers et demy de noir de Lisle, le tout II escus.

« Item, le dit jour, vendu à Alain de Lacroix, quartier et demy de noir de Lisle, XX^s.

« Item, à Jehanin Jehan, vendu deux tiers et demy de noir de Lisle, le tout I escu.

« Item, au dit Alain, vendu trois quartiers et demy de tanne pour le pris de XL^s.

« Item, à luy, ung bouclier de Turquie, pour le pris de cinq solz.

« Item, à Jehan Duxeau, III aulnes tiers de gris de Dinan, le tout C^s.

« Item, la frise destrée blanche, contenant XXVIII aulnes et demye et deux tiers en cinq pièces, a esté vendue à Jehan Duxeau, chacune aulne trois solz, valant IIII^l VII^s VI^d.

« Item, à luy, la frise grise et noire, contenant XIX aulnes ung quartier, le tout vendu LX^s.

« Item, vendu à Pieret l'Arcangier, demi tiers migraine VII^s VI^d.

« Item, à Pieret Castellain, demy tiers d'escalate violete XV^s.

« Item, à Jehan Duxeau, cinq quartier de gros noir, le tout XX^s.

« Item, à luy, une aulne trois quartiers de gris de viconte, le tout LII^s VI^d.

« Item, à Pierre Castellier, huit aulnes de blanchet quart à IX^s II^d l'aulne, valant LXXV^s VII$^{d\,ob}$.

« Item, à Julien Beauvarlet, trois choses rondes dos à faire marques de marchans, vendues I escu.

« Item, à Alain de Lacroix, deux ancriers de cyprès, vendus XX^s.

« Item, à Jehan Morin, cinq aulnes quart de gris d'Angleterre, vendu chacune aulne XXII^s XI^d, valant CXVIII^s I$^{d\,ob}$.

« Item, au dit Morin, une pièce de drap noir d'Angleterre, tenant XIIII aulnes, vendues chacune aulne XX^s, valant XIIII^l.

« Item, à Inace le Grant, deux manteaulx d'aignaulx noirs de Lombardie, qui guières ne valent, la somme de LV?.

« Item, à Jehan Dechamps, trois martres de païs agrenées venues et yssues des XXIX, la somme de ung escu.

« Item, à Jehan Duxeau, une pièce de soye du petit venue et yssue de XIII pièces contenues en l'inventaire, XX^s tournois......

« *Du dit VIe aoust.* — Vendu à Gilbert Jehan, orfèvre, demourant à Tours, une couppe d'argent dorée à trois piez en façon d'Almaigne, pesant trois marcs, une once, sept gros, chacun marc neuf liures, valent XXIX^l II^s II^d.

« Item, à luy, une coppe d'argent dorée esmaillée dedens et dessus ouvrée à fueillages, pesant trois marcs une once, deux gros, qui, a neuf livres le marc, valent XXVIII^l VIII^s I$^{d\,ob}$.

« Item, à luy, ung gobelet d'argent doré poinssonné à

feuillage dedens à fleurs bleues et violées, pesant trois marcs, sept onces, trois gros et demy, dont chacun marc luy a esté vendu neuf livres, valant XXXV¹ VIIˢ IIII ᵈ.

Item, à luy, une esguière d'argent dorée poinssonné dessus à une damoiselle et ung compaignon dedens, n'est point dorée, pesant ung marc, sept onces quatre gros, qui valent, au dit pris de IX livres le marc, XVII¹ LIIIˢ IX ᵈ.

« Item, à luy, une couppe d'argent dorée dedens et dehors, poinssonné dessus, à ung compaignon et une damoiselle, pesant deux marcs, trois onces, ung gros, qui valent, à IX livres le marc, XXI¹ Xˢ II ᵈ ᵒᵇ.

« Item, à luy, ung camail d'argent de l'ordre de monseigneur d'Orléans, pesant sept onces, trois gros, qui luy a esté vendu à la raison de VII¹ XVˢ le marc, valant VII¹ IIˢ XI ᵈ.

« Item, à luy, plusieurs estraines de plusieurs sortes d'argent, les unes dorées et les autres noires, avec une boucle de saincture à femme et une cueillier, et plusieurs autres pièces d'argent, qui, par l'inventaire du dit Briconnet, pesoient quatre marcs, quatre onces, sept gros ; en les vendant au dit Gilbert y a esté trouvé de très mauvais argent et luy a esté rabatu quatre gros et demy pour ce, quatre marcs, quatre onces, deux grains et demy, qui valent, à VII¹ XVˢ le marc, XXXV¹ LIIˢ IIII ᵈ.

« Item, à luy, plusieurs paillettes d'argent dorées, pesant trois onces, six gros, à huit livres dix solz le marc, valant LXXIXˢ IX ᵈ.

« Item, à luy, autres paillettes d'argent non dorées pesant six onces, quatre gros et demy valant, à la raison de huit livres, dix sols marc d'argent, la somme de VI¹ XIXˢ VI ᵈ.

« Item, à luy, plusieurs menuz essaiz d'argent pesant une once, cinq gros et demy, valant à huit livres dix sols marc d'argent, la somme de XXXVˢ, X ᵈ.

« Item, à luy, une couppe d'argent dorée par dehors, esmaillée par dedans d'une damoiselle gauderonnée pesant quatre marcs, une once, trois gros, chacun marc VIII^l XV^s valant XXXVI^l X^s.

« Item, à Pierre Dormille vendu deux pots d'argent verez à mectre eau à chacun une gourgolle, les anses torées à branches coppées, pesant VII marcs, VI onces et demye, chacun marc huit livres dix sols, valant LXVI^l VIII^s VII^d.

« Item, à luy cinq tasses d'argent faictes à cuers, pesant XIIII marcs VII° et donne chacun marc VIII^l X^s, valant VI^{xx} VI^l XIX^s IIII^d ob.

« Item, à Jehan Bondemer ung petit pot d'argent véré, à ance ronde, pesant ung marc, III gros et demy, la somme de VIII^l XVI^s VIII^d.

« Item, vendu à Jehan le Cirat deux aulnes de gris de Dinan, chacune aune XV^s pour le XXX^s.

« Item, au dit le Cirat une aulne de gros mocquin, XVII^s VI^d.

« Item, audit le Cirat II tiers et demy de veloux sur veloux noir, IIII^l........

Du VIIe jour d'aoust et autres jours en suivans. — Je fis priser les draps de layne, pelleterie et autres choses estans en l'hostel du dit Briconnet à Tours, par Jehan de Neufbourg, Pierre Castellain, Jehan de Clains, Jehan Saint Dassier, drapiers, Jehan de Berches, Geoffroy Fournin et Jehan Beraudeau pelletiers, lesquels jurèrent de bien et loyalement faire le dit prisaige en la manière qui s'ensuit.

— Premièrement : — Une pièce de gris tenant IIII aulnes prisé chacune aulne XLV^s, vallent IX^l.

Une autre tenant cinq aulnes quart, prisée chacune aulne XL^s, vallent X^l X^s, etc., etc.

— Migrennes de Rouen, vermeilles et violées. — Une pièce tenant ung quartier et demy, prisée le tout XXXII˙ VI^d.

« Une autre tenant ung quartier, prisée XVII^s VI^d.

« Une autre tenant demie aulne, demi quartier, prisée le tout XXXV^s, etc., etc.

— « Gris de Dinan et autres gris de plusieurs sortes. — Une pièce tenant deux tiers et demi, prisé le tout XX^s.

« Une autre tenant II^a quart prisée XXII^s VI^d l'aulne, vallant L^s VII^d ^ob.

Une autre tenant deulx aulnes et demye, et demi quartier, prisée l'aulne XXX^s, vallant LXXVIII^s IX^d, etc., etc.

— Noirs de Bourges. — Une pièce entière tenant huit aulnes III quartiers, prisée chacune aulne XXVII^s VI^d, valent XII^l VII^d ^ob.

« Une autre tenant III tiers, prisée l'aulne XXII^s VI^d, vallent LXXV^s.

Une autre tenant huit aulnes III quartiers comme il appert par le brevet, prisée chacune aulne XXII^s VI^d, vallent IX^l XVI^s X^d ^ob, etc., etc.

— « Martres de païs. — Six manteaux de doz des dites martres, par chacun manteau l'un portant l'autre XV écus qui font IIII^xx X escus, vallent VI^xx IIII^l XV^s.

« Item, quarante quatre doz des dites martres en une pièce de manteau prisé VI escus, vallent VIII^l V^s.

« Item, trois manteaux moiens decoustez de martre dessus dites, prisé chacun manteau l'un portant l'autre XV escus, vallent LXI^l XVII^s VI^d, etc., etc.

— Et premièrement veloux sur veloux cramoisi. — Une pièce de veloux cramoisi tenant XVII^a III quartiers et demi prisée chacune aulne six escus, vallent CVI escus V^s X^d ^ob, font à monnoye : VI^xx XVII^l IX^s IIII^d ^ob.

Une autre pièce de violet tenant cinq aulnes deux tiers

prisée comme dessus chacune aulne VI escus, vallent XLVI¹ XV⁵.

— Veloux sur veloux noir cramoisi. — Une pièce tenant une aulne, quartier et demy, prisée IIII escus l'aulne, vallent VII¹ XI⁵ III^d.

Une autre tenant une aulne III quartiers et demy prisée IIII escus l'aulne, vallent X¹ VI⁵ III^d, etc., etc.

— « Satins, et premièrement satins figurez gris. — Une pièce tenant une aulne et demy quartier, prisé le tout. XLI⁵ VIII^d.

« Une autre grosse pièce tenant une aulne prisée LV.

— « Satins figurez vers, — etc., etc.

— « Damas cramoisiz vermeilz. — Une pièce tenant deux tiers prisée le tout IIII¹ XI⁵ VIII^d.

« Une autre tenant onze aulnes quartier et demi, prisée chacune aulne cinq escus, vallent LXXVIII¹ IIII⁵ II^d, etc., etc.

— « Damas tannez. — Une pièce tenant trois quartiers et demy, prisée le tout LIII⁵ II^d o^b.

Une autre tenant XII^a et demie et demy quartier, prisée l'aulne II escus quart, vallent XXXIX¹ I⁵ II^d pictes.

— « Damas blancs. — Une pièce fort endommagée tenant VI^a III quartiers prisée l'aulne II escus tiers, vallent : XXI¹ XIII⁵ I^d o^b, etc., etc.

— Taffectas de Fleurence bleuz. — Une pièce tenant deux aulnes tiers prisée l'aulne II escus, vallent VI¹ VIII⁵ IIII^d.

« Une autre tenant II^a quart prisée l'aulne II escus vallent VI¹ III⁵ IX^d, etc., etc.

— « Taffectas de Bouloigne de toutes sortes, et premièrement taffectas jaune. — Une pièce tenant sept aulnes quart, prisée l'aulne XV⁵ V^d, vallent CXI⁵ IX^d o_q.

Une autre tenant VI^a et demye prisée l'aulne XV⁵ V^d, vallent C⁵ I^d o^b, etc., etc.

— « Taffectas blans. — Une pièce tenant III aulnes et demye, prisée le tout LIII^s X^d ^{ob}.

— « Taffectas gris. — Une pièce tenant III^a et demye, prisée le tout LIII^s X^d ^{ob}.

« Une autre tenant une aulne tiers, prisée le tout XX^r VI^d, etc., etc.

— « Camelot de soye cramoisi. — Une pièce tenant quatre aulnes et demye, prisée l'aulne deux escus, vallent XII^l VII^s VI^d, etc., etc.

— « Toilles de Troyes. — Une pièce tenant XI^a II tiers de vingt six escus la pièce entière, prisée l'aulne X^s, vallent CXVI^s VIII^d.

« Une autre tenant dix aulnes II tiers de IX^l la pièce, prisée l'aulne V^s X^d, vallent LXII^s II^d tiers de denier, etc.

— « Toille de Cambray. — Une pièce tenant II^a II tiers de VIII escus V^s la pièce, prisée le tout LX^s, etc., etc.

— « Toille de soye. — Quatre pièces du grant, le restans de dix pièces dont les six ont esté vendues, prisée chacune II escus, vallent XIII^l XV^s.

Item, dix pièces du moien le tant petites que grandes qui n'ont point esté desploiées pour paour d'estre mal mises, prisées chacune pièce ung escus et demy, vallent XX^l XII^s VI^d, etc., etc.

« Une bannièrée soye aux armes du Roy pour les trompectes, garnie de six boutons, prisée LV^s, etc.

« Une pièce de damas gris broché d'argent, tenant XX^a comme il appert par le brevet, et prisée chacune aulné VIII escus, vallent II^c XX^l.

— « Draps d'or. — Une pièce en pièce de veloux bleu, brochée d'or de satin à fleurs de liz tenant XX aulnes, prisées chacune aulne VIII escus, vallent II^c XX^l, etc., etc.

« Une pièce de veloux sur veloux cramoisi vermeil, contenant XII aunels tiers, prisée l'aulne XX escus, vallent III^c XXXIX^l III^s IIII^d.

— « Une pièce de drap d'or bien riche de veloux sur veloux velulé, cramoisi vermeil, tenant XX aulnes II tiers justement estant en une casette, prisée l'aulne cinquante escus, vallent XIIII^c XX^l XVI^s VIII^d.

— « Une croix d'or où il y a XVII rubiz et XIII saffires garnis de perles, à laquelle fault une perle à ung des pilliers d'icelle, pesant VI^m V^o V gr. prisée III^c IIII^{xx} escus, vallent à monnoye V^c XXII^l X^s.

— « Pelecterie. — Soixante dix huit hermines dont en fault pour faire le timbre XL, prisé le tout XXVII^s VI^d.

« Item, XXXIIII doz de martres de païs, prisés les six doz ung escu, vallent VII^l XV^s X^d.

« Item, XXVI martres de païs entières agrenées, prisées les trois ung escu, vallent XI^l XVII^s IIII^d, etc.

« Item, six peaux de regnars blans, prisé le tout XV^s.

« Item, XXXVI manteaux dorilhac, prisé chacun manteau X^s, vallent XVIII^l, etc., etc.

« Item, deux manteaux desquays de hermines, prisé le tout VIII^l V^s, etc., etc.

« Item, quatre manteaux de doz de martres de païs, prisé chacun manteau X escus, vallent LV^l, etc., etc.

Extrait E[1].

« Et le XIIIIe jour du dit mois d'aoust m'en parti du dit lieu de Tours et me vins au giste à Blois, et le lendemain XVe du dit mois me transporté par devers monseigneur le

---

[1] Folios 82 et suiv.

duc d'Orléans, auquel je dis et exposé que par une sédulle signée de sa main du X de février mil IIIIe XLVIII que je avoye devers moy, il estoit tenu et obligé envers Jacques Cuer, en la somme de XIII^{xx} IX escuz et demy, pour certains draps de soye que le dit Cuer luy avoit délivrez, en requérant mon dit seigneur qu'il luy pleust faire délivrer la dite somme à Briconnet, receveur, lequel monseigneur le Duc me dist et répondit qu'il ne savoit que cestoit et qu'il en parleroit aux gens de ses finances et y adviseroit.

« Et le dit jour mesmes montré et exhibé à Jehan Chardon, trésorier de mon dit seigneur, une sédulle signée de sa main du XIIIe de novembre mil IIIIe XLVI, par laquelle il confesse devoir et promect paier à Guillaume de Varye la somme de VI^c XXIX escus et demy, à cause de certains draps, pelleterie et autres marchandies. Aussi luy monstré une autre sédulle signée de sa main du VI de septembre mil IIIIe XLVII, par laquelle il confesse devoir au dit de Varye la somme de LXVI escus à cause de toiles d'atour et martres, aussi luy monstré unes lettres closes de lui adressant au dit de Varye du VIIe de décembre sans incarnation par laquelle il escript au dit Guillaume qu'il délivre à Alardin de Mousay trois manteaux d'aignaux noirs du pris de II escus ou deux réaulx le manteau, aussy luy monstré la dite sédulle de monseigneur d'Orléans, lequel Chardon m'a confessé les dites deux cédulles signées de sa main estre véritables, mais il m'a dit que icelles sédulles furent faictes pour le fait de mon dit seigneur d'Orléans, et il me monstra une quictance signée de la main de Guillaume de Varye du XIIIe jour de may mil IIIIe XLVIII, par laquelle le dit de Varye confesse avoir receu du dit Chardon, par la main de Jehan d'Estampes, la somme de IIII^c L escus sur la somme de VI^c XXX escus, en quoy le dit Chardon estoit obligié par sa cédulle au dit de Varye et du surplus de la dite cédulle montant VIII^{xx}XIX escus et demy, et de la dite somme de LXVI escus, dont l'autre cédulle fait mencion, et aussi de la dite somme de VIII^{xx}IX escus et demy, dont la dite cédulle de mon dit seigneur d'Orléans fait mencion, ma dit que mon dit seigneur d'Orléans a esté assigné sur le dit Jacques Cuer de certaine somme dont icelluy Cuer luy doit de reste la somme de V ou VIe francs. Aussi dit qu'il avoit d'autres acquictz des dits Cuer et Varye, ainsi qu'il disoit qu'il me informeroit bien, mais que je luy donnasse delay de ce faire. Et au regard de la lettre close faisant mencion des dits trois manteaux d'Aignaulx, me dist que les dits manteaulx ne furent point baillez ne delivrez au dit de Mousay, et finablement j'ay appoincté que le dit Chardon me informeroit de ses acquitz de la dite somme de XII^{xx}V escus et demy, restans des sommes dessus dites, en quoy il est obligié par les dites cédulles signées de sa main ou paiera la somme de XII^{xx}V escus et demi au dit Briconnet, receveur, dedans la Toussaint prochain venant. Aussi ferat diligence de serchier et recouvrer les acquitz de mon dit seigneur d'Orléans de la dite somme de VIII^{xx}IX escus et demy pour m'en informer lors et pour les au surplus appoincter et ordonner de tout ainsi qu'il appartiendra par raison. »

Extrait. F[1].

« *Du samedi XXV jour du dit mois d'aoust.* — Furent assemblez en la grant chambre de parlement, messires les présidens de Sepeaulx, de Merle; messire Simon Charles, président des comptes; maistre Jehan Picart, général de France;

---

[1] Folio 84.

Léon Guervict, Jehan Simon, Robert Thiboust, Jehan Baillet, Maheu de Nanterre, Jehan de Longueil, Jehan Beson, Octo Castellain, tous conseilliers du Roy et moy; et la mis en termes et délibération, si la requeste que avoient faicte les enfans de Jacques Cuer au Roy, d'avoir la délivrance de la moisté des biens comme héritiers de leur feue mère estoit recevable et raisonnable ou non, et après que l'arrest fu leu fusmes tous d'oppinion, réserve le dit de Longueil, que veu que le dit Cuer avoit esté déclairé crimineulx de crime de lèze-maiesté, et que les biens qu'il avoit estoient venuz des exactions par luy faictes sur le Roy et sur le peuple, et que au temps de la prinse et de son procès fait, leur dite mère vivoit encores; que la dite requeste des dits enfans n'estoit recevable ne raisonnable, et qu'ilz ne povoient ne devoient aucune chose demander es meubles et conquestz du dit Cuer, comme héritiers de leur feue mère. »

Extrait G[1].

« *Du XXVIe jour d'aoust à Paris.* — Ce dit jour, Octo Castellain et moy nous transportasmes par devers monseigneur l'arcevesque de Bourges, auquel je dis et exposé que je trouveye par informacion qu'il avoit transporté sans inventaire ne autorité de justice les biens de feu l'évêque de Luçon, frère de Jacques Cuer son père, lesquels biens se montoient en valeur et estimacion dix^m escuz et plus, et pour ce, luy fis commandement de par le Roy à la peine de mil marcs d'argent qu'il rendist, baillast et délivrast les biens ès mains de Briconnet, receveur, pour sur iceulx faire l'exécution de

---

[1] Folio 86.

l'arrest prononcé à l'encontre du dit Cuer son père, et outtre luy dis que mon entencion estoit de brief aler à Bourges pour procéder à la dicte exécution sur les biens estant au dit lieu, et que ja y avoye envoyé pour mectre en la main du Roy et par inventaire les biens meubles estans et qui estoient en la grant maison neufve qui fut au dit Cuer et ailleurs au dit lieu de Bourges, et lesquelx furent laissiés par sire Pierre Bézart à la feue femme du dit Cuer, mère du dit monseigneur l'arcevesque, auquel monseigneur l'arcevesque je fis commandement qu'il les délivrast ou fist délivrer ès mains du dit Briconnet, ou de maistre Jehan Bouhale, que je avoye envoyé au dit lieu de Bourges, lequel monseigneur l'arcevesque me dist et respondit que, au regard des dits biens du dit feu evesque de Luçon, il les avoit prins voirement, mais il estoit son héritier et exécuteur, et les avoit employez ou fait de l'exécution de son testament, et que se je le vouloye contraindre plus avant il avoit cause de sy opposer et appeller de moy. Et je luy dis qu'il ne povoit estre héritier veu que le dit Jacques Cuer son père estoit le plus proche, et s'il l'avoit le dit feu évesque institué primo loquo son héritier, et que pour opposition ne appellation, je ne differeroye point à le contraindre de wider ses mains des dits biens et luy notiffié que, en son reffus et délay, je mectroye son temporel en la main du Roy, mais s'il me vouloit aucune chose moustrer et informer touchant la matière pour sa justification, je le verroye voulentiers et luy feroye à mon povoir tout ce qu'il appartiendroit par raison. Et en conclusion, le dit monseigneur l'arcevesque me dist que quant il sauroit que je seroye au dit lieu de Bourges, il se tireroit devers moy et me informeroit de tout son fait, et en tant que touchant les biens qui estoient ou dit grant hostel neuf qui demeurent ès mains et en la garde de sa feue mère, me dist que riens n'en avoit eu ne n'avoit entre ses mains, si non de la tappicerie que sa dite feue mère luy bailla pour parer sa maison quant monseigneur le cardinal d'Estouteville y fut et qu'il avoit fait rendre et remectre la dite tapisserie en la dite maison neufve, et autre chose n'en savoit. »

Extrait H [1].

« *Du samedi XXVIIe du dit moïs d'octobre 1453.* — Fut crié par les carrefours de la dite ville de Bourges, la vente et délivrance des biens de Jacques Cuer, et aussi que chacun veusist révéler et desclairer ce qu'il sauroit des dits biens en la manière qui s'ensuit :

« De par le Roy,

« On fait assavoir à tous que les biens, meubles de Jacques Cuer, lesquelz furent samedi derrenier exposez en vente par cry publique, seront lundi prochain et autres jours ensuivant vendus et délivrez aux plus offrants et derreniers enchérisseurs au petit palais, par maistre Jehan Dauvet, conseillier et procureur général du Roy, et par luy commis à mectre à exécution l'arrest nagaires prononcié par le Roy en son Grant Conseil à l'encontre du dit Cuer, et pour ce qui y vouldroit aucune chose dire ou mectre, il viengne par devers le commissaire, et il y sera receu.

« Item, on fait de reschief assavoir à tous que qui aura eu en garde ou autrement, scet ou a sceu aucuns des biens, lettres, papiers, debtes, obligacions ou autres choses du dit Cuer, et dont Guillaume de Varye et autres ses clercs, facteurs et serviteurs avoient le gouvernement et administra-

---

[1] Folios 106 et 107.

tion qu'il viengne dire et déclairer au dit commissaire, dedans huit jours, où sont les dits biens et choses à qui elles ont esté rendues ou bailliées et qu'elles sont devenues sur peine d'estre pugniz comme de larrecin et biens récelez au Roy et autrement griefvement; et s'est pour la seconde fois criée et publication.

« Le dit jour je interrogué, présent Octo Castellain, messire Alexandre Chambellan, chappellain de l'arcevesque de Bourges, savoir s'il avoit ou savoit aucuns des biens du dit Cuer, lequel confessa avoir eu en sa garde deux douzaines de hanaps d'argent dont il dit qu'il bailla une douzaine au caillier capitaine de Menetou, pour les baillier à la feue femme Jacques Cuer, et de l'autre douzaine avoit encores devers luy demy douzaine, et l'autre demy douzaine estoit encores devers le dit arcevesque, ainsi que ces choses et autres apparent plus à plain par sa depposition qui est ou sac.

« Après laquelle depposition et confession, j'ai fait commander au dit messire Alexandre qu'il me apporte dedens demain pour tout le jour les dits XII hanapz sur peine de cent marcs d'argent.

« Le dimanche XXVIIIe du dit mois, messire Alexandre Chambellan, chappelain de l'arcevesque de Bourges, me apporta six hanaps plains, dorez par dedans et goderonnez par dehors, laquelle goderonneure est dorée et blanche et sont esmaillés au fons de personnages, et y a deux onces et demye, auquel messire Alexandre je demandé où estoient les autres six hanaps qu'il me dist et confessa le jour d'yer estre devers le dit arcevesque de Bourges, et que je luy avoye commandé et ordonné me apporter, lequel messire Alexandre me dist, et respondit que ung nommé Michau Faure, serviteur du dit arcevesque, lequel Michau est natif de Clermont en

Auvergne et à ung oncle chanoine de l'église de Clermont les avoit euz en garde et que le dit serviteur estoit alé à Romme passé avoit quatre mois, et qu'il ne savoit où il avoit mis les dits hanaps, et actendoit ou chacun jour le retour du dit Michau. Auquel messire Alexandre, je dis et remonstré qu'il me dist hyer que le dit arcevesque avoit par devers luy les dits six hanaps et ne m'avoit point parlé du dit Michau ; à quoy iceluy messire Alexandre me dist qu'il croiet et entendoit me avoir dit que le dit Michau les eust. Et lors fis commandement au dit messire Alexandre de faire diligence, de recouvrer les dits hanaps, et lui dis qu'il en responderoit, puisqu'il avoit confessé les avoir euz une fois en garde, et il me dist qu'il en feroit diligence et demain me rapporteroit ce qu'il auroit trouvé.

« *Du lundi* XXVIIIe *du mois d'octobre*. — Messire Alexandre Chambellan est venu vers moy et m'a dit et affirmé qu'il a fait toute diligence d'enquérir et savoir s'il pourroit savoir nouvelles des six hanaps dont dessus est faict mencion, et qu'il n'en a peu aucune chose savoir, mais que Michau Faure qui les avoit en garde doit estre icy de son retour de Romme dedans XV jours au plus tart, et que par luy on saura où ils sont, auquel messire Alexandre j'ai dit et respondu que puis qu'il a confessé les avoir euz en garde il en respondra, et qu'il face diligence se bon luy semble de les recouvrer. »

Extrait I[1].

« *Du vendredi* IIe *de novembre* 1453. — Le dit jour Octo, Briconnet et moi nous transportasmes par devers l'arcevesque

---

[1] Folios 111 et suiv.

de Bourges en son hostel archiepiscopal et luy récité ce que luy dis à Paris touchant les biens de feu lévesque de Luçon, et avec ce luy dis que je trouvoie que le pénultième jour d'otobre mil CCCC LII fut appoincté par les doiens de Saint-Pierre et de Saint-Yllaire de Poictiers, et autres commissaires du Roy estant lors en ceste ville de Bourges, que le dit arcevesque vuideroit ses mains des biens du dit feu evesque qu'il avoit prins et transportez, dedans le XX⁰ jour de novembre ensuivant, sur peine de XII⁰ marcs d'or, et luy fis de reschief commander à la peine de II⁰ marcs d'or qu'il en vuidast ses mains jusques à l'extimacion de X^m escus. A quoy le dit arcevesque me respondit qu'il estoit héritier et exécuteur, et qu'il avoit mis et employé les dits biens en l'exécution du testament du dit feu, et que par ce il n'estoit tenu et n'en pourroit vuider ses mains, et je luy dis que se n'estoient pas excusations recevables ne raisonnables, pourquoy il peust ne deust apréhender ne retenir les dits biens, et pourquoy il ne soit ne doye estre contrainct à en vuider ses mains pour les causes et raisons que je luy dis, et déclairé autreffois à Paris, lesquelles je luy réitéré. Et au regard des appellations mises au néant et délivrance de son temporel dont il se vantoit, luy dis que s'il en avoit lettre, il la me montrast, et je feroye ce qu'il appartendroit, et avec ce luy dis que je n'avoye point de congnoissance de cause, et s'il ne vuidoit ses mains des dits biens et qu'il les me baillast et délivrast, je le contrainderoye à ce faire par la prise de son temporel et lui signiffié que, en son reffus, je prévoye et mectoie son dit temporel en la main, et que au gouvernement d'icelluy je commectoie commissaires. Et lors le dit arcevesque appella de moy, et je luy dis qu'il m'estoit mandé par ma commission le contraindre, non obstant oppositions ou appellations quelxconques.

« Et après dis et exposé au dit arcevesque que je trouvoye par informations et par l'inventaire de sire Pierre Bérart, et maistre Ythier de Puygirault, que paravant et au temps de la prinse de Jacques Cuer, son père, en sa grant maison et ailleurs, en ceste ville de Bourges, y avoit grant quantité de biens meubles, comme vesselle d'argent, joyaulx, tapicerie, linge, sarges de diverses sortes à tendre en chambre et autres meubles de grant valeur et estimation, et que je trouvoye que la plus part de la dite vesselle et autres biens avoient esté prins, emportez, et recelez, et que avoient par son ordonnance esté mis et bailliez en garde à plusieurs personnes de ses amis de ceste ville de Bourges, et que mesme avoie puis six jours actaint et convaincu messire Alexandre Chambellan, son chappellain, d'avoir recélé et gardé longtemps une douzaine de hanaps dont il m'avoit rendu demie douzaine et l'autre demie estoit par devers Michau, serviteur du dit arcevesque, qu'il avoit envoié à Romme, qui estoient grans et vehementes présumptions à l'encontre du dit arcevesque, que lui et ses gens avoient destourné et recélé les dits biens en le persuadant et exhortant, qu'il les me fist délivrer, pour sur et faire mon exécution en acquict et descharge des condempnacions et amendes du dit Jacques Cuer, son père.

« A quoy le dit arcevesque me dist et afferma sur la dampnacion de son ame, que il n'avoit ne savoit aucuns des dits biens de son dit père, qu'ilz ne fussent entre noz mains et que bien estoit vray que quant monseigneur le cardinal Destouteville estoit venu logier en sa maison, le dit arcevesque, estant hors de ceste ville, ses gens et serviteurs allèrent quérir en la maison du dit Cuer, son père, de la tapicerie, deux douzaines de hanaps et autres mesnaiges, qui estoient lors en la garde de sa feue mère, et dit que tantost après le partement du dit monseigneur le cardinal, il ordonna à ses serviteurs rendre et raporter à la dicte mère toutes les dites choses et que, en sa conscience, il cuidoit que tout eust esté rendu. Et après luy ay fait commandement qu'il me desclairast quelles choses furent apportées en sa maison de l'ostel de son dit père, pour la venue du dit monseigneur le cardinal, lequel monseigneur l'arcevesque me dist et respondit qu'il ne le sauroit dire ne déclairer, pour ce que lors que ses dits serviteurs alèrent quérir et qu'ils apportèrent les dites choses en sa maison il n'estoit en ceste ville, mais estoit devers le Roy ou ailleurs, et quant il fut retourné, ses dits serviteurs lui dirent que ils avoient esté quérir et avoient apporté en son dit hostel de la vesselle, tapicerie, et autres choses pour parer et amesnager son dit hostel pour la venue de mon dit seigneur le cardinal sans luy déclarer autrement quoy, aussi ne s'en print autrement garde, et après le partement du dit monseigneur le cardinal, il ordonna à ses dits serviteurs qu'ils reportassent et rendissent les dites choses, comme dit est sans regarder autrement qu'il y avoit. »

Extrait J [1].

(OCTO CASTELLAIN.)

« *Du jeudi 22 novembre 1453.* — ....Moy requérant l'exécution d'icelles (*lettres royaux*) par vertu desquelles je me suis transporté en l'ostellerie des trois Roys, en ceste ville de Bourges où estoit logé Octo Castellain, trésorier de Thou-

---

[1] 119 et suiv.

louse, auquel, en la présence de maistre Ythier de Puygirault, de Guillaume Lalement, Balfarin de Tres, Alain de Lacroix, Pierre Larcange, Jehannin Fouassier et Guillaume Bongars, hoste et maistre de la dite hostellerie des trois Roys, Audry Vidal, Lautremont et autres, j'ay déclairé le contenu des dites lettres royaulx, et par vertu d'icelles luy ay fait commandement de par le Roy qu'il me dist et déclairast s'il avoit jamais baillié une cédulle signée de sa main adressée à Jacques Cuer ou à Guillaume de Varye, par laquelle il leur mandoit que ilz delivrassent de mesnage d'ostel à Guillaume Gouffier, escuier, sénéchal de Xaintonge, jusques à la somme de II^m escus, et leur promectoit paier ce qui luy devroient, jusques à la dite somme. Lequel Octo me dist et respondit que s'il avoit baillié aucune cédulle aus dits Cuer et Varye, il se rapportoit au contenu d'icelle. Et dereschief lui ay fait commandement à la peine de cent marcs d'or de me dire et déclarer s'il avoit baillié la dicte cédulle ; lequel Octo m'a dit et respondu que bien estoit vray que après que le dit Gouffier eut esté nouvellement marié, il escripvit au dit Octo qu'il avoit besoing de mesnaige et d'ustensilles d'ostel, en luy priant que luy en fist finance, lequel Octo escripvit lors sur la lettre mesmes du dit monseigneur le sénéschal ausdits Cuer et Varye, en les priant qu'ils délivrassent au dit monseigneur le sénéschal de linge, tapicerie et autres mesnage d'ostel, et de ce qu'ilz luy délivreroient, il leur respondoit jusques à II^m escus. Et pour ce que par les dites lettres royaulx dessus incorporées m'est mandé que s'il me appert que le dit Octo ait respondu et se soit obligié comme dessus par la dite cédulle par la confession du dit Octo ou autres enseignements que je le contraigne à paier ce qui me apperra avoir esté receu par le dit monseigneur le seneschal sur la dite cédulle, et qu'il m'est apparu par lettre signée de la main du dit monseigneur le seneschal qu'il a receu des dits Cuer et Varye, sur et par le moien de la cédulle du dit Octo jusquès à la somme de XVI°LXV escus XV^s VII deniers oboles, j'ay fait commander au dit Octo qu'il paie, baille et délivre à Jehan Briconnet, receveur en Languedoil, des condempnations et amendes desclairez par le Roy à l'encontre de Jacques Cuer. Lequel Octo me respondit qu'il estoit bien mal aisé pour le présent de paier la dite somme, car il estoit hors de sa maison et d'autre part, que le dit Cuer luy estoit tenu en plus de II^m moutons, en moy requérant que je voulsisse cesser de procéder contre luy. Auquel Octo j'ai respondu que puisqu'il m'apparessoit par sa confession qu'il avoit respondu de la dite somme et que le dit monseigneur le seneschal avoit receu des dits mesnage et ustencilles jusques à icelle somme, je le contraindrais à la paier ainsi qu'il m'estoit mandé, lequel Octo me dist que puisque je ne vouloie cesser, je lui montrasse et rendisse sa cédulle, et il feroit ce qu'il appartiendroit ; auquel Octo je respondi que je n'avoye pas la dite cédulle et qu'il me suffisoit qu'il me soit apparu par sa confession qu'il ait respondu de la dite somme et que en paiant icelle somme le dit Briconnet, receveur, luy bailleroit bonne quictance et bon acquict de la dicte somme, à quoy le dit Octo m'a dit et respondu que sans lui rendre et restituer sa dite cédulle, il n'estoit tenu de paier, et que je ne le povoie ne devoye contraindre, et que se autrement je vouloye procéder contre luy, il avoit cause de se opposer et de appeller de moy. Et je luy ay respondu qu'il m'estoit mandé le contraindre nonobstant oppositions ou appellations quelxconques, et pour ce qu'il ne vouloit paier, je l'ay arresté en ceste dite ville de Bourges et luy en ay défendu le partir sur peine de II^c marcs d'or, et se ay arresté ses chevaulx, bagues et autres biens estans en la dite hostellerie des trois Roys, et les ay bailliés en garde à Guillaume Bongars, hoste de la dite hostellerie, et luy ay défendu à la peine de cent marcs d'argent et de recouvrer les dites choses sur luy, de non en bailler ne délivrer aucune chose audit Octo. Et lors le dit Octo me pria de luy donner délay jusques au lendemain au matin d'adviser à son fait, lequel me respondit que pour riens ne vouldroit demourer arresté en ceste dite ville, et que à ceste cause, pour ce qu'il ne vouloit désobéir au Roy, et aussi pour la délivrance de sa personne et de ses biens, combien qui luy sembloit que je lui feroye grant tort, il avoit fait finance de la dicte somme avec ses amis, en argent blanc, en or et en monnoie, laquelle somme le dit Octo paia, baillia et délivra content au dit Briconnet, receveur dessus dit, en ma présence et ès présences de Guillaume Lallemant, de Lentremont, de Alain de Lacroix et autres, et s'en tint le dit Briconnet pour content, et partant ay mis à plaine délivrance la personne et les biens du dit Octo, lequel Briconnet, incontinent après, baillia et délivra icelle somme à maistré Ythier de Puygirault, servicteur du dit Guillaume de Goffier, seneschal de Xaintonge, auquel le Roy, par ses lettres patentes vérifiées par messires les trésoriers de France, l'avoit donnée, lequel maistre Ythier en bailla quictance du dit monseigneur le séneschal au dit Briconnet. »

Extrait K [1].

(INTERROGATOIRE DE GUILLOT TRÉPANT.)

« *Du mercredi V^e jour de décembre 1453.* — Guillot Trépant, lequel je avoie mandé venir vers moy, y est venu et comparu, et l'ay interrogué sur le fait de dire vérité; a dit et

[1] Folios 122 et suiv.

depposé ce qui s'ensuit : C'est assavoir qu'il vint demourer avec le dit Cuer XV ans a ou environ, et le commença à servir dès lors en sa chambre ou fait de sa despence et en plusieurs autres manières, et chevauchait par païs avec luy, et acoutumé à le servir par la manière dessus dite, jusques au temps que le Roy fut à Nancy, auquel lieu le dit Cuer le lessa et luy ordonna estre à l'argenterie avec Guillaume de Varye, pour faire la despence du dit Guillaume et des autres serviteurs estans à la dite argenterie ; et ne se mesloit en riens du fait de la marchandise, ne des papiers de la dite argenterie, si non que aucuneffoiz il aidoit à chargier et à deschargier et à emballer les draps, et à les conduire et mener où le Roy aloit. Et en cest estat fu bien par le temps de trois ans ou environ ; et dit que depuis, c'est assavoir l'an IIII^{c}XLVII, le Roy estant en ceste ville de Bourges, le dit Cuer son maistre, qui faisait édiffier sa grant maison, ordonna à lui qui parle demourer en sa dite maison avec la feue femme du dit Cuer, et luy donna charge de faire les provisions et la despence du dit hostel et de se prendre garde des ouvrages avecques Jaquelin Culon ; et depuis lors à tousiours continuellement demouré et résidé au dit hostel, et y a servy à faire les dites provisions et despences, et se prandre gardes des dits ouvrages et autres besongnes du dit hostel, jusques au temps de la prinse du dit Cuer. Et dit que ung an a ou environ paravant la prinse du dit Cuer, le dit Cuer le maria à la fille de Estienne Mery, qui estoit parente du feu évesque de Luçon, frère du dit Cuer ; et ont demouré luy et la dite femme depuis leur dit mariage avec la feue femme du dit Cuer, jusques à ung an ou environ après la dite prinse du dit Cuer, que monseigneur l'arcevesque de Bourges et autres parens et amis du dit Cuer advisèrent qu'il failloit deschargier le dit hostel de partie de la despence et des gens qui y estoient. Et lors le dit Estienne

Mery, beau père de luy qui parle, emmena à Dun le Roy sa dite femme, et luy qui parle s'en ala sa et la, tant à Poictiers, devers l'official, son frère, que devers maistre Jehan Panye, son beau frère, pour leur requérir aide de quoy nourrir sa femme et son mesnage. Et dit que quant le dit Cuer le maria à sa dite femme, il lui promist V^e escus et le paier de tous ses sallaires, de ses services, et de le pourvueoir d'estat et office, de quoy il pourroit vivre bien et honnorablement, dont il n'eut ne recouvra jamais ung seul denier et est pouvre homme et y a grant pitié en son fait, car se ses amis ne luy aidoient, il ne auroit de quoy vivre.

« Interrogué quelx biens du dit Cuer il a eu en garde durant le temps qu'il a demouré en l'ostel du dit Cuer, dit que des biens et ustencilles du dit hostel, il n'avoit rien en garde, mais les avoit en garde et en avoit les clefs la dite feue femme du dit Cuer, et dit que aucuneffoiz il achectoit des toilles, des litz et autres amesnagements du dit hostel par l'ordonnance de Pierre Joubert et Jacquelin Culon, mais quant il les avoit achactées, il les bailloit à la dite feue, qui en faisoit ce qu'elle vouloit, lesquelx Joubert et Culon estoient ceulx qui avoient la plus grant charge et puissance de disposer et ordonner des besongnes du dit hostel.

« Touteffoiz il dit que, après la feste de l'entrée de monseigneur l'arcevesque de Bourges, qui fut en septembre mil CCCC cinquante en ceste ville, le dit Cuer mist et lessa en ung comptoer bas de son dit hostel, près la salle, une grant ymage de la Magdeleine, ne scet se elle estoit d'or ou d'argent doré, et n'est recors s'il y avoit de la pierrerie ou non. Aussi y lessa trois ou quatre sallières d'or à personnages de hommes et femmes, et y en avoit l'une en façon d'un serf et une croix garnie de pierrerie, et n'y avoit autre chose dont il soit recors, lesquelles choses le dit Cuer bailla en garde au dit qui parle et lui bailla et lessa la clef du dit comptouer où elles estoient, et luy en chargea les garder bien sans les monstrer à personne du monde jusques à ce qu'il oyst de ses nouvelles, et les garda jusques à trois mois ou environ après que le dit Cuer et Guillaume de Varye escripvirent à luy qui parle que il baillast ses dites bagues à Martin Anjorrant et Colas de Manne pour les porter à Tours, où le Roy estoit lors, lequel qui parle les bailla aux dessus dits. Et ne scet que les dites bagues sont depuis devenues.

« Interrogué quelles autres bagues, vesselle d'or et d'argent, tapiceries, chambres et autres linges et autres biens estoient en la maison du dit Cuer paravant et au temps de sa prinse et paravant la vénue de sire Pierre Bérart, dit que de bagues ne de vesselle d'or, il ne scet point qu'il y en eust, et n'y vit jamais autre chose que les salières et autres choses dites. Bien dit que la dite feue avoit des chappeaux, saintures et bources de perles, et autres habillemens pour espousées qui n'estoient gaire riches comme il luy semble, et ne sauroit autrement déclarer les dits chappeaux et habillemens ne la valeur d'iceulx, car il ne s'en prenoit pas si près garde.

« Et au regard de la vesselle d'argent dit que auparavant et au temps de la venue du dit Pierre Bérart, il y avoit ou dit hostel deux douzaines de hanaps goderonnés, dont il y en avoit une partie de dorés par dedens; l'autre partie estoit moitié dorez et moitié blancs. Aussi y vit six gobelez martelez d'anxienne façon et une esguière de mesmes avec deux potz d'argent, et si y avoit des cuilliers d'argent, mais ne scet combien; et n'y vit jamais autre vesselle d'argent, sinon la vesselle de la cuisine et de table, que le dit Cuer son maistre apportoit en son dit hostel quant il y venoit, laquelle il remportoit quant il s'en aloit, lesquelx hanaps, gobelez, esguières et cuilliers estoient en la garde de la dite feue, et ne sauroit dire que pourroit priser la dicte vesselle.

« Et quant à la tapicerie, dit qu'il y en avoit ou dit hostel plusieurs pièces faictes aux armes et à la devise du Roy, et autres pièces aux armes et à la devise du dit Cuer. Et si y avoit des bancquiers et carreaux, et des tapis veluz, mais il ne sauroit autrement déclarer la quantité de la dicte tapicerie. Et dit sur ce interrogué qu'il avoit une clef du galatas où estoit la dite tapicerie pour s'en prendre aucuneffoiz garde, afin qu'empirast. Aussi en avoit une autre clef la dite feue.

« Et au regard des chambres à tandre qui estoient au dit hostel, dit qu'il y avoit une chambre de drap damas brodée à personnages de Nabugotdenozor (*sic*), et luy semble qu'il y avoit ciel d'oxciel la couverture d'une pièce de la ruelle qui estoient du dit damas, et si y avoit deux pièces de sarges de muraille brodées de rinceaux d'abres comme luy semble, aussy y avoit une autre chambre de roteaux bleuz et rouges, et y en avoit cinq ou six pièces comme luy semble. Item, y avoit une autre chambre verte et blanche, et si y avoit deux ou trois chambres de toille, et n'est point recors qu'il y eust nulles autres chambres, et quant aux tapis veluz, il ne sauroit depposer la quantité.

« Et quant au linge, dit qu'il y avoit de beau linge, ainsi qu'il a veu que on en servoit quant on faisoit au dit hostel des disgnées et des festes quant le dit Cuer y estoit, mais qu'il sceust autrement déclarer quelle quantité il n'y en avoit ne quel il estoit, il ne sauroit, car il ne s'en prenoit pas garde de si près et n'en avoit pas la garde.

« Dis oultre que il y avoit au dit hostel environ XV ou XVI que litz, que coulches, dont il y en avoit de grans qui estoient beaux et bons.

« Et quant à la vesselle de cuisine, dit qu'il y avoit comme il luy semble de six à sept douzaines de plats que grans que petits, six quartes deux potz de trois chopines deux pintes, et dit qu'il n'y vit oncques que deux paelles et une chaudière d'arin, ung baçin à barbier, deux baçins à laver mains et ung autre meschant dont les bors estoient rompuz, et deux broches de fer, et dit que la dite cuisine estoit si petitement garnie, que quant le dit Cuer venoit et qu'il faisoit des disgnées et des festes, on louoit de la vessele destain chies ung potier destain nommé Greffroy Pischart et emprunctoit-on des paelles et autres choses ailleurs.

« Dit oultre que pour ce que la dite maison n'estoit parachevée, elle n'estoit encores comme point amesnagée, et actendoit le dit Cuer à la bien amesnager jusques à ce qu'elle fust parfaicte, car les ouvriers qui aloient par tout l'ostel eussent tout gasté et s'en fust perdu beaucoup. Aussi dit que la dicte feue despendoit et dissipoit tout ce qu'elle avoit entre mains. Et à ceste cause, le dit Cuer ne lessoit que le moins qu'il povoit en sa maison.

« Dit oultre que de la vesselle, chambres, linge, lictz et autres choses du dit hostel, il ne sauroit autrement depposer que ce que dessus en a dit, car il n'en avoit point decharge ne de garde, mais estoit tout en la garde de la dite feue qui n'eust pas souflert que le dit qui parle s'en fust meslé, et avoit la charge de la despence et des ouvrages du dit hostel, seulement ainsi que dessus a depposé.

« Dit oultre que on devroit savoir par sire Pierre Bérart et maistre Ythier de Puygirault plus à plain de la vesselle et autres biens qui estoient ou dit hostel, car la dite feue leur monstra tout, et ne scet quel inventoire ilz en firent.

« Interrogué si paravant la venue des dits sires Pierre Bérart et maistre Ythier de Puygirault la dite feue, le dit arcevesque, luy et autres serviteurs du dit Cuer sceurent riens de la prinse d'icelluy Cuer, dit en sa conscience que au regard de lui il n'en sceut riens et croyst que non firent la dite feue, le dit arcevesque ne autres servicteurs du dit Cuer, car deux ou trois jours devant la venue des dits Bérart et maistre Ythier, maistre Jehan Thierry arriva en ceste ville de Bourges et apporta lettres du dit Cuer à la dite feue, au dit arcevesque, à Pierres Joubert, Jacquelin Culon, à luy qui parle et autres, par lesquelles lettres il escripvoit que son fait estoit aussi bon et estoit aussi bien envers le Roy que il avoit jamais esté *quelque chose que on en dist*, et pour ce on ne se doubtoit point de sa prinse.

« Interrogué si paravant la venue des dits Bérart et maistre Ythier on osta, ou destourna aucuns des biens du dit hostel, dit que non qu'il ait sceu ne dont il se soit aucunement apparceu.

« Interrogué quelle vesselle, bagues et autres biens ont esté destournez et ostez du dit hostel, et bailliez secrètement en garde depuis la venue du dit Bérart, dit qu'il croit que tous les biens qui estoient ou dit hostel au temps de la venue du dit Bérart luy furent monstrez et vit tout, car incontinant qu'il fut arrivé ou dit hostel, il scella les coffres et chambres, et n'a point sceu ne apparceu qu'il en ait aucune chose esté destourné ne baillié en garde à personne quelxconques.

« Bien dit que environ la Toussains d'après la prinse du dudit Cuer, la dite feue ala à Menetou, et fist porter la plus part des chambres, linge, vesselle d'argent et autres choses qui estoient au dit hostel.

« Dit oultre que quant monseigneur le cardinal d'Estouteville fut en ceste ville de Bourges logé en l'ostel de monseigneur l'arcevesque, on porta en l'ostel du dit arcevesque la tapicerie, les tapiz veluz, banquetes, carreaux, la vesselle d'argent et autres mesnages qui estoient en l'ostel du dit Cuer pour parer et estorer l'ostel d'icelluy arcevesque toute laquelle tapicerie fut depuis rapportée en l'ostel du dit Cuer, comme il luy semble, mais de la vesselle ne scet qu'il en fut fait.

« Interrogué quelle vesselle d'argent il bailla en garde de par le dit arcevesque à Phelipon Laloé, depuis la prinse du dit Cuer, dit que, aucun temps après la prinse dudit Cuer, la dite feue restant à Menetou luy bailla une douzaine de hanaps goderonnez dont dessus a parlé et luy dist et encharga que luy et messire Alexandre, chappelain du dit arcevesque, les portassent à Phelipon Laloé, et emprunctassent du dit Phelipon C ou IIe escus, ou le plus qu'ils pourroient ou nom du dit arcevesque, et luy dist la dite feue que si le dit Phelipon ne vouloit aucune chose prester, que néantmoins ilz luy lessassent en garde les dits hanaps en prenant cédulle de récépissés de luy s'il la vouloit baillier. Lequel qui parle et le dit messire Alexandre furent par devers le dit Phélipon et lui présentèrent les dits hanaps et luy demandèrent à prester dessus le plus qu'il pourroit, lequel Phélipon respondit que pour lors il estoit mal garny d'argent et qu'il ne pourroit riens prester, et a donc lui qui parle, et le dit messire Alexandre lessèrent au dit Phélipon les dits XII hanaps, et requirent au dit Phélipon qu'il leur en baillast une cédulle de récépissé et recognoissance d'avoir en garde iceulx hanaps dont il ne voullut riens faire, et néantmoins lui lessèrent iceulx hanaps et ne scet qu'ils sont depuis devenuz.

« Interrogué s'il dist point au dit Phélipon que le dit arcevesque luy envoiast secrètement les dits hanaps en garde, et qu'il avoit envoié des autres biens de son père en garde ailleurs pour les saupver, et que le dit arcevesque le prioit qu'il fist une cédulle confessant avoir les dits hanaps en gaige de IIIe escus, afin que se on trouvoit les dits hanaps on peust saufver iceulx hanaps ou les dits III⁰ escus par le moien de la dite cédulle, dit que le dit arcevesque ne luy parla oncques de la dite cédulle ne des dits hanaps, aussi n'estoit lors icelluy arcevesque en ceste ville. Bien est vray que quant la dite feue lui bailla les dits hanaps, elle luy dist que posé que le dit Laloé ne prestast riens dessus, que néantmoins on les luy lessast, et que il qui parle prenist une cédulle de lui confessant les avoir en gaige d'aucune somme, afin que par ce moien on peust saufver les dits hanaps ou la dite somme, laquelle cédulle luy qui parle fist et requist au dit Laloé et qu'il la signast et qu'il ne voult faire, et néantmoins lessa le dit qui parle les dits hanaps au dit Phélipon en la présence du dit messire Alexandre.

« Interrogué où sont les lettres des acquisitions, obligations et autres choses du dit Cuer, dit qu'il oyt dire au dit Cuer qu'il bailleroit toutes ses lectres à maistre Charles Astars, et dit que le dit Astars fut en ceste ville après l'entrée de monseigneur de Bourges, et croit que lors le dit Cuer luy bailla toutes ses lettres et autrement n'en sauroit depposer.

« Interrogué qu'est devenue une chambre de taffetas rouge brodée à R. G. et à angelotes, dit qu'il a bien veu autreffois la dite chambre en l'ostel du dit Cuer et fut portée à Romme quant icelluy Cuer y fut, et depuis fut rapportée en son dit hostel, et fut tandue aux nopces de maistre Jehan Thierry en la chambre des Galées, et fut depuis détandue par l'ordonnance de la dite feue, ainsi que les autres serviteurs de l'ostel luy dirent, et ne scet que la dite chambre est depuis devenue ne qu'il en a esté fait.

« Interrogué quelle autre vessele, bagues, joyaulx et autres biens du dit Cuer furent par luy et autres portez, et mis en garde ailleurs que chés Phelipon Laloé, dit que en sa conscience et sur la dampnation de son ame qu'il n'en bailla oncques et n'a-sceu que autres en aient transporté ne baillié en garde ailleurs autres choses que les dits hanaps.

« Interrogué qui conseilla la dite feue de demander la dite cédulle faisant mention de l'angaigement des dits hanaps au dit Laloé, dit qu'il ne scet et croit qu'elle dist d'elle mesmes, et qu'elle estoit assez malicieuse pour avertir teles choses.

« Interrogué qu'estoient ceulx qui avaient en garde les joyaulx, bagues, or, argent et autres espéciales choses du dit Cuer en ceste ville de Bourges et en qui il se confioit le plus, dit qu'il luy semble que messire Jehan de Bar, Pierre Joubert, Jacquelin Culon et Guillaume Lalemant estoient à son advis ceulx à qui il avoit plus grant confiance ; mais il ne scet s'ils avoient riens en garde dudit Cuer.

« Interrogué si le dit monseigneur l'arcevesque de Bourges a aucuns des biens du dit Cuer, dit qu'il ne scet. Bien dit que après l'entrée du dit arcevesque en ceste ville pour ce que la maison d'icellui arcevesque n'estoit point amesnagée, le dit Jacques Cuer, son père, lui fist baillier des litz, chambres, linges et autres mesnages, et ne scet s'il luy fist point baillier de vesselle d'argent, et ne sauroit autrement depposer si le dit arcevesque a nulz des biens du dit Cuer, son père.

Extrait L.[1]

(VISITE DE JEAN DAUVET AU ROI DE SICILE.)

« *Du vendredi XXIe jour du dit mois de juin 1454.* — Pour ce que sire Octo Castellain et moy ensemble et moy particu-

---

[1] Folios 183 à 191. — Cet extrait fait partie de la collection manuscrite des documents historiques recueillis par Dupuy. Bibl. N^{le}., Mss. vol. 690.

lièrement avoit receu par l'anterinement lettres closes du Roy par lesquelles il nous escript et mande que pour ce que Jehan de Village avoit promis venir rendre ses comptes dont il ne fait riens, aussi estoit coulpable de plusieurs maléfices, et que on disoit qu'il avoit et détenoit les papiers de Anthoine Noir qui estoient bien nécessaires à veoir pour le fait de l'exécution de l'arrest du dit Cuer; nous eussions, le dit sire Octo et moy bon advis et délibération ensemble, savoir s'il soit expédient de aler par devers le Roy de Sécille, en Prouvance, pour luy requérir qu'il baillast et délivrast en mes mains le dit Village comme subgect et justiciable du Roy, pour procéder avec luy, ainsy qu'il appartiendra par raison ou au moins requérir au dit sieur le Roy de Sécille qu'il contraignist icelluy Village à me bailler et délivrer les papiers du dit Anthoine Noir, et que se il nous sembloit que ainsi se deust faire, je me transportasse par devers le dit sieur le Roy de Sécille pour luy faire les dites requestes. Et nous escripvoit le Roy qui luy sembloit que le meulx seroit d'avoir et recouvrer le dit Village se faire se povoit, et à ceste fin escripvoit le Roy au dit sieur Roy de Sécille lettres bien expresses, lesquelles il nous envoia avec celles qu'il nous escripvit sur ce. Icelluy sire Octo et moy avons eu advis et délibération ensemble sur ce, et combien qu'il nous semblast bien que le Roy de Sécille feroit grant difficulté de faire prendre et me baillier et délivrer la personne du dit Village, veu le port et faveur que on disoit le dit Village avoir en la maison du dit seigneur en Prouvance, touteffois, nous sembla que mon alée par devers le dit sieur le Roy de Sécille, pourroit prouffiter à deux choses : supposé que je ne peusse avoir ne recouvrer la personne du dit Village, l'une pour contraindre et induire le dit Village à venir rendre son compte, l'autre pour trouver moien de recouvrer de luy les livres du dit Anthoine Noir, et aussi pour faire diligence d'avoir expédition et délivrance de la maison que le dit Cuer avoit à Marseille, et pour recouvrer la debte que le sieur Dorgon, en Prouvance, devoit au dit Cuer, montant mil cinquante florins. Et pour ce, le dit XXIe jour au soir m'en party du dit lieu de Montpellier, accompagné de maistre Pierre Granier, pour m'en aler par devers le dit sieur le Roy de Sécille en Aiz en Prouvance où il estoit ; et le lundi, XXIIIIe jour du dit mois, je arrivé au dit lieu d'Aiz, et incontinant que je fu descendu de cheval, accompagné du dit maistre Pierre Granier, me transporté par devers le dit seigneur le Roy de Sécille auquel je fis révérance, et lui dis que je avoye lettres du Roy adrecées à luy; mais pour ce que leure estoit tarde, luy dis que se cestoit son plaisir, je luy présenteroye le lendemain à matin les dites lettres, et sur le contenu en icelles luy exposeroye la charge que le Roy m'avoit donnée; sur ce de quoy le dit seigneur me répondit que le lendemain après la messe je vinssisse devers luy, il verroit les dites lettres du Roy et me orroit en tout ce que je luy voulois dire, et atant me desparti de luy sans autre chose lui déclarer.

« Et le lendemain au matin, mardi XXVe du dit mois, me transporté par devers ledit seigneur le Roy de Sécille, et luy estant seul et appart en son jardin, luy présenté les dites lettres du Roy, lesquelles il vit et lut au long, et après luy remonstré à plain comment le dit Village avait eu grant charge et administration en fait de navigage, de marchandie et autrement ou fait dudit Cuer, et avoit esté principal patron de ses galées, et que à ceste cause avoit grant deniers et grand marchandie, et autres biens du dit Cuer entre ses mains, lesquels deniers, biens et marchandies appartenoient au Roy par le moien de l'arrest prononcé à l'encontre du dit Cuer, et iceulx deniers biens et marchandies estoit le dit

Village tenu et devoit estre contrainct rendre et restituer au Roy ou à ses commis quoy que soit, et soit tenu de rendre compte et reliqua. Et ainsi l'avoit promis le dit Village, et il m'avait escript pieça deux ou trois foiz moy estant à Montpellier, qu'il dressoit ses comptes et viendroit par devers moy les rendre et affiner dont il n'avoit riens fait. Et d'autre part que le dit Village estoit trouvé chargié et coulpable de plusieurs grands crimes et maléfices, et il avoit et détenoit les papiers dudit Anthoine Noir qui avoit esté l'un des principaux facteurs du dit Cuer, et il avoit esté cause de la prinse invasion et destrousse de la galée Magdaleine, qui estoient grans entreprinses et offenses contre le Roy, en quoy il avoit grant interest ; et pour ce que le dit Village estoit et est subject et justiciable du Roy, et que les dits deniers et autres biens que le dit Village avoit du dit Cuer par devers luy appartenoient au Roy, dis et remonstré au dit seigneur le Roy de Sécille que, par ses moiens, il sembloit au Roy et à mes seigneurs de son Conseil que le dit seigneur le Roy de Sécille devoit faire prendre le dit Village, et le me baillier et délivrer comme subject et justiciable du Roy, pour sur ce procéder avec et à l'encontre de luy ainsi qu'il appartiendroit, et requis le dit sieur le Roy de Sécille que ainsi le voulsist faire.

« A quoy icelluy me dist et respondit que ceste requeste luy sembloit bien estrange, et que au Roy, en toutes choses à luy possibles, vouldroit tousiours obéir et de corps et de biens, mais que son païs de Prouvance n'estoit point subgect du Roy ne du royaume, combien qu'il fust aussi bien au commandement et service du Roy, comme le païs d'Anjou qu'il tenoit du Roy et de la couronne ; et disoit le dit seigneur le Roy de Sécille qu'il savoit bien que le Roy ne vouldroit asservir, ne rendre subject le dit païs de Prouvance au royaume, et que par ainsi n'estoit tenu de rendre ne baillier au Roy, ne à ses gens le dit Village, ne autre estant en son païs de Prouvance. Et aussi se le vouloit faire, il ne pourroit, pour ce que le dit Village estoit demourant à Marseille, qui estoit ville privillégiée, dont il ne le pourroit tirer sans enfraindre leurs priviléges, dont se pourroit ensuir grands inconvéniens à lui et à son dit païs de Prouvance.

« A quoy je repliequé au dit seigneur Roy de Sécille que il sembloit que la matière estoit bien disposée à prandre et me bailler et délivrer le dit Village ainsi que le Roy le requéroit, et que le Roy avait bien grand interest que ainsi se fist veu ce que dit est dessus, et que se le dit seigneur Roy de Sécille le faisoit ainsi, il ne se asserviroit en riens son païs de Prouvance, mais feroit le devoir et la raison, et il complairoit au Roy; et je lui dis qu'il falloit considérer que le Roy ne luy escripvoit pas, ne m'envoiet devers luy pour le requérir comme ung prince estrange voisin, mais comme son frère et prochain parent, et pour la grant confiance qu'il avait en luy, espérant que en ce icellui seigneur de Sécille complairoit et obtempéreroit plainement à la requeste sans nulle difficulté, et qu'il me sembloit que ainsi le devoit faire, mesmement que le dit Village n'estoit pas personnage pour qui il en deust faire difficulté, mais estoit ung mauvais garçon qui avoit fait et commis plusieurs offenses, et maléfices contre le Roy, comme dit est, parquoy me sembloit que ne le devoit porter soustenir ne favoriser contre le Roy.

« Et à donc le dit seigneur Roy de Sécille me dist que à mes argumens ne me sauroit soulder, et que puisque il ne me contentoye de sa response, il envoiroit quérir messire Jehan Martin, son Chancellier de Prouvance, et messire Vidal de Cabannes pour me responre et debatre la matière avec moy, et qu'il feroit ce que le dit Chancellier et Cabannes luy conseilleroiēnt.

« A quoy je luy dis et respondi que je ne avoye pas charge de déclarer ne magnifester ceste matière à autres que à luy, et que en le déclarant à autres se pourroit ensuir la rompture et perdicion de la besongne pour ce que se le dit Village en estoit adverti, il s'en pourroit fouyr et détourner tellement que on ne le pourroit plus prendre ne apréhender, et d'autre part que je savoye que le dit Village estoit fort porté, favorisé et soutenu de son dit Chancellier et de tous ceulx de son Conseil et de sa maison, en luy priant qu'il lui pleust tenir la dite matière secrète sans la revéler à personne, et qu'il advisast et délibérast de luy mesme se en ce il vouldroit complaire au Roy ou non ; mais non obstant toutes mes remonstrances, me dit que pour me faire plus seure et plus raisonnable response, il vouloit sur ce parler aux dessus dits Chancelliers et Cabannes, et qu'ilz les feroit jurer qu'ilz ne reveleroient riens de la besongne ; et de fait les manda et fist venir devers luy, et les fist jurer qu'ils ne reveleroient riens de la matière, et après leur monstra les lettres que le Roy luy avoit escriptes, et à ce fait je déclaré de reschief en leur présence les causes et intérests que le Roy avoit d'avoir la personne du dit Village, et la confiance et espérance que la Roy avoit que le dit seigneur le Roy de Sécille sans difficulté le feroit prendre et le me baillier et délivrer.

« A quoy les dits Chancelliers et Cabanes me respondirent que notoirement le conte de Prouvance n'estoit que voisin non subgect du Roy ne du royaume, *nec erat patria subalienata* avec le royaume, *et sic non erat locus remissioni* du dit Village, ne d'autre au Roy, ne à ses juges, officiers ou commissaires, ne jamais ne se fist la dite rémission, de l'un païs à l'autre ; d'autre part, dit que la ville de Marseille où estoit demourant le dit Village estoit ville fort privilégiée, voire par convencions faictes entre les contes de Prouvance et les habitants et citoiens du dit Marseille, sans enfraindre lesquelx priviléges on ne pourroit prandre le dit Village, et s'il le faisoit feroit ung grand trouble en la dite ville qui est *in limitibus* du dit conte de Prouvance et en port de mer, dont se pourroit ensuivre grant inconvénient à ladite ville, voire à tout le dit païs de Prouvance. Et pour ce disoient que la matière n'estoit disposée ne raisonnable de faire la prinse et rémission du dit Village, disoient que se on vouloit aucune chose demander au dit Village que on monstrast à la justice du dit seigneur Roy de Sécille les charges et informations que on avoit contre luy, et que on fist teles démandes et requestes que on vouldroit, et on feroit et administreroit toute raison et justice.

« A quoy je respondi que je n'estoie pas subgect du Roy et du royaume en nom, et que je savoye que le Roy ne vouldroit en riens enfraindre les droiz et franchises du dit païs, mais les vouldroit garder, comme feroit le dit seigneur Roy de Sécille, mais qu'il sembloit au Roy et à messeigneurs de son Conseil que, en faisant prendre le dit Village et me le baillier et délivrer, la franchise du dit païs de Prouvance ne seroit en riens enfrainte et seroit en riens asservi le dit païs au Roy ne au Royaume mesmement; que je demandois le dit Village par réquisitoire et non pas par commandement, à laquelle requeste, selon la disposition du droit commun et *ex precepto legis*, le dit sieur de Sécille devoit et estoit tenu de obtempérer, voire supposé que le royaume et le dit païs de Prouvance non fait *patriæ subalienatæ*; et, en ce, estoit le dit seigneur le Roy de Sécille plus tenu de complaire au Roy que un autre prince estrangier, mesmement que la dite requeste est raisonnable comme dit est; et leur remonstré que ceulx de Catheloigne, d'Avignon, de Venise et autres païs voisins de Languedoc en pareilz cas rendent et baillent les malfaiteurs et délinquans du dit païs de Languedoc, quant ils en sont requis par les officiers du Roy, et ainsi en use l'en notoirement. Et pour ce dire que, en Prouvance, qui est païs trop plus alié et amy du royaume que ne sont les autres païs dessus dits, on ne le face pas, il n'y a point de raison ; et quant au privilége de ceux de Marseille, leur dis que je n'en savois rien, mais quelque privilége qu'il y ait, il ne se puet extandre contre ne ou préjudice du Roy, et qui plus est se le dit seigneur Roy de Sécille a voulenté de obtempérer à la réqueste du Roy et lui complaire en ce il pourra bien trouver moien de faire prendre le dit Village hors la dite ville de Marseille, et ainsi ceulx du dit Marseille n'auront cause de se plaindre, et je dis oultre au dit seigneur Roy de Sécille, et aux dis Chancellier et Gabannes que s'ilz ne me faisoient autre reponce, le Roy auroit occasion de croire que le dit Village seroit fort porté et favorisé à l'encontre du Roy au dit païs de Prouvance, dont je tenoie qu'il ne seroit pas content.

« Lequel Chancellier présent du dit sieur Roy de Sécille me respondit à deux poins : premièrement, à ce que je avoye dit que, selon raison escripte, le dit seigneur Roy de Sécille devait obtempérer à la dite requisition, dist que ma raison avoit lieu *in patriis subalternatis et subdictis imperio* ou à autre seigneurie ; or, disoit-il que le royaume de France et le païs de Prouvance *non subalternantur*, ne sont subgetz à l'empire ne autre seigneurie, *quare et cœtera*. Et à ce que je disoye que ceulx de Catheloigne, d'Avignon, de Venisse et autres païs voisins rendoient aux officiers du Roy les délinquans et malfaiteurs du Roy, dist le dit Chancellier que se ainsi estoit sestoit par convencion et appoinctement fait avec les dits de Catheloigne et autres païs voisins, et que ce n'estoit ne jamais ne fut fait au dit païs de Prouvance, *quare et cœtera*.

« Et quant à ce que je disoye que le Roy avoit occasion de se mal contenter, le dit seigneur Roy de Sécille me dist et respondit que oncques à son povoir ne fist ne vouldroit faire chose dont le Roy deust estre mal content, ainsoi luy vouldroit tousiours obéir, servir et complaire de tout ce que luy seroit possible; et quant le Roy bien conseillié et averti luy commanderoit prendre le plus grant seigneur de son païs de Prouvance, il le feroit, mais il disoit que veuz les termes et le contenu des dites lettres closes à luy escriptes par le Roy, il sembloit que le voulsist présupposer que, selon droit et justice, icelluy seigneur Roy de Sécille fust tenu prendre et baillier le dit Village, ce qu'il n'est pas tenu de faire, veu ce que dit est, *quare, etc.*; d'autre part, me dist que son dit païs de Prouvance estoit païs maritimes où les Cathelans ses ennemis povoient chacun jour venir ainsi qu'ilz avoient autreffoiz fait, et s'il n'y avoit gens de mer pour leur résister, se pourroit ensuir la perdicion ou destruccion de son dit païs, par quoy avoit besoing d'entretenir le dit Village et autres gens congnoissant en guerre de mer, combien qu'il disoit qu'il ne vouldroit pour nulle rien soustenir ne favoriser icelluy Village ne autre au desplaisir du Roy ; et me dist oultre qu'il escriproit au Roy et se excuseroit par manière qu'il espèroit qu'il seroit content, et que le Roy averti de ses excusations, il feroit tousiours tout ce qui luy plairoit luy commander; et autre responce ne peu avoir de luy quelques remonstrances ou argumens que je luy peusse faire au contraire.

« Et pour ce que autre responce ne peu avoir du dit seigneur Roy de Sécille, je m'en parti le lendemain au matin mercredi XXVI° jour du dit mois, tirant à Marseille pour avoir expédicion de la maison y estant qui fut au dit Cuer, et pour parler au dit Village, à Forest et Gaillardet du fait de leurs comptes, et passé par Saint Maxemin et par la Bausme pour visiter le pélerinage de la benoiste Magdeleine; et le lendemain jeudi au soir XXVIIe du dit mois arrivé au dit lieu de Marseille.

« Et le lendemain venredi XXVIIIe du dit mois me tiré par devers le Viguier, juge, sindics, procureur et autres officiers du dit Marseille, et en la présence de maistre Pierre Granier leur remonstré les condempnations et amendes déclarées au prouffit du Roy, à l'encontre de Jacques Cuer, et comment le dit Granier comme mon surrogué avoit ja pieça esté par devers eulx pour leur requérir qu'ils voulsissent mettre ou faire mettre la maison et une place vuide que le dit Cuer avoit en la dite ville en criées et subhastations, ce qu'ilz avoient promis de faire. Et pour ce, leur requis qu'ilz me voulsissent monstrer les dites criées et faire la délivrance de la dite maison au Roy, ou nom duquel elle avoit esté pieça mise à pris par le dit Granier à la somme de VII^c florins, ou à autre qui plus grant pris y avoit mis, et les deniers qui en ystrent, me délivrassent pour et en acquis des condempnations et amendes déclarées à l'encontre du dit Cuer; lesquels Viguier et autres officiers me dirent et respondirent qu'ilz feroient cherchier les dites criées et auroient advis ensemble sur le contenu en ma requeste, et après me feroient responce.

« Et ce jour, après disgner, et le lendemain samedi XXIXe du dit mois au matin, envoyé devers eulx maistre Pierre Granier par plusieurs foiz pour les solliciter et prier de me faire responce. Et le XXIXe jour d'après disgner, environ trois heures, me tiré en la maison du dit Viguier, où estoit icelluy Viguier, le juge, le procureur et les sindics de la dite ville, et la leur requis et prié avoir responce de la requeste que faicte leur avoye le jour précédent; lesquelx me respondirent par la bouche du dit procureur que les dites criées avoient esté commencées, et que à l'encontre d'icelles le dit procureur s'estoit opposé pour le droit et intérest de la ville, disant que quant le dit Jacques Cuer fu receu à la bourgeoisie et aux franchises de la dite ville se avoir esté soubz tels paccion et convenance qu'il édiffieroit en la dite ville une belle et bonne maison, et soubs ombre de ce avoit levé et transporté plusieurs denrées et marchandies de la dite ville sans paier ne acquiter les gabelles et péages d'icelle ville, qui se montoient à plus de 11 mille florins, dont ils montrèrent une déclaration par escript; or disoient ilz que le dit Cuer n'avoit édiffié la dite maison et ainsi la cause de sa dite bourgeoisie et franchisse cessoit, et par conséquans estoit tenu paier à la dite ville les dites gabelles, peaiges et acquitz, pour laquelle cause s'estoient opposés aus dites criées; d'autre part, disoient que autres s'estoient opposés aus dites criées pour aucunes debtes, en quoy ils disoient le dit Cuer leur estre tenu et obligé, et disoient qu'il falloit par achever les dites criées et discuter des dites oppositions avant que povoir faire responce ne delivrance de la dite maison ne des deniers au Roy, et qu'ilz voudroient faire pour le Roy et pour ses affaires comme ilz feroient pour le Roy de Sécille, leur prince et seigneur.

« A quoy je leur respondi que le Roy avoit bien son espérance et confiance en eulx qui vouldroient traictier ses droiz et ses affaires aussi favorablement et en aussi bonne expédition de justice que pourroient faire ses propres officiers, mais veu le long temps qu'il y avoit que le dit maistre Pierre Granier avoit esté devers eulx leur requérir de faire et parfaire les dites criées, et pour ce faire avoit baillé argent au noctaire et à la criée de la dicte ville qui fut dès le mois d'octobre derrenier passé, et ainsi il y avoit neuf mois ou environ, j'estoie bien esmerveillé que les dites criées n'avoient esté faictes et parfaictes; et au regard de l'opposition du procureur de la dite ville, leur dis qu'il me sembloit que s'estoit une opposition bien expresse contre raison pour cuider troubler et empeschier le fait du Roy. Car posé que le dit Cuer eust promis en prenant la bourgeoisie et franchise de la dite ville édiffier une maison, il y avoit bien fourny et satisfait, car il avoit achetté belle maison en icelle ville, laquelle il avoit grandement fait édiffier et reparer, et avoient luy et ses gens fait de grans despenses et prouffiz en la dite ville; et que les sindics procureurs et autres habitans d'icelle ville recongnoissent mal de vouloir à présent faire paier sur la dite maison les dites gabelles et péaiges en venant directement contre les priviléges et franchises d'icelle ville par eulx octroyez et accordés au dit Cuer; et supposé encores que le dit Cuer n'eut fourny ne satisfait à la dite promesse de ediffier la dite maison, si estoit ce une promesse personnelle *ad faciendum ad quod non poterat per se compelli, sed solum poterunt agere ad interesse* qui cheoit en congnoissance de cause; mais que soubz ombre de la dite promesse ilz peussent venir par ypothèque ne empescher la vente et délivranse de la dicte maison ne des deniers venans de la dite vente, il n'y avoit point de raison; et au regard des autres opposés, ils se opposoient pour debtes personnelles pour lesquelles leur convenoit poursuir personnellement le dit Cuer ou autres obligiez avant que venir par ypothèque ne par opposition, à l'encontre des criées et délivrance de la dite maison et des deniers d'icelle. Et leur prit que s'ilz avoient voulanté de faire plaisir et expédition au Roy qu'ilz le fissent promptement, sans plus me faire séjourner là, autrement je m'en yroye et lesserois tout, car je avoye à besongner ailleurs de plus grands choses pour le dit sieur, et se autre expédition ne me faisoient sans me tenir en ces involutions où il n'y avoit fondement ne apparence, je y pourvoiroye par autre manière au meulx que je pourroye.

« A quoy les dits Viguier, juge, sindics et procureur, me respondirent que la dicte ville avoit sa confiance et espérance au Roy et lui vouldroit complaire comme au Roy de Sécille, leur prince et seigneur, mais qu'il leur sembloit que ce qu'ilz demandoient estoit raisonnable et appartenoit à la dicte ville, laquelle en avoit bien besoing, tant pour curer leur havre et port de mer que pour autres réparations et affaires d'icelle ville.

« Et sur ce, y eut plusieurs parolles entre les dits Viguier et autres officiers et moy. Et pour ce que je veoye que les dits Viguier et autres officiers mectoient ceste matière en grant trouble, difficulté et involution de procès, et que les dits officiers et habitans de ceste ville sont gens fort austères et difficilles à besongner, et avoir affaire avec eulx; et que, si je m'en aloye sans rien faire, la matière pourroit demourer inutille sans prouffit pour le Roy, il sembla au dit Granier et à moy que, avant nostre partement de la, je devoye practiquer et trouver moyen d'en tirer quelque chose ; c'est pour ce fis ouvrir appert par le dit Granier comme de luy au dit juge de Marseille, qui me sembloit le plus distrect et le plus raisonnable, de faire aucun appoinctement sur le fait de la dicte maison ; et que, pour évicter question et véxation, on donnast quelque chose à la dite ville, et qu'ils lessassent au Roy le surplus. Lequel Granier en parla au dit juge, qui dist et respondist qu'il en parleroit aux Viguier, syndics et procureurs de la dite ville, et le lendemain nous en feroit responce.

« Et le lendemain au matin dimanche, derrenier jour du

dit mois de juing, les dits Viguier, juge, sindics, et procureurs de la dite ville vindrent devers moy en mon logeis, et de reschief eusmes ensemble plusieurs altercations et debatz sur le fait de la dite maison et sur ce qu'ilz demandoient sur icelle; et pour complaire au Roy, comme ilz disoient, me firent plusieurs offres pour le duict que le Roy y prétendoit l'une foiz de IIe florins, l'autre fois de III et IIIIe; et semblablement, aprés plusieurs paroles, furent contens d'en bailler V^e florins, qui vallent IIIe escus; et dirent qu'ilz n'en bailleroient ung denier oultre. Et pour ce que je veoye, la perplexité et involution de la besongne et des dits officiers de Marseille qui sont gens sans gaires de raison et très difficilles, comme dist est, sembla au dit Granier et à moy, qu'il valoit mieulx prandre les dits IIIe escuz, que nous en retourner ainsy sans riens faire et en danger de tout perdre; et en conclusion, par manière d'appoinctement, lessé aus dits de la ville le droit que le Roy avoit en la dite maison et en une place vuide que le dit Cuer avoit au dit Marseille pour les dits IIIe escus que je receu et en fis et baillé quictance aus dits de Marseille.

« Et ce jour mesmes, parlé à Village qui estoit au dit Marseille; présent maistre Pierre Granier et luy demandé pourquoy il n'estoit venu rendre ses comptes par devers moy à Montpellier ainsi qu'il devoit, et que luy et ses compaignons avoient promis de faire, par les convénances de leur abolition, et que luy mesmes depuis ma venue au dit Montpellier, m'avoit plusieurs foiz escript qu'il feroit, mais qu'il eust bonne seurté, laquelle je lui avoit offerte non seulement de moy, mais de messire de Carcassonne, le prevost et argentier, et de moy avec eulx, et qu'il sembloit qu'il ne quist que feintes et delaiz pour deffrauder le Roy des grans sommes de deniers, marchandises et autres biens du dit Cuer qu'il avoit entre ses mains, dont je me donnoie merveilles; d'autre part, luy parlé des livres et papiers de Anthoine Noir, afin qu'il les me baillast et délivrast. Lequel Village me respondit que le plus grant désir qu'il eust au monde s'estoit de rendre et affiner ses dits comptes et qu'il peust estre et venir seurement ou Royaume mais qu'il n'osoit venir au dit Montpellier ne ailleurs ou Royaume pour deux causes; l'une, pour la crainte de Octo Castellain qui l'avoit menacié de le faire mourir et de le destruire de corps et de biens, comme on luy avoit rapporté; l'autre, pour ce qu'il s'estoit adverti depuis nagaires qu'il avoit conseillé et exorté Jacques Cuer, son maistre, de renvoier en Alexandrie, le More, dont ou procès et en l'arrest du dit Jacques Cuer est faict mention. Aussi, avoit présenté au souldan au nom du Roy le harnoiz dont ou dit procez et arrest et faicte mention, desquelx cas et autres dont il se sentoit chargié, luy estoit besoing d'avoir grâce et abolition du Roy avant qu'il se osast avanturer de soy trouver ou Royaume; et au regard des dits livres et papiers de Anthoine Noir me jura et afferma sur la dempnation de son âme qu'il ne les avoit ne oncques ne les avoit euz ne ne savoit où ilz estoient : à quoy je luy respondi que au regard de ses comptes il estoit obligié de les rendre, autrement son abolition ne luy povoit prouffiter et procéderoit-on contre luy par adjournement, sur peine de bannissement de ce Royaume et pour confiscation de corps et de biens. Et pour ce qu'il disoit qu'il craignoit le dit sieur Octo, luy dis que s'estoient toutes couleurs exquises pour toujours delayer et fouyr de rendre ses dits comptes et reliqua, car le dit sieur Octo n'étoit point à présent commissaire sur le fait du dit Cuer ne de l'exécution de son arrêt; ainsoi avois la connaissance seul, mais pour plus l'asseurer luy avois offert et luy offroye encores de luy baillier seurté des dessus dits et de moy, par quoy il ne devoit riens craindre ne doubter et s'il reffusoit de venir sur la dite seurté, il monstrerait bien qu'il n'avoit nulle voulanté de rendre son dit compte, ne de avoir ne obtenir la bonne grâce du Roy; et au regard des livres du dit Anthoine Noir, luy dis que j'estoie bien informé qu'il les avoit et estoient en sa puissance, tant parce que le dit Anthoine avoit escript et s'excusoit de venir rendre ses comptes pour ce que le dit Jehan de Village avoit ses dits livres que autrement. Et lors le dit Village me respondit pour conclusion que pour chose que je luy peusse dire ne remonstrer, il ne se asseuroit point de venir où Royaume jusques à ce qu'il eust sa plaine grâce et abolition du Roy des cas dessus dits et qu'il avoit entention d'envoier devers le Roy pour ceste cause, mais qu'il envoiroit devers trois sepmaines ou ung mois devers moy ses dits comptes par procureur garny de procuration souffisante pour les rendre et affiner, et au regard des dits livres et papiers du dit Anthoine Noir, dit que véritablement quelque chose qu'il eust escript le dit Anthoine sur la dampnation de son âme, il ne les avoit, ne avoit euz, ne savoit où ilz estoient et que il avoit bien sceu piéça que le dit Noir l'accusoit de les avoir dont n'estoit riens et estoit une chose controuvée par le dit Noir, contre vérité pour luy cuider donner charge et que le dit Anthoine le heoit et avoit grant hayne contre luy; aussi ne aymoit-il gaires icellui Anthoine. Et autre responce ne peus avoir du dit Village.

« Et pareillement dis au dit Forest, l'un des patrons estant au dit Marseille, que je me donnoye merveilles qu'il ne venoit rendre ses comptes, ainsi qu'il devoit et avoit promis par son abolition, et que plusieurs foiz m'avoit escript qu'il y viendroit dont n'avoit riens fait; lequel Forest me répondit qu'il avoit bien voulanté et entencion de affiner ses dis comptes, mais il craignoit que on luy voulsist faire et donner empeschement en sa personne et que aussi n'estoit tenu randre en personne ses dis comptes et qu'il envoiroit par devers moy son frère garny de ses dits comptes et de procuration souffisantes de luy pour iceulx comptes rendre et affiner d'autre part ; disoit que il avoit prins charge comme patron d'une nef estant au port du dit Marseille, de mener en Rodes les gens prieurs de France, d'Auvergne et d'Aquitaine avec leur compaignie, artillerie et autres bagues et habillemens, et que obstant le dit voiage il ne pourroit venir rendre ses dis comptes en personne, et autre responce ne peu avoir du dit Forest.

« Et au regard de Gaillardet, je trouvé qu'il estoit alé à Milan avec l'évesque du dit Marseille. Mais (*le nom en blanc*) demourant dans la dite ville, vint vers moy, et me bailla unes lettres closes avec ung estat ou compte abrégié du dit Gaillardet.

« Et le dimenche dernier jour du dit mois m'en party du dit Marseille et m'en vins au giste en Aix.

« Et le lendemain lundy, premier jour de juillet, me transporté par devers le Roy de Sécille, et luy demandé, s'il avoit point avisé de me faire autre responce de ce que le Roy lui avoit escript touchant la prinse de Village, lequel seigneur me dist et respondit qu'il n'estoit pas conseillé de me faire autre responce, et qu'il en escriproit au Roy, qui en seroit bien content comme il espéroit, et autre chose ny peu faire.

« Et a donc parlé au dit sieur Roy de Sécille de la debte de mil cinquante florins en quoy feu messire Anthoine Armentier, seigneur d'Orgon, estoit tenu et obligé envers Jacques Cuer, et s'estoit soubzmis à la cour du petit scel de

Montpellier, et requis le dit seigneur que luy pleust faire baillier une annexe à une clameur du petit scel que je avoie lencé, afin que les héritiers du dit feu Armentier, demourans en Prouvance, fussent exécutés et contrains de paier la somme par vertu de la dite clameur, laquelle annexe, par l'ordonnance du dit seigneur, fû bailliée par les diz gens de son Conseil. »

Extrait M [1].

USURPATION DE MONSEIGNEUR DE BOURBON SUR LA SUZERAINETÉ DU ROI.

« *Du dimenche huitième jour de juing* 1455. — J'ai esté devers monseigneur le duc de Bourbon, qui estoit ou villaiges de Cheveignes, à trois lieues près de ceste ville de Molins, et y vindrent avec moy, maistre Pierre Beulle, Chancellier, Cadier et Cordier; je luy exposé la cause de ma venue, tant devers luy que en la dite ville de Molins. C'est assavoir que pour ce que les terres de la Brivière l'Aubépin, Saint-Gérant de Vaulx et de Roannois, qui avoient appartenu à Jacques Cuer, par commission du Roy, adressant à feu messire Pierre de Cuillières, en son vivant conseiller du Roy en la court de Parlement, avoient esté, dès l'an mil CCCC cinquante deux, au mois d'aoust prinses et et mises réaument et de fait par le dit de Cuillières en la main du Roy : et au gouvernement et recepte d'icelles avoit le dit maistre Michel Cordier esté commis par le dit feu de Cuillières qui luy en avoit baillié sa commission. Lequel

---

[1] Folios 345 et suiv. — Cet extrait se trouve également dans la collection manuscrite de Dupuy, vol. 690. Je le crois d'ailleurs inédit comme les précédents et le suivant.

maistre Michiel en avoit prins la charge, et avoit promis et juré de bien et loyaument régir et administrer les dites terres et d'en rendre bon et loyal compte et reliqua aux commissaires du Roy, touteffois que requis en seroit; laquelle main mise et commission baillée au dit maistre Michiel fut dès lors notifiée au dit monseigneur de Bourbon qui en fut content et dist et respondit au dit de Cuillières qu'il escriproit et manderoit aux officiers des dites terres et des chasteaux et places d'icelles qu'ilz obéissent entièrement au dit maistre Michiel; et que depuis lors je avoie plusieurs foiz escript et mandé au dit maistre Michiel qu'il vinsist vers moy garny de ses comptes de sa dite commission et administration, et des receptes et despences des dites terres pour iceulx rendre et affiner par devant moy : lequel maistre Michiel m'avoit escript et fait responce en soy excusant de non venir devers moy, disant que mon dit seigneur de Bourbon l'avoit contrainct de vuider ses mains de tout ce qu'il avoit receu des dites terres à Jehan Cirot, trésorier général de mon dit seigneur et autres ses officiers, dont mon dit seigneur avoit baillé lectre au dit maistre Michiel promectant l'en garantir et défendre envers tous et contre tous, et avoit mon dit seigneur fait contraindre messire André et Pierre Morel, commissaires de par le Roy, au gouvernement et recepte des terres et revenus de Roanne, Saint-Aon, Boisy et la Mothe, à en rendre compte en sa Chambre des comptes, et à vuider leurs mains du reliqua. Et lequel reliqua il fist recevoir par le dit Cirot, et aussi avoit fait peschier les estangs des dites terres, et fait recevoir partie des revenus par Geffroy le Mercier, son secrétaire, et Anthomer de la Court, son huissier d'armes, non obstant que plusieurs foiz eusse escript à mon dit seigneur que les dites choses estoient en la main du Roy et qu'il ne povoit ne devoit faire lever les fruictz et revenus, ne contraindre les commissaires à en rendre compte, ne à vuider leurs mains du reliqua, et que c'estoit grant entreprinse contre le Roy et son auctorité, en luy requérant par mes dites lettres qu'il voulsist cesser des dites contrainctes et manières de faire dont riens n'avoit esté fait, et que, à ceste cause, le Roy, averty de ces choses dont il n'estoit pas contant, voulant garder les droit et autorité de sa souvéraineté et de sa main mise, et faire reparer et réintegrer et mectre au premier estat sa dite mise et pugnir les infracteurs d'icelle selon l'exigence des cas, m'avoit envoié et adressé les lettres patentes desquelles la teneur s'ensuit :

« Charles, par la grâce de Dieu, etc., etc.

« Et récitay à mon dit seigneur de Bourbon le contenu des dites lettres en luy remonstrant au mieulx que je seu l'auctorité du Roy, l'entreprinse et offense que c'estoit d'enfraindre sa main mise mesmement par mon dit seigneur de Bourbon, qui estoit son parent et son vassal et subgect de si grans terres et seigneuries comme sont les duchiez de Bourbonnois et d'Auvergne et autres terres qu'il tient en hommage du Roy, et le dangier où il s'estoit mis comme de forfaire ses terres envers le Roy, en luy requérant me faire donner plaine et entiére obéissance pour mectre les dites lettres royaulx à exécution. A quoy mon dit seigneur de Bourbon me respondit qu'il estoit bien joyeulx de ma venue, et qu'il vouldroit obeir au Roy et à ses mandemens de tout son pouvoir, ainsi que tenu y est. Et au regard de l'infraction de la dite main mise du Roy dont luy avoye parlé et dont ès dites lettres royaulx est faicte mencion, me dist qu'il confessoit bien estre vray que depuis que la dite main du Roy fut mise par messire Pierre de Cuillières ès dictes terres de Saint-Gérant, la Mothe, Saint-Aon, Boisy et autres terres, il avoit fait prendre et lever les fruictz et revenues des dites terres, et avoit esté tout ce qui en avoit esté prins, receu et levé par ses gens converty, et emploié en sa despence et autres affaires pensant ne mesprendre en riens pour ce que icelles terres sont tenues de luy en foy et hommage, lesquelx foy et hommage, et autres droits et devoirs ne luy avoient point esté faiz. Et à ceste cause, paravant la prinse du dit Cuer, et depuis au paravant la dite main mise du Roy faicte par le dit de Cuillières, mon dit seigneur avoit fait mectre et aposer sa main en et sur les dits terres. Et luy sembloit que la dite main du Roy ne désapointoit point la sienne. Et d'autre part, après la dite main du Roy mise et apposée ès dites terres par le dit de Cuillières, il avoit envoyé son Chancellier par devers le Roy pour obtenir provision pour joir des fruictz des dites terres et de ses droits féodaux et seigneuriaux soubz la dite main du Roy, laquelle il ne peut lors obtenir obstant les autres grans occupations du Roy, et encore depuis nagaires a envoyé son dit Chancellier par devers le Roy et a requis la dite provision ; mais on lui a respondu que jusque à ce que je soye par devers le Roy et que je l'aye averty de ceste matière, il ne baillera sur ce aucune provision. Et me dist mon dit seigneur de Bourbon qu'il congnoissoit bien à présent, qu'il avoit failli d'avoir prins et levé les dits fruictz et revenus des dites terres sur la dite main du Roy, et confessoit bien qu'il ne lui appartenoit pas de ainsi le faire, et jamais ne l'eust fait s'il eust esté adverty du droit et auctorité du Roy, tel que remonstré lui avoye et n'avoit pas entencion de y faire ne mectre pour le temps avenir aucun empeschement né enlever aucune chose, mais en laisseroit joir le Roy et ses commissaires, et en faire tout à son bon plaisir ; et avoit entencion d'envoyer devers le Roy pour luy remonstrer ses excusations et luy supplier qu'il luy pleust de sa grâce recevoir ses dites excusations, et luy pardonner la faulte, en moy priant que je vueille remonstrer au Roy sa dicte excusation et avoir son fait pour recommandé. Et au regard de l'exécution des dites lettres royaulx dessus incorporées, me dist qu'il vouloit que je feusse entièrement obéy et que le dit Cordier, commissaire, me rendist ses comptes, et que je eusse entière congnoissance de toutes les receptes des dites terres; mais il me pria que je procédasse tout le plus doulcement que je pourroye, et quoy que soit de contraindre son trésorier et autres qui avoient receu les deniers et autres revenues d'icelles terres à les restituer, et de procéder plus avant à l'exécution des dites lettres, jusques à ce que je eusse parlé au Roy. Et que si le plaisir du Roy n'estoit de luy donner provision que les dits deniers et autres revenues des dites terres receuz par son dit trésorier et autres ses officiers luy demourassent et joir pour le temps avenir soubz la dite main du Roy de ses droiz seigneuriaulx, il fera tout rendre et restituer et délivrer à ceulx qu'il plaira au Roy ordonner.

A quoy je respondi à mon dit seigneur de Bourbon que au regard de l'infraction de la dite main mise du Roy, il ne povoit alléguer excusation valable, car les droiz et auctorité du Roy sont si notoires de non povoir enfraindre sa main ne exploicter sur icelle sans son congié et licence que nul ne puet ne doit prétendre cause de ynorance, et mesmement au regard de la mise du Roy faicte et apposée ès dites terres ny peut mon dit seigneur fonder excusation, car quant le dit de Cuillières fist la dite main mise, il la notifia à mon dit seigneur qui dist qu'il n'empescheroit en riens les dits commissaires mais les laisseroit entièrement joir. Et depuis luy avoie escript par plusieurs foiz en luy remonstrant qu'il ne povoit ne devoit prendre ne les dits fruictz et revenues soubz la dite main du Roy, et que en ce faisant, il offensoit et fraudroit grandement sur et contre l'auctorité du Roy. Et d'autre part, la poursuite qu'il avoit faicte pour avoir provision du Roy de joir de ses droiz féodaulx soubz la dicte main du Roy, remonstroit bien qu'il congnoissoit et entendoit bien qu'il ne luy appartenoit, et ne luy estoit loisible ne permis de prandre ne lever les dits fruictz et revenues sans la licence et provision du Roy, et qu'il povoit congnoistre par luy mesme en les prenant et levant et contraignant les commissaires du Roy à en rendre compte en sa Chambre des comptes, et vuider leurs mains du reliqua, qu'il faisoit mal. Car s'il avoit mis et apposé sa main en et sur aucune terre tenue de lui, il ne seroit pas content, si son vassal et subgect en enfraignant sa dite main prenoit et levoit les fruictz et revenues de la dite terre, ainsi par luy saisie et mise en sa main, et dont par plus forte raison devoit il congnoistre et entendre que c'estoit grant offense et entreprinse sur et contre l'auctorité du Roy qui est son souverain seigneur et qui use et doit user de trop plus grant auctorité que nul autre, de ainsi enfraindre la main mise. Et au regard de la requeste qu'il m'avoit faicte de différer de contraindre son trésorier et autres qui avoient receu les deniers et autres revenues des dites terres à en vuider leurs mains, luy dis que je ne pourroye ne oseroy différer la dite contraincte, veu le mandement que le Roy m'avoit envoié, et ce qu'il m'avoit escript et mandé touchant ceste matière, et que je ne faisoye point de doubte que le Roy ne seroit pas content si sa main mise n'estoit entièrement reparée et réintégrée, et que mon dit seigneur ne povoit meulx faire que de me faire entiérement obéir telement que je eusse occasion d'en faire bon rapport au Roy ; lequel monseigneur de Bourbon me dist que voirement il congnoissoit bien qu'il avoit failly et mespris envers le Roy, mais il avoit bien espérance que le Roy, bien averti de ses excusations, lui pardonneroit la dite faulte. Et si je ne voulóye différer, que je procédasse de par Dieu en mon exécution, et qu'il me feroit entièrement obéir. Et aussi le commanda et ordonna au dit maistre Michiel Cordier qu'il me baillast et rendist entièrement ses comptes. Et a tant prins congié et me départy de mon dit seigneur de Bourbon, et m'en retourné au giste à Molins. »

Extrait N[1].

NOUVEL INTERROGATOIRE RELATIF AUX HANAPS QUI AVAIENT DISPARU.

« *Du lundi derrenier jour du mois de janvier* 1456. — J'ai parlé à monseigneur l'arcevesque de Bourges touchant les six hanapz d'argent par moy demandez à messire Alexandre Chambellan, prestre, et Michau Faure, serviteurs du dit arcevesque, lequel messire Alexandre depposa piéça par sa première depposition qu'il avoit baillé les dits hanaps au dit arcevesque son maistre, et le dit Faure a dit et depposé que les dits hanaps furent envoyéz et baillez à la feue femme de Jacques Cuer. Lequel arcevesque j'ay interrogé sur ce, et après le serement par luy fait de me dire et déclairer la vérité de ce qu'il en scet, a dit et depposé qu'il est bien recors que le dit messire Alexandre ou le dit Michau ausquelx il avoit baillé en garde les dits hanaps, les luy rendirent et rebaillèrent depuis et pesoient environ vingt-quatre marcs d'argent, lesquels six hanaps le dit qui parle bailla depuis à la dicte feue sa mère, et dit que depuis, pour ce qu'il estoit venu de par deçà ung ambaxadeur de par notre Saint-Père le pape pour pourchasser la délivrance du dit

[1] Folio 490.

feu Jacques Cuer, son père, la dite feue et le dit qui parle, delibérèrent de donner au dit ambaxadeur les diz VI hanaps, et de fait les luy donnèrent et livrèrent; et a dit et affarmé en sa conscience et sur ses saintes ordres que les dits hanaps ont esté baillez au dit ambaxadeur et non ailleurs. Sur quoy, je luy ay dit et remonstré qu'il faisoit mal de bailler les dits hanaps au dit ambaxadeur, veu qu'il savoit bien que toute la vesselle d'argent du dit Cuer, son père, et mesmement les dits hanaps avoient esté mis en la main du Roy par sire Pierre Bérart et baillez en garde à la dite feue sa mère, lequel depposant m'a dit et respondu que la dite feue et luy n'avoient autre chose que donner au dit ambaxadeur, ilz lui donnèrent les dits hanaps; et s'en rapporte à la bonne grâce du Roy.

Item, pour ce que j'ay sceu que le dit arcevesque avoit en sa garde et possession certains tableaux pains, qui avoient esté faiz pour l'estorement de la chapelle du grant hostel du dit Cuer, j'ay interrogué le dit arcevesque s'il a les dits tableaux; lequel m'a dit et respondu que oy, maiz il a dit que les dits tableaux furent faiz pour mectre en la chapelle que le dit Cuer faisoit faire et édiffier en la grande église cathédrale de ceste ville de Bourges, laquelle le dit arcevesque fait achever, et dit que c'est le plaisir du Roy qu'ilz soient et demeurent pour la dite chapelle, qu'ilz les y fera mectre; et si c'est le plaisir du Roy qu'ilz soient mis ailleurs, il les baillera à qui il plaira au Roy commander et ordonner, desquelx hanaps et tableaux je parleré au Roy pour en faire et ordonner à son bon plaisir... »

PIÈCE N° 4.

ORDONNANCE SUR L'ÉTABLISSEMENT D'UNE FORCE MILITAIRE PERMANENTE A CHEVAL ET LA RÉPRESSION DES VEXATIONS DES GENS DE GUERRE [1].

Orléans, 2 novembre 1439.

« Pour obvier et donner remède à faire cesser les grands excez et pilleries faites et commises par les gens de guerre, qui par long tems ont vescu et vivent sur le peuple sans ordre de justice, ainsi que bien au long a esté dit et remonstré au Roy par les gens de trois Estats de son

---

[1] *Ordonnances des rois de France*, t. XIII. — M. Isambert donne aussi cette ordonnance en entier dans son *Recueil général des anciennes lois françaises, depuis l'an 420 jusqu'à la révolution de 1789*, t. IX, p. 57 et suiv., et il la fait précéder des observations ci-après : « Cette loi est l'une des plus importantes de la monarchie :
« 1° elle consacre le principe de la résistance avec armes et voies
« de fait contre l'oppression des gens de guerre et des barons;
« 2° elle décrète l'établissement d'une force militaire perma-
« nente, assez semblable à la gendarmerie actuelle; 3° elle con-
« tient l'aveu que le roi peut imposer des tailles sans le consente-
« ment des États, et que les seigneurs ne peuvent en lever.
« Philippe de Commines observe que Charles VII imposa le premier
« tailles à son plaisir sans le consentement des États. Ce ne fut
« pas du moins à cette occasion : mais comme l'établissement fut
« permanent et qu'il produisit des effets salutaires, on en conclut
« tacitement que, pour leur entretien, les tailles étaient de droit
« continuées.... » — J'ai cru devoir reproduire ici, à titre de document historique, cette ordonnance tout entière, parce qu'aucun document, officiel ou autre, ne peint mieux les excès qu'elle eut pour objet de réprimer. Les articles 6 à 19 sont surtout très-significatifs. Ce qu'ils défendent donne l'idée de ce qui se faisait.

royaume, de present estant assemblez en ceste ville d'Orléans,

« LE ROY, par l'advis et délibérations des seigneurs de son sang, la royne de Sicile, de nos sieurs le duc Bourbon et Charles d'Anjou, les comtes de La Marche, d'Eu et de Vendosme, plusieurs prélats et autres seigneurs notables, barons et autres, gens d'église, nobles, et gens de bonnes villes, Considérant la pauvreté, oppression et destruction de son peuple ainsi destruit et foullé par les dictes pilleries, lesquelles choses ont esté et sont à sa très grande desplaisance, et n'est pas son intention de les plus tollerer ne soustenir en aucune manière, mais en ce, bon ordre et provision y estre mises et données, par le moyen et ayde de Dieu nostre Créateur, a faict, constitué, ordonné et establi, fait et establit par *loy* et *edict* général perpétuel et non révocable, par forme de *pragmatique sanction*, les édicts, loix, statuts et ordonnances qui s'ensuyvent.

« (1) *Premièrement*. Pour ce que grand multitude de capitaines se sont mis sus de leur autorité et ont assemblé grand nombre de gens d'armes et de traict sans congé et licence du Roy, dont grands maux et inconvéniens sont advenus, le Roy voulant bon ordre et discipline estre mises au fait de la guerre, et restraindre telles voyes, a ordonné que certain nombre de capitaines, de gens d'armes et de traict, sera ordonné pour la conduite de la guerre, lesquels capitaines seront nommez et esleuz par le Roy, prudens et sages gens; et à chacun capitaine sera baillé certain nombre de gens qui par lui seront esleuz de fait ou office de capitaine de gens d'armes et de guerre; et leur deffend de plus eux nommer ne porter le nom de capitaines, sur les peines cy après déclarées.

« (2) *Item*. Et seront les capitaines des gens d'armes tenant les champs, pris et esleuz par leurs capitaines ou autres gens qui par le Roy seront à ce ordonnez, gens d'armes et de traict, et autres gens de guerre les plus notables, suffisans et mieux habiles, desquels et de leur gouvernement leur capitaine sera tenu respondre.

« (3) *Item*. Défend le Roy à tous, sur peine d'encourir crime de lèze-majesté ; c'est à sçavoir, sur peine d'estre dépouillé, debousté et privé à toujours lui et sa postérité de tous honneurs et offices publics, et des droicts et prérogatives de noblesse, et de confiscation de corps et de biens, que aucun de quelque estat qu'il soit, ne soit si osé ne si hardi de lever, conduire, mener et recevoir, et ne lève, conduise meine et ne reçoive compagnie de gens d'armes ne de traict ne d'autres gens de guerre, sinon que ce soit du congé, licence et consentement et ordonnance du Roy, et par ses lettres patentes ; et pareillement qu'aucun ne se tienne en armes et ne se mette en compagnie d'aucun capitaine ou autre, sinon que ce soit soubs l'un des dits capitaines qui seront esleuz par le Roy, et que ce soit dedans le nombre qui lui sera ordonné.

« (4) *Item*. Defend le Roy, qu'aucun des dits capitaines ne traye ou reçoive en sa compagnie les gens d'autre capitaine sans son consentement, et sur les dites peines ; et qu'aucun homme d'armes, gentilhomme ou autre, ou gens de traict ou autres gens de guerre, ne se déportent de leurs capitaines ne de sa compagnie, et ne laissent ne aillent ailleurs, et ne se mettent en compagnie d'autre capitaine, sans le congé ou le consentement exprès de leur capitaine, et sur peine d'estre privez d'honneur, et de confiscation de biens, et de perdre promptement chevaux et harnoix, lesquels seront commis et acquis au capitaine qu'ils auront délaissé.

« (5) Defend le Roy à tout capitaine qu'il ne prenne ne reçoive en sa compagnie aucun homme d'armes, de traict, ou autre homme de guerre, outre le nombre qui lui sera ordonné : et sur peine d'estre privé et débouté de l'office de capitaine, et confiscation de biens..

« (6) *Item*. Défend le Roy à tous capitaines, gens de guerre et à tous autres, sur la dite peine d'encourir crime de leze-majesté. C'est à sçavoir d'estre privé et débouté, lui et sa postérité, de tous honneurs et offices publics, et de tous droits, et premièrement de noblesse, et de confiscation de corps et de biens, que ils, ne aucun d'eux, ne pillent, dérobent, ne destroussent, souffrent ne facent destrousser, rober ou piller gens d'église, nobles, marchands, laboureurs, ne autre en chemin ne en voyes, ne en leurs hostels ou habitations, ne ailleurs, en quelque manière que ce soit, ne les prennent, emprisonnent, ne rançonnent, ne facent ou souffrent emprisonner, prendre ne rançonner, ains les laissent aller et passer, et demeurer en leurs maisons et habitations et ailleurs, seurement et sauvement, sur la dicte peine.

« (7) *Item*. Défend le Roy, sur les dictes peines, à tous capitaines et gens de guerre, qu'ils ne prennent marchans, laboureurs, bœufs ne chevaux, ne austres bestes de harnois, soit de labour ou de voiture ou de charroy, et ne les empêchent, ne les voituriers et chartiers, ne leurs voitures, denrées et marchandises qu'ils mèneront, et ne les rançonnent en aucune manière ; mais les souffrent labourer et charroyer, et mener leurs denrées et marchandises paisiblement et seurement, sans aucune chose leur demander, ne en rien les empescher ou destourber.

« (8) *Item*. Défend le Roy, sur les dictes peines, à tous capitaines et gens de guerre, qu'ilz ne prennent, facent ou souffrent prendre et amener aucun bestail, et qu'ils ne le rançonnent en quelque manière que ce soit.

« (9) *Item*. Défend le Roy, sur les dictes peines, qu'aucun homme de guerre, de quelque estat qu'il soit, ne destruise, face ou souffre destruire bleds, vins et autres vivres quelconques; et ne les empire, soit por y mettre aucune chose, ou por les jetter en puits, ou por defoncer les vaisseaux ou pipes où seront les dits bleds et vins et autres biens.

« (10) *Item.* Et pareillement qu'aucun ne soye ou coupe, ou face soyer ou couper les bleds, ne les facent paistre aux chevaux ou austres bestes, et ne les battent ou facent battre à chevaux, gaules ou bastons, soit que les dits bleds soient en herbes ou en espy.

« (11) *Item.* Et que pareillement ne battent et ne coupent vignes ne arbres fruictaux, sur les dictes peines.

« (12) *Item.* Et ne contraignent, facent ou souffrent contraindre aucun rançonner les dits bleds, vins et fruits, soit qu'ils soient cueillis et amassez, ou qu'ils soient encore pendans sur terre.

« (13) *Item.* Et avec ce, défend le Roy, sur les dictes peines, à tous capitaines et gens de guerre, que ils, ne aucun d'eux, ne mette, face ou souffre estre mis feux en gerbes, en maisons, ne en foings, pailles, lits, linges, langes, utensiles et mesnages d'hostel, caves, pipes, pressouers et autres vaisseaux, ne en autre chose pour les faire ardoir en quelque manière que ce soit.

« (14) *Item.* Et aussi qu'ils ne découvrent, n'abattent les couvertures des maisons, ne rompent les cheminées, ne prennent les charpenteries des maisons pour mettre en feu ne eux chauffer, ne sous autre quelque couleur que ce soit, et sur les dictes peines.

« (15) *Item.* Enjoint le Roy et commande à tous capitaines et gens de guerre, et sur les dictes peines, qu'ils laissent labourer toutes manières de laboureurs, et ouvrer toutes manières d'ouvriers, soient manouvriers ou autres gens de quelque mestier qu'ils soient, sans leur donner aucun destourbier ou empeschement, et sans les prendre ne rançonner, faire, souffrir estre pris ne rançonner, ne leurs ferremens ou outils.

« (16) *Item*. Defend le Roy, sur les dictes peines; c'est à sçavoir, d'estre privé et débouté de tous honneurs et offices publics, et des droits et prérogatives de noblesse, à toujours, lui et sa postérité, et de confiscation de corps et de biens, que aucun de quelque estat ou condition qu'il soit, ne coure ou discoure par vois, chemins, champs ou ailleurs (que aucuns appellent aller à l'*estrade*) pour piller rober et destrousser les passans et allans les chemins; et ne guette chemins ne voies; et ne destrousse ne robe les passans les chemins, ne les habitans en leurs maisons, soient gens d'église, nobles, bourgeois, marchans, laboureurs, gens de mestier ou autre gens de quelque estat ou condition qu'ils soient. Et mande, commande et enjoint le Roy à tous seneschaux, baillifs, prevosts et justiciers de son royaume, et à tous nobles hommes et autres, que incontinent que aucuns sçauront tels robeurs, pilleurs et guetteurs de chemins estre sur le pays, que ils les prennent et aillent à l'encontre deux, à assemblée de gens à armes et autrement, comme ils feroient contre les ennemis, et les prennent et ameinent à justice; et donne le Roy à ceux qui prendront leurs chevaux, harnois et autres biens qu'ils auront sur eux, avec toute leur despouille; et veut et ordonne le Roy que si, en aucune manière, aucun d'iceux delinquans estoit occis ou tué au conflit ou la prinse, qu'il ne soit réputé à reproche à celui qui l'aura fait, mais lui soit reputé à mérite et bienfaict, sans que aucune action en soit ou puisse estre intentée contre lui, ne ceux qui auront pris les délinquans; et défend le Roy à tous les justiciers, qu'ils n'en souffrent aucune action ou demande en estre intentée, en jugement ne autrement.

« (17) *Item*. Commande et enjoint le Roy à tous capitaines et gens de guerre, qu'ils vivent doucement et paisiblement, sans molester le peuple et sans faire excès de despense, soit pour hommes et pour chevaux; et vivent raisonnablement, et soyent contents de tels vivres comme ils trouveront, ainsi que gens de raisonnable gouvernement debvroient estre sans contraindre leurs hostes ou autres à leur bailler outrageuse abondance, ne aussi délicieuseté de vivres, ne à leur bailler argent ou autres choses, soit pour vivre, ou pour harnois, ou pour quelque autre couleur que ce soit.

« (18) *Item*. Ordonne le Roy, que chacun capitaine ou lieutenant sera tenu des excès, maux et outrages commis par ceux de sa compagnie, ou aucun d'eux, et tant que sitost que plainte ou clameur sera faite au capitaine, de ses gens, ou d'aucun d'eux, d'aucun malfaict ou excès, que incontinent il prenne le délinquant, et le baille à justice pour en estre faite punition, selon son délit, raisonnable, selon ces présentes ordonnances; et en cas qu'il ne le fera ou dissimulera ou délayera en quelque manière que ce soit, ou que par négligence ou autrement le délinquant évadera ou s'en ira, en telle manière que punition et justice n'en soit faite, le capitaine sera tenu du délit, comme celui qui l'aura fait, et en souffrira pareille peine qu'eust fait le délinquant.

« (19) *Item*. Et aussi tous ceux qui seront présents, soient gens de guerre ou autres, à faire destrousses et prendre hommes, bœufs ou chevaux de harnois, ou à faire les autres excès dessus dits, et ne l'empescheront ou y résisteront, et ne prendront les délinquans se faire se peut, ou ne révèleront incontinent à justice, s'ils n'y peuvent résister, ils seront tenus du délit comme favorisans et aidans, et seront punis comme les délinquans.

« (20) *Item*. Et enjoint le Roy, mande et commande aux

gens tenant son parlement, et qui tiendront ceux advenir, aux gens de ses comptes, trésoriers généraux sur le fait de la justice, et à tous ses baillifs, seneschaux, juges, prévosts, qui de présent sont et pour le temps advenir seront, à ses advocats, procureurs, enquesteurs, et à tous les autres officiers, et à tous les justiciers de son royaume, que cette présente ordonnance et loi ils tiennent, gardent et facent tenir et garder et conserver par tous sans enfreindre, en punissant les délinquans, selon cette présente loi et ordonnance, sans déport.

« (21) *Item*. Et en outre que de tous les excès et délits qui doresnavent seront faits et commis par gens de guerre en leurs seneschaussées, bailliages et territoire, contre cette loi et ordonnance, ils facent ou facent faire informations, et punissent les délinquans; et si aucunement iceux délinquans estoient si puissans, ou par soutenance de seigneurs ou autrement, que ils n'en puissent faire justice ou punition, qu'ils facent ou facent faire diligemment les adjournemens, procès, sentences, jugements, déclarations contre les délinquans, ainsi qu'il appartient par raison, et les renvoient incontinent devers le Roy ou sa court de parlement, pour y estre pourveu ainsi que de raison sera, et le Roy y pourvoira incontinent à l'exécution d'icelles sentences, jugements et déclarations qu'il appartiendra.

« (22) *Item*. Et pour ce que aucuns juges, seneschaux, baillifs, prevosts et autres justiciers, pourroient faire ou feroient difficulté de punir les délinquans, s'ils n'avoient délinqué en leur territoire, le Roy donne plein pouvoir, autorité et puissance à tous seneschaux, baillifs, presvosts et autres juges de son royaume, supposé qu'ils ne soient juges royaux, de punir ou corriger, ou faire punir et corriger les délits, crimes et excès qui seront commis contre cette présente loi et ordonnance, que iceux délits et excès n'ayent esté commis et perpetrez en leurs juridictions et territoires.

« (23). Et en outre le Roy veut et ordonne que si aucun de ses justiciers ou officiers, ou autres justiciers de son royaume, est refusant, negligent, ou en demeure de faire punition et justice des cas dont il aura plainte ou clameur, ou qui seront venus à sa cognoissance, en celui cas, il le prive et déboute de tous honneurs et offices publics; et veut qu'il soit puni comme fauteur et adhérent; et sera tenu de rendre aux blessez tous leurs dommages et interests; et enjoint le Roy, mande et commande à son procureur général et autres ses procureurs, qu'ils procèdent et se facent partie, en intentant leurs actions contre les juges et autres officiers refusans, négligens ou délayans en ce, et les poursuivent diligemment et sans déport, jusque à ce que, par sentence et jugement, justice et punition en soit faicte et exécution deüe.

« (24) Et avec ce, veut et ordonne le Roy, que les dits officier et autres justiciers quelconques, et chacun en droit soi, soient tenus, incontinent qu'il sera venu à leur notice ou cognoissance que aucun aura fait au contraire de cette présente loi et ordonnance, de sommer et requérir le capitaine, de bailler le délinquant ou délinquans, pour en être justice et punition faicte; et qu'ils procèdent contre icelui capitaine en cas qu'il sera refusant ou délayant par voie de justice, et par arrest de sa personne et de ses biens, quelque part que trouver le pourra, hors lieux saints, et procèdent par main armée, et autrement comme ils verront estre à faire et qu'ils le pourront faire. Et en cas qu'ils n'y pourroient pourveoir, que incontinent ils envoyent les informations, sommations, et procès sur ce faits devers le Roy ou sa dicte court de parlement, pour y estre pourveu et mis remède : et en cas que aucuns des dits juges royaux ou autres justiciers sera de ce refusant ou délayant, le Roy le prive et déboute de tout office et honneur public, à toujours et sans restitution, et en outre sera puni comme recepteur et fauteur des délinquans.

« (25) Et en outre, pour ce que souventes fois telles destrousses, pilleries, roberies, rançonnemens et autres malefices dessus déclarés sont faits en lieux ou chemins où l'on ne peut promptement avoir aide de justice, et aussi, à l'adventure, recours aux capitaines, le Roy veut et ordonne que celui qui sera blessé, puisse par justice se pourveoir, et autrement assembler gens à armes, et autrement contre tels délinquans, et les prendre par force et mener à justice; et si aucun meurdre ou occision advenoit sur aucun des délinquans, le Roy le quitte et remet à celui qui l'aura fait; et défend à tous, que jamais aucune chose ne lui en soit demandée; et commande à tous les justiciers de son dit royaume que aucune action ils n'en souffrent intenter contre celui qui auroit fait la dite occision; mais lui soit reputée à bien fait.

« (26) *Item*. Ordonne le Roy que les capitaines et gens de guerre seront mis et establis en garnison ès places des frontières sur les ennemis, qui leur seront ordonnez par le Roy, et illec demeureront et se tiendront; et défend le Roy à tous capitaines et gens de guerre, que aucun ne se départe, ne à laisser en la forteresse et garnison où il sera mis et establi, sans le mandement ou ordonnance du Roy; et qu'ils, ne aucun d'eux, ne aille vivre sur le pays en quelque manière que ce soit, et sur les dictes peines de crime de lèze majesté, dessus déclarées.

« (27) *Item*. Et en outre, le Roy abandonne tous capitaines et autres gens de guerre qui feront contre cette présente loi et ordonnance; et veut et ordonne que chacun par voye de fait, à assemblée de gens et force d'armes, leur résiste et donne le Roy à un chacun congé, auctorité et licence de ce faire [1].

« (28) *Item*. Et avecques ce, veut et ordonne le Roy, que les chevaux, harnois et autres biens qui seront prins sur les dits capitaines et autres gens faisans contre cette présente loi et ordonnance, soient et appartiennent à ceux qui les auront conquis, sans que jamais aucune chose leur en puisse estre demandée. Et commande le Roy à tous les justiciers de son royaume qu'ils ne reçoivent aucun à en intenter action en jugement; et si en aucune manière aucuns d'iceux délinquans, en conflit ou la prinse estoit tué ou occis, le Roy veut et ordonne que on n'en puisse aucune chose demander à celui qui l'aura tué ou occis, et prohibe et défend le Roy aucune action en estre intentée en jugement, mais veut qu'il soit réputé à bien et deüement fait.

« (29) *Item*. Le Roy déclare son vouloir et intention estre, qu'il ne donnera aucune remission à quelconque délinquant contre cette présente loi et ordonnance; et si aucunement le Roy, par importunité de requérans ou autrement en donnoit remission à aucun, le Roy veut et ordonne, mande et commande, et défend à sa dicte court du parlement, et à ses baillifs, seneschaux et à tous ses autres officiers, et à tous les autres justiciers de son royaume, que ils n'y obéissent en aucune manière, mais nonobstant icelle rémission, facent punition et exécution des délinquans, et ce sur peine d'estre privez et deboutez de tous offices et honneurs publics, et confiscation de biens [2].

[1] Cet article seul prouverait, à défaut d'autres documents, à quel degré le mal était arrivé. Aujourd'hui, fait observer M. Isambert, cette résistance à un militaire qui abuse de son pouvoir et excède ses ordres, est punie de rébellion en vertu de l'art. 209 du Code pénal.

[2] Cet article est fort étrange. Il témoigne, à la vérité, du vif désir

« (30). Et pour ce que aucuns seigneurs, barons et autres capitaines, mettent et tiennent en leurs forteresses et chasteaux, gens d'armes et de traict, et aussi en autres forteresses, comme églises, forts et autres, ou pays (dans les pays) obéissant au Roy, qui font de jour en jour plusieurs grandes oppressions aux sujets du Roy, le Roy ordonne et commande que toutes telles garnisons vuident icelles places, et les seigneurs d'icelles y pourvoient de gens suffisans, à leurs dépens, sans dommage du peuple, et que les autres places et forteresses soient rendues à ceux à qui elles appartiennent.

« (31) *Item*. Mande et commande le Roy à iceux seigneurs ou capitaines tenans garnisons en leurs dictes places que ils vuident les dictes garnisons, ou les tiennent à leurs despens, sans ce qu'ils prennent aucune chose sur les dits sujets ou autres obéissans du Roy, et sur les dictes peines d'encourir au dit crime de lèze-majesté, comme dit est dessus.

« (32) *Item*. Et en cas que aucun seigneur ou autre tiendroit gens d'armes et de trait en ses forteresses, ou autres qui feront excez ou délits sur les sujets du Roy, il sera tenu d'en respondre, ainsy qu'il est dit des capitaines ès articles précédens, et sur les dictes peines.

« (33) *Item*. Défend le Roy, que seigneur quelconque ou gens capitaines de gens d'armes, ne autres quelconques, ne assaille, ne rançonne, et aussi ne prenne forteresse quelconque d'autruy estant en l'obéissance du Roy, soit par assaut

---

qu'avait Charles VII de mettre un terme aux excès des gens de guerre. Mais quel ne devait pas être l'embarras des baillis et des sénéchaux, lorsque des lettres de grâce, postérieures à l'édit qui d'avance les avait déclarées nulles, leur étaient présentées? De pareilles dispositions n'étaient pas, à coup sûr, de nature à faciliter l'exercice de l'autorité et encore moins à la faire respecter.

et crainte d'armes, ou d'emblée, de jour ou de nuit, sur les dictes peines de encourrir crime de lèze-majesté ; c'est à sçavoir d'estre privé et débouté, comme dit est, de tous honneurs et offices publics, et des droits, premièrement de noblesse, lui et sa postérité, et estre réputé roturier, et de confiscation de corps et de biens ; et si les gens d'aucuns capitaines ou seigneurs font le contraire, le seigneur ou capitaine sera tenu de les bailler à justice, incontinent qu'il sera sommé, sur les peines dessus dictes, et en la forme et manière qu'il est dit cy-dessus des autres capitaines et gens de guerre.

« (34) *Item*. Défend le Roy, sur les dictes peines, que aucun de quelque estat, qualité ou condition qu'il soit, noble ou autre, ne reçoive, recepte, recelle ou cache, musse [1], aide ou favorise par lui ou ses gens ou autres, en maison, forteresse ou ailleurs, les délinquans et faisans contre cette présente loy et ordonnance, en aucune manière, ne soubz couleur d'autre, de lignage ou autrement, mais enjoint le Roy, mande et commande à tous, sur les dictes peines, que sitost que aucun saura d'iceux délinquans estre en aucun lieu, qu'il le prenne et meine à justice, et qu'ils procèdent à la prinse et assemblée des gens à armes et autrement par toutes voies possibles, comme dit est dessus, et leur donne le Roy la destrousse d'iceux délinquans.

« (35) *Item*. Et dès à présent le Roy déclare les lieux où tels délinquans sont recelez, cachez, ou mussez, commis et confisquez, si le recèlement est fait de l'assentiment du seigneur du lieu, soit que ce soit chastel, baronnie, seigneurie, maison forte ou autre, sans ce que aucune restitution en soit faite à jamais.

---

[1] *Musser*, soustraire, dérober ; *Glossaire* de Roquefort.

« (36) *Item*. Et pour ce que plusieurs seigneurs, barons et autres, capitaines de gens d'armes et de forteresse et autres officiers, soubz couleur de garde de leurs places ou autrement, ont, au temps passé, contraint leurs sujets et les habitans en leurs terres et seigneuries, et les voisins et autres à leur payer bleds, vins et autres vivres, argent et autres choses, pour l'avitaillement des places et forteresses qu'ils tiennent, ou autrement, soubz autre couleur, et aussi les plusieurs ont mis sus, et exigé des marchands de denrées et marchandises passans et repassans par le royaume, tant par les eaux et rivières du royaume que par terre plusieurs sommes de deniers, grains et partie d'icelles denrées et marchandises; et ont creu et augmenté les deniers des péages deubs aux seigneuries et forteresses contre l'ancienne manière : en quoy les marchans et le peuple du royaume ont esté moult opprimez et grevez ; le Roy ne voulant plus telles choses passer soubz dissimulation, ordonne, mande et commande que doresnavant telles exactions cessent et les prohibe et défend le Roy.

« (37) *Item*. Et défend le Roy à tous seigneurs, et barons et autres, à tous capitaines et gardes de places et forteresses de ponts et de passages, et à tous autres, tant officiers, prevosts, péageurs que autres, que doresnavant ils, ne aucun d'euz, ne contraignent, facent ou souffrent contraindre les sujets ou autres à leur payer aucune chose, ne d'eulx ne exigent ne bled, ne vin, ne argent, ne autre chose, outre leurs devoirs et rentes que leur doibvent leurs sujets et autres, et sur peine de confiscations de corps et de biens par les capitaines et officiers, et les seigneurs, sur peine de confiscations de tous biens[1]; et dès à présent le Roy déclare les terres, sei-

---

[1] On voit par cet article que les capitaines avaient le droit d'em-

gneuries et forteresses où telles exactions seront faites, soit par les seigneurs ou par leurs gens et officiers, ou autre de leur sceu, commises et confisquées à jamais et sans restitution.

« (38) *Item.* Veut et ordonne le Roy, que sitost que aucune plainte ou clameur sera venue au seigneur du lieu, de telles exactions, qu'il les face cesser et rendre, ou face rendre ce qui aura été exigé, à ceux dont il aura été prins et exigé, et punisse ou face punir les délinquants ; autrement, il encourra ès dictes peines, et sera icelle terre et seigneurie, chàstel ou forteresse où l'exaction aura esté faite, commise et confisquée envers le Roy à jamais et sans restitution.

« (39) *Item.* Et pareillement défend le Roy à tous seigneurs, barons et autres capitaines et gardes de places et forteresses, ponts et passages, prévosts et chastelains, péageurs, et à tous autres, sur les dictes peines de confiscation de corps et de biens, que, doresnavant, ils, ne aucun d'eux, ne prennent, exigent, ne facent, ne souffrent prendre ne exiger par eux, leurs gens, officiers ou autres, aucune partie ou quantité de denrées, ou marchandises, soient vivres ou autres, passans et repassans par terres ou par rivières, ne aucune somme de deniers, par voye directe ou oblique, et soubz quelque couleur que ce soit ou puisse estre, outre ce que d'ancienneté a esté accoustumé à lever en icelui lieu pour droit de péage, passage ou pontenage ou autre droit ancien. Et au cas que aucun fera le contraire, le Roy déclare,

---

prisonnier les *barons et autres* en cas d'infraction à l'ordonnance, mais que ce droit n'allait pas jusqu'à faire emprisonner les seigneurs dont les capitaines étaient d'ailleurs autorisés à confisquer les biens. C'était déjà, au surplus, un très-grand pas de fait dans la voie où la royauté voulait alors entrer : l'égalité de tous devant la loi.

dès à présent, les dictes peines et le lieu, chastel, terre et seigneurie commise et confisquée envers lui à jamais, et sans restitution, mesmement, si icelles exactions sont faites par le commandement du seigneur ou de sa science ; et en cas que le seigneur en seroit ignorant, le Roy lui enjoint et commande sur les dictes peines, que sitost que d'icelles exactions il aura clameur ou seront venues à sa connaissance, qu'il les face réparer en rendant et restituant, ou faisant rendre et restituer aux blessez ce qui aura été exigé d'eux, et en punissant les délinquans selon cette présente ordonnance, ou les envoyant à la prochaine justice royale, pour estre punis selon icelle ordonnance.

« (40) *Item.* Enjoint et commande le Roy à tous seigneurs, barons et autres ayant péages, passage, travers ou autres péages anciens, que, doresnavant, ils les remettent à l'ancienne manière et coustume, sans plus exiger ne prendre, ne souffrir estre plus exigé ne prins, pour leur péage, sur les denrées passans et repassans, qu'il est accoustumé d'ancienneté, et sur les dessus dites peines.

« (41) *Item.* Et pour ce que, souventes fois, après que du consentement des trois Estats le Roy a fait mettre sus aucune taille sur son peuple pour le fait de sa guerre, et lui subvenir et aider à ses nécessitez, les seigneurs, barons et autres empeschent et font empescher les deniers de la dicte taille et aussi des aides du Roy en leurs terres et seigneuries, et les aucuns les prennent soubz couleur qu'ilz ont esté assignez, ou dient aucunes sommes leur estre deües, ou avoir esté promises par le Roy ; et aucuns autres croissent et mettent avec et pardessus la taille du Roy, sur leurs sujets, et autres grandes sommes de deniers qu'ilz font lever avec et soubz couleur de la taille du Roy, à leur profit : par quoy le Roy est empesché et ne peut estre payé des deniers de la taille par son peuple; le Roy ordonne, mande et commande que toutes telles voies doresnavant cessent.

« (42) *Item*. Avec ce, le Roy défend que, doresnavant, aucun de quelque estat, qualité ou condicion qu'il soit, ne prenne, arreste, ne detienne les deniers des tailles et aides du Roy, soit par don ou assignation à lui faicte par le Roy, ou par debte à lui deüe par le Roy; mais laisse et souffre les dits deniers des tailles et aides du Roy, estre levez et cueillis par les commis à ce par les receveurs sur ce ordonnez par le Roy, sans en aucune manière les empescher ne souffrir estre empeschez au contraire, et sur peine de confiscation de corps et de biens, et expressément du lieu, seigneurie et terre où l'empeschement auroit esté donné, ainsi comme dit est dessus en autres choses.

« (43) *Item*. Et avec ce, le Roy défend à tous seigneurs, barons, capitaines et autres officiers, que, doresnavant, ils ne mettent aucune creüe, ne outre et pardessus la taille du Roy, soubz quelque cause ou couleur que ce soit, et sur peine de confiscation de corps et de biens, et spécialement de la seigneurie où la dicte creüe et pardessus aura esté mise sur la dicte taille.

« (44) *Item*. Et pour ce que plusieurs mettent tailles sus en leurs terres, sans l'auctorité et congé du Roy, pour leur volonté ou autrement, dont le peuple est moult opprimé, le Roy prohibe et défend à tous, sur les dictes peines de confiscations de biens, que nul de quelque estat, qualité ou condicion qu'il soit, ne mette ou impose taille ou autre aide ou tribut sur ses sujets ou autres, pour quelque cause ou couleur que ce soit, sinon que ce soit de l'auctorité et congé du Roy, et par ses lettres patentes, et déclare le Roy, dès-à-présent, le lieu ou seigneurie où telles tailles ou aides seront mis sus sans ses auctorité et congé, commis et confisquez envers lui.

« (45) *Item*. Et avec ce, le Roy enjoint, mande et commande à tous ses séneschaux, baillifs, prévosts, et à tous les autres justiciers et officiers, que ils, en tant que à chacun touchera, entretiennent et gardent, et facent entretenir et garder par tous, ces présentes loy et ordonnance, et sur peine de privation de leurs offices et d'estre punis d'amende arbitraire ; et mande ou commande le Roy à sa dicte court de parlement que face tenir et observer les présentes loy et ordonnance sans enfreindre.

« (46) *Item*. Et avec ce, le Roy enjoint, mande et commande à ses dits procureurs, que de ce ils facent et procèdent contre les faisans contre cette présente ordonnance, sur les dictes peines d'estre privés et déboutez de leurs offices et de deux cens escus, ainsi que dit est dessus ès autres cas.

« Veut et ordonne le Roy, cette présente loy et ordonnance estre publiée ès bonnes villes et autres lieux de son royaume, afin que aucun n'en puisse prétendre cause d'ignorance. »

« Fait à, etc. »

PIÈCE N° 5.

(INÉDITE.)

INVENTAIRE DES PAPIERS DE JACQUES COEUR [1].

« ..... Par vertu desquelles lettres et du povoir donné et commis par icelles le dit Jehan Briconnnet a découvert les biens et choses cy-après déclarez :

« Une obligation signée comme il apparoit de monseigneur Loys de Beauveau, seneschal d'Anjou, et scellée du scel de ses armes, donnée en datte le XV° jour de juillet et par laquelle il confesse debvoir a Guillaume de Varye pour certain cramoisy fignet à luy vendu la somme de deux cens vins ducats. »

— « Une autre feuille de papier, laquelle n'est point signée, contenant en ecripture : Lettre et cedulles que je, Guillaume de Varye, ay baylié à monsieur l'argentier, mon maistre à Bourges, ou moys de mars 1445; et primo une cédulle de maître Jehan Jozian, pour prest à luy faict à Chaaslons, pour les affaires de monsieur le thrésorier de Saint Plaict, son maistre, ou moys d'aoust 1445, XLV escus; et la dernière article est, item une autre faisant mention pour Olivier de Plonc, (?) la somme de deux cens livres tournois. »

---

[1] Bibl. Nat^le. Mss: *Portefeuille de Jacques Cœur*. — C'est une pièce originale; elle est, par malheur, déchirée horizontalement vers le milieu de la page, et il n'en reste même que quelques feuilles. Elle devait former un cahier volumineux.

— « Une autre feuille de pappier par laquelle appert M. de Janly devoir à Guillaume de Varye, depuis le dernier compte faict le XXI⁰ jour de novembre 1447, quatre vingts deux escus et quart, une aulne de veloux plain violet et deux et un tiers satin fignet noir. Et n'est point le dit compte signé. »

— « Une cédulle en parchemin signée Xancoins donnée en datte le XXIIII⁰ jour de janvier 1444, par laquelle appert le dit Xancoins avoir receu de maistre Étienne Petit, Thrésorier et receveur général des finances du Roy, nostre sire, au païs de Languedoc, la somme de II⁰ sols tournois donnée et ottroyée par nostre dit sire au dit Xancoins à prendre sur les deniers de l'ayde de VIII ͯͯ M livres tournois ottroyez au dit sire par le dit païs et ainsy qu'il puet apparoir par le roolle des assignations faites par le dit sire pour le dit aide. En marge de dessoubz la dite cédulle est écrit de la main de l'argentier, comme il semble : *Nota* que cette somme ne s'est point trouvée en rolles et la doit le dit Xancoins, ainsy que je luy ay dit plusieurs fois. »

— « Unes lettres missibles en papier signées Jacques Cuer, par lesquelles il rescript à maitre Thomas Noir, entre autres choses que si messire Jehan le Bourcier a besoing de cent où six vingt ducatz qu'il les luy veuille bayller. Au dos de laquelle lettre appert que le dit Bourcier a receu par les mains dudit Hemart la somme de XL ducatz de chambre le XXX⁰ jour de juillet 1449. Et à icelles lettres estoit attachée une autre quittance en pappier signée J. Fouquée par laquelle il confesse avoir receu du dit messire Jehan Le Bourcier, par les mains du dit Hemart Le Noir, la somme de XXX ducatz d'or de chambre pour l'expédition de certaines bulles ; et icelle donnée le XXVII jour d'aoust 1449. »

— « Une lettre obligatoire, passée à Tours, signée Pichot

et scellée du scel du dit lieu comme il appert, donnée le 14ᵉ jour de février 1447, par laquelle apparoit que noble et puissant seigneur Jehan, seigneur de Bueil, estre tenu envers Guillaume de Varye en la somme de VIIIᶜ escuz d'or pour vente de certaines brigandines. »

— « Une autre obligation passée sous le dit scel de Tours le 19ᵉ jour de janvier 1450 et signée Briconnet, par laquelle Jehan Delalande, escuier, a confessé devoir au dit Guillaume de Varye la somme de XXXVI escuz d'or pour les causes contenues en icelle. »

— « Unes lettres passées sous le dit scel et signées de Anceaume, le IIIᵉ jour de février 1446, par lesquelles nobles hommes Blancoux, seigneur de Beauvoir, et Loys de Bryon, seigneur de Comytor (?) confessent devoir chacun pour le tout à Guillaume de Varye la somme de XCIX escuz et demy pour les causes contenues en icelle. »

— « Une autre cédulle signée Despeaulx, donnée le Xᵉ jour de janvier MCCCCLII, par laquelle le dit Despeaulx confesse devoir à Jacques Cuer la somme de LXII escuz d'or, pour les causes contenues en icelle. »

— « Une autre cédulle du dit Spaulx, signée de luy, comme il apparoit, donnée le XXᵉ jour de février 1443, par laquelle il confesse devoir au dit Jacques Cuer la somme de XXXVII escuz d'or. »

— « Une autre cédulle signée de Tangui de Tespedon, par laquelle il confesse devoir à Guillaume de Varye XXIX escuz d'or. »

— « Une autre cédulle de Parceval Pelourde, signée de son seing, donnée le XVIIᵉ jour de septembre MCCCCXLV par laquelle il confesse devoir à Guillaume de Varye V escus d'or. »

— « Une autre cédulle du XXIXᵉ jour de septembre 1446,

Adam de La Runc..., confesse devoir à Guillaume de Varye IX escus d'or. »

— « Une autre cédulle du premier jour d'avril MCCCCXLV, par laquelle Étienne Pelourde doit à Guillaume de Varye V escus d'or. »

— « Une autre cédulle du XVI⁰ jour de may MCCCCXLVI, par laquelle Michiel de Beauvillier, seigneur de la Ferté, doit à Guillaume de Varye XXXIII escuz et demy d'or. »

— « Une autre cédulle du XIII⁰ jour de décembre 1446, par laquelle Raolin Regnault doit à Guillaume de Varye, en deux parties, LVI escuz et demy. »

— « Une autre cédulle en parchemin du IX⁰ jour de janvier 1446, par laquelle Regnault Du Dresnay, bailly de Sens, doit au dit Jacques Cuer la somme de CCLIX livres, XII sols, VI deniers pour les causes dessus contenues. »

— « Une autre cédulle du 19ᵉ jour de may 1446, par laquelle Amaury de Fontenay doit au dit de Varye la somme de XXXVI escuz d'or. »

— « Une autre cédulle en parchemin donnée le XXIII⁰ jour de septembre 1447, par laquelle Jehan, seigneur de Bueil, confesse devoir au dit Guillaume de Varye de (381) IX^{xx} 1 escus d'or. »

— « Une autre cédulle en papier du XXV⁰ jour d'avril 1448, par laquelle Fouquet Guidar, maistre d'ostel du Roy, doit au dit Guillaume de Varye la somme de XXXI escuz et demy. »

— « Une autre cédulle du XXIII⁰ jour d'aoust 1447, signée Chauslon, par laquelle il doit au dit Guillaume de Varye XXX escuz. »

— « Une autre cédulle du XIII⁰ jour de janvier 1445, par laquelle Jehan Garingié dit Bouciquault doit à l'argentier en deux parties CCXLVIII escuz et demy. »

— « Une autre cédulle du XVI⁰ jour de juillet 1445, par

laquelle Jehan de Baucœ, escuier, doit au dit Jacques Cuer la somme de XI escuz. »

— « Une autre cédulle du XXIe jour de novembre 1447, laquelle Jehan de Anget (Hangest), seigneur de Janlie, doit à Guillaume de Varye la somme de IIII^{xx} escuz et quart. »

— « Une autre cédulle donnée le jour de l'aparucion 1447, par laquelle Claude de Vandenay doit à Jacques Cuer la somme de XX escuz. »

— « Une autre cédulle du XXVIIIe jour de mars 1448 après Pasques, par laquelle Pierre Bérart confesse avoir eu de Guillaume de Varye la somme de quatre cents escuz sur la perle qui est à la Royne; laquelle le dit Bérart avoit engagée; icelle somme promet rendre en recevant la dite perle. »

— « Une autre cédulle donnée le IIe jour de février 1448, signée P. Brézé, par laquelle il confesse avoir receu de Guillaume de Varye la somme de dix mil escuz que le dit de Varye avoit receue pour luy du trésorier de Bretaigne. »

— « Une autre cédulle en parchemin donnée le XVIe jour de may 1449, par laquelle Odet Dasce confesse avoir receu de Guillaume de Varye XL escuz au dit, c'est assavoir, XX dès le voyage que le Roy fist devant pour le siége du Mans et XX qu'il m'a fait délivrer de présent; desquels XL le Roy, nostre dit sire, luy en a paié XX, ainsi qu'il appert par la dite cédulle; et les autres XX restent à paier de la part du dit Dasce ou par le receveur ou commis au paiement des gens d'armes de la charge dudit Dasce, qui est la somme de (200) IIc escuz d'or. »

— « Une autre cédulle donnée le XIIIIe jour après Pasques 1449, par laquelle Emery Baudet doit à Guillaume de Varye la somme de XXXVI escuz d'or. »

— « Une autre cédulle donnée le dernier jour de mai 1449,

par laquelle Jehan de Lorrenne doit à Guillaume de Varye la somme de XXXVI escuz. »

— « Une autre cédulle donnée le XIIIe jour d'avril 1449 après Pasques, signée l'Admiral, par laquelle ledit Admiral escript audit de Varye lui delivrer certains harnois qui valent en somme, selon le contenu de ladite cedulle, VIII×× (160) escuz d'or. »

— « Une autre cédulle missive signée Chabannes, par laquelle est mandé à Guillaume de Varye de bailler à Thomas unes brigandines de veloux sur veloux ou satin fignet cramoisy dont est promis tenir compte, comme il appert par ladite cédulle. »

— « Une cédulle missive signée de Fontenille, par laquelle il est dit : « Messire le controleur, je vous prie que me vueillez envoyer *VIII aulnes de veloux noir et je les vous paieray.* »

— « Une autre cédulle faite le Xe jour de novembre MCCCCXLIX, par laquelle Gaspar Bureau confesse avoir receu dudit Guillaume de Varye la somme de C livres tournois comptans, de laquelle il luy promet tenir compte. »

— « Une autre cédulle donnée le XIe jour de novembre 1449, par laquelle Jehan Condung, serviteur de messire Adam de Cambray, premier president, confesse avoir reçeu de Jacques Cuer la somme de X escuz pour prest à luy fait pour mondit sieur le president et ycelle promet faire acquiter audit sieur. »

— « Une cédulle de Gillet le Bovier, dit Berry, herault du Roy, de la somme de IX escuz. »

— « Une cédulle de Jehan de Verdun, dit Salins, herault d'armes, de XVI escus. »

— « Une cédulle de David de Lindesay, de la somme de XLIIII escus. »

— « Une cédulle de Raoulet Trabel, brodeur, de la somme de XIIII escus. »

— « Une cédulle de Chardin Des Essarts, de la somme de XXI escus. »

— « Ung petit compte par lequel appert que maistre Blaise Gresle doit de reste la somme de XLVII escus. »

— « Ung petit memoire non daté de maistre Adam Holant, par lequel il escript à monseigneur l'esleu qu'il baille à son frère une aulne un tiers bon damas et il luy paiera. »

— « Ung autre pacquet de plusieurs parties extraictes tant de la Royne, monseigneur le conte du Maine, monseigneur de Dunois, le maistre de l'artillerie, Joachim Rouault, archer, le seneschal de Guienne, de feu monseigneur l'admiral, maistre Jehan Bardelot, Claude de Chateauneuf. »

— « Une quittance de Nicolas Herman, marchant de jazerans et cranequins du pais d'Allmaigne, au dessus dit, de la somme de XXVII livres X sols pour ses gaiges. »

— « Ung brevet de Pitois Bandonnet, varlet de fourrure du Roi, par lequel il certifie avoir reçu dudit de Varye XXX aulnes de chanevay pour faire trois paillasses. »

— « Une autre par laquelle appert que messire de Flans de Retiraux, chevalier, capitaine de la terre de Sandomire[1] et messire Bonorist, et Zegota de Ricier, aussi chevaliers, ont reçu de Guillaume de Varye dix aulnes de veloux sur veloux cramoisy et XII aulnes veloux plain vert. »

— « Une autre de Madame Aragonde de France, de IIII^{xx} livres parisis à icelle paiés par ledit Jacques Cuer, pour avoir une robe. Fait le....... 1440. »

— « Une autre de messire Hugues de Villefranche, che-

---

[1] Sandomirz, ville de la Pologne méridionale. Les deux noms qui suivent donnent lieu de croire qu'il s'agissait de personnes étrangères.

valier, audit de Varye, de XII aulnes de veloux plain noir que le Roy lui a donné. »

— « Une autre de Guillaume Gouppil, escuier, audit de Varye, d'un harnois complet à armes que le Roy lui a donné. »

— « Une autre de messire Guillaume de Menypeny, audit de Varye, de la somme de II^c LXXV livres à luy données par le Roy. »

— « Une autre de Hugues Tanedy, de dix aulnes de veloux, XII cent fin gris à couturer, et ung cent fin gris à luy donné par le Roy. »

— « Une autre de Jehan Debroc, escuier, d'un harnois complet à luy donné par le Roy. »

— « Une autre de Denis de Lamleday, escuier, en païs d'Escoce, lequel confesse avoir eu de Soton, unes brigandines couvertes de veloux, à luy données par le Roy... »

PIÈCE N° 6.

(INÉDITE.)

COMPTE DES MINES DE JACQUES CŒUR.[1]

24 *février* 1454. — Jehan Dauvet, conseillier et procureur général du Roy nostre seigneur, commis par ledit seigneur à mettre à exécucion l'arrest prononcé à l'encontre de Jacques Cuer, et aussi commissaire ordonné par ledit seigneur en cette partie,

« A tous ceulx qui ces présentes lettres verront, salut.

« Comme le Roy nostre dit seigneur, par ses lettres closes signées de sa main à nous adreçans, données à Mehun sur Yevres le 17e jour du mois de janvier derrain passé, entre autres choses en icelles contenues, eust voullu et ordonné et à nous donné expressement mandat retenir pour lui et faire la delivrance à son procureur au prouffit dudit seigneur des mynes d'argent et de plomb de la montaigne de Pampilieu, assises ou pays de Lyonnais, et de la moietié par indivis entre ledit Jaques Cuer et Jehan Barounatz, et les enffans héritiers de feu Pierre Barounatz freres, marechaux, demourans à Lyon, des mynes d'argent et de plomb de la montai-

---

[1] Archives nationales; K. 329; registre en parchemin de 283 pages. — C'est une copie faite sans doute sur le compte original arrêté par la Chambre des comptes. — Je donne, comme on le verra, ce compte par extrait et en chiffres arabes, me contentant de reproduire exactement les résultats. — La première pièce seule est textuelle.

gne de Joz sur Tarare ou pays de Beaujoloiz; et aussi de la moitié par indivis entre ledit Jaques Cuer et les dicts Barounatz des mynes à cuyvre de saint Pierre La Palus et de Chissieu, assises audit pays de Lyonnais, à pris raisonnable, en acquit et descharge des condemnacions et amendes déclairées à l'encontre dudit Jaques Cuer.

« Et en oultre, par les dites lettres, nous eust mandé commectre et ordonner deux officiers, dont l'un eust la charge du gouvernement des dictes mynes, et de tenir le compte de la recepte et despense d'icelles, et l'autre de faire le conterolle.

« Depuis la réception des quelles lettres, après lesqueles criées et subhastations faictes des dictes mynes, par exécucion du dit arrest ont esté du tout parfaictes et accomplies, ycelles mines d'argent et de plomb de la montaigne de Pampilieu, et la moitié par indivis des dites mynes d'argent et de plomb de la montaigne de Joz sur Tarare, et des dictes mynes à cuyvre de saint Pierre La Palus et Chissieu, qui soulloient estre et appartenir audit Cuer, comme dit est, aient esté par nous et autres commissaires sur ce ordonnez délivrées et adjugées par decret au procureur dudict seigneur, comme au plus offrant et derrenier encherisseur, pour certains pris déclairés ou procez de la dicte adjudicacion, et soit besoing commectre et ordonner aucune personne souffizante et ydoyne au gouvernement, receste et administracion des dictes mynes, ainsi que par le Roy nostre dict seigneur nous a esté mandé.

« Savoir faisons que Nous à plain informez des sens, preudomie, expérience et bonne diligence de maistre Pierre Gravier, qui dès piéça eu charge, de par le Roy nostre seigneur, sur le fait des dictes mynes, parquoy en a eu et a plus grande congnoissance, et saura mieulx et plus seûrement conduire le fait du gouvernement des dictes mynes, que nul autre que saichons ; à celluy maistre Pierre Gravier, pour ces causes et autres à ce nous mouvans,

« Avons commis et ordonné, commetons et ordonnons, par ces présentes, au gouvernement des dictes mynes d'argent et de plomb et cuyvre qui furent audit Cuer, appartenant au Roy nostre dit seigneur, et à tenir le compte de la recepte et despence d'icelles pour icelluy office de commission de gouverneur et receveur, avoir tenir et doresnavant exercer à telz gaiges, droictz, prouffitz, émolumens et prérogatives qu'il plaira au Roy nostre dit seigneur sur ce luy taxer et ordonner, et ce, par manière de provision et jusques à ce que le Roy nostre dit seigneur autrement y ait pourveu.

« Sy donnons en mandement, soubz noz seing manuel et scel, le 24e jour de février, l'an 1454.

« J. DAUVET. »

Même date. — Lettres par lesquelles Jehan Dauvet nomme Estienne Fosse contrôleur de la dépense et des recettes des mines.

5 septembre, 1455. — Lettres patentes, portant *vidimus*, par le sénéchal de Lyon, d'autres lettres, données par Jehan Dauvet, le 18 avril 1455, et nommant Nicolas Taro contrôleur de la dépense et des recettes des mines.

19 avril 1455. — Ordonnance pour l'administration et conduite des mines. — Cette ordonnance règle les devoirs des gouverneur, contrôleur, receveur, maîtres de montagnes, ouvriers, manœuvres et autres travaillants aux mines.

22 avril 1455. — Appointement (arrangement) entre Jehan Dauvet et maître Claux Sinermant, Allemand, maître mineur et niveleur, sur la façon du grand ouvrage déjà commencé en la montagne de Pampilieu, pour le prix de 1500 livres tournois.

Même date. — Mandement par Jehan Dauvet à Pierre Gravier de donner à Claux Sinermant, toutes facilités de faire ouvrir un grand ouvrage en la montagne de Pampilieu, de 60 toises de long, pour le prix de 1500 livres tournois.

Compte des recettes et dépenses faites par maître Pierre Gravier, pour l'administration des mines d'argent et de plomb du Beaujolois, et des mines de cuivre de Saint-Pierre-La-Palu et de Cheissieu, pendant treize mois, commençant le premier jour de février 1454, *et finissant le dernier jour de février* 1455.

RECEPTE.

Pour les mines d'argent et de plomb de la montagne de Pampilieu, et les martinets, maisons, etc., et autres appartenances des dictes mynes. . . .	8,414 liv.
Autre recepte de l'argent blanc.	7,068
Autre recepte du 10ᵉ du roy, de l'argent blanc. . .	24
Autre recepte en deniers comptans issus de la vendicion de 321 quintaux 98 livres de plomb. . . .	663
Autre recepte en deniers issus du plomb.	40
Produit en espèces des mynes et attenances, pendant 13 mois.	16,209 liv.

Autre recepte des 10ᵉ du roy pour le cuyvre.	1 quintal	26 l.
Autre recepte du 10ᵉ du plomb.	19 quintaux	20
Autre recepte du plomb.	1926 dᵒ	6

Autre recepte des graisses de bœufs et autres bestes. . .	43 liv.
Autre recepte des cuyrs de bœufs et vaches.	95
Autre recepte de la revenue des moulins.	25
A reporter. . . .	163

PIÈCE N° 6.

Report. 163
Autre recepte en deniers yssus de la marchandise déclarée en l'inventaire à luy remis par Jehan Dauvet. 150
Autre recepte de deniers yssus de la vente des bois et
charbons. 37

Recettes diverses . . . . 350 liv.

Summa totalis recepte presentis compoti: 16,563 liv. 5 s. 3 d.
Et 1946 *quint.* 52 *lib. cum dimidio plumbi*[1].

DESPENSE FAICTE DES DENIERS DE LA RECEPTE.

Victuailles. . . . . 1,772 liv.
Autre despence en chevaulx à scelle et à bast, et aussi
en la despense ordinaire faicte par le muletier hors
de l'ostel desdictes mynes alant quérir les provisions
d'icelles. 157
Autre despense en suif et estouppes pour faire chan-
delles. 503
Autre despense pour les forges des dictes mynes. . . 156
Autre despense de boys. 585
Autre despense en charbon. 467
Autre despense de basnes, barreaux, paniers, etc. . 23

Summa achatorum et expensarum, victualium et provisionum pro facto minarum : 3,664 liv. 5 s. 5 d.

Autre despense en gaiges et sallaires. . . . . . . 206 liv.
Gaiges d'ouvriers de martel allemands, vivans sur leurs
bourses. 784

---

[1] La différence, qui est peu importante, comme on voit, provient des sous et deniers que j'ai négligés dans le détail des recettes. — On sait que la Chambre des comptes a fait usage de la
langue latine jusqu'à l'ordonnance de François Ier portant que
tous les actes administratifs seraient dorénavant formulés en
français.

Gaiges d'ouvriers romans vivans sur leurs bourses. . . 278
Gaiges d'ouvriers de martel allemands. 196
Gaiges d'ouvriers romans qui ont ouvré sur la despense
    du roy. 529
Gaiges de manœuvres. 373
Gaiges des conseilliers des dictes mynes et serviteurs
    d'ostel. 282

Summa salariorum et vadiorum operariorum et aliorum in dictis minis operantium: 2,451 liv. 19 s. 6 d. [1]

Gaiges d'officiers. . . . . 98 liv.
Autre despence en journées de gens non affermez. . . 27
Autres journées de manœuvres. 54
Autres journées aux forges des dictes mynes. 15
Summa tradita operariis non affirmatis. 96
Autre despence en charroy de myne 20
Autre charroy de myne 17
Autre charroy de myne 8
Summa pro charriagio myne. 45
Tiraige de terre ès mynes. 42
Sablon et cendres. 5
Autre despence en pris faicts de martinelz. 1,100
Autre despence de pris faict de regretz. 54
Autre despence en pris faict de terriers. 143

Summa in preciis factis: 2,138 liv.

Autre despence en repparacions au martinet de Cosne. 24 liv.
Autres repparacions au martinet de Bruycieu. . . . 17
    —   d°   du Vernay. 32
    —   — à la maison de Cosne. . . . 911

[1] Il y a entre ce total et le détail qui précède une différence de 196 livres qui existe aussi dans le compte.

PIÈCE N° 6.

Autre despence en l'édifice d'une boucherie. 22
Autre despence en labourage de champs. 5

Summa reparacionum : 282 liv. 18 s. 9 d.

Autre despence en achat de mesnage et ustencilles. . 85 liv.
Autre despence commune, ordinaire et extraordinaire. 8
Autre despence en menues voyages et chevauchées. . 42
Autre despence à cause du grant ouvrage en la montaigne du Vernay. 282
Deniers payés par commandement de Jehan Dauvet. 1,081
Deniers payés à gens qui en doivent comples. . . . 1669
Deniers renduz et non recuz. 6,262
Despence commune pour la façon du présent compte. 32

Summa totalis expense presentis compoti : 18,195 liv., et 617 *quint.* 69 *lib. plumbi.*

Debentur presenti commisso 1642 liv. 15 s. 6 d., *et debet* 308 *quint.* 93. *lib. plumbi.*

24 *février* 1455. — Bail à ferme à Merinet Desfontaines : 1° Des mines d'argent et de plomb de la montagne de Pampilieu, avec tous les terriers, regrets et coupes, estans ès dictes mynes, et aux martinets d'icelles ensemble les dicts martinets et forges, et tous les garniments d'icelles de la dicte montagne, maisons, moulins et autres héritages appartenans et deppendans des dictes mynes, pour le temps de 6 ans, et sous l'enchère de deux 10es 1/2 en ce compris le 10e du roy, tant de l'argent et plomb que de tous autres métaulx;

2° Des mines d'argent et de plomb de Joz et Saint-Pierre La Palus, sous les enchères de deux 10es de tous métaux, desquels 2 10es, l'un viendra franchement au roy et l'autre sera départi par commun entre le roy et les dicts Barounatz; et pour un 10ᵉ 1/2 de cuyvre et autres métaulx, dont l'un viendra franchement au roy, et le 1/2 sera parti par commun entre le roy et les dicts Barounatz, durant le temps de 10 ans.

(Suit l'indication de sommes dues à divers ouvriers et manœuvres.)

17 *octobre* 1455. — Mandement à Pierre Gravier de faire bailler à ferme les mines de Pampilieu[1].

Estimation de divers objets; inventaires.

---

[1] Il résulterait de ce mandement que Marinet Desfontaines avait abandonné son fermage au bout de très-peu de temps, et qu'il avait fallu pourvoir à son remplacement.

PIÈCE N° 7.

LETTRES DIVERSES.

I.

LETTRE DE POTON,

SEIGNEUR DE XAINTRAILLES, A MADAME DE GRANTVILLE[1].

(INÉDITE.)

(16 *juillet* 1429.)

— « Honorée et puissante dame, madame de Grantville, je, Poton, seigneur de Saintaraille, premier escuier de corps du Roy nostre seigneur, ay sceu que comme principalle honesse[2] de vostre feu mary et seigneur des biens meubles vous detenez prinsonnier un poure gentilhomme, mon parent, nommé Jehan Du Vergier, et est à finance à la somme de vuit cens saluz d'or a paier à dous termes par moictié, laquelle somme lui est moult griefve au regart de sa faculeté ; mais nyentmoins s'il vous plaist m'envoier le dit Jehan Du Vergier séant quittes de toutes chouses avecques bon, seur et loyal sauffconduit durant troys moys, je vous promet la foy et serment de mon corps et soubz l'obligation de ces presentes sans fraude et sans mal engin vous rendre et paier ou à tout autre par vous commis, dedans trois mois

---

[1] Cette lettre faisait partie de la collection d'autographes de M. le baron de Trémont. La signature seule est de Poton ; le corps de la lettre est d'une main étrangère.

[2] *Honesse*, héritière ; de *honor*, honneur, fief, domaine. (Roquefort ; *Glossaire*.)

apres la dabte dou saufconduit doudit Jehan, la somme de dous cens saluz d'or, quelle somme fait moictié dou premier paiement et autres deus cens saluz dedans autres trois moys prouchains ensuivans, au lieu de Beaumont, et en baillant bon et loyal saufconduit au dit Jehan comme par devant, en moy rendant ces presentes en la fin dou paiement; ou vous rendre le corps doudit Jehan mort ou viff au dit lieu de Beaumont. Escript à Beaumont, le XVIᵉ jour de juillet l'an mil IIIIᶜ vingt et neuff. Poton. »

II.

DÉCLARATION DE TANEGUY-DUCHATEL[1].
(INÉDITE.)

(28 août 1441.)

— « Je Taneguy du Chastel, chevalier chambellan du Roy nostre sire et general conseiller ordonné par le dit seigneur sur le fait et gouvernement de ses finances et de la justice des aides ès pais de Languedoc et duchié de Guienne, certiffie à tous à qui il appartient que en ceste presente année commençant le premier jour de septembre[2] mil CCCC et XL dernierement passée et finissant le dernier jour de ce présent moys, j'ay continuellement vacqué, voyagé et chevauchié par le dit pais de Languedoc et en icellui durant la dicte année, continuellement besongné et servy pour le faict et charge du dit office ou commission de general. Ce affermé et afferme estre vray. En tesmoing de ce j'ay signé ces presentes de ma main et scellées de mon scel le XXVIIIᵉ jour d'aoust l'an mil CCCC quarante et ung. Taneguy. »

[1] Cet autographe faisait partie de la collection de M. le baron de Trémont. La signature seule est de Taneguy-Duchatel. Le parchemin est déchiré à la place du sceau qui est perdu.

[2] On voit par là que l'année financière commençait à cette époque au mois de septembre.

III.

JANUS DE CAMPOFREGOSO, DEI GRATIA, DUX JANUENSIUM, MAGNIFICO ET PRÆCLARO VIRO JACOBO CORDI, ARGENTARIO, AMICO NOSTRO SINGULARISSIMO[1].

(INÉDITE.)

(25 *septembre* 1447.)

« Gratæ, jocundæ que fuerunt nobis, magnifice et præclare amice noster singularissime, litteræ vestræ hisce diebus nobis redditæ, quæ ut verum fateamur, summam in nos benevolentiam ac studium vestrum omni ex parte redolent ut profecto vera esse experiamur ea quæ de virtutibus vestris constanti omnium ore predicantur. Habemus autem vobis ingentes gratias quod de universo illius nobilissimi regni statu, de reditu dominorum legatorum ex anglia ac plerisque ejusmodi nobis ita perscripsistis, ut non fuerit opus nobis horum cognitionem aliunde desiderare. Quod autem nos adhortatur prudentia vestra circunspicere quantum hoc tempore possumus amplitudini regiæ majestatis inservire etiam cum dignitate et ingenti commodo nostro nos quidem hac monita vestra in optimam partem accipimus atque non dubitamus a vero amore et animi sinceritate profiscici. Quocirca dicimus fuisse nobis semper inter vota præcipua, nobis occasionne dari qua possemus illi preclarissimo regi gratificare pro quibus ejus dignitate et amplitudine laborare. Quam quidem cupiditatem nostram ac studium si quando se occasio prebuit re ipsa atque opere declaravimus. Neque nunc quoque alia nobis mens erit. Verum si Magnificentia Vestra et rei

[1] Bibl. nat^{le}. Mss. France, 5414, p. 78 (Cette lettre, qui se trouve au milieu d'un certain nombre de pièces reproduites dans le *Spicilegium* de dom Luc D'Achery, ne fait pas partie de ce recueil. — Paraît être inédite.)

naturam et temporum conditiones consideret, intelliget hæc et ejusmodi litteris confici non solere ardua enim et magna quibus semper fere difficultas adempta tam aliter quam litteris transigi solent. Hoc unum in summo dicimus neminem, ut arbitramur, inveniri posse quem vera animi sinceritate ac studio ad regiam majestatem nobis preferendum putemus. Hæc hactenus quæ autem de immunitate loricarum vestrarum promissa vobis sunt curabimus ut omninò fiant quæque sine difficultate fieri non soleant. Quod reliquum est rogamus ut sibi amicitia vestra persuadeat hunc statum et nostra omnia sua esse, nosque vehementer cupere pro vestra dignitate et commodis laborare. Id si tentatibis, experiamini nos a vobis in benevolentia et officio non superari. Remque nobis gratissimam efficietis si sepe literas, et quid prolixas, ad nos dederitis. — Data januæ MCCCCXLVII die XXV septembris. »

IV.

AMBASSADE A ROME.

Caroli VII, regis Francorum, summo pontifici[1].

(*Anno circà* 1447.)

Oratorem summi Pontificis benignè suscepisse, missosque à se nuntiat, quibus fiduciam omnem adhibendam esse affirmat.

« Beatissime pater, cum his diebus ad nos venisset venerabilis doctor decanus Toletanus, orator et nuntius Vestræ Sanctitatis, ipsum gratè suscepimus, et placidè audivimus ; visisque apostolicis litteris, quas ipse secum detulit, apertè intelleximus singularem confidentiam, quam eadem Vestra Sanctitas de nobis gerere dignatur ; undè plurimum regra-

---

[1] Dom Luc d'Achery, *Spicilegium*, etc., t. III, p. 767.

tiamus, parati semper favores et auxilia sanctæ sedi apostolicæ et Sanctitati Vestræ pro viribus impendere, sicuti hactenùs facere studuimus, et ea jugiter agere quæ sunt ad honorem et complacentiam ejusdem Vestræ Sanctitatis. Habitis autem pluribus collocutionibus per consiliarios nostros cum præfato oratore super materiis pro quibus venerat, tandem visum est omnibus communi sententia necessarium fosse, ut ambassiatores nostros ad præsentiam Vestræ Sanctitatis destinaremus, singula que huc usque ad pacem Ecclesiæ agitata sunt relaturos ut per ipsius Vestræ Sanctitatis bonam providentiam in finem prosperum et votivos exitus deducantur : qui etiam (sicuti antea disposueramus) devotam et filialem reverentiam et obedientiam Vestræ Beatitudini exhibituri essent.

« Mittimus igitur ex nostris præcipuis consiliariis et servitoribus, dilectissimum et dilectos ac fideles nostros, archiepiscum Remensem, Joannem comitem Dunensem et de Longavillâ consanguineum nostrum, Electum confirmatum Ecclesiæ Electensis, magistros Guidonem Bernardi archidiaconum Turonensem, Thomam de Courcellis sacræ theologiæ Professorem, et Jacobum Cordis argentarium nostrum. Quibus Vestra Beatitudo plenam credentiæ fidem tanquam nobis ipsis exhibere dignetur. Hi enim, ut non necesse sit multa de ipsis dicere, tales sunt qui intima mentis nostræ arcana noverunt, et nobis sunt confidentissimi. Poteritque Vestra Sanctitas per eos sicut per quoscumque, quod ad hæc mittere possemus, de omnibus quæ acta sunt et universâ intentione nostrâ plenissimè informari, necnon et per eosdem intimare nobis cum omni fiduciâ quœque bene placita ipsius V. S. quam feliciter conservare dignetur altissimus ad prosperum regnum Ecclesiæ suæ sanctæ.

Scriptum, etc. (*Nihil preterea*).

Caroli VII, regis Francorum, S. R. E. cardinalibus [1].

<small>Oratores suos summo Pontifici missos cum benevolentia excipiant, rogat.</small>

Carolus, etc., carissimis et speciliassimis amicis, sanctæ Romanæ Ecclesiæ cardinalibus, salutem et sinceram devotionem. Pro nonnullis arduis rebus honorem sanctæ sedis apostolicæ et bonum universæ Ecclesiæ concernentibus, mittimus ad præsentiam Beatissimi Patris nostri summi Pontificis aliquos ex præcipuis consiliariis et servitoribus nostris, dilectissimum et dilectos ac fideles archiepiscopum, etc. (*ut suprà*) ambassiatores nostros, quos in agendis dirigere et benignis favoribus atque auxiliis sedulò juvare velint amicitiæ vestræ, dicendis per eos plenam credentiæ fidem tanquam nobis ipsis adhibendo. De his enim plenissimam confidentiam gerimus, qui et intima mentis nostræ noverunt, poteruntque vobiscum universa agere, sicut quicumque quos transmitteremus, quin imò velut nosmet personaliter faceremus.

Datum Turonis, mensis martii.

V.

Nicolai V, papæ, Carolo VII, Francorum regi [2].

<small>Gratias agit quod rex maximam curam impenderit ut pacem et unitatem Ecclesiæ conciliaret.</small>

(*Rome*, 8 août 1448.)

« .... Non nobis ignotum erat tempore sanctæ memoriæ predecessoris nostri Eugenii Papæ IV quantam operam præbuisses, ut Ecclesia Dei unitate et pace frueretur; cùm nunquam nec expensis, nec laboribus pepercisses, ut sancto de-

---

[1] *Spicilegium*, etc., t. III, p. 767.
[2] *Ibid.*, t. III, p. 776.

siderio præfatæ unitatis et pacis christianitas potiretur. Nobis posteà, divina Providentia, Prædecessore nostro, ut credimus, ad meliora translato, in ipsius honore et onere succedentibus divina miseratione concessum est, ut serenitatis tuæ religiosissimam mentem et verbis experiremur et factis. Misit quippe ad nos celsitudo tua legationem Prælatorum, ac aliorum insignium et nobilium virorum omni ex parte præstantem, cum adeo insigni et præclaro comitatu, ut qui sexaginta annorum in Romanâ Curiâ retinebant, nunquam meminerint tam præclaram, tam insignem, tam numerosam legationem adventasse.....

« Datum Romæ... quinto Idus Augusti 1448. »

VI.

NOMINATION DE JEAN CŒUR A L'ARCHEVÊCHÉ DE BOURGES.

Lettre au pape Eugène IV [1].

Rogat ut Joannis Cordis electionem in archiepis. Bituric. confirmet Papa.

« Beatissime pater et sanctissime Domine, humillimâ usque ad pedum oscula beatorum recommendatione præmissâ. Novi, pater beatissime, dominum nostrum regem pro promotione magistri Joannis Cordis, filii Jacobi Cordis Consiliarii et Argentarii sui, ad archiepiscopatum Bituricinsem, jamque pluries scripsisse, alterumque suorum consiliariorum pro

---

[1] *Spicilegium*, etc., t. III, p. 766. Cette lettre, qui n'est ni datée ni signée, est cataloguée comme il suit dans un Mss. de la Bibl. Nat^le intitulé *France*, et portant le n° 8394 — 3 — Baluze, 466 : « *Guillelmi de Ursinis, ut reor, cancellarii Franciæ epistola ad « Papam pro promotione Joannis Cordis ad archiepiscopatum Bi- « turicensem.* »

dicto negotio prosequendo misisse; quoniàm ipse dominus rex rem ipsam sibi gratissimam compleri plurimùm desiderat, non solùm patris sui consiliarii et filii pædictorum favore, quin potiùs pro desolationis dicti beneficii consideratione : maximè cùm sit conveniens imò necessarium ad tales dignitates gratos ipsi domino atque fideles, et non alios constituere, propter obedientiam populorum et fortalitiorum tutam custodiam. Sanctitati igitur vestræ beatissimæ humiliùs supplico, ut dictum magistrum Joannem ad ipsum archiepiscopatum præficere dignetur, preces domini mei regis exaudiendo; sicque rem prædicto domino et suo Consilio Vestra Sanctitas faciet gratissimam, et ipsum dominum ad ejusdem negotia reperiet paratissimum. Quam sanam et incolumem conservet Altissimus ad felicem et pacificum regimen Ecclesiæ suæ sanctæ, præceptis et mandatis ejusdem Vestræ Sanctitatis humiliter me submitto.

« Scriptum, etc. » (*Nihil præterea.*)

PIÈCE N° 8.

LETTRES, MANDEMENTS ET REÇUS DIVERS [1].

(INÉDITS.)

Novembre 1445. — Jacques Cuer se tient pour *comptent* et bien paié par les mains de Jehan Rabot, receveur particulier, de la somme de VIII^{xx} M. (160,000) sols tournois octroyée au roy en la ville de Montpellier au mois de septembre mil quatre cent quarante-quatre.

Mai 1446. — Jacques Cuer reconnaît avoir reçu de Jehan le Tainturier, trésorier du Rouergue, la somme de V^m V^c livres tournois, octroyés par les divers estats du Rouergue pour les aydes et gabelles.

1448. — Lettres des contrôleurs généraux des finances à maistre Petit, receveur général des finances au pays de Languedoc, pour la levée des impôts en l'absence de Jacques Cuer, pendant son ambassade à Rome.

1449. — Lettre de mandement de Jacques Cuer à maistre Nicolas de Voisines, notaire, secrétaire du roy, receveur des gabelles estably en la ville de Pont-Saint-Esprit, pour la perception de l'impôt.

15 mai 1450. — Jacques Cuer reconnaît avoir reçu de

---

[1] Bibl. Nat^{le}, Mss. *Portefeuille de Jacques Cœur.* — Je me borne à donner ici la substance de ces reçus que la Bibliothèque nationale possède *in extenso*.

Anthoine Castellain, receveur particulier, la somme de cinq cent vingt-huit livres tournois pour la portion d'aydes et gabelles octroyée à Montpellier au mois d'avril 1449, après Pasques.

15 mai 1450. — Jacques Cuer reconnaît avoir reçu de Jehan Ebrart, receveur particulier du diocèse de Carcassonne, la somme de deux cent et quarante livres quatorze sols quatre deniers pour la portion d'aydes et gabelles due par les gens des divers états de la ville de Montpellier; ladite somme reçue au mois d'avril 1449, après Pasques.

20 *juillet* 1450. — Jacques Cuer reconnaît avoir reçu de maître Estienne Petit, receveur général du Languedoc, la somme de deux mille livres tournois formant la somme due pour aydes et gabelles par la ville de Montpellier, au mois d'avril 1449, après Pasques.

20 *juillet* 1450. — Jacques Cuer reconnaît avoir reçu de maître Estienne Petit, receveur général du Languedoc, pour l'ayde octroyée par la ville de Montpellier, la somme de 412 livres 10 sols tournois, par les rôles faits de cet ayde par le roy.

1450. — Jacques Cuer reconnaît avoir reçu de maître Estienne Petit, receveur des finances du Languedoc, la somme de sept cent soixante-deux livres tournois, qui luy a esté allouée par le roy, sur le rôle de la distribution de ses finances, pour être plus honorablement à son service.

Décembre 1450. — Jacques Cuer reconnaît avoir reçu de Marc de Launoy, receveur général des finances au païs de Normandie, la somme de soixante mille livres tournois.

1451. — Jacques Cuer aux généraulx conseillers nommés pour la recepte des aydes et gabelles en Languedoc et Languedoil. Il les prévient que par ses lettres de commission du 26 mars 1450 il donne à Chapuy de Condoneu et à De Villars, marchands de sels, des facilités pour voiturer et décharger leurs sels.

Septembre 1455. — Jehan Dauvet, conseiller et procureur général du roy, commis pour mettre à exécution l'arrêt rendu contre Jacques Cuer, prévient le grenetier du grenier à sel de Rouen qu'il a alloué une rémunération à Raoulet Toustain, chargé de la garde d'une partie de sel appartenant à de Varye, principal serviteur de Jacques Cuer.

Juin 1475. — Geoffroy Cuer reconnaît avoir reçu 61 livres pour du plomb par lui vendu pour le service de l'artillerie du roy.

1497. — Isabeau Bureau, veuve de noble homme, Geoffroy Cuer, reconnaît avoir reçu de maître Duval, receveur à La Rochelle, la somme de soixante livres, à laquelle somme elle a droit chaque année, à la Saint-Martin, pour un fief et baillage au païs d'Aulnis.

TABLE

DES MATIÈRES CONTENUES DANS LE PREMIER VOLUME.

Préface. 1
Notice sur la valeur relative des anciennes monnaies françaises et particulièrement de celles du quinzième siècle. LX

CHAPITRE PREMIER.

Bourges au quinzième siècle. — Ses monuments, sa population, son industrie. — Origine de Jacques Cœur. — Il épouse, en 1418, la fille du prévôt de Bourges. — Est intéressé dans la fabrication des monnaies à Bourges en 1427. — Se trouve impliqué dans un procès auquel cette fabrication donne lieu. — Lettres de rémission de Charles VII à ce sujet. — Jacques Cœur voyage dans le Levant en 1432. — Détails sur Alexandrie, le Caire et Damas vers la fin du quatorzième siècle. — Commerce et richesse de l'île de Chypre et de la ville de Famagouste, sa capitale. — Venise, Florence, Gênes, Marseille et Barcelone au quinzième siècle. — Montpellier à la même époque. — Jacques Cœur y établit le siége de ses opérations commerciales. 1

CHAPITRE II.

La France à l'avénement de Charles VII. — Portrait de ce roi. — Ses habitudes, temps qu'il donnait au travail. — Organisation de son Conseil. — Mauvais état de ses finances pendant une grande partie de son règne. — Appréciation de son caractère par divers auteurs contemporains. — Luttes de ses favoris. — Le président Louvet, Pierre de Giac, Lecamus de Beaulieu, La Trémouille. — Portraits du connétable de Richemont et de Dunois, bâtard d'Orléans. — Les frères Chabannes. — Détails concernant La Hire et Xaintrailles. — Jean et Gaspard Bureau, grands maîtres de l'artillerie. — Martin Gouge, Regnauld de Chartres, Guillaume Cousinot, Étienne Chevalier, Jean Dauvet, le comte du Maine. — Influence qu'exerce la bourgeoisie dans le Conseil de Charles VII. 46

CHAPITRE III.

Rentrée des Français à Paris. — Le connétable de Richemont préserve la ville du pillage. — Charles VII vient visiter Paris après une absence de dix-neuf ans. — Fêtes à cette occasion. — Paris en 1438. — Une famine y fait mourir cinquante mille habitants. — Doléances des Parisiens. — Jacques Cœur est nommé maître des monnaies à Bourges et à Paris. — Variations dans la valeur des monnaies au quinzième siècle. — Leurs résultats. — Nouvelles ordonnances concernant les monnaies. — Organisation des impôts sous Charles VII. — Produits du domaine, des aides et gabelles, des tailles. — Ordonnances sur les tailles, la comptabilité, le domaine. — L'université de Paris est en lutte avec le parlement, et menace de suspendre ses leçons. — Une ordonnance tranche la question contre elle. — Ordonnances de Henri VI et de Charles VII pour la réformation de la justice. . . . . . : 79

CHAPITRE IV.

Détails concernant les excès commis par les *routiers, écorcheurs* et *retondeurs* vers 1425. — Témoignage d'un archidiacre de Bayeux. — Requêtes adressées par l'évêque de Beauvais aux États d'Orléans et de Blois en 1433 et 1435, au sujet des violences commises par les gens de guerre. — Autres témoignages contemporains. — Rodrigue de Villandrando, célèbre routier. — Sa vie, ses aventures. — Le bâtard de Bourbon, ses cruautés, sa fin tragique. — Ordonnances rendues par Charles VII en 1438 et 1439 concernant les gens de guerre. — La première organisation régulière de l'armée a lieu en 1445. — Serment d'investiture des capitaines et des lieutenants des compagnies. — Organisation de la milice en 1448. — Appréciation des réformes militaires de Charles VII par des contemporains. — Résultats immédiats de ces réformes. — Opposition qu'elles soulèvent. — Le comte Charles d'Armagnac et le maréchal de Raiz. — Leur procès. — Constitution définitive de l'influence et de l'autorité royales. 107

CHAPITRE V.

Jacques Cœur est nommé argentier du roi. — Il est anobli par lettres du mois d'avril 1440. — Sa participation à la révision des statuts de la draperie de Bourges; son commerce. — Jean de Village, son neveu, est envoyé en ambassade dans le Levant. — Réponse du soudan d'Égypte à Charles VII. — Fondation de l'influence française en Orient. — L'importation des dindons en France est attribuée à Jacques Cœur. — Il exploite des mines d'argent, de cuivre et de plomb dans le Lyonnais. — Erreur des historiens au sujet des avantages qu'il en aurait retirés. — Population de la France au quatorzième et au quinzième siècle. — La peste de 1348. — Celle de 1428 en Provence. — Beaucoup de villes étaient plus peuplées à cette époque qu'aujourd'hui. — Projet de budget des recettes et des dépenses du royaume attribué à Jacques Cœur. — Description géographique de la France au quinzième siècle par un auteur contemporain. — Jacques Cœur est chargé de l'installation du nouveau parlement du Languedoc. — Tous les ans, de 1444 à 1450, il est nommé commissaire du roi aux États de cette province. — Les États lui allouent des indemnités considérables. — Il fait partie, en 1446, d'une ambassade ayant pour objet de réclamer l'annexion de Gênes à la France. — Motifs qui s'opposent à ce résultat. — Lettre de Janus de Campofregoso à Jacques Cœur. — Il est nommé ambassadeur auprès du duc de Savoie dans le but de faire cesser le schisme qui divisait l'Église. — Détails relatifs aux affaires de l'Église sous Charles VII. — La pragmatique sanction. — Instructions remises à l'ambassade dont Jacques Cœur fait partie. — Il est envoyé en ambassade auprès du pape. — Entrée solennelle dans Rome. — Les ambassadeurs déterminent le pape à un accommodement qui met fin à toutes les difficultés concernant les affaires de l'Église. — Heureuse influence et habileté de Charles VII dans ces négociations. 133

PIÈCES JUSTIFICATIVES.

Pièces n° 1. — Extraits d'Amelgard (Thomas Basin) 181
— 2. — Lettre de Nicolas de Ciémanges sur les violences des gens de guerre 193
— 3. — Extraits du Mss. des Archives Nationales, intitulé : *Vente des biens de Jacques Cœur*. . . 200
— 4. — Édit sur l'établissement d'une force militaire permanente à cheval pour la répression des vexations des gens de guerre 265
— 5. — Inventaire des papiers de Jacques Cœur . . . 283
— 6. — Compte des mines de Jacques Cœur 291
— 7. — Lettres, reçus et déclarations de divers personnages 299
— 8. — Lettres, mandements et reçus divers 307

FIN DU PREMIER VOLUME.

Paris. — Imprimerie de Gustave GRATIOT, 30, rue Mazarine.

LIBRAIRIE
DE
GUILLAUMIN ET Cᴵᴱ

Rue Richelieu, 14, à Paris.

I

ÉCONOMIE POLITIQUE.

STATISTIQUE, ADMINISTRATION, FINANCES,
CRÉDIT PUBLIC, POPULATION, PAUPÉRISME, TRAVAIL.

II

COMMERCE.

DROIT COMMERCIAL, DOUANES, COMPTABILITÉ,
TENUE DES LIVRES, MONNAIES, POIDS ET MESURES.

AVIS.

Notre librairie se charge de fournir, aux meilleures conditions, outre les ouvrages portés sur ce Catalogue, tous ceux qui lui sont demandés. Les commissions sont exécutées avec une grande exactitude.

AOUT 1852.

TABLE

DES DIVISIONS DU CATALOGUE PAR ORDRE DE MATIÈRES.

I. ÉCONOMIE POLITIQUE, STATISTIQUE, FINANCES, ETC.

Journal des Économistes.	3
Collection des principaux Économistes.	4
Économistes contemporains, *Collection des meilleurs ouvrages modernes sur l'Économie politique, les finances*, etc.	6
Dictionnaire de l'Économie politique.	8
Annuaire de l'Économie politique.	10
Histoire.	10
Principes généraux. — *Ouvrages élémentaires.* — *Cours.* — *Traités*, etc.	10
Statistique. — *Études statistiques et économiques sur différents pays.*	15
Économie agricole.	17
Population — *Paupérisme.* — *Charité.* — *Bienfaisance.* — *Classes ouvrières.*	18
Réformes sociales. — *Socialisme.* — *Question de l'organisation du travail.*	22
Finances. — *Crédit public.* — *Crédit foncier.* — *Banques.* — *Monnaies.*	23
Administration.	27
Histoire. — Philosophie. — Morale.	28
Géographie. — *Voyages.*	31
Réforme pénitentiaire. — *Esclavage.*	32

II. COMMERCE.

Théorie. — *Principes généraux.*	32
Droit commercial.	35

COMMERCE. — PARTIE PRATIQUE.

Commerce. — *Industrie.*	39
Douanes. — *Tarifs.* — *Publications de l'administration des Douanes.*	41
Tenue des livres. — *Comptabilité commerciale.*	41
Arithmétique commerciale. — *Calcul des intérêts.* — *Comptes courants.* — *Changes et arbitrages.*	43
Monnaies. — Poids et mesures.	45
Sujets divers et articles omis dans les sections précédentes.	46
Ouvrages en préparation.	47
Table, par ordre alphabétique, des auteurs mentionnés dans le Catalogue.	48
Contributions.	38

Impr. de Gustave Gratiot, 30, rue Mazarine.

www.ingramcontent.com/pod-product-compliance
Lightning Source LLC
Chambersburg PA
CBHW051829230426
43671CB00008B/895